행복한 이야기
로또복권과 연금복권에 당첨 되었어요

행복한 이야기
로또복권과 연금복권에 당첨 되었어요

초판 1쇄 인쇄 2015년 5월 5일

지은이 이승훈 외
펴낸이 이승훈
펴낸곳 해드림출판사
주　소 서울 영등포구 경인로 82길 3-4(문래동1가 39)
　　　　 센터플러스빌딩 1004호(우편150-091)
　　　　 전 화 02-2612-5552
　　　　 팩 스 02-2688-5568
　　　　 E-mail jlee5059@hanmail.net

등록번호 제87-2007-000011호
등록일자 2007년 5월 4일

* 책값은 표지에 있습니다
* 잘못된 책은 바꿔드립니다
ISBN 979-11-5634-080-5

로또복권과 연금복권에
당첨되었어요

이승훈 외

애드림출판사

• 펴내는 글

　수년 동안 다들 힘들어 한다. 지금껏 경제를 살리겠다는 사람들은 이번에도 언제 경제를 살릴지는 오리무중이다. 삶이 고단하고 힘들 때는 잿빛 공언보다는 복권 한 장이 주는 위안과 희망이 더 힘이 된다. 적어도 복권 한 장이 내 수중에 있는 동안은 행복한 상상을 하며 지낼 수 있기 때문이다.
　헛된 꿈을 꾸어서가 아니라, 우리 소시민들이 부담 없이 꿈꾸고 행복해 할 수 있는 것은 무엇일까를 생각하다가 로또복권과 연금복권을 생각하게 된 것이다. 여러 가지로 힘든 이때, 사람들의 복권 이야기를 들어보기로 하였다. 그래서 로또복권과 연금복권의 기운을 끌어다가 이 책에다 듬뿍 담았다. 복권 마니아들에게 행복과 행운을 전해줄 이 책에는, 한 사람의 복권 기운이 아니라, 수십 명의 저자들이 각자가 지닌 복권 기운을 불어넣은 것이다. 바로 복권의 기운덩어리이다.
　좋은 기운은 좋은 기운끼리 뭉친다. 여러 사람의 에너지가 뭉쳐 있으니, 이 책의 독자들에게는 좋은 복권의 기운이 전해질 줄 안다. 복권 이야기를 써서 기꺼이 기운을 모아준 저자들에게 먼저 감사한다.
　일흔 중반이 된 작은아버지가 며칠 전 우연히 복권 사는 이야기를 꺼냈다. 수십 년 동안 거의 매주 꾸준히 복권을 구입해 온다는 것이다. 그 이야기를 듣고는 순간 떠오르던 생각이 '아, 작은아버지는 꼭 복권에 당첨될 사람이구나.' 하는 것이었다. 집념이 무서웠기 때문이다. 그 연세가 되도록 지금껏 흔들림 없이 복권 구매를 해왔을 만큼의 집념이라면, 그 에너지가 반드시 당첨 번호의 기운을 끌어오게 될 것이라는 믿음이 들었다. 작은아버지에게 그것은 취미 같은 것이었다. 작은 투자를 하여 즐기는 그 취미를 통해 한 주간이 넉넉하고 행복한 일상을 꾸려갈 수 있다면 참 좋은 취미라는 생각이 들었다. 자신이 좋아하는 숫자를 조합하고, 그 숫자를 기록하고 남기고 하는 것이 진정한 마니아고 복권을 즐길 줄 아는 어른이었다. 그분에게는 어떤 헛된 꿈이 넘치거나 지나친 투자를 하는 일은 없어 보였다. 일상처럼 평온하고 조용하게, 있는 듯 마는 듯 '복권 생활'을 하는 것이다.

내가 종종 가는 은행 바로 옆에는 복권 전문점이 있다. 은행을 나오면 왜 복권점이 유난히 크게 보이는지 모를 일이다. 마치 빨려 들어가듯 슬그머니 들어가 보면 종종 아는 사람을 만나 뻘쭘한 인사를 나눌 때도 있다. 매주는 아니지만 그토록 오랜 시간 복권을 사오면서도 어쩐지 복권 가게에 들어서면 쑥스럽다. 그래서 당첨 기운이 내게 안 오는지 모른다. 도박을 하는 것도 아니고 취미처럼 가볍게 즐기는 일인데 마치 일확천금만 바라는 사람처럼 스스로 움츠리는 것이다.

복권을 구매하는 데도 긍정적 마인드가 필요하지 싶다. 복권 마니아들은 적어도 긍정적 마인드가 강하고, 지난 시간을 되돌아보지 않는 사람들이다. 10년 동안 매주 복권을 사 왔는데 이제 와서 그간 복권 사느라 썼던 돈을 생각하며 후회하는 사람처럼 미련스러운 사람은 없을 것이다. 복권을 지닌 그 순간순간을 즐겼을 뿐만 아니라, 그 오랜 집념은 무언가 초월하였을 때 나오는 것이기 때문이다. 그리고 그 집념은 반드시 한 번은 이루어질 것이라고 본다. 세상의 기운은, 끊임없이 부르면 내게 오게 될 것 아닌가.

오늘 로또복권 한 장 사자.

2015. 04. 14
해드림 사무실 1004호에서

차례

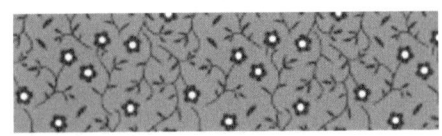

행복한 이야기
로또복권과 연금복권에 당첨 되었어요

펴내는 글 _4

선물 _12

화려한 댄스 선수 생활을 꿈꾼다 _19

참 행복을 누리고 싶다 _24

당첨금은 손주 _29

꿈꾸기 _33

상상의 숲 _39

행운을 나누며 살고 싶다 _43

내가 복권에 당첨되면 _47

신념을 깨고 산 복권 _52

황당한 로또의 꿈 _56

대박의 꿈 _60

행복한 거짓말 _65

로또복권과 네 잎 클로버 _70

환상의 트리하우스 _75

부족하다 _78

키노 집을 만들고 싶다 _83

꿈꾸는 창작실 _88

내가 만일 로또복권에 당첨되면 _94

필요한 사람에게 몰아주기 _100

한낮에 꾸는 꿈 _104

지금 이 순간이 로또 _109

데드라인의 금요일 _114

똥 꿈 _118

복권 주인은 따로 있다 _122

차례

행복한 이야기
로또복권과 연금복권에 당첨 되었어요

마음의 장기 이식하기 _130

7일 간의 행복 _133

당첨금 10만 원 _138

작은 주머니 속의 희망 _142

262번의 유혹 _146

쾌락의 쳇바퀴 _151

돼지꿈을 꾼 날 _155

거푸집 짓기 _159

만약 돈벼락을 맞는다면 _163

여러 개의 동그라미 _167

당첨된 로또복권 _170

보모 할아버지 _174

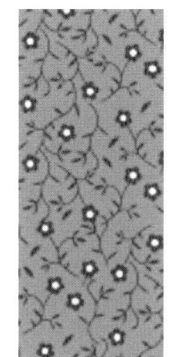

만일 내가 로또복권에 당첨되면 _178

우연을 바라지 않는다 _182

군침 삼키는 소리 _187

세상에 이런 일이 _193

밴댕이 소갈머리 _197

45 되기 _203

복권에 당첨되는 꿈을 꾼다 _207

코스프레 _212

세계 여행을 떠나다 _217

천 원으로 환한 일주일 _223

행운은 운명의 꽃 _227

재도약을 위한 기금 _231

행복한 이야기
로또복권과 연금복권에 당첨 되었어요

강경애 강신영 구장회 구회남 기호민 김경희 김미자
김원길 김웅만 김철규 김현준 김혜식 문상기 배대균
변애선 사 빈 서경애 서병태 안정혜 양고호 엄현옥
이 린 이상국 이영규

선물

언제부터인가, 로또가 서민들에게는 주말의 명물이 되어 한 주 동안의 피로와 나른함을 달래주는 희망과 설렘의 아이콘으로 급부상했다. 지금은 예전보다는 그 열기가 많이 사라지기는 했지만 아직도 주말이 가까워오면 로또복권을 사려고 문전성시를 이루고 있는 가게들이 있다. 그런 곳은 주로 한두 번이나 서너 번 정도는 당첨자가 나온 적이 있는 소문난 판매점이다. 복은 복을 부른다는 생각으로 그런 판매점을 찾아가기는 하지만 어디 그렇다고 운이 누구에게나 오는 것이라던가. 큰 복은 하늘이 내린다고 했으니 공연히 무리하게 주머니를 털어 로또를 왕창 샀다가는 화를 부르기 십상이다.

  일반적으로 생각할 때 로또복권은 손쉽게 일확천금을 노리는 사행성 도박으로만 알고 있다. 그러나 1,000원 짜리 로또를 팔면 500원은 당첨금으로 들어가고 나머지 500원 중에서 일부는 공익사업에 쓰이는데, 그 사업이라는 것이 서민 주거 안정 지원, 소외 계층 복지 지원, 보훈 복지 지원, 문화예술 진흥, 재해 재난 지원 등으로 쓰인다고 하니 누이 좋고 매부 좋은 일이 아닐 수 없다. 그래서 '나눔 로또'라고도 하고 '절반의 행운, 절반의 기부'로 광고가 나오기도 한다.

  하기야 그런 세세한 부분까지 알고 사는 사람이 어디 있으랴. 일확천금을 노리는 것이 대부분 서민의 생각일 테니까. 그러나 그런 돈을 노린다고 해서 죄가 될 것도 아니지 않은가? 남의 돈을 훔치는 것도 아니고 사기를 치는 것도 아니다. 당당하게 내 돈 주고 사서 운이 좋아 대박이 터지면 돈벼락을 맞는 것이 아니던가.

  그런 의미로 시작된 로또복권이기는 하지만 갈수록 서민들의 희망이자 불안이자, 행복이고 불행이 되었다. 매주 주말마다 행운을 점치는 수많은 사람이 로또에 울고 웃는다.

  그러나 서민에게 부(富)를 유혹하는 로또는 일주일 동안 즐거운 상상에 젖어 힘든 일상을 잊어버리게 하기에 구태여 끊을 필요 없는 좋은 의미로서의 사행성 도박이다. 그러기에 세계 어느 나라이든 복권의 상거래가 계속 되는 것이리라.

예전에 둘째 남동생이 한동안 로또복권에 빠져 살았다. 당시 결혼 2년차였던 동생은 적은 월급에 용돈이 궁했던지 요행을 기대하고 푼돈만 생기면 로또복권을 여러 장씩 사서 항상 희망을 가슴 속에 품고 다녔다. 그렇듯 머리와 가슴에 품고 있는 희망은 매주 며칠 동안 그가 어깨를 쫙 펴고 다니게 해 주었고, 신바람날 것도 없는 그의 일상에 보랏빛 날개를 달아 주었다.

어느 날인가, 우리 다섯 남매는 오랜만에 만나서 식사하고 지난 이야기를 나누다가 각자 헤어질 시간이 되어 서로 인사말을 나누고 있었다. 그때 복권 마니아인 그 둘째가 갑자기 점퍼 안주머니에서 지갑을 꺼내더니 느닷없이 로또복권을 여동생 둘에게 한 장씩 나누어 주었다. 맏이인 나와 바로 위의 형은 빼고 여동생 둘에게만 준 것이다.

그런데 날씨 탓인지, 아니면 혹시라도 당첨이 된다면 그때 일어날 파급효과 때문인지 내 눈에는 동생의 손이 가늘게 떨리는 듯 보였다.

"이거 아까 오다가 산 거야. 줄건 없고 이거라도 오랜만에 만난 선물로 줄게. 내일 모레 추첨이니까 잘 살펴봐."

남동생은 친절하게 부연 설명까지 하며 좀 멋쩍은 듯 어설프게 웃었다. 여동생들은 난데없이 받게 된 복권 선물에 헛웃음을 날리며 잠시 당황해하는 것 같았다. 그러더니 셋째 여동생이 한마디 했다.

"혹시 당첨되면 어떻게 해, 오빠?"

그애는 아직 복권에 대해 잘 모르는 나이인지라 당첨이 쉬운 것으로 생각한 것이다. 둘째는 당혹해 하는 눈빛으로 잠시 주춤하더니 느릿하게 말했다.

"선물로 주는 거니까 니들이 알아서 해. 당첨돼도 돈을 달라고 하지는 않을 거야. 다 자기 운인데 뭘."

그러더니 서로에게 인사를 하고 서둘러 가버렸고, 남은 우리도 각자의 생활로 돌아갔다. 그 뒤로 두 여동생에게 그 복권에 대해서 물어 본 적은 없었지만, 그들이 잠적하지도 않았고 돈 보따리를 거머쥔 것 같지도 않았으니 안 맞은 건 뻔했다. 어디 천운을 타고 나기가 쉬운 일이던가.

그런데 나는 가끔 그 뒤로도 그 일이 생각나곤 했다. 만약 그날 남동생이 선물로 준 로또가 당첨되었다면 과연 어떻게 되었을까? 이성적으로는 나눠가지는 것이 정당한 일이지만, 과연 그것이 교과서대로 되는 일일까? 그렇게 눈먼 돈은 의외로 사람을 눈멀게 만드는 것을 가끔 뉴스에서 보고 있지 않은가.

로또 때문에 금실 좋은 부부도 다툼으로 갈라서고, 갑자기 거금을 받고 놀란 사람은 돈 관리를 하지 못해 그 돈을 도박이나 유흥비로 흐지부지 낭비하다가 급기야는 구치소에까지 가는 일도 있지 않은가? 물론 이런 경우는 예외이겠지만 요행으로 번 돈은 인간을 눈멀게 만드는 확률이 큰 것이 분명하다. 그러기에 로또가 된다면 좋겠지만 안 된다고 아쉬워할 것도 없다.

나는 지난해에 서너 달 동안 일주일에 한 번씩 꼬박꼬박 로또를 샀었다. 다행스럽게도 천 원짜리가 서너 번, 또 만 원짜리가 당첨되어 그 돈으로 열장을 바꾸었으나 모두 꽝이었다. 잠시 부풀었던 희망의 풍선이 터지면서 아쉬움만 남겼다. 그 뒤로는 목돈이 필요할 때마다 '로또를 사야 돼!' 하면서도 사지 않았다. 내게는 천운이 오지 않을 것이라는 생각이 나를 기죽게 했기 때문이다.

하지만 '혹시나!' 하는 기대는 나로 하여금 가끔 로또 판매점 앞에 서게 한다. 둘째 동생이 아직도 로또 마니아로 살면서 희망을 버리지 않듯이, 나도 가끔은 어깨에 날개를 달고 일주일을 보내고 싶다. 그것은 내가 나에게 주는 정신적인 선물이니까.

들끓는 침묵을 가슴으로 삼킨다
어느 정도 지나야 심장이 제 구실을 할까?
가슴 속을 후벼 파는 무기처럼 침묵은
상처를 내며 제 자리를 다진다
산다는 건
침묵을 침목처럼 쌓아가는 것이라고

인생 놀이터

불같은 열정 없이 인생살이 하는 사람
눈치 백단, 능수능란한 말솜씨
기는 인생 비웃고 그 위를 나는 날쌘돌이
얼굴엔 개기름 흐르고, 입가엔 비웃음 날리며
들끓는 침묵 잠재우고 있는 FM들을
저만치 들러리로 세우고
인생을 한방에 날릴 생각에
룰루랄라 어깨 춤추며 시간을 즐긴다

같은 공간에 분노의 눈길 사방에 있음을
아는지 모르는지, 그에겐 상관할 바 아니기에
너는 너, 나는 나
직장은 그의 서재, 그의 놀이터
알고도 모르는 채 침묵하는 어리석은 FM들

인생은 비즈니스, 머리 굴리며 먹고 먹히는
치열한 사냥터
눈 치켜뜨고
룰루 랄라 어깨 춤추며 인생을 사냥하는
눈치 백단, 심장은 자갈로 만들고 양심은

저 넓은 길바닥에 내다 버리고
빈껍데기에 얄팍한 지식만 내장하고
출렁이는 뱃속 두 손으로 부여안고
달리고 달린다

그의 인생은 놀이터
그네 위에 매달려 공중을 배회하며
땅위의 인생을 비웃는다
(강경애)

화려한
프로 댄스 선수 생활을
꿈꾼다

나는 현역 댄스 스포츠 아마추어 선수이다. 왈츠, 탱고, 폭스트로트, 퀵스텝, 비에니즈 왈츠 5종목으로 스탠더드 5종목에 주로 출전한다. 나이가 환갑을 넘다 보니 장년부, 일반부 아마추어 부문에 나간다. 프로 전향은 당장 할 수 있지만 불행하게도 고정 파트너가 없다는 것이 흠이다. 프로 선수는 고정 파트너와 함께 해야 한다.

항상 문제가 되는 것이 파트너 구하기가 어렵다는 것이다. 내 댄스 실력은 그래도 아마추어 급에서는 결승에 올라 갈 정도지만 대개는 대회를 마치면 파트너와 헤어진다. 파트너 입장에서 볼 때 내가 그리 매력적이지 않다는 것 때문일 것이다. 특히 경제적인 능력에서 내 세울 것이 없으니 그렇다.

여자 파트너가 경기 대회에 출전하려면 드레스만 해도 한 짐이다. 집 앞에서부터 차로 모셔서 대회장까지 데려 오고 대회가 끝나면 편안하게 집까지 데려다 줘야 하지만 나는 차가 없다. 큰 짐을 들고 알아서 대중교통을 타고 다니라 하니 체면이 말이 아닌 것이다.

경기에서 좋은 성적을 내려면 좋은 선생에게 레슨도 받고 연습도 제대로 해야 한다. 지금 실력으로도 대충 해도 아마추어 급에서는 성적은 고만고만하게 나오니 더 노력을 안 하는 것이다. 프로로 전향할 수도 있으나 프로 세계는 다르다. 실력도 월등히 차이 나지만 챔피언까지 하려면 대충해서 될 일이 아니다.

그러나 내 꿈은 프로 선수 생활을 화려하게 하다가 은퇴하는 것이다. 국내에서는 파트너를 구한다는 것이 '하늘의 별 따기'이다. 파트너는 대부분 남편이 있다. 남편 눈치를 보려면 댄스 연습도 제대로 하기 어렵고 일박이 필요한 지방에서 벌어지는 경기 대회 참가는 어렵다.

잘하는 여자는 이미 임자가 있다. 임자가 없다 하더라도 그 비위를 맞추기는 어렵다. 좀 잘하는 여자들은 대가 세다. 그간의 남자 파트너들이 여자들의 콧대를 올려놓았기 때문이다. 연습 과정부터 티격태격하다 보면 언제 파트너 관계가 깨질지 불안하다. 어렵게 경기 대회에 출전하더라도 심사위원들이 실력을 뻔히 알기 때문에 눈에 띌 리가 없다. 성적이 나쁘면 서로 네 탓이라며 곧바로 파트너 관계가 깨진다.

로또 일등 당첨으로 목돈이 생긴다고 생각해 보자. 15억 원 정도를 손에 쥔다고 가정하자. 굳이 국내 여자들에게 파트너가 되어 달라고 애걸복걸할 필요 없을 것이다. 댄스의 본고장 영국으로 날아갈 것이다. 10년 전 영국에 댄스 유학을 갔다 왔었고 영어도 잘 하는 편이므로 늘 그런 생각을 하고 있었다. 이번에는 나랑 프로 댄서로 뛸 여자 파트너를 구할 것이다. 10년 전에 갔을 때도 오직 댄스를 배우기 위해서 혈혈단신으로 유학 온 동구권 여자들이 많이 있었다. 돈이 없으니 숙소의 청소를 해가며 생활비와 레슨비를 대고 있었다. 노랑머리 젊은 여자라면 더 좋다. 수당과 생활비는 물론 프로 선수 생활하는데 드는 돈을 모두 내가 대는 조건이라면 어렵지 않게 파트너를 구할 수 있을 것이다. 계산적인 영국 여자보다는 덜 오염되어 순수한 면이 있는 동구권 여자라면 말도 잘 들을 것이다. 우즈베키스탄이나 헝가리, 폴란드, 불가리아, 러시아 여자를 생각한다. 어렸을 때부터 무용을 해서 잘하는 여성을 고를 것이다. 같이 영국에서 본격적인 선수 레슨을 받고 실력을 키울 것이다. 좋은 선생들을 찾아다니며 열심히 연마 한다면 분명히 실력이 빠르게 늘 것이다. 경기에 나갈 실력이 되면 영국에서 여러 경기에 참가하러 다니게 될 것이다.

그리고 귀국해서 국내 프로 전에 멋지게 데뷔한다. 노랑머리를 파트너로 해서 뛰는 것만으로도 눈에 띌 것이다. 가는데 마다 화제가 될 것이다. 나를 아는 사람들에게는 내가 역시 뭔가 보여주는구나 하는 사람도 있을 것이다. 나를 아는 심사위원들도 있겠지만, 놀랍도록 기량이 향상되어 와서 노랑머리 여자와 플로어를 누비는 나를 보고 놀랄 것이다. 그동안 우습게보던 댄스 관계자들을 놀라게 하는 쾌감이 있을 것이다.

파트너와 한국 여행을 다니면서 즐거운 시간을 가질 것이다. 당연히 멋진 차를 사서 내가 운전하며 다닐 것이다. 한국은 동구권 사람들에게는 미지의 나라이다. 파트너도 흥미 있어 할 것이다. 나 또한 국내 여행을 많이 다니지 못했었다.

연습은 해야 하니 마루가 깔린 연습장이 있어야 한다. 지인들을 중심으로 무료로 개방하고 우리가 연습하는 시간만 양해 받으면 된다.

파트너와 함께 '댄스의 모든 것'이라는 책을 낼 준비를 한다. 파트너의 아름다운 동작을 찍어 동영상도 낼 것이다. 수많은 경기 경험과 레슨 경험을 바탕으로 쓴 것이므로 댄스 계에서 금과옥조 같은 내용이 될 것이다. 필요한 사람에게는 무료로 배송해 줄 생각이다.

죽을 때까지 파트너가 계속 좋은 관계가 유지된다면 남은 유산은 몽땅 보너스로 줄 생각이다. 몇 억 원은 남을 것이다. 내게 만년의 즐거움을 준 대가이다. 고향에 돌아가더라도 여생을 보내기에 충분한 돈일 것이다. 한국에 남아도 댄스 학원 하나 차려서 먹고 사는 데는 모자라지 않을 것이다. 로또 일등 당첨은 만년을 멋지게 마감하라고 내게 안겨준 선물일 것이다.

(강신영)

참 행복을
누리고 싶다

경제 사정이 좋지 않다보니 가끔 로또복권 판매점 앞을 지날 때는 '한 장 사볼까' 하는 생각이 든다. 로또복권 판매점에서 복권을 사 들고 나오는 사람을 보면 왠지 처절한 모습으로 보인다. "복권을 사면 한 주간은 희망을 가지고 살 수 있다"고 말들을 한다. 사람들은 거액의 돈을 손에 쥐는 복권 당첨을 꿈꾸며 복권을 산다. 복권 당첨의 확률이 1,200만 분의 1이라고 하듯이 너무 적지만 복권을 살때는 당첨만을 생각하며 산다. 그래서 돈 아까운 것을 모른다.

지금까지 로또복권에 당첨된 사람들 중에 행복을 누리지 못하고 모두가 비참한 최후를 맞이하게 되었다고 한다. 어떻게 보면 로또복권 추첨을 하기 전 까지가 오히려 희망을 가지고 살 수 있기 때문에 그때가 더 좋은 때라고 할 수 있다.

  나는 수십년 전에 내가 살고 있는 청주에서 주택복권에 당첨된 사람을 알고 있다. 그는 교회 장로님이 경영하는 계란가게에서 종업원인 중년 남자였다. 그는 당첨금을 수령하러 서울에 자신이 가지 못하고, 가게의 주인인 장로님에게 당첨금을 받아 달라고 부탁을 했다. 부탁을 받은 장로님은 자신의 돈은 아니지만 즐거운 마음으로 당첨금을 받아 와서 전달해 주었다. 그 돈을 받은 종업원은 기뻐서 어쩔줄을 몰라했다. 계란가게 종업원이 거액을 손에 잡았으니 하늘을 날으는 기분이였을 것이다.

  거액을 손에 쥔 그는 그 돈으로 청주의 중심가인 서문동에 여인숙을 샀고, 오토바이를 사서 기분을 내며 몰고 다녔다. 그리고 다방에 드나들기 시작했다. 돈이 있는 것을 알고 다방 레지가 그에게 온갖 서비스를 다하며 애교를 부리며 달라붙었다. 그는 그 레지를 오토바이에 태우고 기분을 내며 돌아다니기도 했다. 이런 사실이 알려지면서 부인과의 사이에 다툼이 생기고 결국은 이혼하여 가정은 완전히 파탄되고 말았다. 얼마의 세월이 흐르면서 여인숙도 다 날라가 빈털터리가 되었다고 한다. 그때 나는 이런 이야기를 들었다. "다방 레지를 사귀면 1년에 집 한 채가 날라가고 다방 마담을 사귀면 삘딩 하나가 날라간다."

땀 흘리지 않고 갑자기 생긴 돈은 올바로 사용하는 사람이 별로 없고, 좋지 못한 일에 사용하고 유흥비로 다 날리고 만다. 그래서 복권에 당첨되는 것이 복이 아니고, 저주가 되는 것을 본다. 복권 당첨이 비참한 인생을 만든다는 것을 잘 알고 있다.

이런 사실을 알면서도 로또복권에 당첨되기를 바라는 것은 모든 사람들의 소망이기도 하다. 그래서 나도 로또복권을 사서 당첨이 된다면 그 돈을 어떻게 쓸까? 하면서 떡 줄 사람은 생각도 하지 않는데 김칫국을 마시듯이 당첨금을 어떻게 쓸 것인가를 생각해 보았다. 우선 당첨금이 내 인생을 망치는 일이 되지 않기 위하여 그 돈을 선한 사업에 쓰도록 구상을 해 본다. 돈을 품고 살면 불행이 찾아오고, 선한 일을 위하여 사용하면 행복을 누리게 된다는 것을 나는 잘 알고 있다. 그래서 내가 평소에 주장해 온 것처럼 그 돈을 사람을 키우는 인재 양성을 위하여 학생들에게 장학금을 주기로 굳게 다짐해 본다.

그리고 어려운 나라에 학교를 지어주는 일을 하고, 내가 신앙인이기에 어려운 나라에 교회를 건축하는데 사용하고 싶다. 그리고 마지막으로는 여행을 좋아하는 나는 아내와 함께 아직까지 가보지 못한 나라를 돌아보는 외국 여행을 즐겁게 하고, 외국 여행 기행문을 책으로 출간하고 싶은 마음이다. 지금 이런 생각을 하면서 행복한 미소를 지어본다. 나는 로또복권이 당첨되어 받은 거액의 돈보다도, 그 당첨금으로 선한 일을 할 것을 생각하는 이 시간이 도리여 행복한 시간이다. 그리고 행복이 생각대로 이루어지기를 바라는 마음 간절하다.

20여년 전에 내가 청년회 성경 공부를 인도하면서 마지막 시간에 청년들에게 질문을 하고 돌아가면서 한 사람씩 대답을 하도록 한 적이 있었다. 그때 질문은 다음과 같은 질문이었다.

"여러분이 주택 복권에 당첨된다면 그 돈을 어떻게 쓰겠습니까?"

20여 명 되는 청년들의 대답을 일일이 들으면서 그들의 심리를 알 수 있었다. 그들의 대답은 우선은 당첨금의 십일조를 하나님께 드리고, 그 다음은 선한 사업을 위하여 쓰겠다, 자기가 하고 싶은 일에 쓰겠다, 부모님을 위하여 사용하겠다고 말을 했다. 그런데 청년들의 말을 들으면서 당첨금으로 선한 사업을 위한 것보다 자신을 위하여 쓰겠다는 마음이 우선적인 것을 보았다. 선한 일에 많은 돈을 사용하지 못하여 고민하는 것을 역역히 보았다. 선한 사업을 위하여 거액을 사용한다는 청년은 매우 드물었기 때문이다.

그때 나는 이런 생각을 했다. 지금 복권에 당첨이 되어 돈을 손에 쥐고 있는 것도 아니고, 그냥 복권에 당첨될 것을 상상하면서 대답을 하는 것이기에 얼마든지 과감하게 선한 일에 거액을 투자하겠다고 말할 수 있을 것 같은데 그렇게 하지를 못하는 것이었다. 상상의 세계에서도 선한 사업을 위하여 돈을 사용하는 것에 인색한 사람이 과연 진짜로 복권에 당첨이 되어 당첨금을 손에 쥔다면 선한 일에 사용하겠는가, 절대 아니라는 생각이 들었다. 이것이 인간의 이기적인 마음이 아닌가.

그래서 나는 만약 로또복권이 당첨되어 거액의 당첨금을 손에 쥔다면 과감하게 선한 일을 위하여 그 돈을 투자하여 참된 기쁨을 누리겠다고 다짐해 본다. 선한 생각만 해도 행복해 진다. 이런 일이 실제로 삶의 현장에서 이루어 져서 참된 행복을 누리며 수전노가 아니라 돈을 제대로 쓸 줄 아는 사람으로서 행복하게 사는 모습을 모든 사람들에게 보여주고 싶다. 복권 당첨금으로 내 꿈을 이루는 날이 속히 오기를 기원해 본다.

(구장회)

당첨금은
손주

아포리아의 계절

길은 없었다. 두 손발 다 잘린 나목이 피를 흘리며 겨우내 견디고 봄이면 잎을 틔우고 성장하듯 통로가 없을 것 같은 데서도 시도는 끊이질 않아서 생명줄은 낳고, 낳아 구약을 지나 신약을 만들어냈다.

자녀들이 성장하여 혼자 잘 자라는가, 했을 때 거역하기 시작하는 부모의 뜻 때문에 성장통은 극에 달했을 때 온몸은 족적근막염으로부터 시작해 걸을 수 없게 만들고 꼬리뼈는 가시처럼 찔러 앉지 못하게 해서 분노만 하늘을 찌를 듯 폭발하고 있을 때 지지난 8월 15일 해방일에는 핏덩이 생명마저 콩닥콩닥 뛰던 심장이 멈췄을 때 타자는 현장에 가지 못했다.

이래저래 쌓인 찌꺼기를 버리지 못한 타자는 결국 폭발하고 블랙홀 속으로 빠져들어 가출을 했다. 혼전부터 습관적인 엄포였지만 그날로 오피스텔을 얻고 잠적하기까지 참 오래 참았다. 가정의 잘못은 모두 연약한 여자의 몫처럼 나무들은 목청을 높였으므로 귀를 자르고 지퍼를 잠근 채 트렁크 하나 끌고 발길 가는 데로 가는 것 밖에 할 수 있는 일이란 아무 것도 없었다.

일련의 일은 소기업의 무덤으로 이어졌다.

"엄마가 시를 쓰기 위해 얻어 놓은 오피스텔이야." 하면서 여친을 끌어들였던 것이다. 결국 이 일의 결과는 아직 이르지만 잘 되었건 잘못되었건 또 "당신 탓이야."라는 화살로 돌아올 것은 자명한 결과였다. 그때 필자는 이혼에 실패했다고 일기에 적었다.

둘째가 밀고 들어온다는 것은 대기업에게는 도전으로 느껴졌다. 그 일은 곧 생명에 대한 복음이 들렸다. 그러나 "냉장고 문도 못 연다."는 입덧 소식은 좌불안석으로 만들어 수면제를 먹고 잠들어야 했다. 점점 톤이 낮아지고 작아지는 큰 나무의 바라지에 전생을 건 것만 같은 먼저난 이로써는 하늘이 무너지는 것만 같았다. 모든 힘을 빌려도 모자라는 칼잡이인데 주말이면 택시에 태워 처가로 달려가는 안타까움이라니 멀리서 바라보는 심정이 갈기갈기 찢겼다.

추석 명절에는 부르지 않던 일가를 불러 외식을 했다. 집사직도 때려치우고 밥사로 작정하고 나서서 밥을 샀다. 마침 그때서야 생명이 움트고 자란 아기집이 불룩한 모습으로 올림픽공원에서 눈에 띄었다. 그때는 더욱 불안감이 컸다. 둘이라는데 하나도 아닌 다른 둘이라는데….

저렇듯 부르다 보면 갈비뼈도 나갈 수 있다는데 코스모스 잎 사이로 바람은 세차게 불었다.

양보 할 수 없는 닮은꼴은 "직장을 그만 둬라." 해도 듣지 않았다. 겁 많은 타자가 "입원해라." 하는데도 들은 척도 않고 만달까지 악착같이 회사를 다녔다. 그 후 둘이라서 3주 전에 자연 분만하러 가는 날에야 병원을 찾았다. 하루 지나 이튿날 자연분만을 하는데 산부인과 병실은 대형 병원임에도 불구하고 없었다. 빈방을 빌려 쓰며 엉덩이만 침대 끝자락에 걸친 채 손주를 기다렸다. 자연 분만한다며 도중에 "졸도했다"는 전갈이 왔다. 무통주사를 맞고도 자연분만을 고집하는 닮은꼴이 결국 해낸 후 인큐베이터 같은 기구 안에 드러누워서 빤히 바라보며 핏덩이인 채 혀를 내밀며 네롱 하는 앙팡테리블.

손자와 듬직한 손녀가 보였다. 복음이었다. 늦은 출산인 서른 즈음 중반을 넘었지만 자연분만해서 단 번에 손자, 손녀 둘을 낳고 젖을 먹이겠다는 단단한 각오를 하는 집안의 후배를 읽으니 로또복권 당첨만 같아 힘겨웠던 지난 반백 생이 단번에 날아가 걷힌 안개는 제일 추운 마이너스 13도의 강추위 속에서였다.

　잊고 있던 복권을 마침내 샀다.

　번호 세 개가 맞았는데 할아버지나무에게 행운을 맡겼다. 직장으로 나가야 하는 며느리가 제일 믿고 기다리는 시아버지가 해 주는 집밥도 먹고 미역국도 맛나다며 먹는 "며느리 사랑은 시아버지"라는 실천의 현장에서 밥도 안하는 시어머니는 복권만 당첨된 것만 같아 먹지 않아도 배부른 2015년이 활짝 열려 모든 일을 용서 하며, 용서 받으며 아낌없는 내리 사랑만이, 줄 수 있는 모든 것을 주는 길만이 살 길 같은 손주의 살맛을 느끼며 살 냄새를 맡는 오늘이 복권 당첨이고 복음만 같아 또 한 장의 복권을 사며 집으로 손주 보러 밤샘하러 가는 발길이 가볍다.(구회남)

꿈꾸기

 '만일'이라는 단어를 앞에 놓고 긍정 쪽으로 머리를 기울이고 생각을 이어가보자. 그러면 웃음이 먼저 찾아 올 것이다. '만일'이라는 가정 뒤에 펼쳐지는 시(時). 공간(空間)은 무한 연속체가 되고, 누구나 거기 주인공이 되기 때문이다. 예를 들어 '만일 내가 로또에 당첨 된다'는 상상은 안기자 마자 이놈은 내 품을 밀쳐내고, 이 비좁은 아파트를 벗어나서 대붕의 날개를 펼쳐 날아갈 것이다.
 교직 생활을 하는 동안, 애들 가르치는 일과 가끔, '앉을 만한 사람'이 '앉을 만한 의자'에서 무리없이 일을 하는가를 가늠하는, 소시민의 눈길을 던지면서 살아왔다. 최소한의 생활비를 보장 받는 것 외에 돈벌이와는 별 관계가 없는 직업이 교직이라고 치부하고 살았기에 애당초 '큰돈'에는 관심이 없었다.

6 · 25전쟁 중에 초등학교 6년생이었던 나는 뜬금없는 생각 하나를 생각한 바가 있었다. 내가 만약 어느 큰 회사의 직원인데 사장님이 황망히 피난길에 오르면서 나더러 '너만 믿고 먼저 부산으로 간다. 뒷일을 부탁한다. 저기 저 트럭에 한 가득 돈다발이 실렸으니 잘 운반하여 오너라.'라고 했다 치면, 나는 나에게 맹세코 숱한 밤과 낮을 지나서일지라도 '그 돈 한 푼' 손대지 않고 부산에 도착하여 전달할 거라고 자신했던 생각. 그러고 나면, 그 후로도 줄곧 나는 나를 칭찬하면서 기쁨으로 살아갈 수 있을 것이다. 그것도 좋은 사람의 일생일 거라는 생각을 했다.

이후로도 그랬다. 돈, 그것도 큰돈에는 당초에 관심이 없이 살았다. 선생님은 돈 버는 자리가 아니요. 돈을 벌려면 장사를 해야지요. 하던 학교 이사장 말씀은 맞는 말이기에 가끔 그를 '젠장….' 하며 비판하는 교사들의 뒷말은 그저 그렇거니 하며 스쳐 지냈다.

이사장은 사업가였다. 착한 사업가였다. 세금 정확하게 납부하기로 정평이 나 있었으니까 좋은 사업가임에 틀림없다. 물론 종업원들의 급여를 칼같이 하기는 말할 것도 없었다고 했다. 그는 또 부자는 하늘이 낸다는 지론을 갖고 있었다. 일제

시대부터 주류 사업을 했었다고 했다. 해방 후에도 꾸준히 계속된 사업은 군사정권을 맞아 큰 사업으로 급성장을 했다고 한다. 본인 말로는 한창 벌 때는 하루 '들어 온 돈 부대'를 방안 가득 풀어 놓고 온 가족이 돈을 세는데, 그것도 하루 이틀이지 나중에는 식구들의 손아귀가 부어오르고 손가락이 마비되어 셀 수가 없어, 믿을 만한 은행 여직원들까지 동원했다고 했다. 군 부대에서는 막걸리가 질은 좋은데 수량이 부족하다고 하면서, 이해할 테니까 물을 더 부어서라도 수량을 맞추어 달래서 하는 수 없이 물을 더 부어서 납품하는 '수모'를 겪을 수밖에 없고, 돈을 더 많이 벌 수 밖에 없는 '천운'을 감수할 수밖에 없었다는 것이었다.

그럼에도 이사장이 부럽지 않은 나 자신이 그리 싫지 않은 게 스스로 신통했다. 가르치는 재미에 빠져(천직이란 이런 것인지) 돈에는 더욱 관심이 없었다. 그러다 아차, 돈이…. 아니, 큰돈이 있어야겠다는 생각이 번쩍 드는 일이 생겼다. 좁은 교실에서….

입학시험도 끝나고, 대학 지원도 끝낸 고등학교 3학년 교실. 무언가 한바탕 끝내고 휴, 한숨 돌리고, 조심스런 기대도 가슴에 개고 앉아있는 제자들을 지긋이 내려다보고 있었다. 그러다가, 한쪽에 앉아 약간은 외로워 보이면서 서글픈 표정이 읽히는 한 녀석이 눈에 들어왔다. 유일하게 농과대학을 지원한 녀석이었다. 성적이 모자라서 그리 지원한 것은 아니었다. 독실한 그리스도 신자이기도 했던 녀석은 신통방통한 비젼을 간직하고 있었다. '농자천하지대본'임을 증명해 보겠다는 것이었다.

나는 서글픈 듯, 작심한 듯한 녀석의 눈을 바라보았다. 붐비는 시장 사람들 틈에서 고향 사람을 만난 기분? 잠시 후에 나는 분명 다음과 같이 말했다.

"명호야, 약속하자. 네가 농대 졸업하고 군대 제대한 뒤, 터하나 잡아 일 시작하면, 꼭 이 담임에게 연락해라. 내가 꼭 너에게 갈 테니…."

녀석의 눈이 환한 얼굴에서 빛났다. 나는 그 녀석을 돕고 싶었다, 아니, 그 동아리가 되고 싶었다. 그 녀석과 마음이 맞는 또래가 많으리라고 짐작되었다. 뜻이 맞는 사람을 모으고, 존재의 의미를 재발견하고, 삶을 토론하고, 계획하여 즐겁게 일하고, 결과를 긍정적으로 평가하고, 서로 용서하고 치유하며, 존재의 전부는 사랑임을 확인 것이 영원의 획득임을 함께 터득해 가며…. 그러고 싶었다. 그러자니–

우선, 꽤 넓은 공간이 필요할 것이다. 석기시대로 소급할 일 없으니 최소한의 의식주와 기본 생활 도구가 준비되어야 하겠고…. 처음에는 '자급자족'부터 시작하리라. 낮에는 땀흘리고 저녁에는 화톳불 가에 둘러 앉아 노래로 마음을 합하고, 격려하며, 진실을 눈맞춤하고 인생을 서로 기뻐하고….

자급자족에 자신이 붙어, 의식주에서 놓여나게 되면, 하늘이 세포 속에 낱낱이 심어준 각자의 재능을 발휘하게 할 것이다.

천부의 달란트는 '돈 받지 않고' 모두를 위해 내어 놓기만 하기로 제도화 하는 데에 동의할 것이다. 재능은 발휘 자체가 '받음'이기에 그 외의 보상은 필요 없는 것이기에….

사실, 이 행성은 필요 없는 짓으로 헛고생을 많이 한다. '주기'와 '받기'를 분리하고, '너'와 '나'를 분리하므로 그렇다.

우리라도 그리 살지 말자. 그날이 오면, 우리 울타리 안에는 이상한 경제 세상이 올 것이다. 부족한 곳이 생기면 금방 그곳이 풍족으로 채워질 것이다. 멤버들의 눈에 어느 구석 부족한 곳이 보이는 즉시 각자 갖고 있는 재능과 물질이 들이닥칠 것이기 때문이다. '얻어먹는 밥이 더 많은 법'이 실증되는 순간의 연출이다. 잠 도화지에 그렸던 꿈이 눈을 뜨고 보아도 3D입체 현실로 현현된 모습을 눈앞에서 연출해 보자.

그러노라면 외부 사회 사람들이 구경 올는지도 모른다. '이상한 나라의 엘리스'가 실제인 곳이 있다더라고…. 무릉도원이 연출되는 곳이 있다더라고….

생각은 빛보다 빠른 것. 나는 잠시 졸고 있는 듯한 표정이었을 거다. 애들은 한 동안 창밖을 가늘게 내다보고 있는 담임선생이 무얼 생각하고 있는지 몰랐을 것이다. 농대를 지원한 그녀석을 두고 멀리 무릉도원으로 날아가 버린 담임선생이 무슨 풍딴지를 품고 있음을. 그러고 보니, 엄청난 돈이 필요했다. 그만한 토지에, 기본 의식주에 갖가지 도구에…. 내 개인 살림살이 계획에는 하나도 계상되지 않던 항목에 실린 돈뭉치가 함성을 지르며 한 여름 소나기처럼 쏟아져 왔다. 돈오(頓悟)! 내 한 몸을 떠나, 일을 키워 보려하면, 미상불 큰돈도 필요하도다! 저 피난길에서 얻을 수 있는 큰돈에 내 개인의 소유욕은 지금도 없다. 내 평화와 자유의 배경이 되니까 그렇다. 하지만, 내 그 녀석과의 약속을 지키기로 하면, 제법 큰 돈이 필요하다.

  명호 녀석은 그 뒤 소식이 없다. 어찌한 사연으로 삶의 곡선은 변화무쌍하게 획을 긋고 있겠지만, 반듯한 심성을 잃지는 않고 살고 있을 것이다.

  이 담임선생이 성에 덜 찬 '로또복권'을 들고, 아쉬운 대로 우리 동화의 나라를 슬슬 한 번 시작해 보자고 제 놈을 찾고 있는 줄이나 알까?(기호민)

상상의 숲

 '숲'이란 글꼴은 'ㅅ(지붕), ㅜ(들보와 기둥), ㅍ(창문과 바닥)'의 구성 형태를 닮았다. 그 이미지는 숲 속의 집 한 채 같다. '백지에 숲'을 크고 작게 변형해 가면서 쓰다 보면, 공간에 들어선 한 채의 한옥을 측면에서 바라보는 느낌이 든다. 이어서 어느 사찰 마당에서 고개 들어 중후하고 온화한 절집 건물을 바라보는 느낌 같다는 생각일 때도 있다.
 전주 한옥마을 거리에는 여유와 낭만이 흐른다. 경쟁의 바람 대신 골목골목을 돌아가는 바람이 돌흙 담에서 한숨 고르고 가는 듯 누그러져 느긋한 바람으로서 속도감을 잊게 한다. 사람

사는 동네의 인심과 그들의 숨결이 섞여 안온한 느낌이요 그 바람 돌담과 흙담 어게 아래로 돌아 소리를 잃은 강물 같이 흐르면서 찾는 이들 가슴에는 쉼표를 찍게 한다.

숨 쉬기 편안한 곳이 숲이요 한옥의 대청마루이다. 강가에 서 흐르는 물을 보면, 강의 유속 따라 우리들 생명 길도 저 강물 같다고 한 성현의 말씀을 생각하게 된다. 그러나 숲속에 들면 나무 가지 사이로 흘러드는 햇빛은 마냥 다사하고 부드러워 마음을 평온하게 한다. '침묵 속의 휴식' 그게 숲이 우리에게 들려주는 언어요. 살가운 강요다. 그래서 숲의 시간은 헐겁고 느슨하다. 그 가운데 숲의 표정을 읽어 본다면, 저마다 개별적 존재의 존엄을 지키기 위해 우뚝하고 듬성듬성하게 서 있다는 것이다. 무질서한 가운데 질서를 지키며 지내는 기운을 느끼게 된다. 숲속 푸른 질서는 저마다의 위치에서 제 빛과 그늘로서 그리고 높낮이로서 조화를 이룬다. 한편 나무도 살기 다툼의 결과로서 개체간 거리를 유지하는 것 아니겠는가 싶기도 하다. 그런가 하면 나뭇잎들은 생겨나 낙엽 될 때까지 쉬지 않고 바람에 흔들리면서 보대끼는 가운데 반짝이는구나 싶다. 삶이 고단하고 세상이 떫고 마음속에 먼지가 날릴수록 산속으로 사라져 버린다면 하는 생각을 하게 되는데, 나도 모를 그 어떤 멀고 먼 원인이 있을 것 같다.

내 안의 감성과 느낌의 예민성은 90%가 어린 철 농촌 환경에서 형성된 것 같다. 그리고 그 속에서 체득한 문명과 자연의 언어와 상상과 일상적 지식의 판단 기준이 나의 인간성이 되고 성격의 줄기가 된 것 같다. 그래서였을까. 나는 내 아버지가 도시의 부자와 고위 공직자와 정치꾼이 아니고 농부의 일생을 가난하게 밟으며 선하게 사시는 것에 대해 불만을 가져본 적이 없다. 그럼으로 나는 어디서든 당연히 내 아버지는 농부였노라고 말 할 수 있었다. 농가 마을은 산자락을 끼고 발생했다. 들의 논밭을 품고 뒤로는 산을 두었다. 그리고 산에는 숲이 있어 감나무, 밤나무, 소나무, 으름나무, 다래나무, 싸리나무 등이 자라고 있었다. 참나무나 자작나무숲, 대나무 밭이 있다면 더욱 좋은 숲이었다.

  나의 사회적 상상력은 가난하다. 그래서 인간적 욕망 또한 작은 사이즈였다. 처음부터 큰 사람, 큰 꿈은 아니었다. 학창 시절 외교관이나… 하다 말았다. 철들어 나의 결핍과 힘들었던 환경이 내 삶의 원동력에 근육이 되어주었다는 생각도 들었다. 그러나 나도 한때는 심장이 터질 것 같은 행운이 온다면 그것은 '복권 당첨'일 것이라는 생각을 허실삼아 해보았다. 지금처럼 로또복권이 있기 이전 주택 복권을 사볼 때의 일이다. 그리하여 서울 출장 기회에 사무실 동료에게 선물이랍시고 500원짜리 복권을 사와 나눠주기도 했다.

  신문에서 읽었던 우스갯소리다. 시골 청년이 복권에 당첨되었다. 그는 이 지긋지긋한 지게도 필요 없겠다는 생각이 들었다. 그리하여 높은 산으로 올라가 아래 강물에 지게를 던져 버렸다. 그런데 아차! 그 지게 멜빵에 복권을 고이 접어 넣어두었던 것-. 한 성도가 복권에 당첨되었다. 아무래도 하나님의 은혜 같아 교회로 가서 목사님께 당첨금 전액을 헌금하겠다고 했다. 그 말을 들은 목사님은 바로 심장마비로 소천하고 말았다. 이 글을 끝으로 나는 복권에 대한 꿈을 접고 살았다.

한자의 행^{幸}을 보면, 흙토^土 아래 한 획이 빠진 양羊 자로 조합되어 있다. 드넓은 대지 위에서 풀을 뜯는 양의 신세가 다행이요 행운으로서 기뻐할 은총인데 내게는 거리가 먼 나라의 일이라고 생각하고 걸어왔다. 하지만 꿈에라도 가상공간에서라도 '로또복권'이 당첨된다면, 나는 산을 사고 싶다. 볕 좋은 산, 그곳에 숲을 가꾸어 수목장으로 가꿀 수 있으면 좋겠다. 그리고 그 근처에 '숲' 자 같은 집 한 채 세우고 그 안에서 촛불 켜 놓고, 쉬고 생각하고 깊이 외로워하면서 책을 읽겠다. 조용히 고즈넉한 시간 속에 혼자 웃음 지으며 보내고 싶다. 때로는 낙엽 쌓인 마당을 쓸면서 지나가는 바람에 손인사하며 늙음의 표정으로 나이 들어가는 숲을 바라보고 싶다. 그러다 어느 날 수목장의 나무 아래 묻히는 것인데 그 또한 내 복에 과하겠지 싶다. (김경희)

행운을 나누며
살고 싶다

 이 세상에 태어난 자체가 행운이고, 천생연분인 남편을 만나 삼남매 낳아 지금까지 건강하게 살고 있음이 행운인데 일확천금을 꿈꾼다면 과욕이다. 그래도 그런 행운이 주어진다면? 생각만 해도 가슴이 떨린다.
 좀 더 나은 삶을 살기 위해서든 돈이 절대적으로 필요해서든 절망스러운 삶에 희망의 끈이 되어 주기 때문이든 사람들은 끊임없이 복권을 사고 또 산다. 내게도 복권에 대한 잊을 수 없는 기억이 있다.
 70년대 말에 상경하여 동생 둘과 단칸 월세 방을 전전하며 살던 시기엔 주택복권 1장에 100원, 1등 당첨금은 1,500만 원이었다. 그 돈이면 집 2채를 사고도 남는 큰 액수였다.

난생처음으로 복권이라는 것을 2장 사 들고 희망에 부풀어 밤잠을 설쳤다. 만약 1등에 당첨된다면? 집 한 채를 마련하여 해마다 계약이 만기 되거나 집세가 올라 이사 다녀야 했던 불편을 없애야지. 그리고 시골에서 농사짓고 계시는 할머니, 할아버지께 용돈을 드리고, 7남매 장남이라는 무거운 짐을 지고 살아가는 부모님의 짐도 덜어드려야지. 또 함께 살면서 항상 여의치 않아 서울대 물리학도이면서도 전문서적 하나 제대로 구입하지 못하고 면학에 힘쓰는 남동생에게 원서를 실컷 사 주고, 병원에서 물리치료사로 근무하는 여동생에게도 하고 싶은 공부를 더 할 수 있도록 도와주겠다는 이런저런 생각들은 꼬리를 물고 늘어져 밤잠을 설치게 했지만 행복했다.

행복한 시간은 주택복권 당첨번호가 발표될 때까지 유효했다. 꿈에 부풀어 영등포 도림동 종점에서 콩나물시루 같은 버스를 타고 명동까지 먼 출퇴근길이었지만 힘든 줄 몰랐다. 희망찬 얼굴에 화색이 돌고 동료 간에도 화목했으며 그 어떤 일도 수월하게 진행되었다. 주택복권 당첨번호를 알기 전까지는.

기대가 컸던 만큼 실망도 크기 마련이다. 다시 암울한 현실로 돌아와 스산한 삶을 이어가며 아버지를 생각했다. 아버지 하나만 바라보고 있는 아버지의 부모형제들, 할아버지는 왜 빚보증 서줘 금쪽같은 전답을 깡그리 없애고 많은 식솔을 나락의 삶으로 떨어지게 했는지, 왜 고모, 삼촌들은 할머니, 할아버지가 계시는데도 식솔 딸린 장남에게만 의지하며 불평불만을 일삼는지 이해하지 못했다.

하지만 한 주도 빠짐없이 주택복권을 샀던 아버지의 심정은 조금이나마 이해할 수 있었다. 아버지가 사는 복권은 가난에서 벗어나고 장남이라는 무거운 어깨의 짐을 덜 수 있는 한 가닥의 희망이자 돌파구였다. 여고 시절엔 복권에 매달리는 아버지의 모습이 싫어 불로소득은 좋지 않다며 항변하기도 했다. 그럼에도 아버지의 복권 사랑은 돌아가실 때까지 계속 되었고, 서민을 위한 주택 기금 마련에 보탬이 된다며 복권 사는 일을 지성으로 하셨다.

아버지는 돌봐야할 부모형제와 성장한 4남매의 자식에게 큰 도움이 되지 못함을 항상 안타까워 하셨다. 당신이 겪은 가난의 쓰라린 고통을 자식들에게만은 겪지 않도록 해주고 싶은 마음이었다는 것을 내가 부모의 입장이 되고서야 알았다.

이순을 바라보고 있는 지금, 남들은 부러울 것 없는 사람이라고 말하지만 속내는 그렇지 못하다. 종가의 맏며느리이고 친정에서 맏이라는 입장이고 보니 챙겨야 할 일도 많고 항상 부모의 맘이 되어 양가 11남매가 모두 잘살기를 바란다. 그런데 세상일이란 게 그렇게 녹록치가 않다. 어려움에 처한 형제들이 있기 마련인 것이다.

친정아버지가 그랬던 것처럼 남편도 매주 로또복권을 사 들고 꿈에 부풀곤 한다. 그런 남편에게 허황된 꿈에 부풀기보다는 피땀 흘린 대가가 더 값진 것이라 일성을 고하면서도 나 역시 기분 좋은 꿈을 꾸면 로또복권과 연금 복권을 사 놓고 어김없이 날밤을 샌다. 20대에 100원짜리 주택복권 2장을 사 놓고 밤잠을 설쳤던 것처럼.

만약 로또복권 1등에 당첨되는 행운이 온다면 제일 먼저 뭘 할까? 어려운 형제자매와 자식들에게 힘을 실어주고 싶다. 그리고 십 수 년 전부터 후원해 오고 있는 몇 개의 단체에도 넉넉하게 후원해야겠다. 혹여 남는 돈이 있다면 남편과 세계여행하면서 여생을 어떻게 보낼 것인지 제2의 인생도 설계하리라.

또 자식들과 형제자매 이웃에게 누가 되지 않는 삶이 되도록 하면서 3년에 한 번씩 작품집을 출간할 수 있도록 여윳돈은 남길 것이고, 내가 받은 행운을 골고루 나누며 살고 싶다.(김미자)

내가 복권에
당첨되면

    나는 복권을 사지 않으니 당첨이 될 일도 없지만 만약 그런 거액의 공돈이 생긴 걸 아는 순간 바로 병원을 찾아 가는 게 옳을 것이다. 심장마비가 오면 만사휴의萬事休矣 아니겠는가? 진정제 따위로 일단 흥분을 가라앉힌 후 가장 먼저 취할 조치는 내 휴대전화와 집 전화의 번호를 달리 바꿔버리는 것이다. 내 돈을 뜯어 가려는 자들의 해코지와 감언이설에 현혹당하지 않기 위해서다. 이런 사람들에게 노출되어 연일 시달리다 보면 내가 해야 할 일을 하나도 제대로 할 수가 없을 것이다. 그리곤 아내와 자식에게 당첨 사실을 알리고 어린 손자들이 유괴되지 않도록 주의할 것을 당부해야 할 것 같다. 히죽히죽 웃고 다니면 낌새를 챌 테니 황사 마스크라도 쓰고 다니라 할 것이다.

그리고 나는 내 아내에게 "이 돈의 절반을 줄 터이니 이제 더 이상 날 따라 다니며 고생하지 말고 어디든 가서 맘대로 여생을 호강하고 사시오. 그동안 정말 미안했소. 이혼을 굳이 해 달라면 해 주겠지만 당신은 지금부터 무조건 자유요" 마음에 없는 말이지만 이때 통 크게 안 해보면 언제 하겠는가? 그리고 반드시 "돌아오고 싶으면 언제든 와도 좋소"라는 말도 잊지 말자.

나머지 절반만 해도 막대한 자금이니 이걸로 얼른 내가 경영하고 있는 창작마을 "지례예술촌"을 비영리 재단법인으로 만들어 버릴 것이다. 말하자면 당첨금을 출연하여 법인을 만들면 그 돈은 법인 재산이 되어 아무도 함부로 쓸 수가 없을 테니까 말이다.

내가 추진하고 있는 사업이란 지례예술촌의 시설보완이다. 그리고 나는 조상님들의 산소를 정비할 계획으로 머리가 지끈거리고 있으니 이걸 재단 사업에 넣어서 산소 정비 사업을 결행할 것이다. 예술촌의 시설보완으로는 첫째 종합 전시관 설립이다. 1만여 점의 도서와 수백 년 간의 문중 유물과 이곳을 다녀간 현대 예술가들의 작품을 전시할 수 있는 꽤 큰 전시관이 필요하기 때문이다. 현재 예술촌에는 약 100여 점의 박물관 자료, 8,000여 권의 서책이 있고 도둑의 침샘을 자극하는 오래된 골동과 고서 1,200여 권, 고문서 1,300여 점은 모두 한국국

학진흥원 수장고에 보관하고 있다. 그리고 수 백리 밖에 흩어져 있어서 성묘가 불가능한 조상님들 산소의 묘비와 상석, 망주 등 석물들을 예술촌 경내로 옮기면 이는 묘소를 정비하는 겸 명실 공히 종합 전시관이 되는 것이다.

그리고 예술촌의 객실과 식당과 스튜디오 등 기본 시설을 확충하고 휴게실, 매장 등 편의 시설을 갖춘다. 그런 다음 예술촌 주위를 산책할 수 있는 한 시간 거리의 아름다운 숲길-"예술가의 오솔길"을 만든다. 대문 앞 임하호에는 선착 시설을 만들어 배가 드나들 수 있게 하고 황포 돛배를 하나 띄운다. 스무 명 이상이 앉아서 시낭송도 하고 연주도 하며 선유를 즐길 수 있게 만들 것이다. 뒤쪽 계곡에는 자연 휴양림을 만든다. 몇 자리 오토 캠핑 시설도 갖춘다.

이것은 전통과 예술과 자연을 함께 체험할 수 있는 국내 최상급 종합 레저 콤플렉스이며 전통 호텔로서 전 세계의 아티스트 콜로니 중에서 가장 아름다운 명소가 될 것이다. 이 시설을 유지 관리하고 운영하는 인력으로는 내가 이제껏 살아오며 신세진 사람들과 그의 자녀들을 취업시킴으로써 보상을 하거나 금전으로 은혜를 갚을 것이다. 내가 죽기 전에 세상을 위해 해야할 일은 여기까지이다.

그런 후 나는 재단 일을 실무자에게 맡겨 두고 이제까지 가보지 못했던 국내외의 여러 명소를 찾아서 여행을 떠날 것이다. 또한 세계 여러 나라의 예술촌을 순방하여 관찰하고 견학하고 교류할 것을 제안하는 것이다.

　나이 70이 넘었으나, 건강이 이만하고 다리가 성할 때 얼른 다녀와야 할 것이다. 아내와 함께 가고 싶지만 억지로 가자고 하진 않겠다. 십중팔구 따라 나서겠지만 그럴 경우 반드시 여행 중에 불평을 하지 않겠다는 각서를 받아 둘 생각이다.

　여행 전에 챙길 것으로는 외국어로 번역된 내 시집들이다. 그걸 보여 주고 외국 출판사와 출판 계약을 맺고 올 것이다. 그리고 예술촌 홍보지 및 초대장을 가지고 갈 것이다. 외국의 유명 예술인들 손에 내 시집과 초대장을 직접 쥐어 주는 것이다.

　그러고 돌아 와 나는 예술촌에서 가장 조용한 방 하나를 정해서 진짜 장기 집필에 들어 갈 것이다. 아예 전화도 TV도 없애고 작품에만 전념할 것이다.

　때로는 산책길을 걷고 때로는 낚시도 하고 때로는 순풍에 돛을 달고 호수 위에 떠 있어도 보고 때로는 날 찾아 온 귀빈들을 맞아 공연을 곁들인 조촐한 파티도 열 것이다.

　그리고 중요한 한 가지! 종가 음식 전문가인 아내에게 세상에서 가장 훌륭한 주방을 갖추어 주고 맘껏 맛있는 요리를 만들 수 있게 해 주는 것이다. 내 책과 아내의 음식 준비가 완성 되는 날 나는 전 세계의 예술촌 촌장을 초대하여 "세계예술촌대회"를 개최하고 싶다. 그러고 보니, 우선 오늘 당장 복권부터 한 장 사야할 것 같다.

　(나는 이 글을 시인 김연대에게 보냈더니 자기도 복권 당첨되

면 갚을 테니 3억만 빌려 달란다. 이러니 나는 내 이-메일 주소도 바꿔버릴 생각이다.)(김원길)

신념을 깨고 산 복권

내 어릴 적 꿈은, 한 됫박씩 튀겨다 먹던 쌀 강냉이를 어른이 되어 돈을 벌어 한 가마 정도 튀겨다 방안 가득히 넣어 두고 그 속에 밤낮 묻혀 입만 벌리면 자동으로 강냉이가 입안으로 들어와 달콤한 맛을 먹는 것이었다.

지금 생각하면 허무맹랑하여 그 돈이라면 애주가로서 건강이 뒷받침 하는 대로 좋은 안주와 술을 먹는 것이다. 그러나 그 꿈은 성인이 되어 삭제 해버린 상태라고 하는 것이 옳다.

당시 가난한 농촌에 겨울에 먹을 것이라곤 여러 형제자매와 조카 까지 세끼 배고픈 밥과 양지 바른 야산에 어쩌다 만난 칡

뿌리를 캐어 칡 끈 까지 씹어 단물을 빼먹는 것이었다.

　그때에 뻥튀기 장사가 온 겨울 내 한, 두 번 들어오니 강냉이 장사가 오는 날엔 아이들에게 잔치라 하지 않을 수 없었다.

　이집 저집에서 엄마가 주는 곡식이나 누룽지 말린 것을 "뻥이요! 뻥!"하며 뻥튀기 장사 앞으로 곡식을 담은 그릇을 차례로 당겨 놓으며 어서 빨리 우리 것도 '뻥'이 되도록 자루를 들고 기다리다 마침내 강냉이가 되면 자루를 흔들고 집으로 내달려 여러 형제자매가 각자 몫을 받아먹는 것이 가장 행복한 먹을거리로 지금에 와 이해는 될 일이었다.

　내 나이 대여섯 살 정도로 빨래를 하는 누나를 따라 남루(襤樓)를 걸치고 우물에 따라 다닐 때, 보리 개떡이나 시원한 냉수에 타 먹는 사카린의 단 맛은 흔치 않았다. 아껴 먹으려고 손바닥에 쏟아 핥아 먹다가 조금 남은 것을 강냉이 같이 튀겨 먹으려고 빨래를 하는 누나에게 물었다.

　"누나! 이 사카린을 샘 구멍에 타 놓으면 전체 옹달샘이 단물이 되나?"

　"으~응!"

　샘 아래편에 빨래를 하던 누나는 웃으며 타보라 하여 종이에 싸온 것을 탈탈 털어 넣고 먹어 본 결과 그 샘이 맹물이었음은 웃을 일도 아니다.

　더욱이 청소년이 되면서 어른이 되면 돈을 벌어 농, 목장을 운영하여 고아들과 불우 청소년이 돈 때문에 학교를 못 다니는 일이 없도록 등교 시간은 학교에서 공부를 하게하고 방과 후엔 일을 시켜 자급자족하여 사회사업을 하고 싶었었다.

우리 형제자매는 초등학교도 제대로 다니지 못했고 역대로 졸업하며 사친회비(육성회비)를 모두 낸 아이는 없었으며 출석률 보다 결석 일 수가 더 많아 춥고 배고프게 자라 위와 같은 마음을 지니게 되었음이 크게 무리라고 할 수 없었다.

그리고 성장하여 열심히 살아 온 덕택에 검정고시를 거쳐 공직에 정년을 마치고 문학 단체를 이끌거나 사회사업을 하게 되었음은 운명에 고마워 할 일이라고 만족해야 할 환경이 되었지만 슈바이처, 톨스토이, 제갈공명 같은 성인과 정의를 위해 일 하지 못하여 체념하고 내가 잘 살 때 도와주려던 마음을 접고 조금씩 걸인을 만나면 도와주고 형제자매에겐 더 말할 것이 평생을 돕고만 살아오던 중이다.

그런데 몇 년 전 드디어 대박의 꿈을 꾸고 로또복권을 사게 되었다. 시골에서 자란 나는 동네 어느 분이 인분을 받아 거름으로 쓰기위해 허술하나마 우리 집 화장실 같은 콘크리트로 큰 사각 통을 동네 입구에 만들어 놓았던 것을 기억한다. 그러한 인분통과 누런 똥이 발 디딤 송판은 몰론 언저리 까지 널려 있는 생생한 꿈을 꾸어 집사람에 신통한 꿈 내용을 말하고, 요행을 바라지 않고 내 노력으로 살아왔던 신념을 깨고 복권 두 장을 샀다.

당연히 돈도 가져야 할 사람이 지녀야 한다. 예를 들어 큰 부자가 되어 돈이 없어 약을 먹지 못해 치료도 받지 못하는 동기간이나 주위 사람에게 비싼 외제차를 끌고 와 보란 듯이 거들먹거린 다든가 수학여행을 떠난 단원고 학생들의 부모님이 "진실만을 밝혀 달라"며 단식하는 곳에서, 한 사람당 일당 백만 원씩 줄 테니 시식 먹기 대회의 연출로 어깃장을 놓는 다던가, 이웃집 사람이 굶어 죽어도 TV에 나오는 '불우 이웃돕기'에 줄을 선다든가 한다면 그 사람은 돈이 없는 선량한 빈민자 보다 못하다.

다행이 평생 처음 사서 아내와 조심스럽게 맞춰 본 내가 산 복권은 단돈 천 원짜리에 당첨 된 것으로 끝났다. 그러나 나는 지금도 너무나 불행한 체험으로 작은 정성에도 눈물이 나니 진인사 지천명으로 살아 갈 뿐이지만 아무리 국민들과의 이간질인 연금법이 개정 된다 해도 막걸리에 라면의 삶으로 진실 되게만 살아야겠다.

만리장성을 쌓은 진시황의 친부(親父)라는 '사람장사'의 여불위 보다 진정의 형제자매 이웃과 사회인으로 말이다. (김응만)

황당한
로또의 꿈

    종구는 꿈 많은 섬 출신 10대 소년이다. 서해 절해의 고도 고군산 군도인 밤섬에서 어부의 아들로 태어났다. 조각 섬이기도 한 동네는 30여 가구에 1백여 명의 주민이 고기잡이를 생명 수단으로 삼고 있다. 그래도 종구네 집은 궁핍한 생활은 하지 않으며 6남매의 자녀들과 함께 다복한 생활을 하며 살아왔다.

    그런데 청천벽력같은 일이 생겨났다. 다름 아닌 30대 중년인 어머니가 섬의 한 모퉁에서 바다에 빠져 목숨을 잃었다.

    이로 인해 어선(중선)이 두 척이나 되지만 불과 3년여 만에 모두 팔아야 하는 운명에 처하게 되었다. 아버지는 군산 시내에 나와 매일 밤을 술로 보내는 안타까운 처지에 이르렀다.

 종구는 군산에 나와 공부를 하겠다며 아버지를 졸라대 결국 중학교에 진학을 했다. 그러나 그것도 학비 조달로 인해 밤에 점포 경비 일을 해주는 아르바이트를 시작하여 중·고등학교를 졸업하고 서울로 대학을 진학하는데 성공했다.

 판검사가 되겠다며 법학을 전공하며 당시 고등고시를 준비했으나 몇 번의 실패가 거듭되자 신문기자의 길로 들어섰다.

 신문기자가 되었지만 여기까지 오는 동안 경제적 문제로 너무나 고통 함을 맛보아서인지 가정 경제는 알뜰한 아내에게 월급으로 생활을 하도록 하고 로또복권을 사기 시작했다.

 어느 듯 결혼도 하고 자녀도 3명이나 갖게 된 종구는 로또 당첨의 환상에 젖어있다. 몇 억을 한 손에 쥔다면 우선은 정치적인 꿈이 있는 만큼 정치자금으로 사용할 계획을 세웠다.

 그런가 하면 로또에 두 번만 당첨이 된다면 정치자금은 물론, 남부럽지 않은 억대의 좋은 집도 마련해야 겠다는 설계까지 마친 상태이다.

 매주 새 로또가 발행하는 날이면 남보다 먼저 구입할 욕심으로 판매소로 달려가 10여 장의 로또를 구입하며 발표하는 순간을 기대에 찬 꿈으로 지켜보았다.

 1년여를 기다리며 로또의 꿈을 버리지 못하고 취재와 기사를 쓰는 순간을 빼놓고는 밥을 먹으면서도 술을 마시면서도 언제나 로또에 푹 빠져있는 상태를 벗어나지 못했다.

중간중간 어쩌다 몇 만 원짜리 몇 장이 당첨이 되면 0하나가 틀렸다느니 숫자 하나가 잘못됐다는 등 한숨을 내쉬며 땅 바닥을 치는 경우도 많았다.

이럴 때마다 종구는 어머니를 잃었을 당시보다 중·고·대학을 아르바이트(당시는 고학이라 표현)로 다닌 당시를 회상하며 "이렇게도 복이 없느냐"며 "어머니 복도 없는데 행운 복도 더럽게 없다"며 고향인 섬의 앞바다인 수평선을 그려본다.

차라리 몇 만 원짜리도 아예 당첨이 안 되면 포기할 수도 있으련만 10여 장 중 1~2장은 꼭 당첨이 되므로 인해 포기를 못하는 마약 같은 존재로만 느껴진다.

때로는 "골초 소리를 들어가면서도 담배를 피우는 사람들의 심정을 이해하겠다"며 "분명 내가 로또 중독환자가 되었구나" 하고 자신의 처량함을 떨치지 못하고 있다.

종구는 1년여가 지나면서 자신의 허황된 꿈이 얼마나 비참한 생각이었는지를 깨닫게 된다. 그것도 신문기자라는 지식인이라는 평을 받고 살기 때문에 더욱 그러했다.

그런가 하면 로또에 당첨이 된 행운아들이 결국은 일확천금으로 인해 사기 등으로 자살을 하거나 피살을 당하는 사건이 발생함에 따라 노력의 대가가 아닌 일확천금의 횡재를 얻은 결과를 확인할 수 있음에 깊이 인식을 한다.

인생의 세상살이를 잠시나마 잊고 로또의 마력에 빠져 허무한 현실을 가까스로 자신의 노력으로 그동안 살아온 원 위치에 되돌려 놓았다.

꿈과 고민과 번뇌의 연(緣)이 한 순간의 판단 착오나 실수로 이어지면 어떤 결과가 오는가를 시험해 보는 인생의 심오함을 새삼스럽게 느끼게 되었다. 종구는 어느 듯 70대 중반이 된 노인이다.

종구는 나와 자신을 함께하는 친구다.(김철규)

대박의 꿈

　미국의 서브프라임 모기지론에서 촉발된 금융 쓰나미가 한동안 세계를 휩쓸었다. 얼마 뒤 진정되는 기미가 있어 안도의 한숨을 돌리려는 차에, 그리스의 재정 위기와 유로존의 휘청거림으로 세계 경제는 불황에 빠졌다. 석유 가격이 폭락하면서 산유국과 비산유국의 희비가 엇갈리지만, 언제 석유 파동이 재현될지 세계는 전전긍긍하고 있다. 세계는 이제 글로벌 시대다.
　청년 실업은 심각한 사회문제로 대두되었고 부의 분배, 노인 문제, 복지 확대 등은 시급히 해결해야 할 국가 현안으로 떠오르고 있다.

"대박 나세요."

요즘 유행하는 화두다. 대박은 무엇인가?

대박이란 큰 물건이나 이득을 비유하여 이르는 속어로, 낚시터에서 오래전부터 사용해 왔다는 주장이 있다. 혹자는 피박, 광박 등과 같이 고스톱에서 사용해 온 용어라고 말한다. 어찌됐건 횡재나 다름없는 이익을 본 경우를 대박이 났다고들 말하고 있다.

우리 주위에 부동산의 신화는 깨어진 지 오래고 주가는 하루가 멀다고 춤을 춘다. 피해자는 항상 개미들이다. 정년퇴직을 하고서 가진 돈을 조금 늘려보겠다고 집적댔다가는 본전도 못 찾는다. 예전에 머리를 좀 쓰면서 주식 거래로 점심값을 해결한 때가 있었다. 이제 시간의 여유가 있어 다시 그래볼까 생각해 보았지만 턱도 없는 일이다. 가만히 있는 게, 이율은 낮지만 은행 이자라도 버는 것이다. 물가 인상률보다 은행 이자율이 낮아 큰 기대를 할 수 없어도 도리 없다. 내가 나서서 물가를 잡을 수도 없는 일이요, 이자율을 높이라고 목소리를 낼 수도 없다. 세상에 경제정책 같이 어려운 것이 있을까? 경제 엘리트들에게 맡기고 지켜보는 수밖에 없다. 그들이 정말 서민을 위해서 올바른 정책을 제대로 펴나가기를 바랄 뿐이다.

나는 한때 복권을 사 보았다. 꿈이 그럴듯할 때에 한해서다. 당첨되면 절반은 교회에 헌금을 하겠다고 기도를 했다. 그러나 절반 내겠다는 교인이 천지다. 전부 바치겠다고 해도 될까 말까 하는데……. 복권은 무주택자 집 짓는데 벽돌 몇 장 보탰다 생각하면 될 것이다.

신경숙의 소설 《엄마를 부탁해》가 미국 도서 시장에서 힛트를 쳤다. 대박이 난 것이다. 영화 '국제시장'은 관객 1천만 명을 동원하여 역시 대박을 맞았다. 이것은 그냥 앉아서 이룬 것들이 아니다. 전문가들이 오랫동안 구상을 하고 땀을 흘려 이룬 값진 대가인 것이다. 아이돌 그룹의 케이팝K-POP, 싸이의 '강남 스타일' 등 연예계의 한류 열풍이 세계 도처를 달구었다. 예전엔 상상도 못한 일들이다. 그냥 어쩌다 이루어지는 것은 결코 아니다. 많은 사람의 창의와 열정이 이루어낸 결과라 하겠다.

2003년 4월 12일 407억 원의 초대박 로또복권이 당첨되었다. 춘천 중앙로의 한 판매점에서 구입한 복권이었다. 복권을 사려는 사람들로 줄이 길게 선다. 복권을 5초 만에 내주어도 줄이 줄어들지 않는다고 한다.

얼마 전 미국 코네티컷 주에서 사상 최대 금액인 2,911억 원의 복권이 당첨되었다. 월가의 금융인이 수령했으나 진짜 당첨자는, 몰려드는 사람들을 피하기 위해 당첨금 수령을 부탁했을 것이란 소문이 무성했다.

나는 젊은 시절 성인 오락 게임에 빠진 적이 있었다. 친구 따라 관광호텔 오락실에서 처음 시작했다. 원금의 몇 배를 딴 적이 있어 그 묘한 마력에 빠져들었다. 결국 돈은 있는 대로 모두 잃고 말았는데, 비싼 수업료를 내고 수료했다.

　강원도 태백시의 카지노에 대한 이야기가 가끔 들린다. 한두 사람의 대박 뒤에는 수많은 이의 한숨과 절망이 쌓여있다. 대박이 났다 하더라도 그 달콤한 유혹에 끌려 또다시 발을 들여 놓게 된다고 한다.

　로또복권 1등에 당첨된 사람 중에 이혼, 알코올중독 등으로 신세를 망치는 경우가 종종 있다. 대체로 복권 당첨자의 1/3 정도가 파산하는 것으로 조사되고 있다.

　미국 USA 투데이지는 과거 복권 당첨자 사례를 보아, 복권 대박은 비극의 시작일 경우가 많다고 하였다. 소송에 휘말리기 일쑤고, 잊었던 친지가 몰려오며 자선단체의 기부금 요청이 끊이지 않고, 종종 도박이나 약물에 빠져 빈털터리로 삶을 마감한다는 내용이었다.

　연말 연시에 복권 판매량이 위험 수위에 이르렀다며 사행산업통합감독위원회가 복권 판매 중단을 권고한 적이 있다. 깊어가는 불황 탓인가, 요행을 바라는 인간 심리 탓인가.

　막연한 소망만으로 꿈을 이룰 수는 없다. 나는 스스로 잘 한 일이라고 생각되는 것을 하나씩 수첩에 적는다. 100 가지가 채워질 때에 하나의 소원이 이루어질 것이라는 자성예언自成豫言을 하였다. 작년 연말쯤 아프리카에 생필품을 보내자는 단체에 작은 기부를 했다. 이제 1년이 지나면서 99가지 '잘한 일'을 했다. 별로 보잘 것 없는 일도 있지만 나름대로 소중한 기억들이다. 한 가지를 마저 채우면 소원을 빌 것이다. 아내의 수술을 앞두고 있어 수술이 잘 되어 건강을 회복하는 게 나의 소원이다. 틀림없이 이루어지리라 믿는다.

선善한 끝은 있어도 악惡한 끝은 없다고 한다. 선한 행위가 쌓이지 않으면 복福은 재앙을 부른다. 무작정 대박을 바라지 말고 대박을 맞을 수밖에 없는 선한 일을 꾸준히 해나가야 한다. 내 시대에 대박이 없다면 아들, 손자 대에 가서라도 틀림없이 대박이 날 것이다. (김현준)

행복한 거짓말

　침대 시트 무늬가 노려보는 것 같아 가위로 오렸다며 어머닌 내 눈치를 살핀다. 시트 무늬는 장미꽃이었다. 면 소재에 새겨진 장미꽃 무늬는 그 형체가 희미하나 은은한 분위기여서 언제 봐도 정이 간다. 내 딴엔 비싼 가격을 주고 침구점에서 맞춘 시트였다. 멀쩡한 침대 시트에 손바닥 크기만큼 구멍이 뻥 뚫린 것을 볼 때마다 아까운 마음이 들었으나 겉으로 내색할 수 없었다. 오히려 "잘하셨어요." 이렇게 맞장구를 쳐주어야 했다.
　어머닌 요즘 때때로 환각과 환청에 시달리는 듯하다. 눈만 감으면 눈앞에 귀신들이 나타난다며 무섭다고 몸을 웅크리곤 한다. 어느 날은 몇 시간 집을 비웠더니, 어디 가서 젊은이처럼 머리를 커트하고 와서는 거울을 들여다보며 "나 예쁘지?"를 수 없이 묻곤 한다. 척추 골절, 흉부 골절로 당신 몸도 제대로 가누지 못하는 분이 어디서 그런 힘이 났는지 도무지 이해가 안 된다.

남동생의 갑작스런 죽음에 어머닌 그 충격으로 초기 치매 증세를 보였었다. 지금은 다소 호전이 된 듯하나 그간 나는 참으로 힘들었다. 혈육이 아니고선 그렇게 하지 못하였을 것이란 생각을 여러 번 했다.

뼈 골절의 고통 여파인지 최근엔 치매 증세가 다시 도지고 있다. 금세 식사를 하고도 "네 년이 밥을 안 주니 내가 허기가 진다."라며 내게 욕설까지 하는 어머니다. 사실 요즘 나는 어머니에게 우리 자식들은 당신의 목숨이며, 인생의 전부라는 생각으로 살고 있다. 어린 날 아무리 우리가 말썽을 피워도 매를 들거나 윽박지르지 않던 자애로운 분이였다. 그런 어머니가 요즘은 걸핏하면 내게 사소한 일로 짜증을 부리고 트집을 잡고 화를 내며 욕설까지 퍼붓곤 한다. 주방에 가스 불도 켜 놓는다. 화장실의 샤워기도 잠그지 않아 뜨거운 물이 '콸콸콸' 몇 시간 쏟아지게 한다. 그뿐만이 아니다. 뜬금없이 어린애마냥 울음을 터뜨린다. 그런 어머니를 지켜보며 어머니의 젊은 날을 떠올려 본다. 커다란 눈망울, 희디흰 피부, 적당한 키와 날씬한 몸매의 어머니의 모습은 어린 눈에도 복사꽃처럼 화사하고 아름다웠었다. 어머니는 학교에 올 때마다 선생님들의 시선을 한 몸에 받았었다. 그런 어머니였다. 지난날의 푸르름은 시든지 오래이고, 심신은 내 주먹만큼이나 왜소해진 어머니다. 나이 든 어린애라고 하였든가, 요즘의 어머니는 세 살배기 같다. 그 행동이 억장을 무너지게 할 때가 많다. 불쌍한 어머니! 눈물이 난다.

어머니를 홀로 집안에 둘 수 없어 모시고 가까운 대형 마트를 찾았다. 복권방 앞을 지날 때였다. 어머닌 지갑을 열더니 대뜸 복권 2장을 사서 내게 맡기며 "이 복권 당첨 되면 나 맛있는 것 많이 사다오." 하였다. 어머니의 간청에 그 복권을 받아 핸드백에 넣곤 까맣게 잊고 있었다. 그런데 어머니는 그 사실을 기억하고 있었다. "얘, 너 내가 사 준 복권 어떻게 했니?" 라는 말에 "네 어머니 그 복권 맞지 않았어요." 그렇게 대답하곤 얼른 컴퓨터를 켰다. 어머니의 복권 번호와 맞는 숫자는 하나도 없었다.

이후 며칠이 지났는가. 어머닌 또 당신이 산 복권을 기억해 내곤 내게 말을 건다. "얘, 너 그 복권 당첨 되면 나 은행 한 채 사줘, 그럼 사업 하느라 힘든 우리 아들 은행에 돈 다 갖다 줄 수 있잖니?" 한다. 알다가도 모를 일이다. 어쩌면 이렇듯 기상천외한 말씀을 하는 걸까.

막내딸이 조심조심 나를 자기 방으로 끌고 들어가더니, 할머니한테 희망을 드리면 어떠냐고 제의를 해온다. 할머니가 복권에 대해 물어오면 거짓 대답을 하자는 것이다.

엊그제 일이다. 어머니가 또 복권 이야기를 꺼낸다. 나는 어머니가 사 준 복권으로 우리 동네에 있는 새마을 금고를 한 동 샀다고 거짓말을 했다. 그리곤 금고에서 돈을 한 자루 꺼내서 동생에게 보냈다고 말했다. 어머니 만면에 화색이 돌며 갑자기 나를 끌어안더니 "역시 우리 딸이 최고야. 세상에 태어나서 오늘같이 기분이 좋기는 처음이구나. 이제 우리 아들 사업도 잘 될 테니 내가 오늘 눈을 감아도 여한이 없겠다."라고 한다. 어머니가 그토록 기분 좋아하는 모습을 최근에 들어 나는 처음 본 것 같다.

어머닌 극심한 고통의 와중에도 자식에 대한 걱정과 염려의 끈을 놓지 않았다. 사업 하는 남동생이 불황으로 회사 사정이 안 좋은 것을 가슴 한 구석에 묻어둔 어머니다. 심신이 고통스러운 상태에서도 자나 깨나 자식 걱정 만큼은 잊지 않는 어머니를 지켜보며 내가 어머니께 한 거짓말이 정녕 그릇된 게 아니었음을 새삼 깨닫는다. 오히려 어머니를 참으로 행복하게 해 드린 다는 사실에 이 거짓말을 멈출 수 없음을 느꼈다.

하루에도 몇 번씩 복권 당첨금 어찌 했느냐 어머니가 물어오면 똑같은 말을 되풀이 하곤 한다. 복권 당첨금으로 새마을 금고 한 채 사서 그 안에 있는 돈 한 자루 꺼내어 남동생에게 택배로 보냈다고 말하곤 한다. 이즘엔 복권 당첨금 애기를 더 자주 한다. 그럴 때마다 나는 같은 말을 앵무새처럼 되뇐다. 그러나 귀찮지 않다.

어머닌 딸의 말을 들을 때마다 잠깐이기는 하지만 잃어버린 기억을 되찾는다. 잃었던 두 눈에 초점이 생기고, 반짝반짝 보석처럼 빛이 난다. 그리고 몇 시간 동안 투정도 안 부리고, 한 마리 양처럼 온순한 어머니가 된다. 자식으로서 어머니께 이보다 더 좋은 효도는 없을 듯하다.

이렇듯 로또복권은 우리 어머니에게 최고의 명약이자 희망이다. 어머니가 로또복권을 산 것은 우연 아닌 절대자의 섭리라 믿고 싶다. 그 복권을 사지 않았다면 지금쯤 나는 어머니를 어떻게 간호할 수 있을까.

나는 어머니가 이 세상을 떠날 때까지 거짓말쟁이가 될까 한다. (김혜식)

로또복권과
네 잎 클로버

"당신도 인생 역전 할 수 있습니다." 로또 광풍이 전국에 몰아치면서 온 국민이 '대박'의 황금빛 꿈에 부풀어있다. 로또복권은 당첨금이 상상을 초월할 정도로 커서 광고 그대로 단번에 인생 역전이 가능하게 됐다.

언젠가 강원도 춘천의 어느 40대 공무원이 407억 원의 로또복권에 당첨돼 세상을 놀라게 했다. 세금 빼고 317억 6천만 원을 거머쥔 이 '억세게 재수 좋은 사나이'는 당첨금의 10%가 넘는 32억 원을 근무하던 직장의 장학기금과 몇몇 공익사업에 시원하게 내어놓는 등 선행을 베풀어 또 한 번 화제를 뿌렸다.

로또복권에 당첨될 확률은 814만 분의 1 정도라고 한다. 이 확률은 벼락을 서너 번이나 맞을 확률과 비슷하다고 하는데 행운치고는 기막힌 행운이라 아니할 수 없겠다. 그러나 사람들은 헛된 희망인줄 뻔히 알면서도 이 기적 같은 행운의 당사자가 다음번엔 혹시 나 일지도 모른다는 기대를 안고 로또 판매대 앞에 다가간다. 우리나라 성인 4명 가운데 1명 꼴로 로또복권을 산 적이 있다고 어느 조사 기관의 조사 결과가 있고 보면 로또 열풍이 이 나라를 얼마나 뜨겁게 달구고 있는지 짐작이 간다.

로또복권은 당첨금이 엄청나게 많은 것만큼 이에 대한 비판의 소리도 높다. 어떤 NGO 단체는 지나치게 사행심을 조장하고, 국가법 정신에 위배된다며 헌법재판소에 헌법소원심판청구소송을 냈으나 기각되기도 했다. 국회에서 어느 국회의원은 "대한민국은 복권 공화국으로 정부가 소액 복권을 통합해 판돈을 키워놓고 '돈 놓고 돈 먹기' 식의 한탕주의 문화를 조장하고 있다"고 쏘아붙였다. 로또복권 판매액 가운데 50%가 1~5등 당첨금으로 쓰이고 나머지 20%은 판매인과 운영기관인 국민은행, 시스템 사업자에 대한 수수료와 발행비용으로, 30%는 정부 참여 기관의 공익기금으로 배분된다고 한다. 여기서 1~4등 당첨자에게서 당첨금의 22%를 소득세와 주민세 명목으로 원천 징수하고 있기 때문에 정부는 가만히 앉아서 전체 판매액의 38%가 넘는 막대한 수입을 올리고 있다. 나라 경제는 지난 IMF 때 수준을 밑돌고, 서민들의 생활은 날로 어려워지는데 정부는 '불난 집에서 고구마 구워먹는 재미'에 넋이 빠져있다고 어떤 방송 진행자가 꼬집기도 했다.

로또복권 1등에 당첨되는 건 분명히 기적 같은 행운이다. 그러나 그 큰 행운을 잡아 큰 부자가 되면 행복도 그에 비례하여 커지는 것일까? 이것 역시 사람 나름이겠지만 꼭 그렇게 일치하는 것만은 아닌 것 같다. '로또 407억 당첨자 기쁨도 잠시 도망자 신세' 어느 지방 신문 기사의 제목이다. 그는 다니던 직장에도 사표를 냈고, 휴대전화마저 끊은 채 아내, 두 아이들과 함께 어디론가 잠적해 버렸다. "당첨을 확인한 순간 그렇게 바라던 승진 시험을 이제 더는 못 보겠구나 하는 생각에 마음이 착잡했으며, 15년 간 몸담았던 공직을 떠나야 하는 사실이 가장 안타까웠다"고 그는 심정을 털어놓았다고 한다.

'내가 만약 로또복권 1등에 당첨된다면' 이 나라 대다수 국민이 거의 한번쯤 해 보았을 이런 상상을 나도 해 보았다. 당장 놀라 까무러치거나 건강을 해치지 않으면 큰 다행일 것이라는 생각이 먼저 들었다. 그리고 우선 그동안 돈이 없어 못했던, 하고 싶었던 일들을 당장이라도 할 수 있어 기쁘겠지만, 그에 못지않게 크고 작은 걱정 근심에 잠을 못 이룰 것 같다. 도와 달라고 부탁하는 사람들은 문전성시를 이룰 테고, 거절했을 때 돌아올 원망 또한 오죽 할까. 부족한 듯 하는 삶에서 이뤄낼 때의 작은 성취감, 소유욕의 집착에서 벗어났을 때 찾아드는 마음의 평화와 소박한 행복은 이제 사라진 것은 아닐까. 이런 생각들이 가슴 한 구석에 어두운 그림자를 드리우리라고 예상된다.

며칠 전 내가 나가는 성당의 주일미사 때 주임 신부님의 강론 주제는 '세 잎 클로버와 네 잎 클로버'였다. 신부님이 언젠가 어느 피정(避靜)의 집(영적인 성장을 위하여 사회와 격리된 곳에서 묵상하고 기도하려는 신자들을 위해 마련된 천주교 시설)에서 피정을 하고 있을 때였다. 휴식 시간이 되어 정원을 거닐고 있었는데 우연히 클로버가 무리 지어 있는 한 곳에 발길이 멈추었다. 평상시 남들이 찾기 어렵다는 네 잎 클로버가 신부님의 눈에는 곧잘 띠었는데, 그날도 쉽게 하나 찾아 들고 들여다보고 있었다. 때마침 원장 신부님이 곁을 지나다 보시고는 빙그레 웃으며 하는 말씀이 "행운의 네 잎 클로버를 찾으셨군요. 그런데 세 잎 클로버는 무엇을 상징하는지 아세요?"였다. "글쎄요. 이렇게 흔한 세 잎 클로버에도 무슨 뜻이 있나요?" 신부님도 따라 웃으며 묻자, 원장 신부님의 대답은 "네 잎 클로버의 꽃말은 '행운'이지만, 세 잎 클로버의 꽃말은 '행복'이랍니다."였다. 신부님은 그때 지극히 평범한 그 말씀 속에 깊은 삶의 지혜가 함축되어 있음을 깨달았다고 했다.

사람들은 누구나 세 잎 클로버처럼 내 주위에 지천으로 깔려 있는 행복은 거들떠보지도 않고, 찾기 어려운 네 잎 클로버와 같은 행운이 언젠가 내게도 찾아오리라는 기대 속에 살아간다. 내 가족을 위해, 일가친척을 위해, 내 이웃, 내 직장 동료, 그리고 오다가다 옷깃과 눈길이 마주치는 주위의 모든 사람들에게 베푸는 것만큼 찾아오는 그 행복의 법칙을 모르고, 아니면 알고도 모르는 체 살아가고 있는 것이 우리의 삶이 아닌가. 신부님의 말씀이었다.

솔직히 말해 나는 '세 잎 클로버의 행복론'을 떳떳하게 주장할 처지는 못된다. 경제적으로 넉넉지 못한 퇴직자인 나로서는 그 벼락을 세 번이나 맞을 확률과 같다는 로또 대박의 유혹으로부터 결코 자유롭지 못하다. 점심식사 후 거의 매일 지나는 로또 판매점 앞에 나도 몇 번 서성이다가 번호 입력 카드를 몇 장 집어든 적이 있다. 지금까지 단 5천원짜리 복권에도 당첨된 적이 없는, 그런 행운과는 거리가 먼 나다. 그래서인지 나는 단 며칠이나마 대박의 황금빛 꿈에 젖어볼 몇 푼의 투자(?)도 부질없게 여겨져 아직 로또 대열에 끼지 못하고 있다.

그러나 지금까지 내가 걸어온 길을 되돌아보면, 나는 세 잎 클로버처럼 평범한 일상에서 행복을 찾으려고 노력보다, 네 잎 클로버의 행운에 기대를 거는 그런 유형의 삶을 살지 않았나 하는 생각이 든다. 어쩌면 오늘이 아닌 먼 훗날에, 이곳이 아닌 어느 다른 곳에 있을지 모를 환영 같은 행운을 쫓아 삶의 중심이 아닌, 그 변두리만을 배회했는지도 모르겠다.

요즘 와서 나는 내 가까이 있는 사람들과, 지금 함께 나누는 작은 기쁨이 가장 큰 행복이라는 생각을 자주 한다. 그리고 '나의 행복이란 남을 행복하게 해준 노력에 대한 보상'이라는 말의 의미를 새삼 되새겨보곤 한다. (문상기)

환상의
트리하우스

복권 당첨되면 무엇을 하겠느냐고요? 하고 싶은 것이 너무 많습니다.

우선 원도 한도 없이 쓰면서 한동안 편하게 보내고 싶습니다. 보도된 당첨자들 마냥 다 써버리고 남은 재산까지 날릴 것입니다. 그래도 모자라면 도둑질 할 것입니다. 농담입니다. 저는 아주 오래전부터 하고 싶은 것이 있습니다. 나무 위의 집 '트리하우스Tree-house 집단촌락'을 만드는 것입니다. 남쪽 나라 부족 마을의 사닥다리 타고 올라가는 그런 촌락 말입니다.

우선 도시 가까운 편편한 산야를 구입한 후 나무 위에 집을 짓습니다. 통나무집이라고 생각하면 됩니다. 통영 작은 섬 연대도의 페시브하우스 보다 또 다른 아니 완전히 다른 모습의 촌락입니다. 높다란 간이 나무 계단을 오르면 두툼한 나뭇가지 위 통나무집에 이르고, 좁다란 테라스를 거쳐 방으로 들어갑니다. 작은 침대, 미니 소파가 있는 다용도 무풍 나무 방입니다. 참으로 아담합니다.

낮이면 푸른 숲에 파묻힌 채 잎들 사이로 아득히 전경이 펼쳐집니다. 햇살 가득하고 나무가 품어 내는 산소를 한껏 마십니다. 높은 나무 위라서 한 여름 시원하고, 겨울은 태양광 발전하여 따뜻한 방에서 한껏 잠을 잡니다. 불 밝히고, 온수 시스템은 전자동입니다. 전기가 남아돌아 한국 전력에 내다 팝니다.

인공 저수지를 만들어 식수, 생활용수, 경작 용수로 쓰고 또 다른 연못은 새 떼와 야생 동물들을 모여들게 하여 함께 살아갑니다. 공해가 없는 완전 자연 호수입니다.

농사는 산자락을 개간하고, 퇴비와 쓰레기 생활용수로 완전 유기농 작물만 재배합니다. 마음 놓고 애기들 먹이고, 어른들은 머리카락 속의 잔여 농약 성분을 말끔히 씻어냅니다. 소득 증대하고, 없어서 못 팔 지경으로 인기가 높습니다.

트리하우스는 환상을 즐기는 그런 집입니다. 어린이들은 꿈을 만끽하고, 신혼부부들은 밀월을 즐기며, 콘크리트에 찌들린 사람들에게는 새 옷을 갈아입힙니다. 숲속 온갖 잡새들이 노래하고 밤이면 솔바람 소리 불어오면서 으스스합니다. 아침에 일어나면 뭇 짐승들이 놀다간 흔적들이 역력한 그런 집입니다.

  오늘날 대기오염이 심각합니다. 이 모두는 화석연료가 빚어낸 지구온실화에 기인한 탓입니다. 남북극 빙하가 녹아 바다 수위가 올라가고, 섬들은 물에 잠기고 낮은 곳은 태풍으로 난리가 났습니다.

  지구촌은 아열대 아닌 곳이 없도록 변해가고 동식물들은 멸종을 이어가고 있습니다. 나사의 우주여행-골든 스파이크 프로젝트에 귀 기울이는 듯 와락 겁이 납니다. 달나라 땅을 팔겠다는 미국의 복화술사 데니스 호프와 매매 계약서를 작성해야겠습니다. 한국판 봉이 김선달 이야기 보다는 훨씬 더 현실적입니다.

  하나 밖에 없는 지구 우리 스스로가 보존해야 합니다. 트리하우스가 바로 그 길입니다. (배대균)

부족하다

〈나눔로또복권〉은 사람들이 복권을 많이 구입하면 할수록 당첨 금액이 증가하는 구조를 가진다. 일등 당첨자가 열 명이라면 그것을 똑같이 나누어야 하는데 기적적으로 오직 나 혼자 일등에 당첨되었다. "9, 12, 18, 20, 39, 41, 13", 이 여섯 자리의 숫자를 모두 맞춘 사람은 이번 차수에 나 한 사람뿐이었다. 일등은 평균적으로 20억 정도를 차지하는데 비하면, 세금을 제하고도 150억 정도를 쥐게 되었으니 횡재 중에 더한 횡재를 하였다. 이런 돈은 빨리 써 버려야 한다. 일순 사라져버릴 꿈만 같으니까.

람보르기니 우라칸. 찻값만 3억 1700만원. 노란색으로 뽑았다. 그 차를 타고 증권회사에 가서 초고수익 초고위험 위주로 20억을 주문했다. 원금이 공중분해 될 각오를 하고 배팅을 한 것이다. 그리고 가족들과 최고급 호텔에서 만찬을 하면서 세 사람에게 각각 10억을 분배하고 서로 자유롭게 살아갈 것을 약속하였더니 96억 정도가 남았다.

돈벌이에서 해방되고 싶다. 돈 걱정 같은 걸 하지 않고 살면 얼마나 좋겠나. 그래서 다시 종신형 즉시 연금에 30억을 맡겼다. 죽을 때까지 한 달에 천만 원 넘게 꼬박꼬박 받게 될 것이고, 설령 덜컥 죽어버린다 해도 보장하는 기간 동안의 금액은 상속된다고 한다. 이제 66억이 남았다. 드라이브 스루 형태의 약국을 오픈해 볼까. 출판사를 차릴까. 그런 저런 신경을 또 쓰고 살아야 할까.

술 마시는 걸 좋아하니 양조장을 만드는 것이 좋겠다. 그 곁에는 예술인의 호텔을 짓는 거다. 일체의 화학물질과 인공물을 최대한 배제하는 공간을 열자. 그 수익으로 그곳을 방문하는 모든 예술인에게 밥과 술을 무한 제공하는 것이다. 오갈 데가 없는 사람은 양조장 일을 도와주면서 숙식을 해결하면 된다. 부지를 물색해 보자. 평당 100만 원으로 치더라도 천 평을 구입하면 땅 값만 10억이 든다. 주차장과 텃밭과 정원을 두고 양조장과 호텔을 지어야 한다. 양조장은 3백 평 정도 단층으로 짓고, 호텔은 3백 평 정도에 3층으로 올리려면 평당 300만 원을 예상하여도 36억이 든다. 이런 저런 비용을 감안하면 50억 이상이 들 것이다. 변수를 생각해 보자. 양조장에서 전혀 수익이 발생하지 않을 변수. 또는 관리비나 유지비가 눈덩이처럼 불어날 경우. 여하튼 사업은 사업일 테니 홀가분하기가 어렵다.

그냥 발전기금으로 기탁하련다. 모교 대학에 10억을, 초·중·고등학교에는 5억 씩. 선생님들의 보너스를 대폭 증강하는 조건이다. 스승의 삶이 넉넉해져야 제자에게 더 관심을 가질 수 있을 것이다. 주로 출강을 하는 대학교 세 곳에는 비정규직 강사들의 강의료를 인상하는 조건으로 각각 10억을 낸다. 등단을 했던 잡지사에도 10억을 바친다. 그 조건은 작가들에게 제대로 원고료를 지급하는 조건이다. 이렇게 45억을 쓰고 나니 21억이 남았다.

모든 지인들에게 천만 원을 나누어 주기로 한다. 그 조건은 나를 만날 때마다 밥값과 술값을 감당하는 것이다. 연락처에 저장된 사람들과 페이스북 친구들까지 세면 한 삼백 명 될 것이다. 30억이 든다. 9억이 모자란다. 지인의 수를 조절해야 하겠다. 한 삼 년 이상 소식을 모르거나 페이스북에서 나의 게시물에 "좋아요"를 한 번도 눌러 준 적이 없는 친구들은 제외시켜야 하겠다. 그러면 거의 절반으로 줄어서 150명 정도 될 것이다. 15억을 쓰면 된다. 6억이 남았다.

요트나 고급저택 같은 것을 구입할 엄두조차 내지 못했다. 람보르기니를 타려면 행색부터 달라져야 할 텐데. 명품 핸드백은 오천만 원을 호가할 것이고 명품 한정판 시계를 구입하려면 5

억 정도가 든다. 아직 보석 같은 건 사러 가지도 않았는데 당첨금이 거의 바닥이 날 테다. 명품으로 사철 두 벌 정도 의복 일색을 갖추려면 돈 걱정을 하여야 하는 시점이 되고 말았다. 그런 곳에서는 캐시미어 코트 한 벌이 천만 원을 넘는다. 사실은 뉴욕으로 공부를 더 하러 가고 싶었는데 막상 돈이 생겼지만 훌쩍 떠나버릴 용기가 부족하다. 오스트리아 찰스부르크, 스위스 루체른 등의 음악 축제를 순례하려니 여정을 꾸리고 떠나는 일조차 버겁다. 그토록 가고 싶었고 힘이 남아서 돌아다니고 싶었을 때는 왜 돈이 없었나.

아, 정말 꼭 하고 싶었던 일은 따로 있었다. 지하도에 엎드려 있는 걸인을 볼 때마다 노숙자를 위한 목욕탕과 세탁실을 제공하고 싶었다. 누구라도 원한다면 언제든지 따뜻한 물로 비누 거품을 내어 몸을 닦을 수 있는 공간이 절실하다는 생각을 했었다. 아무래도 이건 직접 해야 하겠다. 부산역 인근의 목욕탕을 매입하느라 명품 시계와 핸드백은 포기하고 말았다. 교황께서 나의 숙원사업을 어떻게 아셨는지. 어느 노숙자가 몸을 씻을 곳이 없다고 하소연을 하자, 바티칸 한 귀퉁이에 노숙자들을 위한 샤워 시설과 이발소를 설치하였다고 하더라. 나 역시 부산역 인근에 그런 시설을 마련한 것이다.

이제 거의 돈이 바닥이 났다. 그동안 당첨금을 소진하느라 너무 바빠서 라면 한 번 끓여먹을 시간이 없었다. 막상 라면을 끓여서 소주 한 잔을 걸치는 행복보다 대단해진 것도 없다. 평소에 별로 친하지도 않던 친구에게 로또에 당첨되는 이야기를 꺼내자 당장 자신에게 일억을 줄 것이라고 기대하는 것을 들으니 겨우 천만 원을 건넨 나는 오히려 치졸한 인간으로 되고 말겠다.(변애선)

키노 집을
만들고 싶다

만일 내가 로또복권에 당첨 되면, 무엇을 할 것인가. 해보지 안한 고민을 해야 할 것 같다. 복권에 당첨 되면 하고 꿈을 꾸어 본다. 꿈이란 허황되지만 꿈이 있기에 살아갈만한 세상이 아닐까 싶다.

먼저 나는 아담한 집을 한 채 살 것이다. 그리고 같은 생각의 나눔이 되는 사람과 함께 살고 싶다.

일전에 독서 클럽에서 이 제목을 가지고 토론을 한 적이 있다. 그때 나이 드신 분이 이렇게 말했다. 뉴저지에서는 여덟 분이 공동으로 편리한 집을 하나 구입하여 같이 산다는 것이다,

요즈음 장수 하는 분은 친구가 있는 사람이라고 말했다. 더욱이 자녀들이 멀리 떠나 있거나 핵가족으로 부모를 모시기를 원하지 않는 세상이다. 한국에서도 이런 곳이 여러 곳이 있다고 하는 말을 들었다.

2012년 8월 29일 남편이 돌아가시기 전까지 10년을 살던 집은, 방 두 칸에 거실과 부엌 뒤로 창고 같은 공간이 있고 앞마당 처마 밑에는 코스모스, 백일홍, 봉숭아꽃이 피었고, 옆 마당으로 상추, 고추, 미나리, 파를 심어 작은 농장이었다.

작은 텃밭 농장에서 심어놓은 상추, 고추, 미나리를 가지고 독서 동호회 모임 때 웰빙 야채를 먹는 즐거움을 같이 했었다.

처마 및 화단에는 벌이 날아들고, 나비가 앉아서 삶의 향기를 안겨 주었다. 아침저녁으로 안개비가 내려와 지붕 위로 무지개 자주 뜨는 집에 살았다.

이 집을 명명하기를 "키노 집"이라고 했다. 키노 집은 오다가다 들러 쉼을 쉬는 집이었다, 교회 다니는 사람들도 들러서 커피를 마시며 공유한 시간에 사랑을 만들기도 하고, 문인들이 들러 시를 짓기도 하고, 문학을 논하기도 하고, 철학을 설파하기도 했다.

2004년에는 우리 교회 목사님이 최은하 선생님과 이양우 선생님을 초청 했는데 호텔을 정하지 않고, 평소에 존경하는 분이 오셨으니 집에서 모셔서 사랑을 나누세요 했다. 얼마나 황망한가, 그분들은 이렇게 작고 초라한 집에 살아 보았을까, 생각하니 송구스럽지만 그래도 그 유명한 시인을 내 집에 모신다니 설렘이었다.

남편은 직장을 일주일 휴가를 내고 좋은 차를 빌려서(우리 집 차는 똥차) 준비하고 안방을 내어 드리고 청소하고 새 이불을 내어 놓고, 그분들을 모신 집이다. 일주일 동안 얼마나 행복하던지,

또 한 번은 목사님이 비행기에서 만난 분인데 하와이 살려고 오는데 처음이고 아는 분도 없다고, 잠시만 모시고 있으면서 좋은 시간 가지세요, 하고 모셔왔다. 이 분은 나보다 세 살 아래인데 고대 불문과를 나왔다던가, 하도 잘난 척을 해서 정말 괜찮은 사람인가 하고 석 달을 불편 없도록 대접해서 우리 집에서 살았다, 물론 하숙비는 받지 않았다. 그는 우리 교회 교인이 되어서 8개월을 다니더니 유부녀와 바람이 나서 교회를 떠났다.

늙은 남편은 무거운 열쇠꾸러미를 쩔렁거리며 붕하고 아침에 집을 나서며 오후 4시면 어김없이 퇴근하여 삶의 쉼을 얻는 장소이기도 했다.

키노 집은 언제나 잠자리가 필요 한 사람이 자고 가는 집이고, 잠시 들렀다 가는 집이기도 했다, 언제나 한사람은 이 집에 와서 같이 기거하면서 더불어 살아가는 것을 배워가기도 했다. 이곳에 와서 몇 마디 이야기를 나누면 불만도, 분노도 눈 녹듯이 녹아 지는 삶의 공동체이기도 했다.

나는 2011년부터 기도를 시작했다. 이 집과 같은 집을 주세

요, 그리하면 여생을 방 한 칸은 필요한 사람을 위해 내어 놓을 것입니다. 예수님의 사랑을 전하고, 문학을 논하고, 철학을 나누는 공간으로 쉬어가는 집을 만들겠습니다.

　기도하기를, 더도 말고 요만한 집을 주세요. 교통이 편리한 길목이어야 하고 방 두 칸은 있어야 합니다. 그리고 앞이 인 곳, 길가 집이고, 파킹을 많이 할 수 있는 곳, 이웃이 선하고 착한 곳, 수첩에 적어 놓고 기도를 일 년 넘도록 했다.

　나는 기도를 항상 들어 주시는 하나님인 것을 믿는다.

　1985년 이스라엘로 여행 중에 통곡의 벽에다 소원을 넣고 기도 하면 이루어진다고 한다. 그래서 "앞으로 글을 써서 책을 내고 싶어요." 쪽지에 소원을 써서 통곡의 벽에 틈새에 넣었다. 그 후 18년 지난 2003년 나는 첫 시집을 냈다. 어려울 때마다 하나님께 엎드려 기도 하면 항상 응답을 하여 주셨다. 나는 자부심을 가지고 있다. 하나님은 기도는 들어 준다고.

　2012년 8월 29일에 남편이 사고로 갑자기 돌아가시고, 키노 집에서 이사 나오고, 지금 사는 집은 터널을 지나 산 넘어 카네오헤에 있다. 이집은 시내서 많이 떨어져 아무도 찾아오지 않으며, 딸네 집이니 사위가 어려워 방문하라 할 수도 없다.

　'하나님 키노 집 만 한 집 달라고 기도 했더니, 아무도 찾아오지 않는 이런 집에 살게 하시나요. 하나님 무엇을 주시려고 이런 곳에 이사 오게 하셨나요.' 기도 중이다, 하나님은 내 기도를 들어 줄 것을 믿고 있다.

만약 "내가 로또복권에 당첨되면" 키노 집 만 한 집 하나 사서 더불어 사는 집, 쉼터가 될 수 있는 집을, 마련하고 싶다. 그리하여 방 한 칸은 남을 위해 비워 놓고, 필요한 사람이 기거하고, 쉬어 갈 수 있게 꾸밀 것이다. 나이 들어 혼자 된 분들, 외로운 사람들, 기대며 더불어 즐겁게 살 수 있는 쉼터의 키노 집을 만들고 싶다.(사빈)

꿈꾸는 창작실

어느 30대 남자가 로또포털사이트인 절대당첨로또에 6만 여 원을 내고 가입을 하였다. 6개월 약정으로 가입을 한 것으로 매주 로또 당첨 예상 번호를 10조합씩 보내주는 조건으로 가입을 한 것이다. 그래서 그 로또포털사이트에서는 로또 당첨 예상번호 10조합을 스마트폰으로 매주 수요일 오후에 전송하였다. 그러니까 한 주에 10조합씩 1만원의 로또 구입 금액이 소요되고, 한 달이면 4만여 원의 로또구입비가 예상되었다. 첫 주 구매가 지나고 두 번째 로또 당첨 예상 번호가 문자로 들어왔을 때, 그 남자는 회사일로 로또를 구매할 형편이 되지 않아 집으로 전화하여 홀어머니에게 문자를 전달하며, 꼭 이 번호로 10조합 로또를 구매하도록 당부를 했다. 그리고 회사 업무 때문에 퇴근하지 못하고 있던 중, 로또포털사이트라며 이번 주 로또를 구매했는지를 물었다. 그 남자는 구매하지 못했다고 하니 이번 주 손님에게 보내준 로또 당첨 예상번호 중에서 로또 1등 당첨 번호가 나왔다고 하는 것이었다. 그 남자는 갑자기 문설주에 이마를 부딪친 듯 머리가 띵하고 어지럽고 새하얘지는 것이었다. 정신을 차려 문자 메시지 함을 열어보니 로또 예상 당첨 번호 10조합 번호가 있었다. 컴퓨터로 로또 당첨 번호를 검색해서 1등당첨번호와 자신의 문자 메시지함의 로또 예상 당첨번호 10조 합중에서 일치하는 번호가 있는지를 맞추어 보았다. 가슴이 두근두근 떨리고 맞춰 보는 눈꺼풀이 경련을 일으켰다. 조마조마한 가슴에 1등 번호를 발견하고 가슴이 쿵쿵 뛰었지만 동시에 그 순간 절망의 나락으로 빠져듦을 어찌지 못했다. 자신은 로또 1등 번호를 받고도 구입하지 않았던 것이다. 갑자기 통탄하듯, 한숨이 나오고 정신이 혼미해지는 것이었다. 그러다가 문득 어머니에게 로또복권 구매를 부탁했다는 생각이 나서 집으로 전화를 했다. 그 남자의 물음에 어머니가 로또복권을 구입했다고 해서 두 모자는 기쁨을 마음껏 나누었고 그 남자는 어머니께 로또복권을 구입하여 줘서 고맙다고 말했다. 그 남자는 미혼이며 당첨금 중에서 일부는 어머니께 집을 한 채 사 드린다고 하였다. 또한 자신은 비록 로또복권에 당첨 되었지만 회사를 그만둘 생각은 없으며 이후에도 로또복권은 계속 사겠다고 하였다. 여기까지가 1막이고 2막의 이야기가 있다.

그 남자가 그즈음 꿈을 꾸었을 때, 우리가 흔히 꾸는 꿈인 돌아가신 아버지가 꿈에 보였고, 돼지꿈도 꿨기에 예상 당첨 번호가 문자로 전송되어 왔을 때, 친한 친구 둘에게 로또 예상당첨 번호를 눌러 문자 전달로 보냈다. 그리고 구입할 것을 친구들에게 권했다. 그러고도 회사일이 바빠 친구들이 로또복권을 구입한지는 물어보지 않았다. 그러다가 로또포털사이트로부터 1등 당첨 확인 전화를 받고 어머니와 부산을 떨며 기쁨을 함께 나눈 후에야 문득 친구들에게 보낸 로또 예상 당첨 번호 생각이 났다. 얼른 전화를 해보니 두 친구가 모두 로또복권을 구입하였다고 한다. 그들에게 로또 1등 당첨을 알리니 깜짝 놀라 어쩔 줄 모른다. 그 회차에는 총 열세 사람의 당첨자가 나와 다른 때보다 당첨금이 적은 일십여 억 원이 좀 넘는 당첨금을 수령하게 되었다. 물론 그 남자가 두 친구에게 로또 당첨 예상 번호를 보내지 않았으면 당첨자는 11명으로 줄어 두 사람에게로 가는 당첨금 이십 몇 억 원이 11명에게 더 배당되어 한 사람당 2억 여원의 당첨금이 더 배당되었을 것이다.

　욕심없고 소박하고 이타심이 많고 어머니를 공경하는 그 남자가 참 멋있어 보인다. 복권 당첨과 상관없이 회사에 다니며 소박하게 살고자 하는 그 남자! 고생한 어머니께 집을 사드리겠다는 남자! 친구에게 선뜻 복권을 선물하는 남자! 나도 그 남자처럼 욕심없고 소박하고 이타적인 사람이 될 수 있을까? 그 남자를 닮고 싶다.

  경제권이 내게 없고 남편에게 있어서 생활비를 타서 쓰느라 지금까지 경제적인 운신의 폭이 좁아 힘들었다. 그래서 가끔씩 즉석 복권이나 연금복권, 로또복권을 산다. 그리고 좋은 꿈을 꾸면 복권을 산다. 하지만 즉석 복권으로 십만 원 당첨금을 타고 로또복권으로 오 만원 당첨을 두 번인가 했을 뿐이다. 그렇지만 복권을 사서 당첨자 발표를 하는 날까지는 늘 1등 당첨의 꿈을 꾸거나 아니라면 2등 당첨도 괜찮다고 위안하며 보냈다. 그중 몇 번인가는 정말 당첨될지도 모른다는 가정하에 집안 친척과 가족들 이름을 모두 써놓고 한 사람 한 사람씩 얼마간의 당첨금을 나눠 줄 것인지를 적어보기도 했다. 한 사람당 천만 원씩 줄 것인지, 아니면 얼마를 줄것인지를 놓고…. 남편에게는 얼마를 주고 자녀에게는 얼마를 줄 것인지…. 그리고 오랜 내 꿈인 전원 속의 낭만적인 삶인 황토집과 텃밭을 마련하려면 돈이 있어야 했기에 한동안은 매주에 한 두 장의 복권을 구입하기도 했지만 당첨의 기쁨은 내 것이 아니었다.

  저 멋진 남자의 이타심을 보고 나도 전원주택의 꿈 위에 하나 더 낭만을 추가하려고 한다. 우리가 지을 황토집 옆에 여러 채의 원룸 황토방을 지어 문인이나 화가에게 집필실이나 창작실로 빌려주고자 한다. 예술은 영원히 남는데 우리집 황토방 집필실에서 저 영원한 고전이 탄생하기를 꿈꾸어본다. 그리고 여력이 된다면 예술인 쉼터와 세미나실도 만들어 예술인의 복지 향상에 조그만 디딤돌 하나 놓을 수 있었으면 좋겠다.

우리집이 처분되는 대로 시골로 귀촌하여 황토집을 지을 예정이니 우리집 규모를 줄이고 별채를 지어 로또복권에 당첨되지 않더라도 집필실겸 손님방으로 쓸 수 있으리라. 규모 이상의 큰 집은 관리하기도 힘들고 난방비도 많이 나온다고 하여 20평형 정도만 본채를 짓기로 가족들과 협의하였기에 손님이 온다면 협소하여 그때를 대비하여 별채를 따로 지어 손님방으로 하면 좋겠다고 결론 지었다. 실제로 황토집 지어 사시는 분들께서 그런 의견을 주셨기에 그렇게 할 것이다. 아들네가 오지 않을 때는 문인들의 집필실로 활용해도 좋으리라.

그러기 위해서 오늘 639여 회차 중에서 38회나 1등 당첨 번호를 조합해낸 절대당첨로또사이트에 가입을 했다. 적어도 몇 달 정도는 로또복권에 도전해 보려고 한다. 오늘 639회차에는 당첨자가 4명이 나왔고 한 사람당 40억 여원의 당첨금이 지급된다. 지난 회차에 당첨된 30대 미혼여성은 22억여 원의 당첨금을 수령하였고, 부모님께 거꾸로 수억여 원의 세뱃돈을 증여세를 물어가면서까지 드리겠다고 한다. 회사에도 계속 근무하며 당첨금에서 나오는 이자가 자신의 본봉보다 많다고 한다. 예전에는 복권에 당첨되면 금방 회사를 그만두고 돈을 물 쓰듯 하다가 빈털터리가 되고 직장도 잃고 사람도 버렸다고 했는데,

요즘 사람들은 참 지혜롭다.
 주위 분들의 형편을 알고 있으므로 내가 로또복권에 당첨된다면 빚이 있는 친척에게는 얼마간의 빚을 나의 당첨금으로 탕감해 줄 수 있으면 좋겠다. 형편 무인지경인 친지도 두 사람이어서 전세금도 얼마간 보태주었으면 좋으리. 올해 팔십오세이신 친정어머님집을 우리가 지을 황토집 옆에 나란히 지어 모시고 알콩달콩 살고 싶다. 당신 딸이 오순도순 가족들과 잘 사는 모습 보여줘서 어머니가 기쁘시다면 이보다 더 큰 효도가 어디 있으리.(서경애)

내가 만일
로또복권에 당첨되면

어릴 때 아버지가 돌아가셨다. 할아버지께서 낚시를 즐기셨는데 낚아 올린 붕어, 등에서 간디스토마 균이 있는 걸 회로 드셨기 때문이다. 지금은 구충제가 개발되어 문제없지만 그 당시에는 치명적 균이었다. 일가권속을 마차에 태우고 취미 생활로 즐기셨지만 그게 아버님의 목숨을 48세에 앗아갔다.

이 세상 어떻게 살아야 잘살게 될지를 고민하다가 공부를 열심히 해서 원하는 학교 들어가는 게 내게는 제일 좋은 방법일 것 같았다. 초등학교에 들어가기 전 어머니께서 호롱불 켜 놓고 바느질 하실 때 옆에 누워 동화책 보다가 무슨 뜻인지 잘 몰라 물으면 "기특하구나." 하시며 설명해 주시고 호롱불을 하나 더 켜서 밝게 해 주셨지.

대학 다닐 때는 가정교사로 학비를 벌었고, 학점을 잘 받아 수업료 면제 등의 혜택도 받았다.

졸업 후 은행(입행) 신체검사에서 폐결핵 진단을 받았는데 친척 어르신에게 인사 갔더니(대구에서 고교 졸업 서울에서 대학 다녔지만 공부에 바빠 처음 갔음) "아이구 잘 왔다. 처음 보는 얼굴인데 순하고 영특하게 생겼네." 하셨다. "직장은 어디로 정했느냐"고 하시기에 이실직고 했더니 "내가 은행장 그만두고 국영기업체(한국비료) 사장으로 옮겼으니 입사해서 치료를 하며 근무해라."

한국비료에는 구내 병원도 있었는데 화학비료 회사라 사고가 잦기 때문이다.

총무부 근무 시절 넓은 공장부지에 나무를 많이 심었으며 수종은 은행나무, 회양목 등이었다.

춘천에 사시는 장인어른께서 임업시험장을 관리하시고 요접법(凹椄法) 특허도 받아 일본 사람이 그 접목법을 배우러 오기도 하는지라 말씀드리니 견적서를 작성하여 주시며 다른 견적서와 비교하여 비싸면 더 싼 가격으로 해 주겠다고 하셨다.

울산에서 근무하다 서울사무소로 자리를 옮겼는데 그 어르신의 아들이 식품회사 임원으로 있으면서 나에게 "와서 도와 달라." 했기 때문이다.

근무 중 (주)대우에서 사람을 뽑는다 하여 이력서를 제출했더니 면접시험에서 김우중 회장이 질문을 했다. " 네가 가진 탤런트(재능)가 무엇이냐?"

성경에 '가진 탤런트를 잘 가꾸며 발전시키는 게 살아가는 길이다.'가 있다.

"저는 분석력보다 종합 판단력이 뛰어나다고 합니다. 실제로 무언가를 결정할 때 우선 모인 사람들의 의견을 끝까지 듣습니다. 중간에 질문할게 있어도 묻지 않고 참지요. 모든 말들이 다 종료된 후에 의문점을 묻는데 답변자의 얼굴 표정, 몸동작, 눈빛까지 다 관찰한 후 예상되는 답이 무엇일지를 상상해 봅니다. 그런 후 예상한 답이 아니면 내 의문점이 풀릴 때까지 묻고 그런데도 예상 답이 아니면 '내가 틀렸구나.' 자인하며 "알겠네. 성실히 답변해 주어 고맙네." 하며 마무리 합니다. 그러다 보니 종합 판단이 아무래도 뛰어나는 게 아닌가 싶습니다."

근무 중 인사 이동이 있어 아프리카 지역 지원자를 찾는데 대부분 기피하였다. 선진국에서 일해야 편하고 목표달성도 쉽다고 생각하기 때문이다. 내 생각은 달랐다. 오지에 근무해야 어렵게 일을 하게 되고 목표달성이 쉽지 않으므로 열심히 뛰어야 한다는 사고방식으로 하게 되므로, 자기에게 주어진 탤런트를 십분 발휘할 것이다. 발령지는 나이지리아 라고스, 지사장으로 일하는데 김우중 회장께서 방문하셨다. "애로 사항은 없느냐?" 는 질문에 "제 키가 181cm인데 체중이 59kg 까지 내려

갔습니다. 더운 날씨에 한국산 배추 등은 없고 김치를 담아도 제 맛이 나지 않습니다.(그 나라는 양배추)"

서울로 전화해서 사장에게 "자리 한 개 만들어." " 인사 이동이 끝나 자리 없습니다." "그러면 새로 하나 만들어. 지사장이 다 죽게 생겼으니."

입국하여 발령받은 자리가 무역회계부장. 종합회의실에서 지사장들의 활동을 듣고 활약상을 평가하여 점수도 매기는 일도 하는 자리.

지사장 회의가 끝나고 근무를 하는데 일을 하다보면 지사장들이 찾아와 책상 밑에 양주와 담배 등을 놓고 갔다.

지사장 근무 시절 일화

1) 박정희 대통령 시해사건이 일어나 영국 BBC 방송이 특종 기사로 알리자 모 지점장은 회사계좌의 공금을 자기개인계좌로 옮겨 사익을 취했고 나중에 그것이 밝혀져 퇴출당하는 벌을 받았음.

2) H 대사에게 선물을 무엇으로 할지를 회장에게 물으니 "그런 건 지사장이 알아서 하는 거야." "봉투를 드리는 게 좋을듯 한데 얼마를 넣을까요?" "그것도 지사장이 정해." 봉투를 드리니 "성의는 고맙지만 나는 이런 것 받을 수 없는 사람이요. 공직자가 이런 뇌물을 받으면 안 되지."

(3) R 공사에게 선물을 3개 준비하여 찾아뵈니 정보공무원답게 찬찬히 살펴보면서 "술은 가끔 한잔씩 마시면 약이 되기도

하지. 한잔 권하면 화합의 의미도 되어 좋고. 명란 좋은 식품이지만 짠 것은 위암 발생을 유발한다니 젓갈은 염분이 적당해야 되며, 김치 여기 재료로 만든 것들은 입맛에 맞지 않아. 양배추가 아닌가. 차(茶)는 마셔야 건승해지니 차로 하겠네 고맙네."

만일 로또복권에 당첨되면 어디에 쓸지를 생각해본다. 학비 벌어가며 어렵게 공부했으니 '행려자 보호소 같은데 회사하면 도움이 되겠지.

나는 아침에 신문을 읽으며 '오늘의 운세' '주역'을 즐겨본다 '남에게 베풀면 하늘의 복이 그대에게 온다.' '욕심 부리지 말고 가진 것에 만족하며 살아라. 정신건강에 좋다.' '재운이 있으니 잘 살펴 투자하라.'

나에게 와서 도와 달라던 형님은 미국 대학에서 공부하여 기계공학 박사 학위를 받고 식품 제조용 기계회사를 설립하여 운영했으나 모기업이 부도가 나는 바람에 자기 회사도 부도 처리되어 미국으로 피신하였다. 5남매 중 외동아들로서 힘든 일 않고 경영하다가 회사가 망하니 불행하게 처신할 수밖에 없었겠지만 매일 술로 지새웠으니 간이 견딜 수 없어 간암으로 요절하였다.

인생사 어떻게 사고(思考)하고 처신하며 살아야 할까.

63사태 때 학교가 임시 문을 닫아 당진에 갔다. 학우의 아버님께 절을 하니 "유붕이 자 원방래하니 불역낙호아!" 하시며 "공부 쉬면서 뜻 깊게 지내다 가게." 하셨다. 옛날 분이라 대학까지는 다니지 않았으나 공자, 맹자, 노자 등 성현들의 주옥같은 글귀를 음률까지 넣어 낭랑하게 읊으셨다. 명언이 거침없이 나오니 존경스러워 "예! 어르신 고맙습니다. 보람되게 지내다가 아름다운 추억들 만들고 올라가서 더 열심히 공부하겠습니다."

덕담으로 화답을 해야 하나 더는 말이 생각나지 않았다. 부모 심정은 자식이 공부 열심히 해서 출세하는 게 가장 절실한 바람일 테니 괜찮은 화답이라 여겨진다.

내가 소장하고 있는 명서 중에는 초우(草友) 장돈식 선생님의 '빈산엔 노랑꽃'이 있는데 '긍정적인 사고가 행복에의 디딤돌이더이다.'를 첫 쪽에 자서해주셔서 늘 그렇게 살고 있다.

길을 걷다가 로또복권 판매장이 보이면 이번 것은 어떤 결과가 나올지 기대반, 호기심 반의 심정으로 구매한다. 행려자 돌봄 간판을 걸고 무료 급식 등 사회봉사활동을 하는 곳에 50%를 회사하고, 사업을 벌이다가 실패하여 운영자금이 부족한 지음에게 찾아가 어떻게 재기할지를 의논하다가 10%를 투자하고, 중 1때 세례를 받아 성경 읽고 쓰기를 하는 내가 성당건립기금 지원서에 분수를 넘는 금액을 기재한다.

100세 시대를 살아야하는 내가 30%를 가지면 어떨까. 복권 사기가 힘든 세상을 살아가는 일종의 '취미 생활'이 되어가고 있기에 복권 구입 자금으로 5%를 떼어놓을지도 고려하는 게 좋겠다. (서병태)

필요한 사람에게
몰아주기

로또를 사 본 경험이 없으니 로또 당첨을 생각해 본 일이 없다. 이 테마 원고를 청탁 받고 나서는 그 즉시 남의 일로 생각하여 접고 말았다. 그런데 무심하던 마음이 아주 조금씩 움직이기 시작했다.

어떤 마음이 들까 한 번 사 보아야 겠다는 마음도 들었다. 그러나 한 번도 사 본 일이 없어 쉽게 사 지지 않았다.

그것을 사는 심리는 무엇일까, 나는 정말이지 공돈이 생기면 죽는 줄 안다. 내 인생이 송두리째 바뀔 것 같다. 나는 너무나 좀생이기에 그 돈으로 멋진, 큰 일을 해보고 싶은 마음보다는 그 돈을 어찌 써야 고민하다가 병이 걸릴 것 같다.

　왜 사람들은 나와 다르게 로또를 살까, 그들이 나 보다 현명한 사람들일 터이니 한 번 그들 따라 강남엘 가도 되지 않을까. 분명 긍정적인 면이 있으니 국가에서 복권 사업을 할 것이 아닌가. 작은 돈을 모아 꼭 필요한 사람에게 몰아 주는 일, 그래서 복권이 생겼을 것이다.

　사실 잊고 있었는데, 사십 년 전, 나도 복권을 세 번 산 일이 있다. 그것은 남동생을 생각했기 때문이다. 조실부모를 한 우리 형제자매는 어디 의지 할 집도 사람도 없었다. 나와 여동생이 결혼했을 무렵 남동생은 고등학교를 졸업하고 군대에 있었다. 누나 입장에서 동생이 딱해 마음이 늘 아프던 때였다. 그때 나는 주택복권을 샀다. 동생의 집을 위해 복권을 샀던 것이다. 혹시나 하는 마음으로 샀지만 그것을 추첨하는 날을 기다리고 또 공을 굴리는 티비를 보면서 차츰 흥미를 잃었다.

　동생은 제대하고 우리 이웃의 어느 집 뒤편의 부엌 없는 방에 월세로 들었다. 그때 보증금 십만 원을 내가 해 주었다. 남동생은 취업한 바로 아래 여동생과 자취하며 반 년 정도 백수로 지내다 취직을 했다. 매형이 새로 시작하는 회사에 넣어주자 그 곳에서 일을 착실히 잘 배워 나갔다. 일 년 후 H 그룹의 건설회사에 제 힘으로 들어갔다. 월급 전액을 적금으로 넣고 그것을 타서 제대로 된 두 칸짜리 방으로 이사하면서 장가를 갔다. 그렇게 시작하여 십 년 후 그는 아홉 채의 집을 소유했다. 물론

하꼬방 수준의 아파트이긴 했다. 그 집들은 융자금과 최고가의 전세금을 받았으므로 IMF가 나자 전세금이 뚝뚝 떨어지는 통에 그는 직장을 퇴직하여 퇴직금으로 그것을 다 해결했다. 몇 달 실업 보험금을 받더니 다시 중소기업에 들어갔다.

아무나 되는 일은 아닐 것이다. 묘하게 그는 많은 사람이 잘 보아 주었다. 세든 집 주인이 인감증명으로 새 직장에 보증을 서 줄 정도로 그는 인덕이 있었고 알뜰한 아내가 있었고 은행원 처남의 덕도 보았다.

1982년, 김득구라는 권투 선수가 미국에서 경기 도중 사고로 죽자 그 가족이 엄청난 돈을 받았다. 그에게 부모는 안 계시고 할머니가 계시다고 신문에 났는데 그 돈 때문에 할머니가 3개월 후 자살하시고 그 다음 또 누가 또 자살했다는 기사를 보며 돈이라는 것에 큰 회의를 갖게 되었다.

돈이란 참 묘한 것이다. 어떤 이는 갑자기 생긴 복권 당첨금 때문에 이혼 했다고도 한다. 그래서일까, 옛날 어느 의좋은 친구는 길에서 같이 주은 금덩이를 버리고 말았다 하지 않던가. 집안에 싸움이 나고 의절하고, 아마 이런 일은 소인들이나 하긴 할 것이다.

허나 또 수많은 사람들은 복권을 사고 거기에 희망을 걸고 기다릴 것이다. 로또가 당첨되어 그것을 잘 쓴 사람이 더 많을 것이란 생각도 든다.

나는 1억이 생긴다 해도 어떻게 할지 몰라 우왕좌왕 없던 고민이 생길 것 같다. 한편 나도 많은 땅을 가진 사람이 부럽긴 하다. 천리포에서 수목원을 가꾸다 돌아가신 민병갈 원장님처럼 자연 친화적인 정원을 만들고 싶다. 또 미국 메인 주에서 삼십만 평인가에다 꽃을 심고 동화를 쓰고 삽화를 그리고 살았던 타샤 투터처럼 그런 정원을 가꾸고 싶다. 그녀처럼 그 안에서 자급자족하며 아주 19세기 식으로 전기도 안 쓰고 나무를 때고 밤엔 촛불을 켜고 살고 싶다. 지금은 굿 라이프 센터가 되었지만 살아생전 미국 메인주 하버사이드에서 농사지으며 자급자족으로, 오전엔 일하고 오후엔 쉬면서 음악을 듣고 글을 쓰며 겨울이면 강연도 다녔던 니어링 부부처럼 넓은 땅에서 농사지으며 정원을 가꾸고 싶다.

로또에 당첨됨과 동시에 다시 태어난다면 말이다.

어제 나도 로또 파는 집을 물어물어 한 장을 샀다. 그 기분이 어떨까를 경험해 보기 위함이었다. 역시 나도 가슴이 설레었다. 그리고 생각해냈다. 만일 당첨 된다면, 잊고 살았던, 아버지가 늦게 얻어 측은할데 없는 이복 동생을 위해 쓰리라.

24 28 29 39 42 45 (안정혜)

한낮에 꾸는 꿈

　내게 "만약 로또복권이 당첨된다면 어떻게 하겠냐고" 하는 인터뷰를 요청해 왔다고 하자. 서슴없이 "그 것은 대박이지요"라고 하며 가정일지라도 기분 좋은 말이니 미소까지 띠며 흥분된 억양으로 대답할 것이다.
　이왕 당첨될 바엔 다다익선이라 하지만 많은 액수는 바라지 않는다. 아무리 행운의 소득일망정 당첨 액수가 너무 많으면 딴 마음이 생길지 모르니, 내가 감당할 수 있을 만큼의 적당한 액수면 좋겠다. 그리고 한숨 돌리고 나서 그 돈을 어디다 어떻게 쓸 것인지를 생각해 보겠다.

우선 규정대로 소득세는 떼고 줄 것이니 납세의무 이행한 한국 국민으로서 의무를 하는 데 일조했다는 자부심으로 그 아니 뿌듯할까. 그리고 주말에 우리 가족 모두를 불러서 정갈하고 조용한 곳에서 점심을 함께하며 즐거운 시간을 보내고 싶다. 그리고 아들딸들에게 왜 자리를 마련했는지를 알려 줄 것이다. 그러면서 행여 너희들은 세상에는 대가 없는 공자란 없으니 요행을 바라고 무모한 투기나 도박은 결코 하지 말라는 당부도 해 줄 것이다.

사실은 지금까지 살면서 학창 시절부터 보물찾기에서도 한 번도 당첨되어 본 적이 없다. 제비뽑기에서도 언제나 얻어지는 게 없을 만큼 손복은 없는 편이다. 그래서 나에게는 우연한 행운이란 없다는 걸 알기에 로또복권을 아예 사 볼 생각조차도 없었다.

그게 당연할 것이 씨를 뿌려야 결실을 얻는다는 인과(因果)의 이치를 알기 때문이다. 내가 전생에 지은 복이 없으니 어찌 짓지 않은 복이 돌아올 리가 있을까 싶어서다. 그래서 현세에서는 좋은 일도 하며 복을 짓고 싶은데 마음뿐이지 쉽지가 않다. 물론 봉사와 복 짓기란 내가 쓰고 남아서만 하는 것이 아닌 줄은 안다. 요즘 복 짓기에 참여할 기회가 왔음에도 뜻대로 할 수 없어 내 스스로가 빚진 사람처럼 여겨진다. 내 몫의 돈이 있다면 이 기회에 우리교당(원불교 교당 건물) 건축하는 데 헌금을 하고 싶다. 비록 노력해서 모은 돈은 아닐지라도 이런 돈이 생긴다면 기꺼이 아낌없이 헌공할 것이다.

　그리고서 얼마만큼 돈을 남겨 뒀다가 내가 가 보고 싶던 곳을 여행할 것이다. 소녀 시절에 처음으로 읽었던 유정(이광수 작)이란 소설에서 바이칼호수가 있다는 것을 알았다. 글을 읽으며 너무 감명 깊었기에 언젠가는 꼭 가 보련 마음속에 그려 왔던 동경의 호수가 있다. 그러나 이젠 설령 여비가 마련됐다 할지라도 지금의 체력으로는 가망이 없다. 여행이란 어딜 가느냐보다 누구와 가느냐가 더 여행의 의미가 있다 했다. 바이칼호수 찾아가는 여행의 꿈은 접고, 호반의 도시 춘천쯤 여행은 어떨까.

　누구와 함께 할 것인가는 좀 생각해 보자. 남편은 체력의 핑계로 응해주지 않을 것이고 딸들은 한창 바쁜 세대라 말 꺼내기가 그렇다. 취향이 비슷한 친구나 문우에게 동행하자고 건의해 봐야겠다. 기꺼이 응해줄 동행자가 있다면 호수가 보이는 분위기 좋은 어느 찻집에서 차를 마시며 한껏 정취에 빠져 보고 싶다. 들뜬 낭만의 기분은 아닌 차분한 마음으로 살아온 세월을 뒤돌아보며 침묵으로 나를 바라볼 것이다. 지나고 보니 뉘우침과 후회로 점철된 내 한세상 삶이었지만 그래도 할 말이 있다. 내 삶에서 대박이란 큰 요행을 기대하지 않았노라고, 그리고 부지런히 손을 아끼지 않았노라고 변명도 하고 싶다. 가족과 많은 인연들과 어울리며 잔재미로 하루하루를 지내다 보니 지금에 이 시점까지 왔다.

나는 기행문 쓰기가 어렵다. 그래도 이런 의미 있는 멋진 여행을 마치고 오면 어느 때보다 즐겁고 행복했던 일들이 상기되어 글이 슬슬 잘 써지지 않을까싶다.

이런저런 이유로 출간하지 못한 글이 몇 편 있다. 미발표 글과 청탁을 받고서 쓴 글도 있다. 이 기행문을 포함해서 함께 엮어 마지막 수필집을 내 볼까한다. 그리고 말로 할 수 없었던 내 자전적인 글도 함께 싣고 싶다. 그리하고도 얼마쯤의 액수가 남았다 치면?

젊었을 때는 사고 싶던 세간 살이 그릇도 많았다. 그런데 지금은 있는 것들도 정리해야 할 시기다. 정장을 차려 입고 만날 상견례도 없다. 허나 쓰자들면 왜 쓸 일이 없을까마는 긴이 쓸 일이 있어 남겨두겠다. 그냥 보관했다가 연말에 자선냄비에 그 돈 봉투를 넣고 뒤돌아서 올 것이다. 봉투에는 힘들게 살아가는 어린 가장을 돕는데 보탬이 됐으면 한다는 내 뜻을 담아 익명으로 시사하고 싶다. 그렇게 내 스스로가 멋진 여인이라고 여기고 싶다.

꿈이란 어디까지 허상인 꿈일 뿐이다. 그래도 이왕 꾸는 꿈이라면 기분 좋은 행운으로 이어질 길몽이면 아니 좋으랴. 아마 꿈은 사람만이 꿀 수 있는 행운이며 자유가 아닐까싶다. 지금 이 시각에도 혹시라도 이뤄질까 기대하는 개미군단들이 로또복권 당첨의 꿈을 안고 모여들고 있을 것이다. 지난달에 당첨자가 없어 누적된 액수가 3조 원이라고? 놀랍다.

많은 액수에 솔깃해 나도 한번 사 볼까 하다가 그건 아니다 싶었다. 심지도 않은 호박이 어찌 넝쿨 채 굴러들어 오길 바라야. 한낮에 한바탕 멋진 꿈을 꿔보며 잠시 행복했다.(양고호)

지금 이 순간이
로또

 633회 로또 1등 당첨자가 K 씨(여)는 지방의 마트에서 일하는 비정규직 사원이다. 남편은 사업 실패로 일자리를 찾아 떠돌고, 자녀들은 학업을 이유로 떨어져 있어 사실상 혼자 살고 있는 것으로 알려졌다.

 지난 회 로또 당첨자의 신상을 요약한 기사다. 그녀가 종일 서서 일해도 손에 쥐는 건 150만 원 남짓이며, 까다로운 상사의 폭언과 억지스러운 손님들의 요구에도 웃어야 할 때가 힘들었단다. 가족을 생각하며 고단한 일상을 버티었다는 그녀는 12억 원의 당첨금으로 빚을 갚고 가족이 모여 살 집을 장만할 계획이라고 했다.

　오늘 해외 뉴스에서도 비슷한 사례를 전한다. 미국의 이번 주 복권 당첨자는 20대 미혼모라고 한다. 당첨금은 무려 1400억 원이다. 그녀는 뇌성마비에 걸린 아이 등 자녀 4명을 기르며 월마트 등에서 일을 했으나 아이들을 돌볼 시간이 없어 직장마저 그만 두었다. 그녀는 당첨금으로 십일조를 낸 뒤 집을 살 계획이며 남의 도움없이 아이들을 양육할 수 있게 되어 다행이라고 했다. 그들에게 내린 로또야 말로 진정한 인생 역전이자 절실한 사람에게 내린 단비이다.

　행운의 주인공의 신상이 이렇듯 공개되는 것은 드문 일이다. 대부분은 연락을 끊거나 종적을 감추는 일이 많다고 한다. 세간에 알려진 당첨자들의 후일담도 그들에 대한 우려를 부추긴다. 이민 후 빈 손으로 돌아오거나, 도박으로 당첨금을 탕진하여 이전보다 피폐해지거나 도움을 바라는 주변 사람들과의 불화로 고립된 삶을 살게 된다고 한다. 부당한 수익이 아니건만 관심의 대상이 되는 것에 대한 부담을 피하고 싶을 것이다.

　물론 알찬 삶을 꾸리는 이도 많을 것이다. 그럼에도 불구하고 왠지 부정적인 이미지와, 속칭 한탕주의에 편승한 사람을 보듯 애매한 시선을 보내는 것도 사실이다. 언제부턴가 로또는 '결코 내 것이 될 수 없는, 뜻 밖의, 가당치 않은' 등의 수식어와 밀접한 행운으로 인식되었다.

　내게도 그런 행운이 올까. 그럴 리 없다고 단념할 필요는 없다. 상상의 즐거움은 내 몫이니까. 나에게만 은밀히 하늘에서 돈 비가 내리는 것을 떠올리는 일은 즐겁지 아니한가. 내가 로또 당첨의 주인공이 된다면 비밀을 유지하는 힘든 일부터 시작될 것이다. 남편에게만 말할까. 아이들은 버거운 청년기에 다가온 엄마의 행운에 나태해지지는 않을까. 예측하지 못했던 변화로 인한 두려움을 갖게 되겠지. 이렇듯 걱정부터 앞선다면 행운의 여신이 의미심장한 미소를 날리며 살짝 비켜갈 것만 같다.

이 모든 망상은 기우다. 지금까지의 삶으로 보아 내 삶에 고속 에스컬레이터는 없었다. 내 발을 힘겹게 내딛어 한 계단 한 계단 올랐을 뿐이다. 덕분에 갑작스런 고장이나 정전으로 인해 자동 계단이 정지된 일은 없었다. 그도 그럴 것이 내 몸의 동력을 살펴가며 조심스레 발자국을 옮겼으니까.

일주일은 버거운 기쁨을 오롯이 혼자서 맛볼 것이다. 뚜껑을 여는 순간 달아나버리는 기체 성분이 함유되었을지 모르므로 행운을 쉽사리 개봉하지 않을 것이다. 며칠 후에는 난생 처음 수중에 들어온 지출 우선 순위를 위한 버킷리스트(Bucket List)를 적어봐야지.

감당하기 어려운 벼락같은 행운을 공유했던 이들이 모여 살 동호인 마을을 만들어 볼까. 담장도 없는 동네의 주민들이 돈 때문에 다툴 일은 없으리라. 마을 조성 기금을 앞 다투어 내 놓을 지도 모른다. 이름하여 '로또 빌리지(Lotto Village)'. 외국의 복권 당첨자들도 벤치마킹할 만한 시범 마을이 될 수도 있겠다. 마을 가운데 호수와 뒷산엔 수목원을 만들어야지. 지붕 한 켠은 햇빛과 구름, 눈, 비를 볼 수 있도록 설계해야지. 주민들 중 누군가는 '일확천금을 체험한 사람들의 삶의 질 변화에 따른 연구'를 시작할 수도 있겠다. 쉽사리 끝나지 않을 종적(縱的)연구에 끈기를 갖고 그들의 삶을 관찰할 것이다.

그러나 문제점이 불거지기 시작할 것이다. 성장 배경과 생활 환경이 다른 이들이 목돈을 만졌다고 해서 시작한 공동 사업에 저마다 자기 입장을 내세우는 통에 불화가 시작될 수 있다. 사업이 본격화되면 턱없이 부족한 상금에 돈 걱정이 시작될 것이다. 무엇보다 몸을 담는 그릇에 올인 할 필요가 있을까. 아무래도 '로또 빌리지' 구상은 접어야겠다.

당면한 일을 내려놓고 자유로움을 만끽할 것이다. 산티아고 순례길을 기약 없이 걷거나, 정처 없는 여행을 떠나리라. 크로아티아의 비좁은 골목길에서 마주친 이방인과 눈인사를 나누고, 걷다 지치면 목로주점에 앉아 흑맥주를 한잔 기울여야지.

감당하기 버거운 행운을 만난 적이 없으니, 한 번 쯤은 그런 행운에 덜미를 잡히고 싶다. 그 맛을 야금야금 즐기는 것도 괜찮을 것이다. 퇴근 길에 로또 몇 장 사 봐?

젊은 날엔 젊음을 모르고, 사랑할 땐 사랑이 보이지 않듯이 오늘 내게 주어진 이 모든 것이야말로 실감하지 못하는 진정한 행운이 아닐까. 결핍은 충족을 위한 동인으로 작용하고 삶의 태도를 적극적으로 바꾸어 놓기도 한다. 내 손에 닿지 않는 것

을 갈망하고 꿈꾸기 보다는 지금 내게 주어진 모든 것이 내겐 로또다.(엄현옥)

데드라인의
금요일

아차, 벌써 금요일이다. 오늘이 다 가기 전에 나갔다 와야 겠다.

언젠가부터 내게 금요일은 데드라인이 됐다. 뭐 특별한 건 아니고 로또복권 사는 일이지만, 나이 탓인지 건망증이 늘어가는 내겐 상당히 신경 쓰이는 일이다.

아들이 외국 지사로 발령받아 떠난 지도 햇수로 사년 째다. 아들은 떠나기 전 나에게 한 가지 부탁을 하고 갔다. 자신이 매주 취미삼아 사 오고 있던 로또복권을 엄마가 대신 사 달라는 것이다. 그래 뭐 그리 거창한 것도 아니고 하나밖에 없는 아들이 부탁한 것이니 흔쾌히 그러마고 했다. 하지만 원래부터 로또에 관심을 가지고 있던 것도 아니요 고스톱은 물론이고 도박이나 투기 같은 것에 관심이 전혀 없던 내게는 마뜩찮은 일이었다.

아들이 한 장에 천 원짜리 5장을 찍을 수 있는 복권 표시권을 가져와 표시를 해 주고 간 표를 가지고 로또복권 판매점에 드나들기 삼년, 근묵자흑이라고 먹이 가까우니 내게도 튀었다. 일석이조라고 기왕 움직이는 것 아들 심부름만 해 주는 것도 그렇고 매주 로또복권 번호를 확인하며 보는 당첨금의 액수에 마음이 동한 것이다. 혹시 아나, 일확천금이라도 생길지? 행여나 하는 마음으로 내 것도 사기 시작했다. 그러니까 아들 것 천 원짜리 다섯 장 내 것은 천 원짜리 석 장짜리다.

이젠 복권 판매점 주인의 눈에 익은 단골이 다 돼서 문을 열고 표시된 복권 표와 만 원짜리 한 장을 내밀면 주인이 단 일분도 안 걸리고 거스름 이천 원과 복권을 내준다. 단 한 주도 빼놓지 않고 얼굴을 내민 지 수년의 이력 덕분에 단 한마디의 설명이나 말이 필요없어진 거다.

육 개월에 한 번 정도 귀국을 하는 아들은 기특하게도 엄마의 심부름 수고를 생각해 오천 원정도의 당첨금은 눈감아 주는 아량도 베풀고 그동안 사 놓은 로또복권 정산을 해서 현찰을 주고 간다. 그래봤자 그동안 당첨된 게 오천 원짜리로 네 번 정도였나?

단돈 천 원을 허투루 쓰지 않는 내게 일주일에 삼천 원이라는 돈은 상당히 큰돈이고 아들 돈이 일주일에 오천 원씩 그냥 없어지는 것도 짠한 생각에 지난 번 귀국한 아들에게 돈 아까우니 복권 사지말자는 얘기를 했더니 불우이웃돕기도 하는데 취미생활이라고 생각하고 계속 하잔다. 혹시 복권이 당첨되면 뭘 할까 어떻게 쓸까 꿈꾸는 동안이 행복하지 않느냐며 말이다.

그래 그 말도 맞다. 간사한 게 사람의 마음이다. 라는 말도 있지만 당첨 번호를 확인하기 몇 분전까지 꾸는 꿈은 화려하고 행복하다. 여간해서 현실에 맞지 않는 공상, 망상을 하지 않는 내가 복권이 당첨되면 하고 싶은 것은 공상, 망상에 가깝다고 해야 하려나. 가장 먼저 대출금으로 셋방살이를 하는 아들에게 집을 사 줘야겠다. 요즘 아가씨들은 남자가 자기 집이 없으면 결혼을 안 하려고 한다니 노총각인 아들이 장가가기 쉽게 수도 서울에다 자그마한 아파트라도 한 채 사 주면 아들을 닮은 귀여운 손주를 안겨주지 않을까?

그 다음으론 맏조카의 치아를 해줘야겠다. 시댁의 장손인 조카는 나이가 오십이 넘은 장년이지만 혼자 외롭게 살고 있다. 오토바이를 타고 다니며 팔팔하던 이십 대에 교통사고로 연인을 잃고 자신은 장애인이 되어버린 맏조카가 늘 안쓰러웠는데 얼마 전 집안일로 만났더니 얼굴의 한쪽 볼이 쑥 들어가 있다. 웬일인가 물으니 어금니 세 개가 한꺼번에 빠져버렸단다. 자세한 말은 안하지만 돈 때문에 이를 해 넣지 못하고 있는 것 같아 마음에 걸린다. 복권 당첨금이 나오면 치아 해 넣을 돈과 몸도 좀 보신 할 돈까지 조카에게 두둑이 주고 싶다.

세 번째는 좀 풍요로운 여행을 하고 싶다.

아들딸은 물론이요 친정 오빠네 동생네 까지 다 불러서 휴양지로 유명한 인도네시아 발리에 가서 한 닷새쯤 놀다오고 싶다. 나이가 먹을수록 피붙이들이 소중하고 사랑스럽다. 더 나이가 먹기 전에 아직 젊은 애들과 어느 정도 보조를 맞춰서 움직일 수 있을 때에 아름다운 곳에서 아름다운 시간을 함께 하며 정을 나누고 싶다. 그 외에도 돈이 있다면 하고 싶은 일은 많다. 매달 정기적으로 성금을 보내는 이웃돕기 후원처에도 좀 큰돈을 보내서 좀 더 많은 사람들에게 도움을 주고 싶고 내가 구독하고 있는 카톨릭신문에 실리는 어렵고 힘든 사람들에게도 매번 힘이 돼 주고 싶다. 문제는 당첨금이 얼마나 될련지가 가장 관건이다. 나는 한 십여 억 정도만 되도 괜찮을 것 같은데 아들 녀석은 한 백억은 돼야 쓸 만하단다. 매주 한 번씩 나는 꿈을 꾼다. 복권 당첨 번호가 발표되는 토요일 하루 일을 마치고 온 집안이 조용해지는 늦은 밤이 되면 나는 홀로 지갑을 연다. 화려하고도 황홀한 꿈이 실현될지도 모른다는 희망으로 심장의 펌프질도 조금 빨라지는 걸 느끼며 고이 간직하던 복권을 꺼내어 번호를 맞춰보기 시작한다. 혹시나 하던 기대가 역시나 무너져버리는 불과 5분도 안되어 깨져버리는 허망한 꿈이지만,(이 린)

똥 꿈

똥 꿈을 꾸었다.

평생 수없이 똥 꿈을 꾸었어도 지난밤처럼 완전하고 깨끗하며 개운하고 명징하게 꾼 똥 꿈은 처음이다. 며칠 전에 아내도 똥 꿈을 꾸고 복권을 샀지만 효험이 없었다. 아마 똥처럼 지저분하고 불확실하며 미심쩍게 꾼 똥 꿈이겠지. 어젯밤에 꾼 똥 꿈이 "진짜 똥 꿈이야" 하며 꿈에서 깨어나자마자 복권 살 준비를 단단히 했다. 더구나 오늘이 토요일, 사자마자 당락이 결정되니 이 얼마나 신속 정확하냐. 모르긴 몰라도 정확히 적중하리라.

복권을 사는 과정은 다음과 같다. 복권을 사려는데 돈이 없어 아들에게 만 원을 꾸었다. 당첨되면 반을 나누어 달라기에 일단, "그래 주마." 약속을 하고 복권에 당첨될 확률이 가장 높다고 소문난 곳에서 복권을 샀다.

오늘이 아시안게임 결승전. 마지막 호주와의 대전이라 복권 추첨은 뒷전으로 밀려나 한 시간 동안 뜸을 들인 뒤에야 확인할 수 있었다. 한 자, 한 자 꼼꼼히 대조 확인 한다. 낙첨된 것들은 미련 없이 버린다. 그리고 마지막 줄.

아아, 어쩌면 마지막 한 줄을 남겨두고 단 한 개의 번호도 맞지 않다가 마지막 줄에서 가서 한 자 안 틀리고 몽땅 맞는단 말인가.

아들에게도, 아내에게도 발설하지 않았다. 이 일로 하여 온 집안이 활활 불타올랐다 쑥대밭이 될게 뻔한데. 나 혼자 알고 나 혼자 즐기고 서서히 뜸들여가며 알리리라. 일 년을 두고 생각의 생각을 하리라.

당첨금으로 무엇을 할까…

… 무심코 지구본을 들여다본다. 북극해와 남극대륙. 여기를 어찌어찌 공략해 볼까. 북극해의 오로라를 보고 남극 대륙의 빙벽과 펭귄을 보리라. 그리고 뱃머리를 돌려, 남아메리카, 마젤란 해협으로 올라, 샌디아고를 거쳐 아르헨티나, 볼리비아, 칠레, 페루, 브라질, 우루과이, 콜롬비아, 라틴아메리카를 거쳐 중남미, 파나마, 코스타리카, 엘살바도르, 그레나다, 크리니다

드, 아이티, 멕시코, 미국과 캐나다…

며칠이 걸릴까? 언어에 막힐까? 영어를 배워? 몇 년 전, 태국에서 석 달 동안 태국어 배우듯, 그렇게 영어를 배운다면 못할 거야 없지. 아무리 영어가 어렵기로 죽기로 배워서 안 될 거까지야 없지 않을까? 영어. 세계 공통어다. 태국에서 시골 촌락을 들어가거나, 구멍가게를 들어가도 영어가 가능한 자가 마중 나와 대기하지 않았던가.

다음은 유라시아다. 아예 북한은 제쳐 놓고 러시아에서 유라시아 관통행 기차를 타고 볼 일이다. 세계에서 가장 큰 나라, 유럽과 아시아를 관통하는 나라, 러시아의 동쪽 끝 — 캄차카 반도에서 시베리아를 지나 몽골, 중국, 파키스탄, 인도, 방글라데시, 미얀마, 앙코르왓, 카자흐스탄, 우즈베키스탄…. … 우즈베키스탄. 그래 십여 년 전 우즈베키스탄에 간적이 있었고, 오 년 전엔 우즈베키스탄 남자가 우리 집 리모델링을 했었지. 한국인 인부들이 엄두도 못내는 측량기기 — 레벨을 자유자재로 구사해, 팀 십여 명의 인부들 중에 가장 특출했고, 한국인보다 일당이 많았다. 한국에서 돈을 벌어, 두 명의 아내를 두고 우즈베키스탄에서 떵떵 거리며 사는 코리안 드림의 아이콘. 한국인 인부들은 그에 비해 상대적으로 왜소해 져, 그의 키만큼 작아 졌다. 한국 젊은이들이 싫어하는 기피 업종에서 시작해 이제는 밥줄까지 독식해 가는 제삼국인 노동자들.

중부내륙고속도로, 여주 북부 인터체인지에서 고속도로 요금 정산을 하다 자동화 시스템이라 애를 먹은 적이 있다. 그 시스템이 시험 과정을 거쳐 완료되면 고속도로 요금 정산소의 직원들은 모두 쫓겨날 판이다. 과학화 자동화로 인간의 일자리는 인간이 만들어 놓은 로봇들에게 잠식당하고 있다.

 편안함과 부의 팽창으로 한국의 모든 을(乙)들은 로봇과 제삼국의 노동자들에 의해 생명줄마저 빼앗기고 있는 실정이다. 존폐의 위기에 선 그들. 바로 나의 아들딸들 이다.

 내가 뭘 하려던 중이었지. 여행? 뭔 여행? 만사 때려치우고 자식들 안위를 주시해야 할 일이 제일 순위이거늘. 하고 싶은 게, 어디 한두 가지랴? 부동산 투기도 하고 싶고, 주식 노름도 해보고 싶으며, 남들 다하는 골프에 미쳐보고도 싶다.

 나이 환갑이 지나면 장수를 만끽하며 노년을 즐긴다? 그거 물 건너지 오래야. 아들 며느리 돈벌이 하라고 손주 놈 길러 주어야 하고, 김장 담가주어야 하며, 시장 보아주어야 하고, 사업 자금도 대어주어야 하며….

 … 사업 자금. 그래 눈 딱 감고 복권 삼등분해 아들들을 부른다. 그런데, 그런데 복권에 당첨된 번호는 꿈이 하도 좋아, 그냥 버리기 아까워 맞는 걸로 가정하고 꿈꿔 본 것인데.

 그러나 꿀 수만 있다면, 매일매일 똥 꿈만 줄기차게 꿔, 아들들의 인생 역전 복권을 사고 또 사야 하리라.(이상국)

복권 주인은
따로 있다

사람은 누구나 할 일이 정해져 있다. 남의 일에 함부로 간섭하지 말고 내가 해야 할 일만 잘 하면 된다. 그런데도 오지랖 넓게 남의 일에 간섭하기를 좋아하는 사람이 있다. 자기 할 일은 제대로 하지도 못하면서.

모름지기 사람은 욕심을 부리지 말아야 한다. 자기에게 주어진 환경과 여건에 순응하면서 분수에 맞게 살아야 한다. 복을 억지로 불러들이려 해선 안 된다. 오직 하늘만이 복을 내려주신다. 사람은 하늘이 내려주신 복만을 감사히 누리며 살아가는 것이 순리이다.

그런데도 사람이 인위적으로 복을 부르려 하며, 도를 넘어 지나치게 욕심을 부리거나 무리를 하는 경우가 적지 않다.

요즘 복권 열풍이 한창이다. 너도나도 복권 당첨에 삶의 행복을 건다. 심지어는 목숨조차 내거는 형국이다. 어떤 이는 아예 복권 사는 것이 직업이다시피 하다. 일할 생각은 않고 죽자사자 복권 당첨에만 매달려 지낸다.

그런데 이 복권이란 것이 어디 간절히 바란다고 해서 당첨되는가 말이다.

가난하고 힘들어서, 돈 벌 희망도 가능성도 안 보여서, 차라리 복권이나 맞혀 보자는 심산으로,

'복권만 당첨되면 고생 끝, 행복 시작이라지 않는가.'

하고 복권 파는 가게를 기웃거리는 사람 수가 날로 늘어나고 있다. 경기가 어렵고 일자리가 마땅치 않을수록 이런 현상은 더 크게 나타난다.

그런데 과연 그럴까? 복권만 당첨되면 그동안 겪었던 모진 고생도 끝나고 쥐구멍에 볕들듯 찬란한 행복의 햇살이 환하게 비쳐들까?

물론 처음 얼마 동안은 마음대로 돈을 펑펑 써대며 한껏 향락을 누리고 돈쓰는 재미에 흠뻑 취하여 나름대로 행복을 느낄지도 모른다. 그동안 돈 없어서 당한 온갖 설움을 다 씻어 버리듯, 돈에게 복수라도 하듯 하루에도 수천만 원씩 펑펑 써댄다.

그러나 그것도 한때, 어느 정도 세월이 지나면 돈 쓰는 것도

지겨워지고 하릴없이 지내는 데에 차츰 무료해진다. 이때쯤이면 돈 냄새를 맡은 사람들이 서서히 주변에 꾀기 시작한다. 복권 당첨자는 돈이야 있지만 마땅히 할 일을 찾지 못해 심심하던 터라 주변의 꾐에 귀가 솔깃해진다.

"에라! 이참에 사업이라도 한 판 벌여 봐?"

수중에 돈이 있다 보니까 부질없는 자신감마저 든다. 무슨 일이든 잘 해낼 것 같은 대책 없는 자신감―그러나 실은 이건 자신감이 아니라 교만함이다. 사업이 그처럼 쉽다면 이 세상에 돈 못 벌고, 돈 없어서 고생할 사람이 어디 있겠는가. 너도나도 쥐꼬리만 한 월급에 매달려 온갖 스트레스 다 감내해야 하는 직장 때려치우고 사업을 벌이면 될 게 아닌가 말이다.

"어쩌면 사업을 벌일 절호의 기회인지도 몰라."

모두들 어렵다고 하니까 역으로 남 안 하는 일을 벌여 기회를 잡아보자는 심산이다.

드디어 결심이 굳어진다. 피땀 흘려 가며 번 돈이 아니라서 너무 쉽게 생각한 탓인가. 이것저것 자세히 알아보지도 않고 거액을 단숨에 투자한다. 한데 그 결과는 과연 어떤가.

"어어?"

하는 순간 사업은 쫄딱 망하고 빚만 몽땅 뒤집어쓴다. 결국 로또 당첨금 수십억 원을 졸지에 다 날려 버리고, 빚쟁이 알거지가 되고 만다.

우리는 매스컴을 통하여 이런 경우를 간간이 접해 왔다. 그런데도 사람들은 불빛만 보면 앞뒤 가리지 않고 달려드는 부나비처럼 복권에 목숨을 건다. 그들은 흔히 하기 좋은 말로 인생 한 방이라는 것이다.

"과연 그럴까?"

한마디로 말해서 아니다. 복권에는 반드시 주인이 있다. 주인 아닌 사람이 남의 것을 가지면 어떻게 되는가. 이것은 도둑질이요 횡령이요 무단점거이다. 남의 것은 어디까지나 남의 것일 뿐, 결코 내 것이 될 수 없다.

지금부터 30여 년 전이던가. 물론 그 당시에는 로또복권이란 게 없었다. 주택복권이 한창 인기를 끌던 시절이었다. 아무튼 복권에 대한 집착과 기대는 그때나 지금이나 마찬가지로 컸다.

A 씨는 결핵 환자이면서 결핵 자활원을 직접 운영하는 원장님이었다. 사설 자활원인 만큼 공식적으로 들어오는 지원은 없었다. 관공서든 교회든 구호단체든 스스로 신발이 다 닳도록 직접 찾아다니며 구걸하다시피 해서 겨우겨우 요양원을 꾸려 나갔다. 하지만,

"이 달에 원생들 약값이 너무 모자란데, 어떡하나?"

약값 걱정, 겨울 연탄 걱정에 한숨을 입에 달고 다닌 지도 오래 되었다. 그렇다고 한숨만 쉬고 있으면 이런 어려움들이 저절로 해결되는 것은 아니었다. 부지런히 발로 뛰며 여기저기 구걸하다시피 해야만 간신히 그 달 부족분을 메울 정도였다.

아시다시피 결핵은 가난한 사람들이 잘 먹지 못해서 영양불

균형으로 인해 많이 걸린다. 그런 만큼 대부분의 결핵 환자들은 삼시세끼 식사는 말할 것도 없고 약을 살 돈조차 없이 가난하다. 게다가 난방용 연탄도 살 능력이 없으니 원장님이 사서 대주어야 하는 것이다.

"날이 갈수록 빚만 늘어나는구나."

머지않아 파산선고를 하고 자활원 문을 닫아야 할 지경에 이르렀다.

"자활원 문을 닫으면 우리 원생들은 어떡하지?"

자활원생들은 전염병 환자라고 하여 심지어 집에서조차 받아들이기를 꺼렸다. 그러니 자활원 문을 쉽게 닫을 수도 없는 노릇이었다. 오갈 데 없는 원생들을 외면하기엔 원장님의 마음이 모질지 못했다.

"아! 어떡해야 하나?"

뾰족한 해결 방법을 찾지 못한 채 늘어나는 것은 근심 걱정과 천근 무게의 한숨뿐이었다.

그러던 어느 날, 원장님은 복권 3장을 샀다. 물론 크게 기대를 한 것은 아니었다. 그런데, 그 3장 중 한 장이 1등에 당첨된 것이다.

"아아! 복권이 당첨되다니……. 이런 행운이 나를 찾아올 줄이야!"

감사와 감격이 북받쳐서 원장님은 엉엉 소리 내어 울었다. 당시로서는 거액인 당첨금 900만 원. 그 돈을 받아 쥔 원장님은 자활원을 회생시키는 데 전력투구했다. 그리하여 마침내 자활원은 되살아났다. 이후 원장님은 수많은 환자들을 고치고 살려내어 사회로 복귀시키는 훌륭한 일을 계속하고 있는 것이다.

어떤가. 이쯤 되어야 비로소 복권이라고 말할 수 있지 않을까. 복권은 바르고 옳은 데 써야만 비로소 복을 가져온다. 그렇지 않으면 복권이 아니라 화를 불러오는 화권이 되고 마는 것이다.

다시 말하건대, 복권 주인은 따로 있다. 절대 함부로 욕심 부리지 마라. 당신이 복권 주인이라면 하늘이 내려주실 것이므로. (이영규)

행복한 이야기
로또복권과 연금복권에
당첨 되었어요

이원택 이 의 이종학 이진영 이호철 임수진 임창순
전영순 정경자 정 남 정승복 조윤환 조정화 지교헌
진 민 최금복 최병환 최숙미 춘성 한경화 한정규 허
문정 황다연 황진섭

마음의 장기
이식하기

나는 나의 양심을 되돌려 받고 싶다.

나는 불안하다. 매일매일 죄업을 쌓아 가는 것 같고 항상 무언가에 쫓기는 듯하다. 마음이 찌뿌드드하고 속이 개운치 않다. 만성 소화 불량에다가 신경성 대장염이란다. 만사를 조심조심, 돌다리도 두드린 후 건너간다. 혹시 실수라도 하면 어쩌나 혹시 사기라도 당하면 어쩌나 하고 살얼음을 밟고 가듯 인생을 살아간다. 다 돈이 없기 때문이다. 돈만 있으면 까짓거~ 좀 떼어 먹히거나 가끔 베풀어 줘도 그리 대수는 아닐 것이다.

요즈음은 성형 수술의 발달로 못난이가 예쁜이로 탈바꿈 하는 것은 물론 장기 이식의 발전으로 대부분의 나쁜 장기를 좋은 장기로 바꿔칠 수가 있다. 장기 이식은 자발적 증여가 원칙이지만 뒷구멍으로 장기 매매도 자행되고 있다. 예를 들어 골수는 5천만 원, 신장은 1억, 간은 2억, 심장은 5억씩 한다면 돈이 없어 사경을 헤매던 사람이 복권에 당첨된다는 것은 한 생명을 구하게 되는 것이나 진배없다.

신체의 장기는 그렇다 치고 마음의 장기는 어떤가. 우선 준법정신이란 장기가 있다. 아무도 없다고 빨간 신호등을 자주 지나다 보면 이 장기가 쪼그라든다. 약 5천만 원짜리 장기이다. 근검절약이란 장기는 e-mail 출력한 종이의 뒷면을 재사용 않고 그냥 쓰레기통에 버리면 이 장기가 막혀 버린다. 약 1억짜리 장기이다. 욕망이란 장기도 있는데 이때 열 계집 마다 않고 이곳저곳 건드리다 보면 간이 부어 숨쉬기가 거북해진다. 2억 정도는 갈 것이다. 젊고 예쁜 영계에 끌려 조강지처를 버리는 짓거리는 심장에 털이 난 양심의 문제이니 이를 갈려면 족히 5억은 들지 않겠는가?

내가 만약 복권에 당첨된다면 나는 병든 내 마음의 장기를 돈 받고 교환할 사람을 공모할 것이다. 이왕 터지려면 한 10억 정도 터져서, 오만한 장기, 게으른 장기, 비굴한 장기, 의리 없는 장기까지 몽땅 떨이로 다 팔아 버렸으면 속이 시원하겠다. 덤으로 "그동안 고생하던 변비도 말끔히 가져가거라~."인데, 꿈도 야무지지, 누가 그 더러운 마음의 장기를 받아 줄 것인가?

그 누가 청정한 마음의 장기로 바꿔 줄 수가 있겠는가? 복권 당첨금을 모두 연봇돈으로 낸다고 해도 될 일이 아니다.

실은 만사를 돈으로 해결하려는 금전 만능주의도 마음의 병이다. 일 않고 횡재하길 바라는 도둑놈 심뽀는 더 말할 나위도 없고……. 돈 좀 있다고 티 내고 다니는 것도 다 타인에게 혐오감을 일으키는 일이니, 그냥 다른 사람들 마냥 조기 은퇴하고 그 돈 떨어질 때까지 세계여행이나 다니다 가는 거야. 살 날도 얼마 남지 않은 놈이 짱구를 너무 굴리면 신경성 대장염이 더 악화되는 거 알아? 몰라?

단돈 일 불에 판 양심도 나중에 다시 살 때는 기만 금을 내야 하는 법이다. (이원택)

7일 간의 행복

　로또는 일종의 마약 같다. 우리 집 3부자는 매 주마다 복권을 샀다. 매번 허탕을 치면서도 미쳐 못 샀으면 추첨 전날 밤에라도 산다. 사상누각 짓는 일에 싫증이 날만도 한데 질리지도 않는 모양이다. 이렇게 든 버릇이 아들들이 분가했다고 달라질 리 만무하다. 난 우리 집 남자들 한태 질려서 복권 사는 걸 우정 피하였는지도 모른다. 버스를 타고 한 정거장을 지나 사거리 코너에 있는 복권 판매소는 껌 딱지 같은 존재다. 왜 나라고 돈이 궁하면 복권 판매소 앞을 지나면서 멈칫하지 않을 수 있겠는가? 그런데 언제 부터인지 남편이 복권 맞춰보는 걸 볼 수 없다. 기억을 더듬어 보니 생업을 놓고 나서도 몇 년을 지나다 보니 부질없는 짓이라는 걸 깨달은 모양이다.

왜 그토록 주택복권에서 부터 로또까지 거르지도 않고 집착하는지 직접 체험해 보기로 했다. 이런 마음이 든 것도 서랍을 정리하다 오래전 일기장을 몇 장 넘기다보니 복권에 관한 내용이었다. '확률이 얼만데, 되지도 않는데 돈 버리지 말고 아이들 간식이나 사 주라고!' 그런데 받는 말이, '될 것이라고 기대도 안하지만 일주일이 즐겁단다.' 만약에 당첨이 된다면 방이 넷 있는 집으로 이사를 가 아이들에게 방을 하나씩 준다면! 방학이 되어 온 가족이 여행을 떠나는 상상 속 일주일 세계여행이 즐겁단다. 그리고 집 없는 사람들에게 혜택이 돌아간다니 누군가는 사야 한다나. 그런 소리를 듣고 부터는 복권을 사든지 말든지 신경을 끄기로 했다는 내용이었다.

우선 인터넷에 들어가 보기로 했다. 의외로 복권 당첨자들의 후일담이 많은데 놀랐다. 그런데 내 주위에서는 일확천금을 잡았다는 이야기를 못 들은 것이 천만다행이라는 생각이 들었다. 로또 당첨금을 지급하는 분이 꼭 당부하는 말이 있다고 한다. 첫째 당첨 사실을 꼭 비밀로 하라고 한단다. 똥구덩이에 파리 꼬이듯 손을 벌리는 이들이 많고 가족이 위험할 수도 있으니까? 그런 큰돈을 만져 보지 못한 사람이 그 돈을 관리할 능력도 문제다. 돈은 벌기보다 지키기가 힘들다고 한다. 그래 금융권에 자산관리담당자를 찾아 상담을 하라고 한단다. 그런데 문제는 성공한 사례보다 오히려 알거지가 되고 가정이 파탄 나는 사례가 많다는데 문제가 있다. 아무리 그렇더라도 금년에는 꼭 로또에 당첨되어 돈 벼락을 맞아보길 원하는 사람은 많으리라. 나도 가끔씩 그런 생각을 하니까.

얼마 전에는 헛웃음밖에 안 나오는 사건이 있었다. 만취 상태의 남자가 경찰에서 행패를 부리며 하는 말이 너희들 1억만 뿌리면 모가지 날려버린다고 큰소리를 쳤다고 한다. 로또에 당첨되어 주머니가 두둑하니 세상에 돈 없으면 못할 일이 없다고 생각하는 어이없는 갑의 출현이었다. 이렇게 준비 안 된 벼락부자(富者)의 도리를 가르치는 학원이 필요한 세상이 되고 있다. 강원도의 형제 경찰이 있었다. 형님이 어느 날 아래 사람을 시켜 복권을 샀는데 자그마치 200억이 넘는 로또에 당첨되었다. 그는 친척을 모두 불러놓고 사실을 발표하였다고 하니 나눔 잔치를 한 모양이다. 물론 사표도 냈다. 아이들을 학교에 보낼 때도 마음이 안 놓여 보디가드를 붙었다고 한다. 결국은 온 가족이 외국으로 떠났다고 한다. 고향을 떠나고 싶지 않아도 횡재한 돈 때문에 떠날 수밖에 없는 게 우리네 현실이다.

이런 저런 이야기를 접하다보니 로또를 사기전에 먼저 해야 할 일이 있을 것 같다. 만약에 거액의 당첨금이 생긴다면 어떻게 할 것인가. 생각할수록 심사숙고해야할 심각한 사건이다. 만약에 당첨금이 100억쯤 된다면 어떻게 할까? 지금의 우리형편은 생활비와 남편의 용돈은 얼추 메꾸어 지지만 난 아이들이 주는 용돈으로 품위유지비로 쓰고 있다. 그런데 지금의 생각은 내가 돈에 여유가 있더라도 자식으로부터 용돈은 받고 싶다. 그래야 감사할 일이 줄지 않고 내 자존감이 살아있을 것 같다.

우선 30%는 내가 믿는 종교 단체를 통하여 쓰고 싶다. 그것이 바로 약자를 돕는 일이기도 하기 때문이다. 지금도 용돈에서 조금씩 매월 보내던 금액을 더 보내게 될 것이다. 그리고 30%는 내 아이들을 위하여 쓰고 싶다. 남들이 보기에는 번듯한 직장에 다니며 잘 살고 있는 것 같은데 부모의 도움 없이 분가하여 월급으로 살다보니 주거비와 교육비 등으로 빚을 지고 있다. 막내는 전세를 살고 있고, 그래서 조그만 집이라도 마련해 주고 싶다. 적어도 빚은 지지 말고 살아갔으면 하는 마음이다.

그리고 일부를 떼어 아프리카에 굶주리고 있는 어린이들을 위해서도 보탤 생각이다. 내 아이들을 마마보이로 만들고 싶지 않아 모든 걸 비밀로 할 작정이다. 그리고 30%는 그동안 신세진 고마운 분들, 도움을 주고 싶었던 사람들에게 배분하고 싶다. 나머지 10%는 내가 살고 있는 다가구주택 대출금도 상환하고 오래 전 부터의 꿈을 이루고 싶다. 도시 가까운 곳에 전원주택을 마련해 흔들의자에 앉아 망중한을 즐기고, 텃밭을 일구며 자연인으로 살고 싶다. 누가 보면 허식이라고 비웃을 수도 있다. 그러나 그건 내가 수고해서 번 돈이 아니니까 나누는 것이 옳다는 생각에는 변함이 없다.

이렇게 만약을 현실로 정리하고 보니 내가 정말 복권에 당첨된 기분이다. 행여 당첨이 되는 행운이 굴러오더라도 놀라거나 허둥거릴 리 만무하고, 계획대로 은밀히 진행한다면 나름대로 뿌듯하지 않을까! 행복도 불행도 자신이 마음먹기에 따라 오고 간다고 하니 복권 사는 일만 남은 것 같다. 역시 복권은 상상만으로도 마음의 여유를 즐길 수 있으니 로또복권인가보다.(이 의)

당첨금 10만 원

　당신이 만일 로또복권에 당첨된다면? 혹시 누가 팔순인 나에게 렇게 묻는다면 상대를 물끄러미 바라보다가 우선 허공을 향해 코웃음을 날릴 것 같다. 그러고 나서 나에게서 어떤 대답이 나오길 바라느냐고 되묻는다. 그래도 굳이 대답이 필요하다면 이렇게 말하리라. "글쎄. 내일이 당신의 마지막 날이라면? 하는 질문을 받았을 때와 비슷한 심정일 것 같다." 하고 응수하고 싶다. 사실 로또복권이란 별안간 하늘에서 뚝 떨어지는 행운을 바라는 사람들의 요행수를 자극하는 물건이다. 하긴 아직도 토끼풀 밭에 앉으면 버릇처럼 네 잎 클로버를 찾는 처지이니 이런 개념으로 로또복권을 살 수도 있겠다. 로또복권에 대한 관심은 그 이상도 그 이하도 아니다. 무엇보다도 하늘에서 떨어지든 옆구리에서 튀어나오든 엉뚱한 돈에 욕심 부릴 나이가 아니라는 것이다.

85년도로 기억한다. 나는 다방에서 친구들과 차를 마시고 나오다가 88올림픽 복권을 산 적이 있다. 한국에서 개최하는 올림픽대회를 돕는 애국심을 발휘하기로 의견이 모아져서 가까운 담배 가게에 몰려가 각기 복권 한 장씩을 샀다. 당시 1등 당첨금이 1억 원이었다. 이렇게 난생처음 산 복권이 10만 원에 당첨되었다. 이게 무슨 횡재냐, 쾌재를 부르면서 같이 애국심을 발휘했던 친구들에게 득달같이 전화를 걸었다. 입을 맞추기라도 한 것처럼 당장 한턱내라는 답이 돌아왔다. 부랴부랴 퇴근길에 만나 딱 10만 원어치 술을 마셨다. 나에게도 눈먼 돈이 생기구나 싶어 기분이 째졌다. 그러나 헛바퀴 도는 오산이었다. 이튿날 은행에 가서 득의에 찬 얼굴로 당첨 복권을 내밀었더니 축하한다면서 당첨금을 내주었다. 어~라? 세금을 공제한 금액이다. 횡재한 기분은 일시에 사라지고 세금만큼 내 주머니를 털린 꼴에 입맛이 썼다. 그 후로는 복권 가까이 가본 적이 없다.

내가 사는 캐나다에서도 로또복권은 대단한 인기를 누린다. 당첨자가 나오지 않아 당첨금이 누적되면 천문학적인 금액이 사람들을 요동치게 한다. 관심과 화제가 로또복권에 쓰나미처럼 몰려든다. 주유소나 편의점에서도 로또복권을 팔고 쇼핑몰에는 복권 판매 센터가 따로 있다. 상가에서 가장 바쁜 곳이다. 휠체어를 탄 노인들도 복권 센터 앞에 줄을 선다. 이민온 한인들도 예외는 아니다. 복권에 투자하는 손길이 사분하다 보니 당첨됐다는 소식이 심심치 않게 들린다. 누군가는 당첨금 일부를 뚝 떼어 교회 체육관 건축 기금으로 헌금했는데 몇 년 뒤 파산하는 궁지에 몰리자 그 헌금을 돌려달라고 생떼를 부렸다는 에피소드도 들린다. 누군가는 추첨 마감 시한 7초가 늦어 200억 원이 넘는 행운을 놓쳤다는 이야기도 있다. 그런데 거액 복권 당첨자의 말로가 뜻밖에 평탄치 않다는 신문 기사를 가끔 읽는다. 주위 사람, 친척에게 시달리고, 가족끼리는 반목하고 불화하는 한편 돈의 사슬에 묶여 이리저리 방만하게 끌려 다니다가 마침내 비참하게 몰락하고 만다. 귀신도 마음대로 부린다는 돈을 얻어 놓고 그 돈에 오히려 완전히 포식 당하는 꼴이다. 돈이 생명을 구하기도 하지만 그 돈으로 인해서 패가망신한 예는 동서고금을 막론하고 얼마든지 찾아볼 수 있다.

　황금 보기를 돌같이 하라는 현인의 말이 전해 오지만, 현실적으로 그렇게 하기란 쉽지 않다. 견물생심이라는 말도 있지 않은가. 돈을 요물에 비유한다. 돈의 마력에 빠져 허우적거리는 사람들에게 해당하는 말이다. 로또복권을 장려하는 사회는 득보다는 해를 자초하는 까닭이기도 하다. 앞에서도 말했지만 나는 어려서부터 네 잎 클로버를 찾기를 좋아했다. 행운이 온대

서가 아니라 책갈피에 꽂아 두기 위해서였다. 그러면 읽는 책의 내용이 절대 잊히지 않는다는 바람 때문이다. 그러나 내가 평생 찾아 낸 네 잎 클로버는 열 장이 안 된다. 고서점에서 산 책이나, 도서관에서 빌린 책갈피에서 오히려 더 많이 발견한 편이다. 경험으로 봐서 토끼풀밭에 앉아 네 잎 클로버를 열심히 찾느라 풀을 뒤적이던 순간이 더 즐거웠던 것 같다. 곧 네 잎 클로버가 눈앞에 불쑥 나타날 것만 같은 넘치는 기대감의 짜릿함을 지금도 잊을 수 없다. 구입해서 잘 모셔 둔 로또복권을 만지작거리며 당첨 발표를 기다리는 동안의 조마조마한 기다림, 남가일몽의 즐거움도 바로 그런 것이 아닌가 싶다.

  행복은 일종의 생각이며 느낌일 뿐이다. 행복은 어디까지나 나의 주관적 가치이다. 누군가 한 말이 생각난다. 로또복권을 샀다가 당첨 발표를 기다리지 못하고 영 떠나버릴 수도 있는 나이다. 그래도 내가 로또복권의 매력에 매달려 인생역전을 기대하겠는가. 하긴 내일 죽는 한이 있어도 로또복권에 한 번 당첨되어 봤으면 그 이상 소원이 없다는 사람들도 없는 건 아니다. 그러나 벼락부자가 되고 싶은 욕망이 있다면, 중국 송(宋)나라 보제(普濟)가 했던 말을 되새겨볼 일이다.

  "나 말고 누가 나를 망치겠는가."(이종학)

작은 주머니 속의
희망

　가끔 일상의 권태로움에서 벗어나고 싶을 때 복권을 산다. 좋은 꿈을 꾸었을 때도 복권을 사지 않으면 내게 돌아올 행운을 놓쳐 버릴 것 같아 서둘러 복권을 산다. 그 복권을 주머니에 넣고 다니면서 일주일 동안 조금은 행복해 지는 기분이다. 물론 복권이 당첨 되서 멋진 캠핑카를 타고 전국을 여행하거나 세계 일주 여행을 하고 싶다는 바람이 이루어 진 적은 아직 없다. 그러니 꿈은 꿈일 뿐이지만 그래도 만약 나에게 그런 엄청난 행운이 온다면 어떻게 할 것인가를 생각해 보면 주머니 한 쪽이 뿌듯해지는 것이다.

일가 되시는 분 중에 암(癌)으로 오래 동안 고생을 하시다가 돌아가신 분이 계셨다. 돌아가시기 전에 하루는 아내에게 돈을 좀 달라고 하더란다. 무엇에 쓸 것이냐니까, 그냥 오랫동안 돈을 갖지 못했으니까 돈을 가져 보고 싶어져서이고, 아이들에게도 아버지로서 돈을 주어 보고 싶어져서 그런다고 했다. 아내는 남편이 안쓰러워져서 돈을 넉넉히 병상 머리맡에 놓아주었다고 했다. 그분은 아내가 나간 사이에 아이를 부르더니 얼마큼을 아버지가 주는 거라며 용돈도 주고, 또 가서 복권 몇 장만 사 오고 엄마에게는 말하지 말라고 하더란다.

그분이 돌아가신 후에, 베개 밑에 곱게 접힌 채 있는 복권을 보고 아내가 넋두리를 하면서 통곡하는 것을 보았다. 그분은 행여 마지막 행운이 자신에게로 올 수 있다면, 세상에 남겨 두고 가야 할 아내와 아이들에게 큰 도움을 줄 수 있지 않나 하는 기대를 가졌던 것이다. 물론 그 복권은 맞지 않았지만, 아내는 그 복권을 고이 간직했다. 그분의 가족 사랑이 절실히 깃든 것이었기 때문이다.

얼마 전에 시각 장애인들을 위한 기독교 계통의 공동체를 방문한 적이 있다. 그곳에는 선천적인 시각 장애인들도 있었지만 중도 장애로 인하여 사회에서 소외당하고 가족들에게 조차 버림을 받은 분들도 있었다. 그분들은 일정 기간 동안 할 수 있는 기능, 예를 들면 안마사 같은 교육을 받았다. 그러나 그것 조차 힘든 분들은, 볼 수 있었던 세상에서 누렸던 추억을 들추어 보면서 하루하루를 희망 없이 살아가고 있었다. 그분들의 가장 큰 소망은 따뜻한 가정과 가족의 보살핌이었다.

특히 기억에 남는 분이 한 분 계셨는데 나이는 육순이 조금 넘어 보였다. 사업에도 실패를 하고 중도에 질병으로 심한 약시가 된 분으로 가족에게 버림을 당했다고 했다. 지금도 떠나간 아내를 원망하며 분해했는데, 그 말속에는 어쩔 수 없이 얼마큼 쯤 아직도 애틋한 정이 남아 있어 보여 측은하게 느껴졌다. 그분과 한참 동안 이야기를 하고 떠나오는데 주머니 속에서 복권을 한 장 꺼내 보여 준다. 의아해 하는 내게 아이 같은 천진한 웃음을 웃어 보이며,

"이 거 한 장만 당첨이 되면, 나 다시 마누라 찾아서 살아 보고 싶어."

아! 나는 왠지 가슴이 찡해 오는 아픔에 서둘러 발길을 돌려야만 했다.

매주 텔레비전 앞에서 기대를 하면서 번호를 맞춰 보고 또 실망을 하면서 다시 다음 주를 기다리는 그분의 두 눈, 그래도 분명 꿈을 보는 눈을 밝히 뜨고 있으리라.

복권이 막연하게 일확천금을 노리는 서민들의 가난한 주머니를 터는 사업이라고 비난하는 이들도 있으리라. 물론 노력하지 않고 요행을 바라는 것은, 밭 한 가운데 나무 그루터기에 다시 토끼가 부딪혀 잡히기를 기다리는 송나라의 농부처럼 어리석은 일 일는지도 모른다. 하지만 작은 한 장의 복권 속에 담긴 행운

을 바라는 기대는 어쩌면 단지 어리석은 바람으로 그침이 아니라, 어떤 이에게는 그 작은 기대 속에 가족에게 주고 푼 마지막 진한 사랑이 담겨 있을 수 있었고, 또 어떤 이에게는 절망 할 수밖에 없는 삶 속에서 한 가닥 세상을 잡고 있는 끈이었다.

최초로 만들어진 여자 판도라, 그 판도라의 상자에 들어 있던 모든 것들이 다 날아가고 남아 있던 단 한 가지, 그 것이 '희망'이라고 했다. 오늘날 우리가 어떤 재난에 처하더라도 희망을 완전히 잃지 않는 것은 이 때문이라고 한다. 그리고 희망을 가지고 있는 한 어떠한 재난도 우리를 파멸시킬 만큼 불행하게는 못하는 것이다.

몇 푼 되지 않는 복권 한 장, 그 작은 종잇조각에 담긴 희망. 어찌 보면 너무 허망하다 여기면서도 매번 복권 가게 앞에서 주머니를 털어 복권을 사 들고 돌아서는 사람들이 있다. 나 또한 그 행운을 바라며 즐거워했던 때가 있지 않았나. 그런 작은 위안이라도 있어 가난한 사람들은 신문이나 세상에서 떠드는 엄청난 액수에 돈에 매번 놀라워하면서도 초라한 주머니 한 쪽에 한 주일 동안의 희망을 넣어 가지고 다니는 것이다.(이진영)

262번의 유혹

　살아오면서 복권에 딱 한번 미친 적이 있었다. 88올림픽복권이었다. 복권을 구입한 동기는 오래전에 아버님께서 하시던 말씀 때문이었다.
　1948년 제16회 런던올림픽은 일제 암흑기를 벗어나 당당한 주권국가로 참가하게 되었다. 하지만 나라 살림이 워낙 어렵다 보니 선수단의 경비가 문제였다. 궁여지책으로 복권을 발행하게 되었다. 한 장에 100원이며 당첨금은 100만 원이었다. 열기가 뜨거워 100만 장이나 팔렸다. 너도나도 당첨보다는 애끓는 애국심의 발로였다.

이때 아버님도 주체할 수 없는 감격으로 복권을 샀다. 고향에서 방앗간을 하셨는데 곡식을 찧으려고 온 사람들에게도 한 장씩 나누어 주었다.

"자, 올림픽복권 받아가요. 운이 좋으면 부산에 집 한 채 생깁니다."

"올림픽이 뭡니꺼?"

"우리 손기정 선수처럼 세계에서 일등을 하는 거요. 그러면 여비가 있어야 간답니다. 배도 타고 비행기도 타야 합니다."

"심지 뽑기는 언제 할 낍니꺼?"

이렇게 모아진 복금은 올림픽선수단에 큰 힘이 되었다. 그렇지만 선수들의 불편은 말이 아니었다. 부산에서 배로 출발하여 일본의 하키타로 가서 배를 갈아타고 요코하마에 도착했다. 다시 중국의 상해를 거쳐 홍콩에 도착했다. 뱃멀미가 가시기도 전에 비행기를 탔는데 고생의 시작이었다. 방콕에 도착하여 뭄바이 행으로 갈아타고 카이로에서 암스테르담을 경유하여 런던에 도착하였다. 무려 20여 일이나 걸렸다. 얼마 전 국적기의 직항 편으로 런던을 가면서 11시간 정도 걸렸는데 이 정도면 격세지감이 아닐 수가 없을 것 같다.

복권이 고향 마을에서 아무도 당첨은 되지 않았지만 그해 여름은 참으로 행복하였다. 인근 마을에서 통신수단으로 유일한 라디오가 방앗간에 한 대가 있었다. 저녁마다 방앗간 마당에는 사람들이 모여들었다. 쑥 내가 진하게 나는 모깃불이 안개처럼 피어오르고 눈과 귀는 평상 위에 놓인 반달이만한 '제니스' 라디오에 집중되었다.

"야야, 그 앞에 좀 앉아 보거래이."

"소리만 들으문 되지예. 다른 거 뭐 볼낍니꺼?"

라디오 스위치 돌아가는 소리가 났다.

"찰카닥"

정리를 하지 않아도 장내는 엄숙할 정도로 조용해졌다.

"저녁 뉴스를 전해드리겠습니다. 멀리 런던에서 조국을 위해 젖 먹던 힘까지 쏟고 있는 올림픽 선수들의 소식입니다. 역도의 김성집 선수가 드디어 메달을 따냈습니다! 동메달입니다! 조국에 올림픽 메달을 바칩니다! 대한민국 만세! 만세! 만만세!"

너나할 거 없이 목 터지게 만세를 부르고 얼싸안고 춤을 추었다. 복권을 꺼내 흔들었다. 모두가 당첨자였다. 아버지는 어머니께 행운의 부적으로 복권을 드렸다. 그 덕택인지 한 달여 만에 내가 세상에 태어났다. 아버지는 큰 세상을 살아가라는 뜻으로 넓을 '浩'를 이름으로 지어 소중한 선물로 주셨다.

시간은 빠르게 흘러갔다. 복권으로 내게 생명이라는 행운을 주셨던 아버님도 돌아가셨다. 1981년 9월. 제24회 올림픽이 서울로 결정되는 순간이었다.

"쎄울 52. 나고야 27."

독일 바덴바덴에서 사마란치 IOC 위원장의 차기 올림픽 개최지를 발표하던 장면은 지금도 눈에 선하고 귀에 쟁쟁하다. 더

구나 일본 나고야를 따돌리고 불가능을 가능하게 만든 역사의 한 페이지였다. 한 편의 드라마였다.

　1983년 3월. 1회 88올림픽복권을 사기위해 꼭두새벽부터 설쳐댔다. 같은 마음을 가진 사람들이 주택은행 앞에 장사진을 쳤다. 500원 복권의 당첨금은 1억 원이었다. 당시로서는 파격적인 금액이었다. 복권에는 그리스의 올림피아 헤라신전에서 성화를 채화하는 모습이 담겼다. 아버지처럼 가까운 사람들에게 복권을 돌렸다. 당첨이 목적이 아니라 나라에 대한 자긍심이 크게 작용하였으리라. 추첨일인 4월 10일까지 설레는 가슴으로 잠을 설치고 행복감에 취해 보냈다.

　매주 복권이 발행되었다. 처음에는 재미삼아 시작한 일이 1주일의 달콤함에 점점 빠지게 되었다. 한 달이 지나고 반년이 지나도 버릇처럼 줄을 서게 되었다. 당첨에 대한 욕심도 점점 커져갔다.

　'만약에 당첨되면 집은 있으니 가족들과 여행이나 자주 갔으면 좋겠는데.'

　바다를 메울 순 있어도 사람의 욕심은 메우지를 못했나 보다.

　'일 억이면 어디야. 좋아하는 고서나 골동품을 사서 소장을 해야지.'

　88올림픽복권 발행 100회는 1985년 3월 3일이 추첨일 이었다. 내가 산 복권 번호가 3조 146056이었다. 제22회 모스크바 올림픽 요트 경기장의 모습이 도안되어 있었다. 이 복권을 예전에 아버지가 어머니께 하였듯 아내에게 행운의 부적으로 선물을 했다. 한 달 보름정도 뒤에 막내가 세상에 태어났다. 무엇보다 소중한 복권이 당첨된 셈이었다.

88올림픽복권은 끈질기게 나를 유혹했다. 거의 다 될 뻔 했다가도 중간에 한 숫자가 틀리는 바람에 낙첨되었다. 어느 때는 역순으로 거의 맞추기도 했다. 애간장을 태우다가 지치게 만들었다. 은근과 끈기도 한계가 오고 말았다. 262회는 1988년 4월 10일이 추첨일 이었다. 꼬박 5년에 걸쳐 복권을 구입한 셈이었던 것이다. 복권에 뉴질랜드의 전통 의상과 피어스트 교회가 도안되어 있었다. 나는 그날 낙첨의 고배를 마시고 그만 소리를 질러대고 말았다.

"만세! 대한민국 만세! 서울올림픽 만세!"

복권의 유혹을 뿌리치기가 쉽지 않았다. 당첨의 꿈을 접자니 아쉬움이 커다란 빈바구니처럼 남았지만 복금이 전혀 아깝지는 않았다. 여행을 줄이더라도, 고서나 묵은 책을 덜 사더라도 또한 오래된 그릇이 탐이 나더라도 조금 참으면 그만 이었다. 호주머니의 작은 금액이 달리기를 하는, 태권도를 하는 그리고 활을 쏘는 우리의 선수들에게 힘이 되었으리라 생각이 들기 때문이었다. (이호철)

쾌락의 쳇바퀴

삼지창이나 M자 손금이 부자 손금이라는 말을 들은 뒤 손바닥을 유심히 들여다본 적이 있다. 왼쪽 손바닥에 M자가 보였다. 어쩌면 내가 굳이 M자로 보고 싶어서 그렇게 보인 것인지도 모른다. 어쨌든 M자가 보이니 부자여야 하지만 아쉽게도 나는 지극히 평범하게 살고 있다. 아마도 내 손바닥에 있는 것이 손금 전문가들이 말하는 M자와 다른 모양이다.

요행이니 일확천금이나 하는 말을 나는 그다지 좋아하지 않는다. 내 그릇이 비워지지 않을 만큼의 돈만 있으면 좋겠다는 생각을 늘 해오고 있다. 그런 차에 '내가 로또에 당첨된다면'

이란 글제의 원고 청탁을 받았다. 생각해 본 적은 없지만, 지금부터 생각해 보면 되기에 기분이 좋아졌다. 현실에서 못 누려 본 호강을 글을 쓰면서 하는구나 싶어 다소 들뜬 상태가 되었다. 돈을 어떻게 쓸까를 고민하는 건 처음이다. 하룻밤에 궁전 서너 채를 지었다 허물기를 반복했다.

세금을 떼고 30억을 당첨금으로 받는다고 가정해 보았다. 우선은 참 떨릴 것 같다. 겁도 무지 날 것 같다. 사람들이 쳐다만 봐도 혹시 저 사람이 내가 로또 당첨된 걸 알아챈 게 아닐까 싶어 두려울 것 같다. 은행에 다녀오는 길에 누군가의 칼에 맞거나 심장마비를 일으키지 않으면 다행이다. 청심환 한 알을 먹어야 할지도 모른다.

30억. 꿈같다. 우선 뭘 할까. 남편과 상의 후 목이 좋은 곳에 빌딩 한 채를 사 두겠다. 도시 중심가에 빌딩. 최소한 20억은 필요할 것이다. 요즘 평균 수명도 길어졌으니 노후 생활비는 빌딩에서 나오는 수입으로 충당하면 될 것이다. 이제 10억이 남았다.

"10억. 얼마 안 남았군."

쓰기 시작하니까 30억도 금방이다.

10억 중 5억은 도심 외곽지에 2층짜리 아담한 건물을 짓겠다. 남편이 퇴직하면 바리스타 자격증을 취득하게 해서 커피숍을 운영하게 해야겠다. 감각이 있으니 운영을 잘할 것이다. 2층의 반은 주거 공간으로 사용하고 반은 내 서재로 쓸 것이다.

건물 뒤는 산이고 앞은 호수인 곳이면 더 좋겠다. 손님이 아주 많지 않아도 괜찮다. 지나가던 사람들이 들러 차 한 잔 마시면서 사람 사는 이야기를 나누는 공간으로 활용되었으면 좋겠다.

이제 5억이 남았다. 많은 것 같았는데 헐어서 쓰니까 금방 바닥이 보인다. 다 쓰기 전에 3억은 기부를 해야겠다. 공돈이나 마찬가진데, 복권 사는데 투자한 금액이 겨우 만 원인데 만 원 투자해서 30억을 벌었다면 다소 과한 혜택이다. 혜택을 입었으니 적은 금액이라도 사회에 환원하는 게 인간의 도리라 배웠다. 우선 생활이 어려운 학생들을 위한 장학금으로 1억, 희귀 난치병 아동 치료에 1억, 사각지대에 있는 노인복지에 오천만 원, 아프리카난민 돕기에 오천만 원을 보내겠다.

나머지 2억 중 1억은 은행에 저금을 하고 남은 1억은 마음껏 원 없이 써보고 싶다. 우선 오천만 원으로 가족과 한 달쯤 유럽여행을 다녀올 생각이다. 돌아와서는 지금껏 열심히 산 자신에게 보상을 해 주고 싶다. 먼저 피부과에 등록해서 관리를 받고 1년 마사지 티켓도 끊고 피트니스 센터에 가서 년 회원증도 끊을 것이다.

그런 다음 백화점으로 달려가 쇼핑을 할 생각이다. 구두와 원피스를 사고 가방도 살 것이다. 홀린 듯 매장을 휘젓고 다니다 보면 그동안 눈요기에 그쳐야 했던 허기가 어느 정도 채워질 것이다. 두 손 가득 쇼핑백을 들고 나올 때의 만족감이 시간이 지나면서 텅텅 소리가 날 때까지 그 짓을 해보고 싶다.

원고를 쓰는 동안 내가 실재로 로또에 당첨된 느낌을 받았다. 매일 이렇게 행복한 상상만 하면서 살 수 있으면 좋겠다. 하지만 꿈은 꿈이다. 나는 근면성을 믿고 노력의 결과에 의해 얻어진 열매를 좋아한다. 그게 진짜 달콤한 의미기 때문이다.

하버드대 심리학 교수인 〈댄 길버트〉가 로또가 주는 행복 그게 얼마나 갈까에 대한 연구를 했다고 한다. 결과에 의하면 행복이 주는 기쁨과 들뜸은 평균 3개월이었다고 한다. 3개월이 지나면 예전과 똑같은 크기만큼 행복하거나 불행하다고 한다. 쇼핑에 시들해지는 것도 아마 그 때문일 것이다. 그런 효과를 학문적 용어로 〈쾌락의 쳇바퀴〉라고 한단다.

영원한 슬픔이 없는 것처럼 기쁨이나 만족도 단기적이다. 돈이 좀 더 있었으면 좋겠다는 생각이 들 때는 손바닥의 M자를 들여다보며 은근히 요행을 기대해 보기도 하지만, 될 수 있으면 로또 보다는 내가 노력해서 얻은 결과에 의해서 그런 일이 생겼으면 좋겠다. 가령 출판한 책이 베스트셀러가 된다든가 하는 일 말이다. 이 또한 단기 만족일지라도 의미는 분명 다를 것이다. (임수진)

돼지꿈을 꾼 날

나이가 들면서 꿈을 많이 꾼다. 거의가 잠깐 나타났다 사라지는 개꿈이다. 꿈 끝 무렵이면 잠깐 의식이 돌아온다. 그때는 꿈의 흐름을 잠깐 더듬어 보게 되는데, 곧 사라지는 것이 대부분이다.

그날의 꿈은 좀 선명했다. 아침을 먹으면서 아내에게 꿈 이야기를 했다. 많은 돼지 새끼를 받았고, 하도 여러 마리여서 넘치는 대로 당신에게 주었다고 말했다.

내가 돼지 새끼를 받는 것은 어려서의 추억에 대한 재생이다. 우리 집에서도 마을 사람들처럼 돼지를 키웠는데, 나는 돼지에게 먹이 주는 일이 자주 있었다. 어미가 새끼 낳을 무렵이 되면, 나는 이 주변을 떠나지 못하였다. 이 시절의 그리움은 영원한 나의 꿈이 되었다.

돼지꿈 이야기를 한 날이다. 재 너머 바닷가에 사는 형이 점심을 하자고 했다. 우리는 동부인하여 점심을 자주하는 사이다. 우리가 사는 지자체는 보령시에 소속되어 있지만, 서천군과 경계한 곳이라 생활권이 반반이다. 버스를 타게 되거나 행정적인 용무는 북쪽에 있는 대천읍내이고, 승용차를 이용하여 밥을 먹으러 갈 때는 서천읍내 쪽이 유리하다.

서천읍내에서 점심을 먹으면서, 내가 아침 먹으며 기억해낸 꿈 이야기를 꺼냈다. 형은 바로 복권을 사야 한다고 했다. 두 여인이 곧바로 맞장구를 쳤다. 나는 아직까지 복권을 산 일이 없었기 때문에 엉거주춤한 표정을 지었다.

대세는 사야 한다는 쪽으로 기울었다. 이미 꿈을 팔아버린 것이 문제가 되었지만, 상대가 아내이기 때문에 아내가 사면된다는 이론까지 잘 정리되었다. 내 평소의 지론인 아담스미스의 '복권 이론'도 까맣게 사라졌다.

서천읍내에도 복권을 파는 곳이 있었다. 나는 복권을 사는 사람들에 대하여 몇 가지 선입감이 있다. 공돈이 생긴 경우, 돈 문제로 절망에 빠져 지푸라기라도 잡아야 할 절박한 상태에서, 요행을 즐기는 습관이 든 사람, 등이다. 한촌에 살면서 뼈 빠지게 일하는 사람들의 경우는 생각해 본 일이 없다. 이런 사람들은 외면해야 하는 것이 복권이라는 생각이었다.

　그래서, 이런 한촌에 복권 파는 곳이 있으리라고는 상상도 한 일이 없다. 그런데 있었다. 차가 멎고, 아내와 형수가 허름한 구멍가게로 들어갔다가 한참 만에 돌아왔다. 형도 얼마치 샀느냐는 말은 물론, 사고 안 사고의 일도 묻지 않았다. 내가 강조한 복권 이론 때문일 거라는 생각을 했다.

　일주일이 지났는지 모르겠다. 아내가 복권을 내놓는다. 아내는 인터넷을 하지 않는다. 나보고 확인해 보라는 뜻이다. 천 원짜리 다섯 장이었다. 나도 처음 찾아가는 복권 코너라 한참을 헤매어 숫자 맞추는 화면을 찾아냈다. 갑자기 가슴이 두근거렸다.

　꽝이라고 했다.

　그러면 그렇지 꽝인 게 당연하지. 나는, 많이 살수록 손해 보는 확률이 높아지는 게 복권이라는 아담스미스의 말을 강조하며, 의기양양해 졌다. 속으로는 섭섭하였으나, 겉으로는 당연하다는 말을 거듭하였다. 형한테서도 결과에 대하여 아무런 말이 없었다. 꽝인 것이 확실했다.

　돼지꿈에 속아 잠시 백일몽에서 하얗게 놀았으니, 나의 경우에 복이 터진 경우를 상상하기는 어렵다. 그런데도 굳이 당첨되었다면 어떻게 하였겠느냐고 묻는다면, 문득 생각난 것처럼 말할 것이다. 돼지가 벌어왔으니, 돼지를 잡아 마을회관 잔치나 하지, 하긴 뭘 해? 라고.

그래도, 그래도 큰 것이 당첨되어 큰 기삿거리가 되면 어떻게 하겠느냐고 묻는다면, 그때는 할 수 없이 말할 것이다. 장학재단을 만들겠다고.

그리고, 전국 고등학교 학생들 중에서 양돈 사업이 꿈인 학생을 모아 여름과 겨울마다 해외 양돈 시설을 견학하는 장학생을 선발할 것이라고. 정말 돼지꿈 같은 꿈이다.(임창순)

거푸집 짓기

 여행이 눈을 뜨고 꾸는 꿈이라면, 꿈은 눈을 감고 꾸는 여행인가? 요행을 바라지 않는 나에게 갑자기 현대인이 선호하는 복권에 당첨되었다니 꿈인가 생시인가. 지금껏 행사장 추첨에서도 당첨 한 번 되지 못해본 그런 나에게 가상의 복권 당첨이라니, 뜻밖에 찾아온 픽션(fiction) 프레임에 거푸집이라도 짓고 행복해 볼 일이다. 꿈같은 현실을 안고 현실계와 상상계의 경계에서 현상계의 보따리를 풀어본다.
 갑자기 가슴이 쿵쾅거리고 머릿속은 온통 설렘으로 혼선을 빚는다. 혼선에 주파수를 맞춰 풍선을 타고 허공을 붕붕 날아

다닌다. 돈의 지출 기지는 어디에 잡을 것이며 안테나는 어디에 설치할까. 큰 불평불만 없이 긍정적으로 살아온 나에게 공짜로 생긴 큰돈이란 애물단지다.

기왕 공돈이면 인심 좀 팍팍 써서 1,000억으로 하겠다. 천억, 내가 죽을 때까지 풍요롭게 써도 남는 금액이다. 사실 생각지도 않던 거액이 내 손에 들어오니 부담스럽다. 일단 전액을 은행에 예치해 놓고 생각해 본다.

먼저 모르는 척하고 내가 죽을 때까지 별 어려움 없이 살아갈 수 있도록 50억을 은행에 거치해 놓겠다. 요즘 같이 하루가 무섭게 변화는 세상 내가 노년이 되었을 때 자식한테 도움을 받는다는 것은 꿈도 꾸지 말아야 한다. 어디까지나 만일을 대비에 놓은 비상금이지만 이 정도는 필수라 생각한다. 남을 돕는 것도 좋지만 내 요량부터 해놓고 봐야겠다.

세상은 요지경속이라 내가 거액의 돈을 가지고 있다는 사실이 세상에 알려지면 내 앞에 평상시 안면이 없던 사람들도 많이 나타나 아는 척할 것이다. 이러한 미끼 족들을 대비해 일정한 금액을 아파트 옥상에서 한 달에 한 번 빳빳한 만 원짜리 지폐로 그들을 향해 뿌릴 것이다. 성질 급한 미끼 족은 또 다른 방법으로 나를 괴롭히겠지만 나는 이미 돈은 내 손에서 떠났고 나는 타인의 의해 계획된 돈만 한 달에 한 번씩 여러분에게 봉사한다고 공포를 할 것이다.

다음으로 부모들의 도움이나 사랑이 절실한 고아들을 위해 보육원을 설립할 생각이다. 그들이 성장하여 자립할 때까지 정신적 물질적 지원을 아낌없이 지원해 주고 싶다. 어렸을 때 정서적 안정과 사랑 없이 성장하는 아이는 세상을 살아가는데 부정적으로 살아갈 확률이 높다. 갓 돋아난 새순과 같은 아이들에게 밝고 따스한 햇볕 세상을 선사하고 싶다.

그리고 신체적으로 불편한 노인이나 장애우를 위한 시설을 만들어 그들의 불편을 덜어주며 가족적인 분위기를 조성할 것이다. 여기에서 조건은 가난하면서 돌보는 이가 없는 것을 전제로 한다. 신체적으로 건강한 사람이 아무리 가난하더라도 도와주고 싶지 않다. 수족이 멀쩡한 사람이 가난한 것은 게을러서 그렇다고 판단되기 때문이다. 물론 심사숙고하게 검토하겠지만 이 부분에 있어서 내 생각은 여기까지다.

비록 거푸집을 짓고 있을지언정 이 계획이 잘 진행될 수 있도록 다시 한 번 점검해 본다. 비록 현실이 아닌 가상의 세계일지라도 지금 내가 어떠한 일에 대해 인식하고 있는 것은 현실이라는 것은 기정사실이다. 추상적이고 무형의 존재 즉, 불확실하고 불명확하지만 이러한 존재들을 바탕으로 우리는 꿈이라도 꾸며 행복해 할 수 있어 좋다.

잠만 자면 꿈속에서 헤매던 나에게 아직도 선명하게 기억되는 꿈이 세 가지가 있다.

정확하게 언제인지는 기억할 수 없지만, 아무튼 사춘기 시절 꾸었던 꿈이다. 나를 시기하는 사람이 총을 메고 따라다니며 온갖 방법을 동원해 괴롭히는 밤이었다. 다급해진 나는 양손을 옆으로 날개처럼 펴고 퍼덕이다 접영 자세로 하늘을 유영했다. 어떤 날은 아주 날렵하게 높고 멀리 나는 날이 있었는가 하면 어떤 날은 아무리 높이 날려고 몸부림쳐도 날 수가 없어 밤새 시달리던 날도 있었다.

또 어떤 날은 길을 가다가 바위 밑에 앉아 쉬게 되었는데 느낌이 이상해 앉은 자리를 파보니 꽤 많은 양의 황금알이 있었다. 나는 황금알을 만지작거리며 이걸 싸서 갈까 말까 망설이다가 내 것이 아닌데 가지고 가면 액운이 뒤따를 것만 같은 예감이 들어 제자리에 모두 놓고 가던 길을 재촉했다. 내가 그 황금알을 가지고 왔으면 지금쯤 벼락부자가 되어 있겠다는 생각도 들지만 걱정근심 없이 사는 지금에 만족한다.

얄궂게도 어느 날 밤 꿈에 복권이 당첨되었다. 꿈을 꾸고 났는데도 숫자 일곱 개가 또렷하게 남아있어 아침이 밝자마자 복권 파는 집으로 달려갔다. 밤에 당첨된 복권의 숫자를 사서 '이건 100%로 당첨이야' 하며 발표하는 날까지 복이 달아날까봐 혼자만의 비밀로 간직한 채 야릇한 떨림으로 기다렸다. 모두 허탕이었다. 꿈꿀 권리는 누구에게나 있다. 타인에게 피해가 가지 않고 자신이 행복해질 수 있다면 거푸집이라도 지어 맘껏 즐겨라. 인심을 팍팍 쓰기에는 좀 모자라는 액수였지만 뜻하지 않게 1,000억이란 행운을 나에게 준 해드림출판사에 감사를 드린다.(전영순)

만약 돈벼락을
맞는다면

　로또복권이라면 예전에 희한한 꿈을 꾸고 난 후 멋지게 두어 번 '꽝'을 맞은 기억이 전부이다. 나는 복권을 거의 사지 않는 편이다. 지인은 매주 복권을 딱 한 장만 구입한 다음 당첨된 후의 일상을 상상하는 설렘으로 일주일을 살아간다고 말했다. 그러면서 내게도 그런 '희망 고문'에 한발 담그기를 적극 권했다. 대답은 그러마했지만 바삐 지내면서 복권 살 생각은 늘 뒷전이었고 어쩌다 복권 가게 앞을 지날 때야 생각이 나곤 했다. 부끄럽다 할까, 창피하달까. 낯선 복권 가게 문지방을 넘는 게 또 쉽지가 않았다.

복권이라는 허망한 주술을 걸리는 것보다 차라리 심신을 기울여 보다 구체적인 삶의 가치를 구현하라는 밥맛 떨어지는 주장은 하고 싶지 않다. 사람들은 각자 선호하는 방식대로 희망을 구체화 할 테니까.

밀가루 팔면 바람 불고 소금 팔면 비가 오는 이 저주받은 운명에 대해서 골똘히 생각한 적이 있었다. 박복한 나머지 주위에는 행운의 그림자조차 얼씬거리지 않는 것 같았다. 쉽게 말해 운신하는 만큼, 노력하는 만큼의 몫만 겨우 돌아오는 것을 깨달았기에 요행을 바라는 마음은 일찌감치 접었다.

복권을 사지 않으니 제목을 바꿔야겠다. 내가 만약 돈벼락을 맞게 된다면?

"전업 작가의 배우자는 유니세프 후원자나 마찬가지라니까요. 여러분의 배우자는 하늘에서 내려준 천사입니다."

어느 작가가 사석에서 한 말을 듣고 보니 오늘날 '작가'의 위상이란 게 어느 정도인지 가늠이 되었다. 책상 앞에서 엉덩이가 가장 무거운 사람이 훌륭한 작가가 된다는 설이 문학계에 떠돈다. 성공이 보장되지 않는 글을 주야장천 쓰는 사람에게 밥이며 옷을 해대는 배우자가 바로 유니세프 후원자가 아니냐는 서글픈 우스개였다. 작가라는 직업을 통해 생계를 유지할 수 있는 사람은 과연 얼마나 될까? 베스트셀러에 오르지 못한 대부분의 등단 작가의 벌이는 뻔해서 따로 생업을 가지고 있는 게 보통이다. 하물며 나 같은 얼치기라면 말해서 무엇하랴?

언제가 될 지는 알 수 없지만 나의 로망은 전업 작가다. 글의 소재를 구하고 구체적인 인물을 만들기 위해 인터뷰를 하고 프로페셔널하게 구성도 연구하고픈, 그렇게 전적으로 글에 매달려 살고 싶은 사람이다. 그러나 현실은 퇴근 후 시간에 쫓기듯 어설픈 초고 한 편 후다닥 써낼 뿐이다. 퇴고도 제대로 되지 않은 설익은 원고를 읽어 내릴 때, 스스로도 한심하기 짝이 없어 머리통을 쥐어박는다. 언제쯤 생계에서 벗어날 수 있을까? 직장에서 물러나면 그땐 아마도 떨어지는 시력이나 시원치 않은 관절 탓을 하며 글 못 쓰는 이유를 둘러댈 지도 모르겠다.

전업 작가라 해도 생계형 작가는 되고 싶지 않다. 먹고 사는 일에 직결된 글쓰기는 자칫 위태로운 입장에 놓일 수 있어 개성이나 주장을 마음껏 펼치지 못할 수도 있다.

애초에 큰돈 굴리는 재주도 없으니 남의 도움 받지 않을 정도의 돈벼락이면 족하다. 더 큰돈이 굴러온다 해도 그 재미에 빠져 글쓰기에 소홀할까 저어된다. 일정한 수익을 낼 수 있는 안전한 분야에 분산 투자를 할 것이다. 마음 놓고 글 속에 푹 빠져 허우적댈 수 있는 여유의 수익만 나면 될 일이다. 보다 급한 불은 형편이 여의치 않아 몇 해 전에 진행이 중단되었던 인터뷰(인터뷰할 사람이 무형 문화재 보유자여서 연세가 높으시다.)부터 재개하고 싶다. 배경을 위한 현장 답사도 할 것이다.

이 모든 것이 이루어진다 해도 글의 완성도를 장담할 수 없으니 참으로 까마득한 일이다.

만약에 작가가 로또복권에 당첨된다면 그 돈은 좀 더 우아하게 쓰이지 않을까? 자칫 돈을 잘못 써도 만천하에 드러나고 욕을 먹는 세상이 왔다.

내 삶의 로또는 큰돈이 아니다. 사후에도 사람들의 기억에 남을 작품 한 편을 지구상에 남기는 일이 바로 로또다. 행복의 잣대는 저마다 다르니까.(정경자)

여러 개의
동그라미

IMF 시절 이었다.

남편은 수학 학원을 하고 있었고 나는 전 과목을 지도하는 보습 학원을 하고 있었는데 경제적으로 어려워지자 부모님들이 학원부터 보내지 않았다. 그나마 상가를 직접 분양 받아 운영하고 있어 월세가 나가지 않아서 다행이었다. 하지만 생활비며 딸아이의 레슨비, 아들의 수업료 등등. 서너 달이 지나자 건강보험료까지 연체되어 독촉 고지서가 날아들기 시작했다.

기분이 우울하던 어느 날 문구점에 갔다가 복권을 한 장 사게 되었다. 여러 개의 동그라미가 한 줄로 나란히 있는데 동전으로 하나씩 긁어 같은 숫자가 나오면 당첨금을 주는 거라는 설명을 들었다. 게임이나 제비뽑기를 하면 항상 '꽝'이었기에 별로 기대를 하지 않고 집에 도착하자마자 정성들여 긁어 보았다. 첫 번째 동그라미를 긁어내자 눈에 확 띄는 숫자가 있었다. 손이 부들부들 떨리면서 가슴이 덜덜 거렸다. 아라비아 숫자 〈1〉 옆에 〈억〉 이라는 글자가 보였다. 그 순간 나의 손가락은 남편의 전화번호를 누르고 있었다.

"여보시오. 지금부터 내가 하는 말 잘 듣고 절대로 놀라면 안 됨. 그리고 아무도 눈치채지 않게 곧바로 택시타고 집으로 얼른 오세요."

"뭔데 그래, 얼른 이야기해요."

심호흡을 크게 하고 말해주었다.

"절대로 기절하면 안 돼요."

"글쎄 얼른 말해보라니까?"

"나 복권 당첨되었어."

"뭐라구? 다시 말해봐."

"1억 당첨이라고요."

"뭐?"

"여보! 소리 지르지 말라니까! 사람들이 눈치 채겠네."

어디로 가서 당첨금을 받는 것인가 싶어 복권을 앞에 놓고 한 줄 한 줄 읽다보니 어떡하면 좋단 말인가? 첫 번째 동그라미 안에 있는 숫자와 나머지 남아있는 동그라미 속의 숫자가 모두 똑같아야 당첨이라는 것이었다. 두 번째는 칠천. 세 번째는 오백. 이라고 씌어있었다. 복권을 살 때 그 내용을 알고 있었건만 1억 이라는 숫자를 보는 순간 나머지 동그라미 긁는 걸 깜빡했던 것이었다. 그날 이후에 정말로 복권을 사고 싶지 않았다. 그러나 요즈음 자꾸 늙어가면서 솔직하게 노후 걱정이 은근히 되었다. 더도 말고 연금복권에 당첨되었으면 딱 좋겠다.

 세금을 내고도 400만원이 넘는다고 하니 100만원씩은 매달 장학금으로 기부하고 나머지는 여행을 다니면서 보고 느낀 점을 책으로 편찬해서 여러 독자 분들과 함께 나누고 싶다.(정남)

당첨된 로또복권

 마음이 통하는 사람들이 모인 모임에서 정해놓은 날에 모여 점심식사를 마치고 헤어지는 시간이 되었다. 식당 가까이 있는 로또복권 판매소를 지나가게 될 때 일행 중의 한 분이 로또복권을 사니 덩달아 복권을 샀다. 발표날이 되어서 자기가 가지고 있는 로또복권을 내어서 번호를 맞추어 보기 시작하였다. 첫짜리 숫자가 맞고 둘째 자리도 맞았다. 이어 셋째자리도……. 끝자리 숫자를 볼 때는 눈을 감고 심호흡을 크게 한 번 한후 눈을 떠서 맞추어보니 똑같은 것이다. 당첨이 된 사람은 가슴이 뛰고, 숨쉬는 것이 중단되는 것 같았다. 정신을 차리고 다시 확인해 보니 틀림없는 당첨이었다. 꿈에 그리던 당첨이 되었다.

'로또복권의 당첨 금액을 가지고 어떻게 쓸 것인가'로 즐거운 고심(苦心)을 하게 되었다. 억(億) 단위 이상으로 나누기 시작하니 금방 없어지는 것이다. 나누기를 마쳤을 때 전화벨이 울려서 깨니 꿈이었다. 꿈속에서 로또복권에 당첨되어 달콤했던 순간이 너무나 생생하게 떠오르는 것이다. 현실이었으면 얼마나 좋을까 하는 아쉬운 마음으로 로또복권 속으로 들어가 보았다. '다수인으로부터 금전을 모아 추첨 등의 방법으로 결정된 당첨자에게 당첨금을 지급하기 위하여 발행하는 표권(票券)'인 "복권(福券)"에 대한 열기는 장소와 나이를 불문하고 뜨겁기 마련이다. 구매자가 번호를 고르는 방식의 복권을 로또(Lotto)라고 부르기도 한다. 토요일이면 슈퍼마켓이나 편의점 등 복권을 판매하는 곳에는 복권을 사려는 사람들로 북적이는 것을 볼 수 있다. 열심히 일하는 사람이나 그렇지 않은 사람들 모두 로또 1등의 행운을 기대하며 매주 복권을 사는 사람들이 있을 것이다. 복권을 사는 사람마다 "만일 내가 로또복권에 당첨되면……." 보다는 "로또복권이나 당첨됐으면 좋겠다."라는 말이 더 현실적이고 솔직한 마음의 표현에 가깝다고 보는 것이다.

복권의 기원은 고대 이집트 파라오 시대일 것이라고 추정하고 있으니 역사와 전통을 자랑한다고 해도 과언이 아니다. 동양에서는 기원전 100년쯤 중국 진나라에서 우리가 잘 아는 만리장성의 건립비를 마련하기 위해 복권을 시작했다고 한다. 서양에서도 비슷한 이유로 복권의 역사가 시작되었다고 한다. 아우구스투스 황제가 로마를 복구하기 위해 복권을 발행한 것이 시초가 되었다고 한다. 우리나라의 지금과 같은 복권은 1948년 열린 런던올림픽에 참가하기 위한 비용 마련을 위해 만들어진 1947년에 발행된 올림픽 후원권이라고 한다. 복권 발행 목적은 여러 분야에 속해있고 종류도 다양하다. 복권의 수명도 발행 목적에 따라 짧게 또는 오랫동안으로 결정되기 마련이다.

행운을 바라는 사람들의 마음을 담은 복권은 지상(紙上)에 공개되지 않은 수많은 애깃거리를 갖고 있는 것도 사실이다. 언제부터인지는 확실하지 않지만 꿈속에서 돼지를 보는 꿈을 꾸면 대체로 태몽과 재물에 대한 꿈으로 연관을 맺는 것이라고 한다. 돼지는 인류가 농사를 짓기 시작하면서부터 인류와 인연을 맺어왔다. 따라서 수천 년 간의 인류의 생활 가운데에서 매우 중요한 식용육으로서 중요한 위치를 차지하고 있다. 태몽에서부터 로또복권 당첨으로 뜻밖에 재물을 얻는 꿈에 이르기까지 돼지는 살아서도 인간에게 물질적인 풍요로움을 주고, 죽어서도 인간의 정신과 마음에 영향을 강하게 끼치는 가축의 하나가 되었다.

지출할 것은 많은데 수입에 제한을 받아 경제적 압박을 받는 사람들은 복권의 좋은점만 보고 복권을 구입하기도 한다. 복권에 당첨되어서 경제적으로 지금 받고 있는 여러 가지 경제적 압박에서 해방되었으면 좋겠다는 순수한 마음과 잠시적이나마 기대하고 싶어서라고 말할 것이다. '나에게 로또복권에 당첨되어 일확천금이 생긴다면' 하는 기분 좋은 상상, 정말 생각만 해도 일주일이 금방 갈 것같은 기분이다. 당첨이 되는 상상만으로도 기분이 좋은 복권이 재정 조달, 잠시나마 위안 등 순기능도 있지만 사회문제와 직·간접적으로 관련되어 있는 역기능도 만만치않은 것이다. 누구일지라도 한 번쯤은 복권을 사 본 경험이 있을 것이다. 어젯밤 돼지 꿈을 꾸어서 왠지 당첨될 것 같은 기분이 든다. 는 등으로 몇 개씩 사 보지만 허탕일 때가 더 많은 것을 경험하였을 것이다. "기회는 용기있는 자에게 온다."라는 말이 있다. 복권가에서는 "선몽의 의미를 아는 자에게 당첨의 기회가 온다."라는 말이 있는 등 여러 가지의 말이 자신의 마음을 유혹하지만 다 털어버리고 정도(正道)로 살아야 하겠다는 다짐의 기회가 되었다.(정승복)

보모 할아버지

　로또복권에 당첨되는 행운을 맞이하려면 하루에 16번 벼락을 맞아야 한다고 했다 이렇게 어려운 확률이라고 목사님이 설교하면서 말했던 기억이 났다.
　다섯 살 난 손자가 할아버지에게 지구본 큰 것을 사 달라고 졸랐다. 그것도 환하게 불이 들어와야 한다고 재촉했다. 복권에 당첨되면 아주 큰 지구본을 사 준다고 약속해 주었다.
　그 다음 토요일에 로또 두 장을 수퍼에서 샀다. 그날 저녁 8시 스포츠 뉴스가 끝나고 추첨 결과 두 장에서 각각 4등에 당첨되었다. 5만 원 두 개가 당첨되어 손자와 약속을 지키게 되었다. 백화점 문방구에서 제일 큰 지구본을 7만 원에 사고, 장난감 백화점에서 자동차를 사 들고 기뻐하는 손자를 보고 그 날 하루가 행복했다.

아들 내외가 맞벌이 부부라 아침 일찍 통근 버스로 출근했다. 애기보모 알바에게 아기를 맡기고 다녔다. 애기가 돌 무렵이었다. 어느 날 휴일에 손자가 보고 싶어 아들집에 갔는데, 며느리가 애기를 안고 통곡을 하고 있었다. 사연을 듣고 보니, 만약을 알 수 없어 극비리에 아주 작은 CCTV를 감쪽같이 설치해 놓았다고 했다. 애기보모 아줌마가 아기에게 먹이를 챙겨 주지도 않고 애기가 울면 고함을 지르고, 때리면서 혼쭐을 내고 있는 장면을 보고 울고 있었다. "아버님! 우리아가 누구한테 맡겨야 해요?" 서럽게 울면서 하소연하는 며느리가 아기를 안고 몸부림치고 있었다. 그 자리에서 "아가야! 이 세상에 할아버지 보다 손자를 더 예뻐해 줄 사람 있으면 나와 보라고 하라!"고 하면서 걱정하지 말라고 달래 주었다.

그때부터 다섯 살 될 때까지 손자를 아들 내외가 일찍 출근하면, 손자를 어린이집에 대려다 주고 오후 5시에 데려와야 했다. 할아버지 보모가 되어, 밤 9시 며느리가 귀가 할 때까지 손자와 놀아 주어야 했다. 손자와 놀이를 하기 위해서 하얀 바둑알에 유성펜으로 숫자를 1에서 45까지 썼다. 하얀 창호지에 일정한 간격으로 크고 작은 동그라미를 그렸다. 매일 손자와 함께 그 바둑알을 큰 컵에 담고 주사위처럼 던졌다. 칸에 나타난 숫자를 복권 용지에 찍었다.

　손자와 즐겁게 놀아 주기 위해서, 매주일 한 차례씩 이런 게임을 했는데, 그 주일 마다 4등 당첨이 한 개도 되고 두 개도 되었다. 5만 원 10만 원을 모아 아들 내외 퇴근 할 때까지 장난감 백화점에서 손자를 데리고 손자를 즐겁게 해 주는 것이 칠순 할아버지의 행복이었다.

　어린이집 근처 어린이 공원에서 손자, 손녀를 돌보던 할머니들의 이야기였다. 손녀딸을 보던 칠순 할머니가 아이들끼리 어울려 놀고 있는 손녀를 부탁하고, 근처 아파트 집에 간식 가져 오느라고 잠깐 자리를 비운 사이에, 아이가 없어졌다. 애를 태우며 불러 보아도 온데간데 없었다. 하루가 지난 후 그 할머니 집 앞에서 쓰러져 정신을 잃은 손녀딸을 발견했다. 119로 연락하여 병원 응급실에서 응급 처치를 하고 의식에서 깨어난 4살 아이가 옆구리를 가리키며 자꾸 아프다고 했다. 검사를 한 의사가 어린이를 누가 납치하여 콩팥을 절취하고 봉합했다고 했다. 세상에 이런 잔인한 일이 대낮에 일어났었다. 소요가 있으니까 이렇게 장기 불법 거래가 있는 것만 같았다.

　처음에 아들 며느리도 어린이 보모를 여러 차례 소개소를 통하여 구했었다. 그러나 아기에는 별관심이 없고 요구 조건만 많았다. 어떤 보모는 퇴직금을 보장하고 4대보험을 보장해 달라고 했다. 그리고 토, 일요일 쉬고 기본급 200만 원에 아이 보는 것 외에 청소, 설거지 음식조리는 안 한다고 따로 두라고 했다. 특히 강조하는 것은 할아버지, 할머니가 집에 찾아 와서는 절대 안 된다고 했다. 그렇게까지 한 보모가 애기한테 잔인하게 했다. 그 무렵 이웃 아파트에서 사는 젊은 맞벌이 부부가 생후 6개월 된 애기를 조선족 보모에게 맡기고 출근했는데, 퇴근 후 귀가해 보니 애기를 데리고 행방을 감추어 버렸다. 애기를 해칠까 두려워서 신고도 못하고 공포에 떨면서 우는데 안쓰러웠다. 소문에 애기를 팔아 먹었다고 소문이 퍼졌다. 이 소문에 애기 엄마들은 불안에 떨고 있었다. 오후 4시만 되면 온 식구들이 어린이집 앞에서 미리 와서 줄서고 있었다. 어린이집이나 애기 있는 집은 물론 어린이공원에도 첨단 CCTV를 설치하고 경찰력을 증원 어린이공원 순찰을 강화해 달라고 소리치고 싶었다. 출생률 저하에 발만 구르지 말고 정책을 기획 집행하는 책임 직들이 우선순위가 뭣인지 깨달아야 하겠다. 어린이집 사건이 터지자 사후약방문격으로 언론 매체들까지 늦게 서야 큰 발견이나 한 것처럼 시끄럽게 수선을 떨고 있는 것만 같다. 진즉부터 발만 동동 구르며 애간장 녹아가는 애기 엄마들의 현실을 그렇게도 모르고 있었느냐고 정책 당국자들에게 묻고 싶었다. 복권기금을 어린이 복지증진에 우선 지원을 하라고 우렁차게 왜치고 싶다. 만일 내가 로또복권에 당첨되면 제일 먼저 미설치된 어린이집과 어린이공원에 최첨단 CCTV를 설치하는데 앞장서겠다. 오늘도 손자와 함께 바둑알 던지는 재미에 푹 빠져 있다. (조윤환)

만일 내가
로또복권에 당첨되면

제목을 써 놓고 보니 나에게는 퍽이나 낯선 문장으로 생각된다. 로또복권을 구입하여서 확인하여 본 경험이 없기 때문이다. 내 생활이 늘, 머리를 맑게 하여서 글을 쓰고 싶어 하는 사람이기 때문이다. 로또복권하면 불로소득(不勞所得)의 기대 심리가 나를 복잡한 생활로 만들 것 같은 생각이 들어서 복권 구입하는데 관심을 두지 아니하였다.

그런데 글 제목이 로또복권에 당첨되면 하였으니 뜻밖에 그런 행운이 온다면 얼마나 좋을 것인가 생각되며 나의 자세를 말하지 아니할 수 없다. 나는 경제력이 풍부한 것을 기대하는 사람이다. 내 주위에 도와주고 싶은 사람이 너무나 많기 때문이다. 그런데 큰 도움을 못주는 사람이니 답답하고 안타깝기도 하다. 나는 복권 당첨에 대하여는 생각을 못하였었다. 그러나 늘, 꿈같은 기대를 가지고 사는 사람이다. 내 글이 많은 사람들에게 감동이 되어 나에게도 물질이 풍부해진다면 내 주위 사람들에게 돕고 싶은 생각을 간절하게 하는 사람이다.

내 생활의 경제 환경은 현재로써 족하다 하면서 그런대로 살아가는 사람이지만 풍부하게 넘치는 경제력이 되지 못하니 아쉬움이 크다. 그럼 복권이 당첨되어 큰 돈 덩이(얼마인지 모르지만)가 내게 온다면 나는 어떻게 할 것인가 지금부터 실천의 계획을 발표해 본다.

나는 기독교 신앙인으로 먼저 조용한 내 서재 방안에서 하나님께 감사기도를 드린다. 그리고서 은행에 가서 먼저 복권으로 당첨된 금액을 통장에 입금한다. 침착하게 다급한 일부터 먼저 처리하고 싶다.

첫째 : A교회가 성전을 새로 건축한 뒤에 빚 갚기에 힘든 것 같다. 장로님들이 보증을 서서 큰돈을 빌려 교회를 건축한 뒤 원금과 이자에 교회의 재정은 빚 갚는 데에 온 힘을 합하여 노력하는 형편인줄 안다. A교회의 빚을 청산하는 데에 도움이 되도록 헌금을 하고 싶다.

둘째 : 존경(尊敬)하는 지인(知人) B분께서 형님의 사업에 담보를 선 뒤 아내에게도 알리지 않고 빚 갚기에 어려움이 있다

고 그분과 가깝게 지내시는 분한테서 비밀스런 내용으로 들었다. 여쭈어 보고 사실이라면 사양해도 그 빚을 모두 갚아드리고 싶다.

셋째 : 친척 C어른이시다. 직장에서 퇴직하실 때 현금으로 받았는지는 잘 모르지만 아마도 그게 큰아들의 사업 요구에 털려서 노후 생활이 많이 고생하시는 듯하다. 노후가 좀 평안 하시도록 도와드리면 얼마나 좋을까 생각된다.

넷째 : 출판사의 문을 두드려 책을 출판하고 싶다. 지금까지 많은 수필 원고를 써 놓고서도 여건이 맞지 아니하여 책으로 출판하지 못한 것들을 용기를 내어 실천하고 싶다. 그리고 우수 출판사가 되도록 돕고 싶다.

다섯째 : 나머지 남는 돈이 있다면 여건에 따라 내 주위 사람들을 선별하여 돕고 싶다. 학업에 열정이 많은데 학비가 다급하게 모자란 자, 병들었지만 치료비를 감당 못해 죽어가는 자, 몸의 장애로 고통을 받지만 삶의 빛을 바라는 자, 사업에 실패하여 앞이 캄캄하지만 소생하려고 몸부림치는 자 등 주위에 도움을 줄 사람들이 얼마나 많을까 생각해 본다.

꿈은 있으되 현실이 문제된다. 내가 중학교 다닐 때 국어 책 내용에 있었던 글이다. 달걀을 바구니에 담아 머리에 이고 장에 팔러 가면서 소녀는 많은 상상을 한다. 달걀을 팔아서 닭을 산다. 닭을 팔아서 돼지를 산다. 돼지를 팔아서 소를 산다. 나중에는 부자가 된다. 너무 좋아서 손뼉을 치며 박장대소(拍掌

大笑)한다. 머리 위에 있던 바구니가 떨어져 달걀은 깨진다. 인간은 꿈을 꾸며 산다. 소녀의 바구니에 있던 달걀이 깨어져 그날의 꿈은 깨어졌지만 앞으로는 주의하여 바구니를 떨어뜨리지 않고 계획대로 이루어져 꿈을 이루어 부자가 될 수도 있다. 좌절하여 무능하게 살아갈 필요는 없다고 생각한다. 그 꿈이 반절만 이루어지더라도 아니 아주 이루어지지 못하였어도 노력했다는 중요성도 있는 것이다.

 아무래도 복권을 구입하는 것도 좋을 듯싶다. 당첨이 안 된다면 내가 보탠 돈이 다른 사람에게 유익하게 된다는 생각을 하면 좋을 듯싶다. 그러나 자신의 본분을 잊어버리고 불로소득에만 매달린다면 그런 모습은 자신을 망가뜨리는 모습이 된다. 복권 구입도 봉사 차원에서의 관심을 갖는 것이 좋을 듯싶다. 좋은 뜻 아름다운 꿈으로 살아가다 보면 그 꿈도 이루어져 세상을 바라보는 눈도 더욱 빛나며 삶의 발걸음도 힘차리라.(조정화)

우연을
바라지 않는다

솔직히 말하여 내가 로또복권에 당첨되기를 원하지 않는 것은 아니다. 남들이 복권을 사고 더러는 당첨도 되는 것을 보면 은근히 부러운 생각도 들 때가 있다. 당첨 금액은 많으면 많을수록 좋고 아주 적은 금액이라도 없는 것보다는 좋겠다.

그러나 나는 이때까지 로또복권을 사 본 기억이 없는 것 같다. 이따금 TV에서 로또복권에 관한 화면이 나타나더라도 외면하고 말았다. 나와는 전혀 관계가 없는 것으로 인식하기 때문이다.

복권 당첨은 추첨이라는 방식에 의하여 이루어진다. 추첨은 주사위나 패(화투패와 같은 것)나 기계와 같은 수단이나 도구를 이용하고 경마, 경륜, 경견(競犬), 경차(競車), 모터 보우트 레이스와 같은 여러 가지 경기의 승패에 행운을 거는 방식처럼 우연성을 위주로 하되 더러는 약간의 기량이 개입되기도 한다고 알려져 있다.

 나는 도박을 싫어하고 멀리 해 왔으며 복권이라는 것은 도박의 한 종류라고 생각해 왔다. 그러나 제각기 차이는 있지만 국가적으로 그것을 합법화하는 것이 세계적인 추세이고 보면 그 긍정적 기능도 널리 인정되고 있다는 사실을 부정할 수 없다. 복권으로 모아진 기금을 여러 가지 사회적 복지 정책에 이용할 수 있다는 명분과 실리(實利)가 부합하기 때문이다. 서민들은 적은 돈으로 몇 장의 복권을 사서 일주일 동안 복권에 대한 은근한 희망으로 버티기도 한단다.

 나는 복권의 긍정적 기능보다는 부정적 기능에 집착한다. 부정적(역기능적)요인은 사행심(射倖心)의 조장이다. 사행심은 인간의 근로정신이나 자립정신을 해치기 쉽다. 그리하여 동양 고전에서는 박혁호음주(博奕好飮酒)로 부모 봉양을 소홀히 하는 것을 오불효(五不孝)에 속한다고 하였으며, 국가 사회적으로는 사행심을 조장하는 노름이나 박희(博戲)를 경계하였고 현대사회에 들어와서는 그 중독자를 치료하는 방법을 개발하고 나아가서는 형법에서 그 범죄를 분명하게 규정하여 처벌하기도 한다. 그러나 사람들은 오락이라는 미명을 표방하여 은근히 도박성을 은폐하기도 하고 은밀하게 노름을 벌이다가 가산을 탕진하기도 하고 가정파탄의 나락에 빠지기도 한다.

1950년대 대학 1학년 초급 독일어 교과서에는 '파종 없이 수확 없다'(Ohne Saat, keine Ernte)는 격언이 소개되어 있었다. 춘파(春播)하지 않고 추수를 바랄 수 없다는 평범하고도 명백하고 당연한 이치를 말하는 것이다. 다른 나라에도 비슷한 격언이나 속담이 많이 전해오고 있겠지만 근면으로 이름난 독일인의 언어로 표현되어 더욱 친근한 인상을 준다.

거듭하여 강조하지만 나는 우연을 바라지 않고 그에 따른 사행(射倖)도 기대하지 않는 편이다. 그러나 우연이나 사행이라는 것이 완전무결하게 나의 경험과 분리된 것은 아닌 성 싶다. 더러는 우연히 어떤 일이 일어나기도 하고 우연한 요행이 찾아오기도 한다는 사실을 완전히 부정할 수 없기 때문이다.

지금 나는 거의 우연한 기회에 우연한 동기로 '복권 당첨'에 관하여 글을 쓰게 되었다. 나는 나와 가장 가까운 거리에 있는 내자에게 물었다.

"만일 당신이 로또복권에 당첨된다면?"

내자는 서슴지 않고 조그만 교회를 하나 세우겠다고 대답하였다. 평소의 신앙생활을 미루어보면 자연스러운 대답이다. 그러면 같은 질문에 대하여 나는 무엇이라고 대답할 것인가? 난 대학을 하나 세우겠다고 대답할 것인가? 왜 하필이면 대학일까? 우리나라에 대학이 얼마나 많으며 대학 출신도 얼마나 많은데?

더군다나 대학 입학 정원이 고졸 예정자보다 많아서 많은 대학이 통폐합하고 입학 정원을 대폭적으로 감축해야 한다고 하지 않는가? 대학을 세우겠다는 대답은 합리화하기 어렵다.

돈만 넉넉히 있으면 할 일은 많을 것 같다. 어려운 학생들에 대한 장학금 지원, 노인들이나 장애자들이나 또는 결손가정의 자녀들에 대한 경제 지원, 저개발국가에 대한 여러 가지 지원도 필요하다. 그러나 이러한 거창한 일보다는 당장 나의 초라한 서재(書齋)를 확장하는 것도 헛되지 않을 것 같다. 나는 교통이 편리하고 쾌적한 곳에 서재를 마련하여 '대용서재'(大庸書齋)라는 현판을 걸고 좋은 책들을 갖추어 놓고 좋은 벗들을 불러 모아 학문을 논하고 인생을 논하고 정치를 논하고 글도 많이 쓰고 싶다. 그리고 내가 출판하려고 준비하다가 중지하고 있는 몇 권의 책도 얼마든지 넉넉한 자비 부담으로 발간하고 싶다. 지금까지 살아오는 동안에 나에게 베풀어준 모든 분들에게 무엇으로든지 은혜를 갚고 싶고 손자손녀의 학비도 보태주고 싶다.

그러나 이러한 나의 욕망이나 희망은 진정한 욕망도 아니고 진정한 희망도 아니다. 그것은 어디까지나 '만일 로또복권에 당첨된다면'이라는 백만 분의 일도 못되는 확률을 기초로 하는 가정(假定) 위에서 생각한 것이기 때문이다. 인간이 설정하는 무수한 가정은 무수한 공상이나 비생산적이고 비현실적인 사고(思考)와 판단으로 유도되기 쉽다. 여기에 본말 선후 경중 완급과 같은 우선순위의 문제가 또 따라붙는다.

나는 당연히 '로또복권에 당첨된다면' 이라는 가정을 기초로 하는 가설(假說)을 검증하기 위하여 골치를 앓고 헤맬 필요가 없다. 그것은 다만 시민 사회의 구성원들이 어떠한 가치관을 가지고 있는지, 또는 어떠한 경제적 효과를 미치는지를 파악하기 위하여 여러 가지 학문적 접근을 시도하는 사람들에게나 필요할 것으로 여겨진다.

나는 지금 만일 내가 로또복권에 당첨이 된다면 그 돈을 어떻게 할는지 제대로 알지 못하면서 쓸데없는 고민에 빠져들고 있는 것이다. 더군다나 백발이 성성하여 지근지처마저 출입이 자유롭지 못한가 하면 일주일이 멀다 하고 병원을 드나들고 식탁 위에는 약봉지가 수북이 쌓여 있는 형편이 아닌가. 적어도 내가 상상하는 로또복권의 당첨은 하나의 백일몽에 지나지 않는다. (지교헌)

군침 삼키는 소리

정 선생은 그렇지 않아도 큰 눈을 더 동그랗게 뜨고 진영을 쳐다본다.

상기 된 얼굴이긴 하지만 그녀 역시 나름대로 단단히 마음의 준비를 하고 나선 모양이다. 여느 때처럼 신중한 정 선생이 먼저 수첩에 메모부터 한다. 오늘따라 사무실 안은 마른 침 삼키는 소리까지 들릴 정도로 조용하다. 그래서일까 비좁은 공간이 더 초라하게 느껴진다. 진영이가 못 참겠다는 듯 운을 뗀다.

"저어, 선생님 우선 사무실부터 옮겨야 할 것 같아요. 주차장도 마련해야 하고, 쾌적한 공간이 되려면 도시 근교도 괜찮

겠죠?"

 성격 급한 진영은 어제 저녁 내내 계획했던 방안을 단숨에 두서없이 늘어놓고 말았다.

 "네, 좋은 생각입니다. 진영 씨가 다 알아서 하겠지만 제 생각에는 일단 편집장도 부르고 또 경제 자문이 될 만한 지인(知人) 한 분에게 전화하면 좋을 것 같습니다."

 역시 정 선생다운 제안이며 차분한 말씨다. 얼마 전, 천문학적 숫자에 가까운 큰돈이 한꺼번에 진영의 통장에 입금되었다. 놀라운 건, 자신의 낡은 자동차나 아파트보다도 정 선생 산하(傘下) 문학 단체인 '시(詩) 사냥 길'이 떠올랐다는 사실이다. 통장의 엄청난 숫자가 화살처럼 그곳으로 날고 싶어 한다는 느낌을 지울 수가 없었다.

 시(市)에서 보조하고 있긴 하지만 충분한 지원 정책이 있는 것도 아니고 마음은 너, 나 할 것 없이 한결같아도 문우들 중에 재정적인 문제를 해결해 줄 정도로 크게 여유 있는 사람이 있는 것도 아니다. 다만 정 선생을 필두로 문학에 뜻을 두고 소신껏 애써 온 문우들 덕분에 활동하고 있는 문학 단체다. 사람 좋은 진영의 남편은 시원스레 말을 꺼냈다.

 "당신 운(運)으로 들어온 거액인데 당신 생각대로 하게, 뜻있는 곳에 기부하거나 일을 추진한다면 나야 대찬성이지."

 순조로운 남편의 협조와 예의, 신중한 정 선생과 편집장을 비롯해 발 빠른 문우 몇 사람이 머리를 맞대고 의논한 결과 우선은 문학반 사무실로 사용할 건물을 계약했다. 수리산자락 입구에 새로 지은 8층 건물이다.

필요한 기자재와 각종 집기류는 눈썰미 좋고 야무진 문 편집장이 맡고 서가(書家)에 필요한 책들은 강 여사를 비롯한 몇몇 선배 문우들이 맡아서 일사천리로 진행 되었다.

1층은 모던하면서도 차분한 분위기의 카페(cafe)처럼 꾸며서 문우들이 사랑방처럼 사용하며, 외부 손님 접대 공간으로 설정할 것이다. 2층은 강의실, 3층은 자료실과 모든 문학 활동을 각종 영상 매체로 접근할 수 있는 방송실로 규모 있게 나누고 4층은 정 선생이 자유롭게 집필 할 수 있는 집필실과 서재로 정하고 나니 반쯤은 벌써 이사한 기분이 든다.

나머지 4개 층은 예술적 분야에 뜻을 두고 일하게 될 사무실로 임대해서 수입 전부를 문화 사업 전반에 걸쳐 활용할 방안이다.

아, 잊은 게 있다면 문학반 강의가 없는 날은 '야학'과 지역 영세민 자녀들이 방과 후 학습실로 사용할 수 있도록 일정을 맞추기 위한 협의도 서둘러야 할 텐데….

할 수만 있다면 정식으로 출판사를 운영함으로써 작품성 있는, 제대로 된 작가들의 출간을 도와주고 싶다.

제2의 전성기를 맞아 왕성한 집필 활동을 하고 있는 정 선생 책은 물론이고 새롭게 역량을 과시하는 등단 작가들의 작품도 일간지 광고에 홍보함으로써 '시(詩) 사냥 길' 문학반이 그저 명분만 있는 모임이 아니라는 걸 알리며, 할 수 만 있다면 중앙 문단에서도 그 저력을 과시 하고 싶은 욕심이다.
　아직 글이 미숙한 진영은 선배들의 입지를 위해서라도 열심히 발로 뛸 작정이다. 우선은 4대 일간지 광고부 기자들과 섭외를 해 둘 참이다.
　며칠 후, 45인승 문학반 셔틀버스와 부분적 이동을 도와 줄 미니버스(콤비)가 인도 되었다. 진영은 정 선생이 10년 넘게 타고 다니는 차를 바꿔 드리겠다고 조심스럽게 제안 했으나 아직 10년은 더 탈 수 있는 애마(愛馬)라며 정중히 사양하는 바람에 무산돼 다소 아쉬웠다.
　새로 출고된 두 대의 차량이 꿈인가 싶게 눈부시던 날, 정 선생과 진영, 문우들이 함께 모여서 조촐한 다과회를 열어 자축했다. '시(詩) 사냥 길'은 그동안 내적으로 외적으로 명실상부 지역을 대표하는 동인들이다. 무엇보다 처음 시작부터 열악한 조건 속에서 정 선생을 비롯한 선배 기수들까지 열정과 끊임없는 노력의 일환으로 오늘 날 뜻 깊은 행사가 되었다는 걸 모두들 진심으로 기뻐하고 있었다.
　"여러분, 이제 우리들 보금자리로 입주하는 그날을 위해서, 지역 문화 발전을 위해 전 재산을 희사하신 익명의 독지가에게 감사드리고 더욱 열심히 하라는 뜻으로 받아드리고 잘 해봅시다."
　정 선생은 수업 시간에 열강 하듯 다시 말을 잇는다.

"문학은 결핍이 필요하다고 했습니다. 이제 저희가 마음 놓고 공부할 수 있는 문화센터와 문학 답사나, 자유로운 현장 학습을 위해 편히 이동 할 수 있는 차량이 모두 준비 되었지만 누가 뭐래도 우리는 결핍을 등에 지고 오로지 글 쓰는 일에만 전념하고 긍지를 느끼는 동인들이라고 굳게 믿습니다.

재정적인 것은 여기 새로 오신 사무장 박문도 씨가 맡아 주실 겁니다. 문학 재단에서 나오는 모든 재원(財源)은 이제 글쓰기를 시작하려는 꿈나무와 후배 양성을 위해 적극 후원할 것이며 정준우 문화센터가 제 개인을 위한 단체가 아니고 바로 여러분을 위한 축복 된 자리라는 걸 여러분 스스로가 보여 주시리라 기대합니다."

정 선생은 약속한 대로 거액을 기부한 사람이 진영이란 걸 언급하지 않았지만 늘 그랬듯이 사심 없는 확신에 찬 힘 있는 목소리였다.

환하게 웃는 문우들 틈 사이에서 연신 캠코더를 움직이는 진영은 평소처럼 낡은 단화에, 빛바랜 점퍼차림이었지만 여전히 사진 찍고, 촬영하느라 눌러 쓴 모자가 떨어지는 줄도 모르고 있었다.

뒤늦게 떨어진 모자를 주우려고 고개를 수그리는데 누군가 어깨를 툭툭 친다.

"당신 요즘 집안일 보다 습작하는 일이 더 재미있는 모양이야, 책상에 엎드려 자지 말고 좀 눕지 그래, 난 벌써 출근할 시간이라고…"

　사람 좋게 생긴 진영의 남편 얼굴이 희미하게나마 클로즈 업 되는 뒷켠으로 아침햇살이 눈부시다.

　진영이 민망해 하며 황급히 접으려던 책갈피 사이로 어제 오후에 사 두었던 00복권 한 장이 염치도 없이 스르륵 떨어진다. 그때서야 진영이가 단꿈에 물고 있던 침 삼키는 소리가 '꿀꺽~' 작은 아파트 거실 벽으로 옹색하게 새어 나가고 있었다.

　　(진 민)

세상에 이런 일이

몇 년 전에 있었던 일이다. 억세게도 운이 좋은 사람인가 보다. 로또 다섯 장이 일렬로 맞아 44억을 손에 쥐게 되었다니 그런 횡재가 또 어디 있으랴. 세계에서도 보기 드문 일이라고 한다.

그런데 이어 이런 사람도 있다. 복권 당첨금을 놓고 부부 사이에 이혼 소송이 벌어졌다고 한다. 단란하게 가정을 꾸려오던 그들은 복권 당첨으로 인해 분쟁이 일어났고 급기야 이혼지경에 이르렀다는 보도가 있었다. 복권으로 인해 도덕적 가치마저 상실한 예이리라.

뒷사람의 경우는 내가 바랄 바 아니지만, 나도 가끔은 그런 허황된 꿈에 현혹되어 가끔씩 복권방엘 들어선다.

간밤에 돼지꿈을 꾸었다. 그 꿈이 나를 복권방으로 이끌었다. '일주일이 즐거우려면 월요일에 복권을 사라'는 말이 있다. 일주일 내내 그 기대감으로 즐겁기 때문이다. 재미삼아 샀다고는 하지만, 하룻밤에도 기와집을 몇 채씩 짓기도 하고, 사업 계획도 거창하게 세워본다. 그뿐인가. 당첨이 됐다고 가정하면 마음까지 넓어져 어렵게 사는 친지들을 기억해 내기도 한다. 복권만 맞는다면 경제적으로 곤란을 받고 있는 친지들과 더욱 돈독해질 것과, 자식들 간에 분쟁이 없기를 바라며 그들의 몫도 넉넉히 나누어 놓는다.

그러나 토요일 저녁 복권 발표가 끝나고 나면 그만 허황된 꿈이었다는 것을 깨닫게 된다. 매번 절실히 느끼지만 고놈의 번호들이 비켜가기의 달인이 된다. 그래서 하늘의 별따기 보다도 더 힘들다는 것이 복권 당첨이라고 했지 싶다.

복권, 그 요물단지가 대대로 이어지던 이웃사촌의 정을 무 자르듯이 단칼에 잘라놓은 일이 있었다. 십여 년 전 내가 살았던 고향에서의 일이다.

콩 한쪽도 나눠 먹으며 먼 친척보다도 가깝게 지내는 것이 이웃사촌이다. 그런데, 이발소를 운영하는 김가는, 가끔 손님이 없는 한가한 틈을 이용하여 읍내를 왕래하며 즉석 복권을 구입했다. 그날도 복권을 사러 나가려던 참이었다. 담 하나 사이에서 슈퍼마켓을 경영하는 정가는 김가에게 넉 장만 구입해 줄 것을 부탁했다.

즉석 복권이라 화기애애한 분위기 속에서 복권을 동전으로 긁고 있었다. 색색의 그림들이 동전이 지나갈 때마다 흩어져 나가고 숫자가 나보란 듯 모습을 드러냈다.

김가의 열 장의 복권은 한 장도 맞지 않았다. 그리고 놀랄 일이 벌어졌다. 가게를 지키며 편리하게 구입한 정가의 넉 장의 복권이 모두 당첨된 것이었다. 한 장에 천만 원짜리가 줄줄이 당첨되어 사천만 원이나 되는 금액이었다.

정가는 김가에게 삼백만 원을 수고해 준 대가로 주겠다고 했다. 그렇건만 은근히 속이 뒤틀린 김가는 정 씨가 준다는 액수가 적다고 생각했다. 김가는 더 많은 금액을 요구했다. 김가가 바라는 금액을 줄 수 없는 정가는 김가와의 사이가 점점 서먹해졌다.

두 친구는 동네사람들을 불러 긴급 반상회를 열었다. 면장과 지서장까지 대동하여 결말지어 줄 것을 요청했다. 그러나 모두가 허사였다. 못 준다느니, 꼭 받아내고야 말겠다느니 하는 두 집의 팽팽한 신경전에 마을은 조용한 날이 없었다. 급기야 SBS TV 프로 〈세상에 이런 일이〉의 제작진들이 다녀가는 황당한 일까지 벌어졌다.

김가가 바라는 일천만 원의 요구를 들어주지 못한 정가는, 편치 못한 마음으로 당첨금을 받기도 전에 이삿짐을 꾸렸다. 그리고 평생을 살아온 마을에 씁쓸한 기운(氣運)만 남겨놓고 어디론가 가버렸다. 그들은 죽마고우였고 이웃사촌이었다. 노동의 대가없이 순식간에 일확천금을 노리는 욕심에서 생겨난 일이었다.

당첨금보다 이웃 간의 끈끈한 정이 더 가치 있던 삶이 아니었을까. 대부분의 사람들은 당첨된 거액을 손에 쥐고도, 건강과 풍요를 모두 유지하지 못한다고 한다. 폐인이 되기도 하고 숨어 산다는 얘기도 간혹 들린다. 복권 당첨금으로 인해 참다왔던 인생의 삶이 파괴 된다면 인생 역전인 대박의 꿈이 차라리 아니 된 것만 못하지 않은가. 세상에 이런 일이 다시 있으면 어찌하랴. (최금복)

밴댕이 소갈머리

　내가 만일 복권에 당첨 된다면 조용히 처리하리라. 누가 뭐라 해도 먼저 내가 살만하면 가족들에게 베풀어 주고 여력이 있으면 사회에도 베풀어 줄 것 같다. 거기에는 상당한 이유가 있기 때문이다.
　나는 돈에 한이 맺힌 사람이다. 거기에다 밴댕이 소갈머리다. 가난한 농부의 아들로 태어나 90이 가까이 오도록 겨우 겨우 입에 풀칠을 하며 살고 있다. 이렇게 살고 있는 것만도 오직 아버지의 근검절약 저축 정신을 이어 받았기 때문이다.
　아버지께서는 일찍이 조실부모하고(나는 조부모님의 모습도 모른다). 남의 집 머슴살이에 뼈가 굵었다. 그래 근검절약 저축만이 살아 나갈 길이라 믿어 게으름을 피울 시간이 없었다. 낮이면 남의 논, 밭을 갈았고 밤이면 연필 한 자루로 남의 뒷글을 배우셨다. 자기보다 훨씬 어린 꼬마들의 뒤에 자리를 얻어 훨씬 늦게 이루셨다.

배워야 산다는 이념아래 노동, 품팔이를 하시면서도 나를 초등학교에 보내주셨다. 그때 초등학교에 다니는 학생 수는 잘해야 한 동리에 1~2명 정도에 지나지 않았다. 한 학교가 있을까 말까 할 때라 규모가 작은 면에서는 큰면으로 유학 오던 때였다. 그래 초등학교만 졸업해도 말단 공무원으로 취직할 수 있었다. 그러나 그런 행운은 하늘에 별 따기다. 그때나 지금이나 뒷줄이 있으면 면(面)서기로 취직 할수 있었다. 면(面)서기라면 그때는 큰 벼슬이었다. 그러나 그런 행운도 내게 돌아오지 않았다. 나는 풍채가 사내답지 못했다. 사내라는 게 계집애 같이 곱고 귀엽게 생겨 노리개 감으로만 생각했지 장부로 여겨 주지 않았다.

중학교에 진학을 해야 하는데 그것도 불가능 했다. 재주가 뛰어 났다면 말 할 것도 없었겠지만 거기에다 재력이 모자라 호구지책도 어려웠으니 꼴망태 울러 메고 송아지 뒤를 따라 다니는 신세가 되고 말았다. 내 희망도 희망이지만 아버지께서도 내 꼴을 보시고 고민거리가 되어 있었다.

저 걸 중학교에 보내야 하는데 이 일을 어쩌나 하고 고민하시던 중, 때마침 일본으로 가는 기회가 생겨 동창생 둘과 함께 일본 구주 "대분현"(九州 大分縣)으로 건너갔다. 정말 철딱서니 없는 짓을 했던 것이었다. 아버지께서도 사회 정보가 너무 어두웠기에 세계 제2차 대전이 내일 모래면 끝난다는 감을 전혀 잡지 못하시고 돈만 먹고 날라 버리는 브로커들의 선전에 속아 일본으로 건너가면 공부 할 수 있을 것이라 믿으셨다. 지금 생각 하면 너무 귀가 어두워 귀한 아들을 전쟁터로 보낸 것이나 다름이 없었다.

일본 구주 "대분현"에는 대(竹)밭이 많았다. 대의 마디마디를 잘라 선골(扇骨)즉, 손부채의 뼈대를 만들었다. 마디와 마디 사이의 길이는 20센티 쯤 되는 것을 골라 마디마디를 잘라내고 겉 부분을 일정한 크기 잘라냈다. 속살은 깎아 내고 껍질 부분만 모아 큰 다발로 묶었다. 이 작업을 종일 대밭에서 했다, 지금은 그 내용을 다 잊어 먹었는데 한 묶음에 얼마간의 돈을 받고 주인집 아저씨가 계산해 주셨다.

겨우 밥값을 치루고 세 놈이 '다다미' 냉방에서 잠을 잤다.

그런 우리에게 무슨 희망과 장래가 있었겠는가. 그래도 공부하겠다고 먼 먼 타국에 갔는데…. 세 사람은 일본 생활에 조금씩 익게 되자 각자 자기 루트를 통해 각개약진을 준비를 하고 있었던 것 같다. 세 사람 중에서도 내가 제일 덩치도 작았고 꾀도 모자랐던 같다, 그래서 자기 나름대로 갈 길을 모색하고 있었기에 비밀리에 행동했다. 우리 세 사람은 시나브로 자취를 감춰 버렸다. 아마 하숙집 아저씨는 그렇게 되기를 은근히 기다리고 있었으리라 믿었다.

그 뒤 나는 제종 자형의 알선으로 이 공장 저 공장으로 전전하면서 일을 해 보았지만 일 하면서 공부 한다는 것은 불가능했다. 그때 이미 일본의 종말을 바라보던 때였기에…. 구주 하관(下關)에 머물렀다가 고향으로 돌아 왔다. 부관(釜關) 연락선은 폭격이 두려워 운항을 중지하고 하관에서 전남 여수로 건너왔다.

그게 바로 1944년의 가을 이었다.

1945년에 광복이 되고 경주중학교에 진학 했지만 초등학교 동기생들과는 2년 차이가 생기고 말았다. 그래도 나는 행운을 잡은 듯 기뻐했다.

그 후 나는 초등학교 교사 자격증을 획득해 일선에 나갔다. 초등학교 교사만 되면 안심하고 살 수 있을 거라 믿었는데 현실은 그게 아니었다. 겨우 입에 풀칠 밖에 못 했다. 초임 월급 8,000원에 하숙비 7,000원을 주고 나면 담배 값이 모자랐다. 소위 월급 받는 놈이 아버지께 돈 모자란다는 소리를 할 수 있겠는가. 당장 생활 방식을 바꾸고 한 푼이라도 모으기 작전을 세웠지만 그것 또한 쉬운 것이 아니었다.

그래도 생활에 다소 안정이 되자, 결혼하란다고 당장 장가를 들고 보니 높은 적자 생활이 기다리고 있었다. 아내는 어떻게 하던 살아야 한다는 각오로 이웃을 사귀어 왔기에 신용이 있어 지인의 권유로 계주(契主) 생활을 했지만 그것도 쉬운 것은 아니었다. 주먹구구식으로는 상당한 수입이었는데 契돈 떼먹고 날라 버리는 데는 어찌는 수가 없어 또 빚을 안고 넘어졌다. 안 되는 놈은 뒤로 넘어져도 코를 깨는 모양이다.

애들은 하루가 다르게 커 가니 중학교 보내기도 난감해 졌다. 이 집 저 집 다니며 빚을 얻어 학비를 내고 정부에서 학자금 대출 제도가 생겨 또 대출을 받고…. 내 힘이 되는 대로 대출 또 대출을 냈다.

가장 괴로웠던 것은 내게 집이 없으니 전근 때만 되면 방을 구하는 것이 제일 곤욕스러웠다. 능력도 없는 것이 애만 낳아 모았으니 아무도 애 많다고 방을 빌려 주지 않았다. 그때는 한 가정에 대게 애들이 대여섯은 되었다. 주인집 애들과 숫자가 비슷하니 우선 시끄럽고 싸움이 자주 일어나, 부모들 사이에 싸움이 벌어질 수 있었으니 방을 빌려 주지 않으려 했다.

각 교육청에서는 한곳에 오래 머물면 타성이 생긴다는 이유를 들어 한 학교 연속 근무를 5년을 벗어나지 못하게 했다. 문교부 정책이 그러하니 할 말은 없었지만 그것은 그런 것이 아니라 폐해가 많다는 것을 말하고 싶었지만 약자는 입을 꾹 다물고 있을 수밖에 없었다.

자기 집이 있는 사람은 같은 군내 이동 되는 것은 아무런 피해를 입지 않았다. 집없는 사람은 방을 구하기 위해 몇 날을 헤매야 했다.

구하다 구하지 못한 나는 어쩔 수 없이 창고지기 방을 구해

몸을 은신하는 수밖에 없었다. 서(鼠)생원들의 놀이터가 내 숙소가 되었다. 아직도 찬바람이 매섭게 몰아치는 외딴 집 3월 초, 엉성한 지게문으로 황소바람이 밀어 닥치는 그날 밤 우리 내외는 서로가 말없이 부둥켜안고 하염없이 울었다. 내 평생에 그만큼 울기는 처음이었다. 이미 고인이 된 아내는 아마도 천상에서 이 말을 듣고 빙그레 웃으리라. 너무도 변통머리가 없었던 남편에게 조소하고 있을 지도 모른다. 이런 말을 어느 누구에게 할 것인가.

이런 생활에 시달려 온 나는 내 자식들에게는 이런 고통을 안겨 주지 않으리라 결심했지만 것도 내 마음대로 되는 것이 아니었다.

이런 과거사 때문에 바둑 둘 때의 문자처럼 "야생연후 타살'이라는 정신이 깊이 박혀 있다. 그렇다. 어떤 사람들처럼 내가 굶으면서도 남을 도울 용기는 없다. 내 힘에 맞는 복지는 할 수 있어도 내가 굶으면서 복지를 떠들 수 있는 용기는 없다. 노자가 도덕경에 이르기를 돈에 너무 집착 하지 말라. 돈은 인생의 윤활유로서 필요할 뿐이다. 라고 했지만 윤활유가 없이는 한 발짝도 움직일 수 없는 것을 어쩌란 말인가.(최병환)

45 되기

가족 설빔으로 로또 8장을 샀다. 로또를 살 때는 가족들과 재미있는 분위기를 기대했건만 정작 자식들이 다 가고 난 뒤에 로또 산 것이 생각났다. 다행히 오천 원짜리가 두 장이나 되었다. 남편이 로또 맞춰보는 걸 볼 때마다 내심 돈도 잘도 날린다고 여겼다. 막상 두 장이 되고 보니 기대가 생긴다. 당첨의 주인공이 나일 수도 있다는 예상이다. 새삼 누구에게나 열린 달달한 기회를 잡아보지 않았다는 게 약간은 충격이다. 당첨의 주인공에 나를 넣어보니 잠재된 욕망이 입맛을 돋운다. 인생에 수직상승하는 경우로 로또만한 기회가 없지 싶지만, 인생의 터닝 포인트를 잡는다면 로또 같은 기회도 오게 되지 않을까.

방송통신대학교 OT 행사에 참석했다. 뒤풀이 모임에 참석한 새내기들이 한결같이 4년 만에 졸업을 할 수 있을지 염려스럽단다. 저들의 눈빛엔 막연함과 염려가 그대로 실렸다. 나는 방송대학교에 입학할 당시 4년 만의 졸업이 어떤 의미인지 몰랐다. 당연히 날이 차고 해가 가면 졸업이 되는 게 아닌가 했다. 군대 시계도 가는데 방송대 시계인들 가지 않겠나 싶었다. 방송대 특성상 결코 그럴 수가 없다는 것을 알지 못했다. 나의 기대를 벗어난 졸업은 길어졌다. 비록 동기들과 같이 졸업하는 기쁨은 못 누렸지만 타 과목을 휘젓고 다니며 공부를 했다. 그 일 또한 내 글쓰기 작업에 얼마나 많은 도움을 줬는지 모른다. 새내기들에게 조언하는 이들마다 4년 만에 졸업하는 방법을 제시했다. 새내기들의 귀는 선배들의 말 한 톨이라도 놓칠세라 거미줄을 촘촘히 친다. 나는 4년 만에 졸업하는 것이 목적이 되어야 하는 것에 반기를 들었다. 졸업이 목적이 아니라 인생의 터닝 포인트를 잡는 게 목적이 되어야 하지 않을까 해서다.

요즘 스마트폰에서 공유되고 있는 45되기 작전을 제시했다. 5와 4.5가 갑과 을의 관계에서 4.5가 5에 도전하는 숫자 놀이다. 내가 말하고자 하는 것은 갑과 을의 관계가 아니다. 점을 빼서 45가 된 4.5의 도전이다.

내 경우엔 4.5학년 즈음에 점이 빠졌다. 수필로 등단을 한 것이다. 억짜리 로또 당첨만이 로또겠는가. 내 인생에서 점 하나

빠진 사건을 로또라 여긴다. 4.5학년 전의 내 모습은 늘 5의 그늘에 있었다. 학력에 대한 부러움과 열등감은 늘 나를 4.5이게 했다. 더 내려앉지도 못하는 4.5는 나이가 들수록 한처럼 옹이져 갔다. 오십 줄에 들어서고서야 5에 대해 도전장을 냈다. 공부에 대한 부담감은 저들 못지않았다. 4.5의 길을 걷는 동안 5에 대한 부담감이 서서히 걷어졌다. 5는 어쩌면 4.5의 열등감에 관심도 없었으리라. 참으로 오랫동안 박혀 있던 옹이 같은 점이 빠지고 45로서 당당히 문학의 세계에 입성했다.

이제 또 다른 세계의 4.5에 와 있다. 겸손할 수 있는 점이기에 지금의 4.5를 즐긴다. 목표인 45가 꿈처럼 나를 이끈다. 점 하나를 뺐다고 45로 가는 길이 만만하다면 꿈이라 말하지 않으리라. 꿈으로 가는 길은 3과 4일 때보다 더 치열하다. 다만 치열 속에 들어서는 내 열정이 번번이 달뜨기에 열등감의 4.5가 아니어서 감사하다.

두 장의 로또를 바꾸면서 마음에 미동을 느꼈다. 시작이 좋았으니 이미 당첨이 된 건 아닐까 하는 요사스런 기대가 토요일 밤을 기다리게 했다. 기대와는 달리 두 장의 로또는 몇 초 만에 공중 분해됐다. 웃는 일이 마무리였다. 약간의 기부 행위는 이뤄졌으리라 위안하며 기회를 타인에게 넘기는 너스레로 로또의 매력을 접었다. 적어도 로또를 꾸준히 사는 사람들만큼은 해야 점을 빼지 않을까 싶었지만, 게임에 별 흥미가 없는 탓에 로또의 재도전은 하지 않았다. 새삼 로또 같은 막연한 욕망에도 내가 묶인다는 사실에 놀랐다. 나의 인성이란 게 조삼모사해서 순식간에 들어서는 욕망을 제어할 능력이 없음을 확인하는 계기도 되었다.

다들 로또를 사는 이유가 뭘까. 당첨의 기회를 놓치는 것이 사회 기부라는 사실을 염두에 두고 로또를 사는 사람이 얼마나 될까. 로또로 점핑된 재산이 과연 행복을 보장할까. 로또의 45가 되었을 때의 처우도 문제다. 더러는 알차게 컨설팅해서 재산 관리를 잘 하는 이도 있을 것이나, 뉴스에서 접하는 로또의 행운이 오래지 않아 불운을 맞는 경우를 종종 보았다. 그들은 로또 당첨 이전의 삶을 갈구할지도 모른다. 로또 당첨만이 행복의 45가 아님을 증명한 셈이다. 당첨되었을 때 행복을 건재시킬 수 있는 전문 컨설팅과의 상담도 필요하리라.

숫자 4.5에서 45 되기는 하찮을 만큼 쉽다. 지우개로 점 하나를 지우면 된다. 반면 삶의 점 빼기는 로또 당첨되는 것만큼이나 어렵다. 숫자 점 빼기만큼 쉬우면 어디 그게 인생일까. 내 인생 2막의 45 되기는 아직 걸음마다. 4.5의 달뜬 열정에 한껏 몰입하려 한다. 목표를 45에 두었기에 4.5인 지금이 치열해서 행복하다. (최숙미)

복권에 당첨되는
꿈을 꾼다

나는 날마다 꿈을 꾼다.

이번 주에 로또복권이 당첨된다면 얼마나 좋을까? 세상살이가 그렇게 만만하지 않다. 아니 감당하기가 정말 벅차다. 순간순간이 전쟁이다. 죽기 아니면 살기로 몸부림을 쳐도 해내기 어려울 정도로 고통스럽다. 얼마나 힘이 드는지, 그만 포기하고 싶은 생각이 들 정도다. '이렇게 힘들게 꼭 살아야 하는 것일까?' 라는 회의가 들 정도다. 아니 매 순간순간 그런 의문 속에서 힘들게 그 것도 아주 벅차게 살아가고 있다. 무엇 하나 마음대로 되는 것은 없다. 정말 쉬운 일이 하나도 없다. 만만하게 해낼 수 있는 일이 없으니, 어떡하란 말인가? 더욱 답답한 것은 산 넘어 산이라는 점이다. 정말 죽을힘을 다 하여 한 가지 일을 해내고 나면, 조금은 쉽게 해주는 것이 당연하다. 그동안 그렇게 어렵게 일을 해냈으니, 그에 대한 보상을 바라는 것은 정말 지극히 가져야하는 권리라고 생각한다. 그런데 현실은 그렇지 못하다. 그렇게 호락호락하지가 않다. 쉴 틈을 주지 않는다. 그만 포기할 생각까지 하면서 힘들게 해내고 나면, 또다시 그것보다 더 어렵고 힘든 일을 하라고 한다. 그럴 때면 정말 그 자리에 주저앉고 싶어진다. 더 살 의욕을 상실하고 만다. 그럴 때 작은 위안이 되어주는 것이 있다. 그것은 바로 로또복권이다. 복권 한 장을 가슴에 품고 있으면, 다시 일어설 수 있다. 다시 용기를 낼 수 있다. 그대로 포기하지 않고, 오늘을 살아갈 수 있는 새로운 힘을 얻게 된다. 참으로 고마운 일이 아니고 무엇이란 말인가?

복권을 산 지가 언제부터였을까?

복권을 처음 산 지가 언제인지, 기억은 나지 않는다. 그러나 분명한 것은 참 오래 되었다는 점이다. 백발이 바람에 날리는 나이가 되었으니 말이다. 결혼하기 전이었다. 그때도 참 힘이 들었다. 모두가 가난하였던 70년대였다. 처음 직장에 들어간 때가. 살아온 날들 중에서 가장 행복한 때를 말하라고 한다면, 나는 주저하지 않고 말한다. 어머니의 사랑을 듬뿍 받고 있었던 유년 시절이라고. 그때는 정말 모든 것이 부족하던 때였다. 어렵고 힘이 들었다. 하루 세끼를 모두 다 먹을 수 있는 날은 정말 특별한 날이 될 정도로 먹고 살기 어려웠던 때였다. 그래도 그때가 가장 행복하였었다. 배불리 먹지 못하였어도 그때가 좋았었다. 모든 것이 부족하였어도 그때가 정말 좋은 시절이었다. 그곳이 모두 다 어머니의 사랑이 있었기에 가능하였다. 그 모든 어려움도 어머니의 사랑 앞에서는 아무런 문제가 되지 못하였다. 돌이켜 생각해 보면 정말 놀랄 일이다. 어머니는 마법사였다. 아무리 힘이 들어도 어머니의 사랑을 받으면, 힘이 들지 않았다. 직장인이 되어 깨닫게 되었다.

  어머니의 힘이 마법의 근원이었다는 사실을. 어머니가 마법을 실천하기 위하여 얼마나 큰 대가를 치렀다는 것을 알게 되었기 때문이다. 물론 70년대에는 복권이 없었다. 그러나 힘들게 직장 생활하면서 이미 마음에는 복권이 존재하고 있었다는 것을 이제는 안다. 사는 것이 그렇게 힘이 들었어도 생활을 포기하지 않았던 것은 마음에 복권이 있었기 때문이었다. 마음에 간직하고 있었던 복권은 희망이었다. 내일에 대한 기대감이었다. 오늘은 힘들지만, 성실하게 채워가게 되면 더 나은 내일을 맞이할 수 있을 것이란 예감이었다. 금방이라도 쓰러질 것 같아도 다시 일어설 수 있었던 것은 마음에 복권을 가지고 살았기 때문이다.

  복권에 당첨이 되면 행복해질 수 있을까?

그러던 어느 날 실제로 복권이 생겼다. 환상적인 일이었다. 더욱 더 놀라운 사실은 실제로 당첨이 되는 사람이 있다는 점이다. 그러니 어찌 복권을 사지 않을 수가 있단 말인가? 그러나 욕심을 부리면 안 된다는 것도 알고 있었다. 그래서 복권을 사는 원칙을 세웠다. 그것은 딱 한 장만 사야 한다는 점이다. 그렇게 오랜 세월을 복권을 샀다. 그런데 아주 다행스럽게도 복권이 당첨되지 않았다. 이 얼마나 운이 좋은 일이란 말인가? 물론 처음에는 짜증이 났다. 화가 나기도 하였다. 다른 사람들은 되는데, 왜 나는 되지 않는지 분통이 터졌다. 당첨되지 않는 복권을 달리 할 수 있는 일이 없었다. 견뎌야 하였다. 참아야 하였다. 인내하여야 하였다. 나중에서야 깨닫게 되었지만, 그것이 바로 복권 당첨이었다. 그것은 삶의 지혜였기 때문이다.

실제로 복권에 당첨된 사람들의 삶이 어떤가? 잘된 사람을 찾아보기가 어렵지 않은가? 복권에 당첨되지 않은 것이 바로 복권에 당첨된 것이다. 복권에 당첨이 되었다면, 물질적인 풍요로 인해 행복을 깨버리게 된다. 그러니 복권에 당첨되지 않은 것이 바로 행복을 가질 수 있는 지름길이 아니고 무엇이란 말인가? 행복한 삶을 원한다면, 복권에 당첨되지 않아야 한다. 물론 이런 말이 궤변이라는 것을 잘 안다.

돈은 살아가는데 없어서는 안 되는 아주 소중한 존재다. 복권은 그런 물질적인 풍요로 순간의 운에 의해 재공 된다. 그러니 복권은 환상을 가지게 만든다. 누구에게나 복권은 필요하다.

누구나 복권이 당첨되기를 간절하게 바란다. 그러나 정작 당첨이 되게 되면, 자신을 망가뜨리는 경우가 하다.

　내가 만약 로또복권에 당첨이 된다면, 절대로 행복을 부서지게 만들지는 않겠다. 행복을 앗아가는 것은 바로 욕심이다. 욕심을 버리고 모두를 위하는 곳에 당첨금을 쓰겠다. 혼자 잘살려고 하면, 그렇게 될 수 없다. 그러나 모두 잘살려고 하면, 그것은 이루어지기 때문이다. 무엇을 망설이겠는가? 모두를 위해서 사용하겠다. 그래서 오늘도 꿈을 꾼다. 복권이 당첨되는 꿈을. 행복을 깨버리는 복권이 아니라 행복을 가져다주는 복권을 그래서 오늘도 산다. 모두를 위하여.(정기상)

코스프레
- 로또 당첨

　수 천 년 동안 유대인의 행동 양식을 결정해 온 탈무드에는 인간을 평가하는 세 가지 기준을 제시하고 있다. 히브리어로 '키소, 코소, 카소'가 바로 그것이다. '키소'는 '돈 주머니'라는 뜻인데, 그가 돈을 어디에 어떻게 쓰는가를 보면 사람됨을 알 수 있다는 것이요, '코소'라는 단어는 본래 '술을 마시는'이라는 말인데, 술을 마시는 법이 깨끗한가 더러운가, 또는 인생의 재미를 어디서 찾는가를 보면 사람을 알 수 있다는 것이다. 마지막으로 '카소' '인간의 분노' 혹은 '열정'을 말하는데, 어떤 일을 보고 분노하는가, 또는 인내심이 강한 인간인가 어떤가를 보면 사람됨을 알 수 있다는 것이다.

하이드 코스프레

살면서 한 번도 그런 행운이 오지 않았는데, 로또 당첨이라는 행운이 온 거야. 누려야지.

골프채는 비거리 많이 나는 거로 자주 바꿀 거고 골프웨어는 신상이 나올 때마다 살 거야. 우선은 골프장 회원권을 여러 개 끊어서 다양한 장소에서 자주 라운딩을 할 거야. 자연 속에서 운동하며 스트레스를 확 날려버리게 말이야. 골프 치는 지인들에게는 회원권도 빌려줄 거야.

운전면허증을 딴 아들이 틈만 나면 차를 달라고 하는데, 줘 버리고 나는 평소 눈여겨 봐왔던 예쁘고 작은 수입 소형차를 살 거야. 그리고 최고급 피부과에 가서 부쩍 늘어난 주름과 피부를 위해 쿠폰을 끊어 꾸준히 관리할 거야. 물론 남편, 아들, 딸아이 쿠폰도 함께.

돔 골프장을 만들어 골프 마니아들이 악천후에도 상관없이 즐길 수 있게 할 거야. 그리고 장거리 비행시간이 지루하지 않게 비행기 안에 스크린 골프를 비롯해 각종 운동 시설을 설치하는 사업에도 투자할 거야.

남편에게는 가발보다는 자연스러움을 위해 모발을 이식해 주어, 신혼 때 나를 업고 사진 찍었던 그때로 되돌려 놓을 거야. 골프채도 자주 바꿔주고 골프웨어도 신상으로만 사줄 거야. 자리 좋은 곳에 빌딩도 하나 사서 그동안 회사 다니느라 고생했는데, 편안히 세 받으며 노후를 크루즈 여행과 골프 여행으로 보내게 해 줄 거야.

딸은 '사' 자 붙은 남편을 소개해 주고 최고급 호텔에서 결혼식을 올려, 주위 친구들의 부러움을 한몸에 받게 해 줄 거야. 아이를 낳으면 시설 좋은 산후조리원에서 조리하게 할 거고 내가 자주 들러서 조리사들에게 선물을 한 아름씩 안겨줄 거야. 퇴원해서는 딸아이의 몸이 정상으로 돌아올 때까지 도우미와 함께 돌봐줄 거야.

체육을 전공한 아들이 졸업하면 멋진 디자인의 스포츠 센터를 지어준 후, 돈 걱정 없이 관리하면서 좋아하는 운동도 실컷 할 수 있는 삶을 살게 해 줄 거야.

전원주택보다는 아파트 펜트하우스를 사서 내 서재를 제일 넓은 방으로 할 거야. 지금 책상보다는 두 배로 큰 책상을 들여놓고 내가 산 책과 받은 책들을 소중하게 책꽂이에 꽂아둘 거야. 한쪽은 글을 쓰다가 피곤한 머리가 쉴 수 있는 음악 시설과 영화를 볼 수 있게 꾸밀 거야. 다락방에는 스크린 골프를 설치해 시간 나는 대로 남편과 연습하고 친구들과 게임을 할 거야. 그리고 쇼핑을 좋아하는 나를 위해 드레스 룸도 꾸밀 거야.

끝이 없네.

그런데 로또 당첨금이 얼마나 되는 거야.

골프 라운딩이나 마사지를 받을 시간까지 살 수 있는 걸까.

지킬 박사 코스프레

노숙자들을 위한 일자리와 잘 수 있는 곳을 마련해 주어, 시민들이 지하철을 마음 편하게 이용할 수 있도록 할 거야.

보육 시설에도 기부하여 부모 없는 아이들이 제대로 교육을 받으며 우리 아이들처럼 정상적으로 자랄 수 있는 환경을 만들어 줄 거야. 그러면 아이들이 범죄의 유혹에 쉽게 빠지지는 않을 거야.

돈 때문에 고칠 수 있는 병인데도 포기하는 사람들을 위해 병원에도 기부하고, 돈이 없어 억울하게 죄를 뒤집어쓰는 사람들을 위해 변호사를 선임해 줄 거야.

혼자 사는 노인들을 위한 시설을 많이 만들어 노후를 외롭지 않게 해 주어 자살하는 노인들이 없는 사회를 만들 거야.

모교에도 어려운 학생들을 위한 장학회를 만들 거야. 세상은 아직 살 만하다는 걸 아이들에게 가르쳐 주는 거지.

자동차가 출고될 때마다 블랙박스를 무상으로 달아주어, CCTV가 없는 곳에서의 범죄율을 줄일 거고, 아이들이 다니는 어린이집이나 학원 같은 곳에 모두 CCTV를 설치해 부모들이 안심할 수 있게 해 줄 거야.

나머지 돈은 해외를 비롯한 여러 기부 단체에 보낼 거야. 그러면 로또 당첨되기 전의 나로 돌아가겠지.

물론 여기까지의 모든 활동은 무기명이야.

평소 성실하게 살던 사람이 로또에 당첨되자 갑자기 생긴 돈으로 인해 자제력 잃은 생활을 하다가 몸도 망치고 가족도 해체되는 불운까지 겪는 것을 보면, 노력 없이 생긴 돈은 땀 흘려 모은 돈과 똑같은 돈이라도 동등한 가치를 가지지 못하는 것 같다.

나도 로또가 당첨된다면 코스프레 하이드의 됨됨이를 따라가지 않을 자신이 없다.

살면서 내가 로또가 당첨된다는 꿈은 아예 꿔보지 않아 사 본 적도 없다. 그런 물질적 행운은 나를 비켜갈 거라는 예감 때문이다. 그래서 아예 공짜로 뭔가 생기는 것은 꿈도 꾸지 않는다. 뉴스에 누가 당첨되었다 하면 그러려니 하는 정도로 끝난다.

사람에게 항상 운이 따르는 것은 아니라고 생각한다. 인생 전체의 행, 불행은 통틀어 '0'이라고 생각했다. 로또가 당첨되면 어딘가 불운이 생길 수도 있다. 로또가 당첨되지 않는 것은 그런 불운을 미리 막는 것일 수도 있다. 누군가의 홀인원 소식에 그다지 설레지 않고, 하이드보다는 지킬 코스프레에 마음이 가는 이유이기도 하다. (한경화)

세계 여행을
떠나다

만약 내가 로또복권에 당첨된다면 그 로또복권 당첨금 그 돈이 모두 떨어질 때까지 세계여행을 하고 기행수필을 써 책을 발간 두고두고 독자들과 함께 즐기겠다.

인간이 이 세상에 태어난 것 그 자체가 여행이다. 뚜렷한 목적 없이 빈손으로 어느 날 불쑥 이 세상에 나타났으니 이 세상을 떠나는 것 또한 보잘 것 없는 허물 한줌 남기고 소리 없이 사라질 것이다.

그런 인간 혹자는 잘난 척 하기도 하고 혹자는 가진 척 하지만 따지고 보면 모두가 다 무의미하고 부질없는 짓이다.

인생이란 컴컴한 어둠 속 풀숲에 수정처럼 맺힌 이슬이 새벽을 깨고 비친 햇살에 슬며시 흔적 없이 사라지는 것과 별반 다르지 않다. 담배 연기가 허공을 향해 흩어져 버리듯, 나 또한 어느 순간 갑자기 빈손으로 떠나고 말걸 복권 당첨금 가지고 고민하지 않고 모두 써 버리게겠다.

내가 어렸을 적 아버지로부터 들었던 말이 있다.

아버지께서는

"자기 노력 없이 쉽게 얻어지는 것은 오래 가지 못한다. 뿐만 아니라 그런 돈에는 마귀가 따라붙을 수가 있으니 조심해야 한다, 그래서 거저 생기는 재물은 바라지 말라 열심히 노력해서 얻은 것이라야 그것이 진짜 자기 것이 된다."고 하셨다.

한마디로 부정한 것이나 공짜는 바라지 말라는 말씀이었다. 그래서 나는 부정한 것 또는 공짜 따위엔 관심이 없다. 아버지가 하신 그 말씀대로 열심히 살았다.

로또복권도 노력 없이 쉽게 얻으려는 것이라 생각했기 때문에 사지 않는다. 설사 로또복권을 사서 당첨이 되는 행운이 온다 해도 그 금액이 얼마가 됐던 그 돈 욕심내지 않고 당첨금 수령과 동시에 아내를 위해 써버리겠다.

아내와 수십 년을 함께 살면서 월급이 적어 여유가 없다는 핑계로, 하는 일이 바쁘다는 이유로, 아내에게 변변한 옷 하나 선물하지 못했을 뿐만 아니라 아내와 함께 해 보지 못한 여행을 하겠다.

나 자신 아내와 함께 세계일주 여행을 해 보는 것이 소원이면서 세계 일주는커녕 국내여행도 다 해 보지 못했다.

이번 로또복권 당첨이 나와 내 아내를 위해 하늘이 준 선물로 생각을 하고 복금 그 돈으로 여행을 하겠다.

내 곁에서 나와 가족을 위해 늘 희생만을 해 온 아내와 함께 세계일주 여행을 하고 멋있는 옷도 보석도 아름다운 액세서리도 선물하겠다.

로또복권 당첨으로 얻은 돈 그것은 내 것이 아니다. 물론 그 돈 부당한 방법이나 불법으로 얻은 것이 아닌 정당한 방법으로 얻기는 했지만 내가 땀 흘려 번 돈이 아닌 행운으로, 요행으로 얻어진 돈이라 서다.

행운이나 요행으로 얻어진 돈이라서 내가 오래오래 애지중지 소유해야 할 소중한 재화는 아니다. 그래서 그 돈으로 부인과 함께 세계 여행을 하며 써 버리겠다.

먼저 화려한 유람선 크루즈를 타고 태평양의 중심에 덩그렇게 떠 있는 오세아아주의 뉴질랜드 남 섬과 북 섬, 오스트레일리아의 에이즈리 그래이트배리어라프 시드니를 거쳐 아프리카 대륙의 남아프리카공화국 서남쪽에 있는 희망봉을 바라보며 남극해를 지나 대서양을 거쳐 북극해를 돌아 인도양으로 그렇게 5대양의 아름다운 곳에 머물며 맛있는 음식으로 즐겨 보겠다.

그리고 휴식을 취했다. 남은 돈으로 6대주를 향해 다시 길을 떠나겠다.

비행기를 타고 북경으로 가 만리장성, 장가계, 황산, 계림, 그리고 대한민국 임시정부가 있었던 상해를 샅샅이 둘러보고 독립운동을 했던 선인들이 흘린 피와 땀 그 흔적을 만져보고 맡아보고 동북 3성으로 이동 그곳에서 우리 조상들이 세운 발해의 옛터전과 고구려의 첫도읍지 졸본성의 오녀산성을 올라 발자국을 남기고 유리왕이 졸본성에서 천도 한때 고구려 수도였던 자린성의 지안에 있는 광개토대왕비 등 유적지를 더듬어 보겠다.

그리고 기차를 타고 유럽으로 가는 길에 하얼빈 철도역 안중근 의사가 이토 히로부미를 사살한 곳을 살펴 안 의사의 숨소리를 들어 보고 영혼을 위로한 뒤 지구온난화로 빙하가 녹아 세계인의 관심 지역으로 떠오른 북극해 항로를 따라 노르웨이와 노트르담을 거쳐 이탈리아 로마와 베네치아, 나폴리, 피렌체로 가서 로마시대 황제들을 만나 삶의 이모저모를 보고 그들의 생활상에 빠져 본 뒤 터키 이스탄불로 가 오스만족이 남긴 유적을 살펴 그들의 삶을 음미해 보고 스위스의 알프스 융프라를 보고 미국 그랜드 캐니언, 디즈니랜드, 라스베이거스, 뉴욕, 하와이, 요세미라국립공원, 알라스카, 나이아가라폭포, 센프란시스코, 이집트의 이부심보실, 룩소르, 피라미드, 브라질의 리우데자네이루, 브라질, 아르헨티나 파라과이 3개국 국경에 걸쳐 있는 이과수폭포, 인도 타지마할, 암리차르 황금자원 등지를 빼놓지 않고 관광하겠다.

관광을 하며 그 지역이 자랑하는 음식을 먹어 보고 토종 술로 취해 보기도 하고 그 지역 이런저런 풍습을 찾아 함께 즐겨 보기도 하고 그곳에서만이 볼 수 있으면서 세상에 널리 알려지지 않은 숨어 있는 토종 문화를 찾아 과거와 현재를 살펴 미래를 상상해 보며 그것을 모아 책을 펴내겠다. 그래서 경제적 시간적 부담 때문에 여행을 하지 못하는 사람들에게 널리 알리는데 마지막 남은 돈을 쓰겠다. 그리고 그 책을 통해 함께 행복을 나누겠다.

  여행할 수 없는 독자들을 위해서 정성껏 써 한번 읽고도 관광효과가 있도록 기행수필을 써 로또복권 당첨으로 얻은 돈이 헛되지 않게 하겠다.

  5대양 6대주를 내 발로 직접 걸어 다니며 내 두 눈으로 보고 소상하게 써 놓은 책이라 한들 자기가 직접 여행을 하며 접해 본 것에 비교가 되지 않겠지만 최선을 다해 책을 펴내겠다. 그래서 독자들이 최소 비용으로 최소 시간으로 세계를 여행할 수 있도록 하겠다. 로또복권 당첨이 내게 주는 또 다른 사명이자 해야 할 책무라 생각하겠다.

  지구상에 존재하는 모든 재화! 그 재화들이 풍부하게 보이지만 한정이 되어 있어서 실제로는 부족하다. 그런 재화 필요한 사람을 위해 쓰여 져야 한다. 그리고 재화는 피땀 흘려 얻어야 한다. 피땀 흘려 번 돈이 아니거나 꼭 필요한 돈이 아니면 효과는 반감될 여지가 크다. 다시 말해서 있어도 그만 없어도 그만 그런 돈은 낭비소지만을 키운다. 뿐만 아니라 자칫 잘 못 쓰이면 화만 생산해 낸다.

'만약 내게 로또복권이 당첨된다면' 그 로또복권은 내게 꼭 필요한 돈이 아니다. 피땀 흘려 번 돈이 아니다. 횡재다. 행운이자 불로소득이다. 그래서 아내와 함께 세계 여행을 하며 모두 써 버리겠다는 것이다.

돈이 많은 부자가 아니면 감히 엄두를 낼 수 없는 호화 유람선으로, 기차와 비행기로, 세계 여행을 하고 여행 후 기행수필을 써 책을 펴 독자들과 즐거움을 나누는 것으로 쓰겠다.(한정규)

천 원으로
환한 일주일

부를 누려보지 못한 자의 호기랄까, 부자에 대한 반감일까. 내가 로또복권에 당첨이 되면 현금으로 바꿔 헬리콥터를 타고 다니며 뿌리겠다고 했다. 한데 한 중국인이 축제 기간에 옥상에서 돈을 뿌려 큰 소동이 나는 걸 보고 짐짓 놀랐다. 가짜 돈이었지만 여러 사람이 다치는 걸 보며 나도 허투루 말을 내뱉지 말아야겠다고 생각했다.

늘 부족하다고 느끼는 돈. 큰 부자는 하늘이 내리고 작은 부자는 근면 성실한 사람에게 내린다지만, 재벌 집안에서 태어나는 사람은 하늘이 내렸는지 모르지만 서민들은 근면 성실해도 살기 힘든 세상이다. 저축을 하고 주식을 해보아도 집 한 채 장만하기가 녹록치 않다. 가난한 사람들은 그나마 종잣돈도 없다. 그래서 사람들은 로또에 열광한다. 더러는 카지노나 경마에 빠지고 땅 투기를 하다가 망신살이 뻗치기도 하지만 로또복권은 천 원이면 한 장 살 수 있다. 천 원으로 꿀 수 있는 가장 큰 꿈인 셈이다.

나는 가벼운 경품 잔치나 제비뽑기에서도 당첨된 적이 없다. 동전으로 은박지를 박박 긁을 때도 꽝이었고 간식 내기 사다리 타기에서도 행운은 비켜갔다. 어린아이는 재수가 있다며 엄마가 나에게 낙찰계 번호를 대신 뽑게 했을 때도 여지없이 실망시켰다. 또한 복권에 당첨된 사람들은 꿈에 조상님이 보였다든가, 돼지가 들어오는 꿈, 혹은 똥 꿈을 꾸었다는데 나는 그런 꿈마저도 꾼 적 없다. 평생을 요행이나 공짜 바라지 말고 성실하게 살라는 신의 계시일까.

로또에 당첨될 확률은 길을 가다가 벼락에 맞을 확률보다 여덟 배나 낮다. 나는 로또에 당첨될 만큼 복을 많이 짓지도 못했고 행운과도 거리가 멀어 그 확률은 더욱 희박하다. 하나 복권에 당첨이 되어 평생 만져보지도 못할 돈이 들어온다면? 생각만으로도 가슴이 짜릿하고 벅차다. 청심환이라도 먹고 버킷 리스트를 만들어야 하지 않을까. 아마 당첨되면 몇 날 며칠이고 통장을 안고 다닐 것 같다. 눈치 없는 사람들도 다 눈치 챌 만큼 입은 귀에 걸리고 얼굴엔 화색이 돌 거다.

간혹 평탄했던 사람들이 로또에 당첨되어 불행해진 이야기를 듣기도 한다. 멀쩡히 다니던 직장을 그만두고 가족과 친구를 멀리한다. 다툼 끝에 돌이킬 수 없는 일을 저지르기도 한다. 차라리 당첨되지 않음만도 못한데 돈도 잘 쓸 줄 아는 사람에게 안겨야 한다. '같은 물을 먹어도 소가 먹으면 우유를 자아내고 독사가 먹으면 독을 자아낸다.'고 하지 않던가.

사람들은 우스갯소리로 나 안 보이면 로또에 당첨된 줄 알라고 한다. 돈만 있으면 직장을 그만두고 편히 쉬거나 사업을 하겠다고 벼른다. 세상살이의 고단함을 나타내는 한 단면이지만 잘못되었다고 생각한다. 나는 로또에 당첨된다면 나와 가족을 위해서는 땅 몇 평 마련하여 납골당에 모신 친정 부모님께 수목장을 해드리고 로봇을 하나 사 집안일을 시키겠다. 지금껏 나는 드러내 보일 명함 한 장 없는 전업주부, 나를 위해 따끈한 밥 한 그릇 해 주는 사람 없고 마른 빨래가 수북해도 개켜 줄 사람이 없는데 로봇이 거들어 준다면 신바람 나지 않을까.

인연 있는 사람들을 찾아 호의를 베풀고 텃밭에는 조롱박과 꽃나무를 심겠다. 해마다 열리는 조롱박과 꽃나무를 들고 여행을 다니다 샘터를 발견하면 샘물에 조롱박 하나 띄워 놓고, 발길 닿는 곳에 꽃나무 한 그루 옮겨 심을 수 있다면 행복하겠다. 조롱박에 물을 떠 마시면서 누가 한 일인지 크게 궁금하지도 않고 그저 고마운 마음에 미소 한 번 짓고 지나가면 되는 일. 꽃나무에 눈길 한 번 주고 떠나면 되는 일. 그런 소소한 일을 가만가만 나누고 싶다.

　어쩌면 돈을 쓰다 보면 로또 당첨금이 부족할 지도 모르고 천석꾼은 천 가지 근심, 만석꾼은 만 가지 근심이 있더라고 없던 근심이 생길지도 모르지만, 오늘의 편안한 밥 한 그릇에 만족하기에 크게 심려하지 않는다. 생각해 보면 기아에 허덕이는 빈민 국가에서 태어나지 않은 것도, 자식 낳고 큰 굴곡 없이 산 것도 로또 당첨인데 무엇을 더 바라랴. 그렇지만 천 원으로 일주일이 환하고 또 환한 일주일을 보태가면서 평생 환한 날을 살기 바라는 로또 당첨의 꿈은 버리기 힘든 유혹이다.(허문정)

행운은
운명의 꽃

활발하게 흐드러지듯 핀 꽃을 보면 절정의 아름다움을 떠올린다.

넘쳐 흐르는 이 아름다움을 인연 닿는 생명은 마음껏 보고 기쁨을 나누라는 은근한 메시지가 꽃의 향기 속에 내재되어 있어 그야말로 향기로운 꽃향기 일 수 있다. 아름다움의 싹을 틔우는 '향기'라는 심미적 용어엔 일단 이타행이 전제되어 있다. 행복은 나눌수록 커진다던가.

하늘이 지구촌에 빗물을 받아들일 수 있는 조건을 갖춘 곳이면, 그 어디든 비를 아낌없이 뿌려 일체 생명을 키우는 자비로

움처럼, 태양이 제몸의 햇살을 지구촌 어디든 대지의 조건 따라 나누는 것 등은 일단 자연의 섭리다.

제로 '0'를 만든 최초의 인도 문화 저변은 제법무아(諸法無我), 색즉시공 공즉시색(色卽是空 空卽是色)의 생명 실상을 파악하고 있었기 때문이다.

육신도 생명이 다하면 인연 따라 4대로 즉 흙으로 물로 불기운으로 바람으로 흩어지고 마는데 '내 것'이라고 고집할 건 아무것도 없다.

생명이란 유기체는 반드시 시작과 끝이 있어 자신의 탐욕을 지킬 능력도 채울 능력도 없는데 '내 것'이라고 움켜쥘 무엇이 있단 말인가. '내 것'이라고 고집할게 아무것도 없다는 세상 이치를 공부할수록 고집이 줄어든다고 한다. 문리에 꽉 막힌 탐욕에 눈먼 사람이 아니라면 로또복권 당첨되어 어느 날 갑자기 온갖 마법이 담긴 황금 상자를 제몫으로 모두 챙기는 사람은 없지 싶다.

갑자기 나타난 행운일수록 얼마나 조심스러울까. 일체 만물이 다 눈 있고 귀 있다는데 무노동으로 생긴 공짜 돈을 어떻게 혼자 꿀꺽 삼킬 수 있으랴.

빗방울도 물도 햇살도 공기도 다 나누어 가지라고 존재하는데 그것이 자연의 이치인데 어떻게 혼자 독차지 할 수 있으랴. 어떻든 행복은 나눌수록 커진다는 사실은 진실이다.

공짜로 생긴 돈으로 보석과 명품으로 스스로를 치장한들 행복이 오래 머물러 인생이 밝아질리 있으랴.

그 돈으로 멋진 집을 사서 치장하며 산해진미(山海珍味)를 먹으며 여행한들 복된 일 짓지 않았는데 어찌 만족을 얻을 수 있을까.

피땀으로 정통주자로 살아와 얻은 게 아니면 사상누각(砂上樓閣)일 것이다. 모래밭에 어떻게 희망의 성채를 지을 수 있단 말인가.

난 로또복권 몇장 산 일은 아득한 옛날이지만 홀연히 내게 그런 행운이 품에 안긴다면 먼저 돈 없어 나쁜 질병을 치료하지 못하는 불쌍한 환자들에게 30% 쯤 쓰고 싶다. 그리고 돈 없어 먹을 것을 구하지 못하는 사람들에게도 20% 쯤 쓰고 싶다. 또 20%는 인연닿는 고아들에게 책과 옷을 사 주는 일에 기쁘게 쓰고 싶다. 부모 잘못만나 고아로 사는 척박한 환경은 누가 생각해도 안타깝고 가슴 아픈 일이어서다. 그리고 내 몫으로 30%만 챙겨 평소 내가 하고 싶은 일에 쓰고 가족 친지들을 위해 또 얼마간 인심 쓰고 싶다.

돈을 합리적으로 즉 너와 내가 함께 사회가 발전하는 쪽으로 쓰는 일도 아름다운 능력일 것이다. 그러기에 돈 쓰는 폼새를 보면 그 인생의 앞날을 읽을 수 있다는 이야기도 성립된다.

고통 받는 생명을 향해 저절로 일어나는 '측은지심'을 맹자는 공자의 인(仁)을 대입시켰고 부처님은 대자대비(大慈大悲)심을 들어 보이셨다.

인생의 대복은 훌륭한 인재를 만나 교류하는 것, 훌륭한 벗을 만나 교류하는 것이라고 여러 고전이 가르치는 걸 보면 사람은 사람 값어치를 다할 때 행복할 수 있기 때문이리라.

그래서 일상적으로 자원봉사 하며 사는 사람들 한결같은 애기가 자원봉사 하다 보면 생활이 즐거워진다고 했다. 돈 쓰는 일에 최선의 효용 가치를 생각하며 사는 사려 깊은 행위도 자원봉사와 같은 맥락의 보살행이다. 사람은 어떻든 마음속에서 저절로 일어나는 밝고 맑은 즐거움이 있어야 행복해진다.

나누는 일이 우주 섭리며 생명 사회의 질서 체계라서 그럴 것이다.(황다연)

재도약을 위한 기금

  목표를 향해 오직 분투 노력하는 성실성을 생애의 좌우명으로 삼아왔다. 따라서 사행심과 투기심을 경계해 왔으며, 복권에 관심을 가지지 않았다. 최근, 친구들 모임에서 복권을 화재로 경험담을 나누게 되었고, 한 친구의 친척 가운데 로또복권 1등에 당첨되어 팔자를 고쳤다는 이야기를 흥미롭게 들었다. 어느 친구는, 매주 일정액을 복권 구입에 쓰고 있는데, 가끔은 4등, 5등에 당첨되어 구입액에 손실은 가지 않았다는 이야기도 했다. 우리 사회에 복권 문화가 보편화되고 있으며, 최근 경제난과 고령화, 실업 증가, 그리고 노동시장 불안 등의 영향으로 복권의 인기가 높아져 가고 있다는 것을 알게 되었다. 공익 기금과 사회 복지 기금 조성에 참여하는 기회가 되고, 나눔의 한 방법이 될 수도 있다고 느껴졌으며, 이에 가로 늦게 로또복권에 관심을 가지게 되었다. 살고 있는 읍 단위의 전원도시에, 단 한군데 개설되고 있는 로또복권 판매점을 물어 알게 되었고, 지금까지 세 번을 구입하였다. 매주 월요일, 소액의 일정 금액을 로또복권 구입에 투자하고 있다.

주초를 복권 사는 날로 정한 것은 추첨하는 토요일까지, 당첨의 꿈을 하루라도 더 가지기를 바라는 마음에서다. 등위를 막론하고 당첨되기를 간절히 바랐던 기대가 어긋날 때 무척 알찌근했으나, 한편 어느 불행한 사람의 행운을 이루는데 도움을 주었다는, 나눔의 보람으로 자위하니 한결 마음이 가벼워지는 경험도 했다.

로또복권을 사고, 추첨이 있는 토요일까지 당첨되기를 바라는 기대와 함께, 당첨된다면 어떻게 쓸 것인가를 생각한다. 당첨이 워낙 쉽지 않은 것이어서 가히 꿈이라 할 것이다. 그러나 당첨을 전제로 한 그 꿈은 참으로 행복한 꿈이다.

누구든지 1등 당첨자가 미리 당첨 번호를 알고 사는 보장된 행운이 아니라, 그것이야 말로 복불복(福不福)이기 때문에 나에게도 언젠가는 행운이 올수 있다는 기대를 걸어보는 것이다.

잭팟(jackpot)으로 당첨금 20억 원을 수령한다는 가상을 하면서, 쓸 계획을 세워본다. 20억이라 하면 지금까지 가져본 적이 없는 거액이다.

청장년층이라면 도약 또는 재도약을 위한 기금이 될 수 있겠으나, 이미 은퇴 계층에 속함으로 인생의 보람찬 매듭을 위한 정리자금이 될 것이다.

여태껏 해 보지 못한 일과 꼭 이루고 싶은 몇 가지 일이 있다. 말하자면 여생에 대한 계획인 것이다. 나는 20억 원의 지불 계획을 아내에게 제의할 것이며, 아내의 동의하에 아내와 함께 집행할 것이다.

첫째, 국방 성금으로 20%를 쓴다.

6·25 전쟁을 겪고 1953년 7월 27일 휴전 이후, 60여 년을 지나면서 하루도 잠잠한 날이 없었다. 멀리 1·21청와대 습격 사건이나, 강릉 삼척 무장공비 침투 사건은 말할 것도 없고, 근년에 천안함 피습 사건, 연평도 포격 도발로 전운이 감돌았으며, 북의 핵 위협은 더욱 불안을 고조시키고 있는 것이 현실이다. 보도된 바에 의하면 군사력의 남북 대비에 있어 우리가 훨씬 뒤지고 있다. 병력은 120만:63만, 전차, 군함, 전투기 등 육해공군을 막론하고 모든 장비가 열세다. 국가 경제와 복지가 중요하지만 안보를 전제하지 않은 경제와 복지가 있을 수 없는 것이므로 국방이 최우선이다. 자주국방을 위한 하나의 작은 문제의식을 일으키는 계기가 되기를 바라면서 20억의 20%를 기꺼이 성금으로 낼 것이다.

둘째, 내가 믿는 천주교에 특별헌금으로 20%를 낸다.

매주 다니는 본당에 5%를 헌금하되, 그중 반은 어려운 사람 구휼에 써 줄 것을 전제로 한다. 내가 자원봉사하고 있는 한국의 대표 성지인 미리내성지 발전 기금으로 15%를 헌금한다. 미리내성지를 천주교뿐만 아니라 국민 성지로 조성하는데 일조가 되고자 하는 것이다.

셋째, 고향에 부모님 묘원 조성을 위해 5%를 배정한다.

아버지도 어머니도 고향인 경북 Y군에서 태어나셨다. 벌써 50년 전에 돌아가신 아버지의 유택을 문중 산에 모셨는데, 명색 종손이라는 사람이 그 산을 팔겠다는 복안으로, 은연중 이장을 종용해 왔으므로, 멀리 지금 주거지인 경기도 A시에 있는 납골함으로 옮기게 되었고, 10년 전에 작고하신 어머니도 같이 모셨다. 객지에 살다가도 세상을 버리시면, 고향으로 돌아간다 하거늘, 향리 선산에 모셨던 산소를 객지로 옮겨 나온 이 불효가 나이 들수록 가슴에 사무친다. 고향에 가족 묘원을 조성하여 늦게나마 효도를 하고 싶다.

넷째, 나의 고등학교 모교에 장학기금으로 1%를 찬조하고 싶다.

고등학교 다닐 때, 집이 어려웠다. 그때 한미재단에서 지급하는 장학금 혜택을 받도록 학교가 추천해 주었고, 3년 내내 학교의 장학금으로 공부하고 졸업 하게 되었다. 그 고마움을 잊지 않고 있으며, 장학기금 조성에 일조가 됨으로써 그 때의 빚을 갚으려는 것이다.

다섯째, 아내를 위해 13%의 예산을 세운다.

아내는 결혼 후, 어려운 집안을 일으키는데 헌신적으로 노력했고, 나를 내조하는데 힘과 마음을 기우려 왔다. 나는 만년(晚年)에 들어 심장 수술 2번과 대장암 수술 등을 포함, 5번의 대수술을 받았다. 사경을 헤매는 남편을 구하기 위해 피눈물 나는 어려움을 겪은 아내에게 아직 보답을 못하고 있는 아픔이 있다.

아내가 몰고 다니는 소형차를 중형차로 바꾸는데 2%, 아내가 원하는 국내외 성지순례를 위한 경비에 1%, 아내의 불안을 떨치기 위해 생계 자금으로 10%, 이것으로 아내에 대한 위로와 고마움을 표하고 싶다.

여섯째, 두 아들과 손자를 위해 11%를 쓴다.

맏이는 직업생활을 하고 있는데, 장차 학문의 길에 들기를 원함으로 대학원에 들어가 공부를 계속하도록 5%를 지원하고, 창의적인 활동으로 사업을 하고 있는 둘째에게 격려금으로 5%를 쓴다.

그리고, 내가 이 세상에서 가장 사랑하는 하나 뿐인 손자의 장차 대학 진학 입학금과 지원금으로 1%를 적립해 둔다.

일곱째, 나의 사회 복지 활동을 위한 활동비로 15%를 쓴다.

우리 사회에 정부의 눈길이 모자라는 부분이 많다. 그런 음지를 찾아 직접 나설 것이다. 충분하지는 않지만 그들에게 이웃이 있음을 느끼게 해 주고 오늘의 사회가 결코 매정한 것만이 아니라는 것을 알려주고자 한다. 크게 못 미치지만 그런 활동을 하고 싶은 것이다.

마지막으로 나의 집필실을 마련하는데 15%를 쓴다.

기복이 유난히 컸고 영욕이 점철된 생애를 살아왔다. 그러나 의지력으로 극복했고, 병마(病魔)와도 싸워 잘 견뎠다. 병상에서 써둔 수필을, 문병 온 친구들이 문예지에 보내어 늦게서야 지각 등단을 하게 되었다. 이제 여망(餘望)은 사람들에게 감동을 주고, 오래 읽힐 수 있는 글을 쓰는 일이다.

집에서 적어도 100여 리 이상 떨어져 있는 깊은 산골짜기에 집필실을 마련하고 싶다. 힘차게 솟아오르는 아침 해를 바라보고, 한밤중 전설을 속삭이는 별들을 벗 삼아, 깊은 묵상을 거듭하면서 영혼이 울부짖는 소리를 글로 쓰고 싶은 것이다. 그래서 단 1권의 책으로라도 후인들에게 감동을 남기고 싶어 그것을 위해 집필실이 필요하다.

여생에, 「修身齊家 報國 爲善隣」이 될것인지……. 「治國 平天下」를 못할 바에야.

로또복권 1등 당첨의 행운이 올 것을 기원한다. (황진섭)

EPILOGUE

로또복권과 CEO출판

해드림출판사 이승훈

단 한 번 출간 경력이 있었을 뿐이던 H 스님은, 2012년 짧은 수상록 같은 단상집을 출간하여 불과 2년 만에 800쇄를 훌쩍 넘는 판매량을 올린 것으로 안다. 만일 1쇄 때마다 3천 부 정도씩 찍었다면, 2년 동안 800쇄*3,000=240만 부가 팔렸다는 의미이다. 2015년 현재까지도 서점에서는 그 책이 베스트셀러 코너에 머물러 있으니 1,000쇄 가까이 팔렸을지도 모를 일이다. 쉽게 이루기 힘든, 엄청난 판매량이지만 꿈이 아닌 실제 이루어진 최근 현실이다. H 스님 책 판매 수익 대부분은 당연히 출판비를 투자한 출판사의 몫이다. 저자는 출판계약 때 맺은 소정의 인세를 받았을 것이다. 말이 소정의 인세이지 수백만 부 판매량이면 인세가 한 자릿수라 하더라도 쉽게 가늠할 수 없는 수익이 저자에게 주어졌을 것이다.

자, 여기서 생각을 한 번 바꾸어 보자.

만일 출판비용을 출판사가 아닌 저자가 투자한 대신, 책 판매 수익을 저자가 갖는 조건으로 출간 계약을 하였다면 어떻게 될까. 만일 위에서 H 스님이 이런 조건으로 출간하였다면 H 스님이 가졌을 판매수익(인세가 아님)을 상상해 보라. 출판사는 출판사로서의 유통 및 판매 시스템을 제공하는 출판 매니저 역할을 해주는 대신, 저자로부터 일정한 수수료만 받는 출판 시스템이 있다면, 저자로서는 얼마나 도전해 보고 싶은 출판이 될까. 쉽게 말하자면, 책 판매 수익은 출판비용을 제공한 저자가 전부 갖는 대신, 책을 유통 관리해주는 출판사에게 일정한 수수료를 지급하는 것이다.

이런 출판 시스템이 가능할까?

이것이 바로 해드림출판사에서 시행하는 'CEO출판'(구 임대출판. 자기경영출판)이다.

'CEO출판' 이란.

CEO출판(자기경영출판)이란, 저자가 출판 제작비를 투자하는 대신 판매수익 전부를 차지하고, 제작, 유통, 판매, 홍보를 맡아주는 출판사에 소정의 수수료를 지급하는 출판 형태를 말한다. 저자는 출판사의 모든 기능적 시스템을 활용, 자신의 책을 제작, 유통, 판매하여 수익을 취하고 출판 시스템을 제공한 출판사에는 소정의 수수료를 지급하게 된다. 그러니 출판사는 저자의 '출판매니저' 역할을 해주는 것이다.

지금 우리가 사는 세상은 고정관념을 깨트리면 금세 부흥할 수 있는 시대이다. 고정관념을 깨트리는 것이 혁신이요, 코페르니쿠스적인 전회이다. 고정관념을 깨트린다는 것은 지금까지 철저하게 정의 혹은 진리라고 믿었던 것이 정의나 진리가 아닐 수 있음을 의심하는 것에서부터 시작된다. 특히 출판시장처럼 기획과 창의력이 절대적으로 필요한 곳에서는 고정관념에 사로잡혀 있으면 저자든 출판사든 성공하기가 어렵다.

자비출판 시장에서 'CEO출판'(구 임대출판. 자기경영출판)이라는 새로운 시스템이 탄생 되자 많은 저자가 금세 이해하고는 환호하였다. 임대출판이니, CEO출판이니, 자기경영출판이니, 출판매니저니 하는 개념들은 필자가 처음 만들어 쓰게 된 것이다.

자비출판의 대표적인 곳이 문학 분야이다.
이 자비출판의 문학 분야에서는 책이 안 팔린다는 고정관념이 강해서, 일반 독자가 아닌 '저자 주변 중심'의 출판이 이루어진다. 출판사에서 저자에게 받은 비용으로 책을 제작하여 마치 저자에게 납품하는 식이다 보니, 판매와 유통과 홍보에도 지극히 소극적이다. 출간하면 그것으로 출판사와 저자의 계약 관계는 끝나는 셈이다. 출간 그 자체로 끝내버리니 독자에게 평가를 받아볼 기회조차 사라져, 아무리 좋은 내용의 책이라도 금세 사장되어 버리고 만다. 현재 수필집 시장이 죽어버린 이유이기도 하다.

로또복권 CEO출판은 연관이 있을까.

'대박'을 터트리기가 그만큼 어렵다는 점과 한 번 대박이 터지면 인생의 대 반전이 펼쳐진다는 점에서는 유사할 수 있다. CEO출판으로 베스트셀러를 만들려면 그만한 노력도 뒤따라야 하지만, 로또복권은 그저 운만 좋으면 특별한 노력 없이 이룰 가능성이 있다는 점에서는 서로 다르다.

그럼에도 로또복권의 원고를 청탁하다 보니 자꾸만 'CEO출판' 시스템이 떠오르는 까닭은 무엇일까. 아마 '꿈과 희망과 도전'이라는 단어가 이 'CEO출판'에도 그대로 들어 있기 때문일 것이다.

재미있는 상상을 해본다.

누군가 로또복권에 당첨되었는데, 그 로또 이야기를 소재로 글을 써서 CEO출판으로 책을 냈더니 베스트셀러가 되었다면? 인생도 그리 알 수 없는 것 아닐까.

≪국가들이 가난에서 벗어나는 방법≫의 추천사

"≪국가들이 가난에서 벗어나는 방법≫은 자유가 가난에서 벗어나는 길인 이유를 지텔만이 탁월한 방식으로 설명하는 멋진 책이다. 이것은 정치인들이 배울 필요가 있는 교훈이지만, 무엇보다도, 지텔만의 통찰들은, 오늘날 아르헨티나 같은, 대중 영합주의로 완전히 파괴된 나라들의 국민이 고려해야 한다. 주민은 이 문제에 관해 긴급하게 배울 필요가 있고, 이 같은 책을 읽음으로써, 국민은 궁극적으로 자기들을 번영으로 이끌고 자기들의 나라를 퇴보의 길로부터 멀리할 새로운 개혁들을 자기들의 대표자들에게 확실히 요구할 것이다. 나는 이 책을 읽기를 절대적으로 권한다. 그것 안에서, 독자들은 경제학에 숙달하지 않은 사람들을 계몽하고 그들에게 베트남과 폴란드가 자유의 사상들을 받아들이게 이끈 개혁 순환에 익숙하게 할 사례 연구들, 그래프들 그리고 매력적인 증언들을 발견할 것이다. 물론, 이것은 이 책을 읽는 사람에게 그런 통찰들로부터 이익을 얻을 수 있게 할 것이다."
— 하비에르 밀레이 대통령 치하 아르헨티나 정부 경제학자 대변인, 마누엘 아도르니 (Manuel Adorni)

"독일 사회 과학자이자 기업가 라이너 지텔만은, ≪국가들이 가난에서 벗어나는 방법: 베트남, 폴란드 그리고 번영의 기원≫에서, 성가신 계획 경제들을 가진 가난한 국가들이 자기들의 계획들을 폐기하고 무역에 자신을 개방할 때 무슨 일이 일어나는지 이야기한다. ... 베트남과 폴란드 양쪽 다의 최근 역사들은 똑같은 교훈을 가르친다: 국가는 자신을 완벽하게 관리하고 자기 국민을 위험에서 지키려고 노력하는 것을 멈출 때 놀라운 일을 할 수 있다는 점을."
— ≪월 스트리트 저널≫

"지텔만의 명제는 부끄러워하지 않고 친자본주의적이다. 그의 주장은 폴란드와 베트남의 성공들이 부 창출과 기업심에 집중한 경제 성장, 그리고 그것을 장려한 개혁가들 덕분이라는 것이다. ... 이것은 자본주의 교의들이 개발 도상국들의 사람들에 의해 어떻게 보이는지에 관한 다른 시각을 가져오는 신기한 읽을거리이다. 그것은 또한 21세기에 중요한 역할을 하게 된 두 대단히 흥미로운 나라에 대한 유용한 통찰이기도 하다."
-≪파이낸셜 타임스≫

"이 탁월하고, 대단히 읽기 쉬우며, 영감을 주는 책을 각성 취소 문화가 그것에 대한 비판을 듣기 전에 읽으시라! 두 외관상 공통점이 없는 국가-폴란드와 베트남-가 비참함의 사회주의 하수구들로부터 활력이 넘치고, 번영하며, 기회가 풍부한 경제들로 기적적으로 전환한 것에 관해 여기서 말한 놀라운 이야기들은 자유 시장들의 긍정적이고 포괄적인 힘의 진실을 철저하게 재확인한다. 이 책은 오늘날의 이 거친 세상에서 더없이 적절하다."
-≪포브스≫ 편집장, 스티브 포브스(Steve Forbes)

"많은 위대한 리버테리언 사상가는 경제학자나 철학자였다. 지텔만은 역사가이자 사회학자이다. 그는 이론적으로가 아니라, 경험적으로 논쟁한다. 자기 책에서, 그는 개발 원조와 재분배가 가난을 제거하지 않고, 사유 재산, 기업가 정신, 그리고 자본주의가 그렇게 한다는 점을 보여준다."
-홀푸드마켓 공동 창업자, 존 매키(John Mackey)

"반자본주의자들은 경제가 영합(零合) 게임이라고 믿는다. 그들은 부자들로부터 돈을 빼앗아 가난한 사람들을 돕기를 원한다. 그들은 개발 원조를 통하여 가난한 사람들을 돕기를 원한다. 과학적 연구에 기초하여, 지텔만은 이 개념이 결코 작동한 적이 없다는 점을 보여준다. 그러나 지텔만이 폴란드와 베트남의 예를 통해 보여주듯이, 사람들에게 더 많은 경제적 자유가 주어지자마자 곧, 그들의 생활 수준은 극적으로 향상된다. 자본주의는 아주 효과적이어서 심지어 그것의 몇 방울조차도 기적을 낳을 수 있다. 진정한 자본주의만으로써는 어떤 기적들이 가능할까?"
-아틀라스 협회 CEO, 제니퍼 그로스먼(Jennifer Grossman)

"비교적 자유로운 경제들에 있는 공공 지식인들은 일자리들과 부가 창출되는 방법에 관해 세계에 거짓말함으로써 여러 해의 사회주의 후에 재건하려고 고투하는 가난한 국가들을 불구로 만들었다. 자기 증오의 대학교수들이 하는 거짓말들에 대한 강력하고 필요한 해독제는, 강요된 경제 국가주의에서 벗어나는 폴란드와 베트남의 성공을 검토하고 강조하는, 라이너 지텔만 박사의 새 책이다. 근대 서양을 건설한 모델은 또한 냉전 동안 노예가 되었던 국가들을 재건할 수도 있다: 재산권들, 낮은 조세와 규제 체제들, 개방 무역 그리고 제한된 정부.”
— 조세 개혁을 위한 미국인들의 회장, 그로버 노퀴스트(Grover Norquist)

"지난 사반세기에 걸쳐서 가장 신나는 발전 중 하나는 동유럽과 아시아 양쪽 다에서 사회적 및 경제적 자유의 부활이었다. 지텔만의 사례 연구는 그들이 어떻게 그것을 했고, 다른 나라들이 비슷한 부활을 누리기 위해 무엇을 할 필요가 있는지 보여준다.”
— 런던의 애덤 스미스 연구소 소장, 에이먼 버틀러(Eamonn Butler)

"모든 페이지에 뜻밖인 것들을 전하여, 심지어 수준 높은 자본주의 이론가들에게도, 지텔만의 책은 국부에 대한 주요 새 공헌이 된다.”
— ≪부와 빈곤≫의 저자, 조지 길더(George Gilder)

"이 책은 경제적 자유가 번영에의 열쇠이고 사회주의가 절망에의 가장 좋은 길이라는 비난의 여지가 없는 자료를 우리에게 생각나게 한다. 역설은 그렇게 많은 젊은이가 왜 정반대로 배우고 믿느냐는 점이다. 우리는 그들에게 해가 서쪽에서 떠서 동쪽으로 진다고 가르치고 있는 것이나 마찬가지다.”
— 헤리티지 재단 선임 경제학자, 스티븐 무어(Stephen Moore)

"라이너 지텔만은 여러 해 동안 가장 다작이고 효과적인 자유 기업 옹호자 중 한 사람이었다. 자기의 새 책에서, 지텔만은 베트남과 폴란드라는 한때 가난하고 침체했던 공산주의 무능력 국가들을 그 국민이 많이 향상된 생활 수준을 누리는 빠르게 성장하는 경제들로 바꾼 정치와 경제 개혁들을 상세히 설명한다. 그것은 모든 곳의 개혁가 지망자들이 읽어야 한다.”
— 케이토 연구소 선임 연구위원이자 HumanProgress.org 설립자, 메리언 투피(Marian Tupy)

"자본주의는 밀턴 프리드먼이 2006년에 그 건물을 떠난 이래 통합하는 공공 인물이 없었다. 이제, 마침내, 프리드먼의 정통 계승자에 대한 가치 있는 후보자가 나왔다. 나는 라이너 지텔만 박사를 군림하는 공공 지식인 자본주의의 옹호자로서 찬양한다. 자기의 책 ≪국가들이 가난에서 벗어나는 방법≫으로, 그는 역사가이자 사회학자로서 자기가 가장 위대한 자유사상가들의 뒤를 따랐다는 점을 다시 한번 증명한다."
－≪자본주의 선언≫의 공저자이고 자본주의 동맹의 공동 설립자이자 의장, 랠프 벵코(Ralph Benko)

"억만장자들은 보통 언론의 악평을 받지만, 라이너 지텔만은 자유 시장들이 그들에게 새 제품들을 창출하게 허용하고 다른 사람들에게 그들을 모방하도록 장려할 때 경제 성장이 도약한다는 점을 그의 탁월한 새 책에서 보여준다. 애덤 스미스가 오래전에 주장했듯이, 경제 성장은 빈곤을 종식하는 열쇠이다. 지텔만은 폴란드와 베트남 경제들의 상세한 기술들을 통해 자기 명제를 철저하게 기록한다. 그 책은 굉장한 업적이다."
－루트비히 폰 미제스 연구소 선임 연구위원과 ≪리버테리언 연구 저널≫ 편집자, 데이비드 고든(David Gordon)

* 이 책은 맨해튼 연구소(Manhattan Institute)의 2025년 하이에크 도서상(Hayek Book Prize) 여섯 최종 후보 중 하나로 올랐다. 그 상은 2025년 6월 4일에 수여된다.

국가들이 가난에서 벗어나는 방법

도서출판 **리버티**에서 낸 역서

《경제 모형과 방법론》
《공공선택론 입문》
《미국의 외교 문제: 간결한 역사》
《루트비히 폰 미제스 입문》
《시장은 어떻게 작동하는가: 불균형, 기업가 정신 그리고 발견》
《자유주의와 연고주의: 대항하는 두 정치 경제 체제》
《오스트리아학파 경제학 입문》
《대도시 지역의 공공경제: 공공선택 접근법》
《자유 사회의 기초》
《초보자를 위한 자유의 길잡이》
《고전적 자유주의 입문》
《축약된 국부론: 그리고 대단히 축약된 도덕 감정론》
《자유 101》
《공공 정책과 삶의 질: 시장 유인 대 정부 계획》
《번영의 생산: 시장 과정의 작동의 탐구》
《애덤 스미스 입문》
《공공선택론 고급 개론》
《아인 랜드 개론》
《시장의 재도입: 시장 자유주의의 정치적 부활》
《자본주의 개론》
《정치적 자본주의: 경제 및 정치권력이 어떻게 형성되고 유지되는가》
《학파: 101인의 위대한 자유주의 사상가》
《본질적인 오스트리아학파 경제학》
《기업가 정신 개론》
《본질적인 애덤 스미스》
《민주주의 개론》
《본질적인 제임스 뷰캐넌》
《본질적인 밀턴 프리드먼》
《무역과 세계화 개론》
《본질적인 자유의 여성들》
《경제적 불평등 개론》
《경제에 관해 생각하는 방법 입문》
《본질적인 UCLA학파 경제학》
《고지에 오르기: 사상 지도력, 자유주의 가치 그리고 몽펠르랭 소사이어티의 역사》
《재무적 자유: 부를 창출하고 그것을 붙잡고 있는 방법》

국가들이 가난에서 벗어나는 방법

베트남, 폴란드, 그리고 번영의 기원

라이너 지텔만 지음

조지 길더 서문

황수연 옮김

How Nations Escape Poverty
Vietnam, Poland, and the Origins of Prosperity

by Dr. Dr. Rainer Zitelmann

Foreword by George Gilder

도서출판 리버티

국가들이 가난에서 벗어나는 방법: 베트남, 폴란드, 그리고 번영의 기원

지은이   라이너 지텔만
옮긴이   황수연
펴낸이   구자춘

초판 1쇄 펴낸날 2025년 2월 28일

도서출판 리버티
48075 부산 해운대구 양운로 182, 103-404
전화 (051) 701-0122 / 팩스 (051) 918-0177
출판등록 2013년 1월 10일 제333-2013-000001호
전자우편 jachoon2@hanmail.net

Liberty Publishing House
182 Yangwoon-ro, 103-404, Haeundae-gu, Busan 48075, Republic of Korea
Phone 82 51 701 0122
email jachoon2@hanmail.net

© 도서출판 리버티 2025

First published in German Language as: Der Aufstieg des Draches und des weissen Adlers - Wie Nationen der Armut entkommen © 2023 Finanzbuch Verlag, Munich, Germany - All Rights Reserved. www.finanzbuchverlag.de

Translated into English as: How Nations Escape Poverty - Vietnam, Poland, and the Origins of Prosperity - Foreword by George Gilder by Rainer Zitelmann © 2023 by Rainer Zitelmann, Berlin, Germany / All Rights Reserved.

Translated into Korean Language through mediation of Maria Pinto-Peuckmann, Literary Agency, World Copyright Promotion, Kaufering, Germany.

Korean translation edition © 2025 by Liberty Publishing House
Translated by Sooyoun Hwang

이 책의 한국어 판권은 저작권자인 라이너 지텔만과 계약한
도서출판 리버티에 있습니다.
저작권법에 의해 한국 내에서 보호를 받는 저작물이므로
어떠한 형태로든 무단 전재와 무단 복제를 금합니다.

ISBN 978-89-98766-38-2 (03300)

차례

한국어판 서문 11
조지 길더의 서문 15

1. 애덤 스미스가 옳았다:
오직 경제적 자유만이 빈곤을 타파할 수 있다 19

2. 무엇이 빈곤에 맞서는 데 도움이 되는가—
그리고 무엇이 도움이 되지 않는가 33

3. 베트남: 도이 모이—용의 상승 51

4. 폴란드: 흰 독수리의 비상 155

결론: 국가들의 부와 빈곤 243

지은이에 관해 250
참고 문헌 252
인명 색인 267

옮긴이 후기 274
옮긴이에 관해 276

한국어판 서문

당신은 한국인들에게 국가들이 가난에서 벗어나는 방법에 관한 책이 필요하지 않다고 생각할지 모른다. 결국, 코리아―남한과 북한 양쪽 다―가 매우 가난했던 것이 그렇게 오래전이 아니었다. 그러나 불행하게도, 나는 국가들이 자기들을 성공하게 만든 것을 잊는 데 종종 그저 몇십 년만 걸린다는 점을 발견했다. 그리고 불행하게도, 학생들도 역시 종종 이것을 학교에서 배우지 않는다.

그래서 여기에 환기자로서 몇몇 역사적 사실이 있다:

1948년에 분단된 두 코리아는, 1960년대에, 아직도 극히 가난한 나라였다. 두 코리아는 오늘날 가장 가난한 아프리카 나라들만큼 가난했다. 북한은 중앙 계획 경제의 길을 택했고, 남한은 자본주의 길을 선택했다. 북한에서는, 사람들이 여전히 오늘날에도 흉작일 때 굶주린다. 2020년 말에 UN 아동 구호 기구 UNICEF(유엔 아동 기금)가 발간한 상황 보고서는 북한에서 천만 명 이상이 식량이 부족한 것으로 여겨지고 267만 아동이 인도주의 원조가 필요하다고 진술한다.

제2차 세계 대전 후 남한에 대한 출발 지점은 북한에서보다 더욱더 어려웠다: 그 나라는 처음에는 미국에서 전연 재정 원조를 받지 않았지만, 북한은 소련과 중공으로부터 상당한 지원을 받았다. 남한은 어떤 중요한 광상(鑛床)도 없는 농업 국가였지만, 철광석, 금, 구리, 납, 아연, 흑연, 몰리브덴, 석회석 그리고 대리석을 포함하는 거의 모든 한반도의 천연자원은 북한에 있다. 남한의 인구는―1945년과 1947년 사이에만도 1,600만에서 2,100만으로―매우 빠르게 증가했는데, 공산주의 북한으로부터의 피난민 유입 때문이었다. 많은 사람은 생존 수준에나 그 이하에 살았다.

1961년 7월에, 일본 정부는 남한의 경제적 독립이 불가능할 일곱 가지 이유를 열거했다: 과잉 인구, 자원 부족, 공업화 부족, 막대한 국방 의무, 정치적 기술 부족, 자본 부족, 그리고 행정 기술 부족. 한국 전쟁 직후, 1950년대에 남한이 어떤 의미 있는 경제적 진보도 달성하지 못한 것은 처음에는 이 견해를 확증하는 것 같았다. 79 미국 달러에서, 남한은 세계에서 가장 낮은 1인당 소득 중 하나를 가지고 있었다.

그 나라의 가망은 마침내 1961년 박정희의 집권과 함께 개선되기 시작했다. 그 독재적 통치자가 1979년 중앙정보부장에 의해 암살되었을 때까지, 그는 한국 경제 기적의 창시자가 되었었다. 박정희는 처음에는 중앙집권적 국가 통제 경제 체제에 찬성했지만, 삼성 설립자 이병철에 의해 다르게 설득되었는데, 이병철은 오직 상대적으로 자유주의적인 시장 경제만이 세계 시장에서 경쟁하고 "최첨단 제품들"의 이용 가능성을 보장하는 데 필요한 기업가적 창의와 창조적 사고를 해방할 수 있을 것이라고 그에게 조언했던 것으로 보고된다.

한국은 이제 10대 지도적 수출국 중 하나이고, LG와 삼성(Samsung) 같은 브랜드들은 전 세계 소비자들에게 누구나 아는 이름이다. ≪2024년 경제적 자유 지수(2024 Index of Economic Freedom)≫에 따르면, 한국은 세계에서 가장 경제적으로 자유로운 나라들 목록에서 14위이고, 영국(30위)과 미국(25위)보다 훨씬 앞선다. 비교해서: 북한은 등급에서 맨 꼴찌, 176위다. 한국은 재정 건전성, 재산권들 그리고 기업 자유 범주들에서 특별히 좋은 점수를 얻었지만, 노동 시장의 과도한 규제를 고려하면 노동 자유의 영역에 개혁들의 필요가 있다.

그러나 역사적 경험은 자본주의와 자유가 상처를 입기 쉽고 재삼재사 얻기 위해 싸워야 한다는 점을 보여준다. 나의 나라, 독일에서는, 나는 많은 사람이 제2차 세계 대전 후 우리를 그렇게 성공하게 했던 것, 즉 자본주의를 잊어버렸음을 본다.

그것은 이 책이, 특히 한국에, 중요한 이유이다. 나는 가난이 오직 언제나 더 많은 시장 경제를 통해서만 근절될 수 있음을 보여준다. 그리고 나는 한국도 역시 추가적인 자유 시장 경제 개혁들이 긴급히 필요하고 이미 얻은 성공에 만족해서는 안 된다고 확신한다.

나는 한국에 여러 번 갔다 왔고 이 나라에 관해 열광적이다. 나는 한국에 자유의 견해들을 보급하는 데 많은 일을 한 특별한 한 사람, 황수연(Sooyoun Hwang) 교수에게 감사하고 싶은데, 그는 이 책을 한국어로 번역했을 뿐만 아니라, 여러 나의 책과 경제적 자유를 옹호하는 많은 다른 책을 번역하기도 했다. 그러한 친구를 가지게 되어 기쁘고, 나는 또한 그가 정기적으로 나의 기사들을 번역하는 데 대해서도 감사한다. 나는 CFE(Center for Free Enterprise; 자유기업원) 덕분에 내가, 최초의 외국 학자로서, 그들 웹사이트의 별개 난에서 나의 기사들을 정기적으로 게재할 수 있게 되어 특별히 기뻤다―당신은 그것들을 여기에서 발견할 수 있다: https://cfe.org/bbs/bbsList.php?cid=ZC

2025년 1월, 라이너 지텔만

조지 길더의 서문

눈부신 한 다스: 라이너의 부와 빈곤 규칙들

조지 길더(George Gilder), ≪부와 빈곤(Wealth & Poverty)≫(1980), ≪자본주의 후의 생활(Life After Capitalism)≫(미국 2023, 중국 2024) 그리고 19권 다른 책의 저자

라이너 지텔만은 최고의 기업가적 역사가이자 철학자, 독창적인 여론 조사가 그리고 국가들의 부와 빈곤의 기술들과 수수께끼들의 실천자이다. 자기 이익에 도움이 되는 신화적 통념들보다는 사실들의 가차 없는 추구자로서, 그는 자기의 충격적인 폭로 사실들을 자세하고 권위 있는 자료를 가지고 양심적으로 기록한다.

   그의 우상 파괴적 견해들은 열두 개 주요 현현(顯現)으로 요약될 수 있다.

1) 경제 성장과 기업심에 대한 열쇠는 부자들의 칭찬과 모방이다. 빈곤과 게으름에 대한 열쇠는 가난한 사람들에게 그들이 부자들의 희생자라고 말함으로써 그들의 사기를 저하하는 것이다.
2) 빈곤은, 영합(零合) 게임으로서, 부에 대한 시기심과 적의에서 생긴다. 부는 늘 확대하는 이득 순환들에서 부유하게 될 욕망과 자유에서 생긴다. 베트남과 폴란드 국민은 지금 미국인들이나 독일인들보다 부자들에 대해 더 호의적인 태도를 품고 있다. 따라서 베트남과 폴란드 경제들은 외관상 특권 계급에 속하는 서양 경쟁자들보다 훨씬 더 빨리 성장

했다. 설명: 지텔만의 여론 조사들은 완고한 마르크스주의 견해들이, 베트남이나 심지어 중국 같은, 소위 "공산주의(communist)" 아시아 지역들에서보다 소위 "자본주의(capitalist)" 미국이나 유럽에서 훨씬 더 흔하다는 점을 보여준다.

3) 50년과 수조 달러의 개발 원조와 백 년의 사회주의 거저 주기들은 국가들 가운데 빈곤의 주된 원인이 정부의 부 재분배라는 점을 증명한다. 새로운 부와 성장의 주요 원천은 현직(現職) 부의 기업가적 파괴이다.

4) 전 세계적으로, "원조(aid)"가 더 많으면 성장이 더 적다. 수백 연구의 검토는 경제 성장과 가난에서 벗어나기가 개발 원조액 받기와 반비례한다는 점을 보여준다. 외국 원조는 정부들에 가고 단지 관료들과 "연고 자본가들(crony capitalists)"에게만 흘러가지, 국민에게 흘러가지는 않는다.

5) 사람들이 가난에서 벗어남에 따라 불평등이 항상 상승한다. 불평등을 억제하라, 그러면 성장이 멎는다.

6) 기업은, 사회주의와 달리, 하향식으로 포고될 수 없다; 그것은 상향식으로 해방되어야 한다.

7) 빠른 개혁가들은 점진주의 개혁가들보다 더 짧은 경기 후퇴들과 더 빠른 회복들을 경험하고 훨씬 더 많은 외국인 투자를 끌어들인다.

8) 여론 조사들에서 자본주의에 대한 지지는 그 용어를 사용하기를 피하기에 비례해서 상승한다. 서양인들은 "자본주의" 부보다 활력과 자유를 강조해야 한다.

9) 현 민주 국가들의 결정적인 결점은 현직 정부들과 그것들의 중앙은행들에다가, 그것들의 친구들과 허송세월하는 사람들에게 자금을 공급할 돈을 발행하고, 재분배 기구들을 가지고 투표자들을 매수하며, 현란한

선동과 거저 주기들을 가지고 실패를 위장할, 권력을 주는 것이다. 서양에 대한 불길한 교훈에서, 아르헨티나와 베네수엘라는 둘 다가 세계에서 가장 부유한 나라들에 속했지만, 그들은 후안 페론과 우고 차베스 치하 선동적 계급 투쟁과 사회주의를 추구하면서 그것 모두를 포기했다.

10) 은폐와 복잡성을 능가하는 회계 투명성과 진실에 관한 지텔만의 비키니 법칙: *적을수록 더 낫다*. 예: 응우옌 티 푸옹-타오(일곱 베트남 억만장자 가운데 한 여성)는 1981년 모스크바에서 학생으로서 팩스기들을 파는 것에서 저가 항공사, 비엣젯 항공에 착수하기까지 하였다. 제복들에 쓰는 돈을 절약하고 고객들을 기쁘게 하므로, 그녀는 자기 여승무원들에게 비키니를 입기를 권장했는데, 그녀는 이것이 "아름다운 특성들을 보여주"고 "사람들을 행복하게 한다,"고 대담하게 지적한다. 똑같은 것이 회계에도 적용된다.

11) 지텔만의 부패 법칙: *많을수록 더 낫다*. 정부가 나라에 대해 더 많은 영향력을 행사할수록, 부패가 더 퍼진다; 관료들에 의한 개입이 더 많을수록, 그들을 매수할 기회가 더 많다.

12) 지텔만의 마지막 폴란드 조크: 폴란드가 1989년 폴란드 기업 해방 이래 경제 성장에서 유럽 나머지와 미국을 이겨서, 4년 지나 백만 이상의 새 사기업이 착수되었고 1인당 GDP가 2017년까지는 2.5배 올랐다.

전 세계 정보 경제의 거대한 성장 배후에 있는 정보 이론(과 나의 ≪자본주의 후 생활≫)은 부를 지식으로, 성장을 학습으로, 돈을 토큰화된 시간으로, 그리고 새 지식을 "놀람(surprisal)"으로 식별한다. 정보 이론에서는, 정보는 "예상치 못한 비트들(unexpected bits)"이다. 모든 페이지에 뜻밖인 것들을 전하여, 심지어 수준 높은 자본주의 이론가들에게도, 지텔만의 책은 국부에 대한 주요 새 공헌이 된다.

조지 길더

1. 애덤 스미스가 옳았다:
오직 경제적 자유만이 빈곤을 타파할 수 있다

우리는 인간 애덤 스미스에 관해 거의 알지 못한다. 우리는 그 유명한 스코틀랜드인의 생일에 관해서도 알지 못한다. 우리가 아는 전부는 그가 세례받은 날이 1723년 6월 5일(율리우스력)이라는 것인데, 이것은, 우리의 그레고리력에 따르면, 그가 6월 16일에 세례를 받았다는 점을 의미한다. 그는 세관 공무원이었던 자기 아버지를 전혀 알지 못했는데, 그의 아버지는, 애덤 스미스가 태어나기 단지 몇 달 전, 44의 나이에 사망했다.

  그의 생애에서 가장 중요한 사람은 그의 어머니였는데, 어머니는 그를 길렀을 뿐만 아니라, 1784년 그녀의 사망 때까지 그는 어머니와 함께 살기도 했다. 스미스는 전혀 결혼하지 않았다. 우리는 그가 두 번 사랑에 빠진 것을 알고 있을 뿐이고, 그의 애정은 보답받지 못했는데, 이것은 그가 다소 매력이 없는 것으로 여겨졌다는 사실 때문이었을지 모른다.

  17살에, 그는 옥스퍼드 대학교에서 6년간의 공부를 시작했지만, 그 대학교에 감명받지는 않았다. 그는 후에 자기 교수들을 폄하하는 말을 했는데, 그는 그들을 게으르다고 여겼다. 서른 살이 되기 전에, 그는 글래스고 대학교에 도덕 철학 교수로 임명되었고 자기의 첫 번째 주요 저작 ≪도덕감정론(The Theory of Moral Sentiments)≫을 출판했다. 그는 자기의 전 생애에 단지 두 권의 주요 저작만 출판했는데, 1776년에 출판된 ≪국부론(The Wealth of Nations)≫이 훨씬 더 잘 알려져 있다. 그가 더 많은 책을 썼지만, 그는 원고들을 자기의 사망 전에 불태우게 했고, 그래서 우리는 단지 이 두 책과 그의 에세이 다수 그리고 그의 강의 필기록만 가지고 있다.

스미스의 책들을 전혀 읽지 않은 사람들 가운데서, 그는 때때로 극단적인 이기심의 옹호자로, 어쩌면, 고든 게코(Gordon Gekko)식 극단적 자본가의 정신적 아버지로 여겨지는데, 후자는 영화 ≪월가(Wall Street)≫에서 "탐욕은 좋은 것이다!(Greed is good!)"라고 외친다. 그러나 이것은 스미스가 자기의 책 ≪국부론≫에서 경제 주체들의 자기 이익을 강하게 강조했다는 사실에서 유래하는 왜곡된 이미지이다. 그렇지만 이 그림은 아주 확실히 잘못된 표현이다.

자기의 책 ≪도덕 감정론≫의 첫 장(章)은 "동정에 관해(Of Sympathy)"라는 절로 시작되는데, 거기서 그는 동정을 "하여간 어떤 열정이라도 가진 동료 의식"[1]으로서 정의했다. 오늘날 우리는 아마도 "공감(empathy)"이라는 단어를 사용할 것이다. "사람이 아무리 이기적이라고 가정될지라도, 명백히 그의 본성에는 몇몇 원칙이 있고, 이것들은 그에게 다른 사람들의 운명에 관심을 기울이게 하며, 그들의 행복을 그에게 필요하게 하는데, 비록 그가 그것으로부터, 그것을 보는 기쁨 외에는, 아무것도 끌어내지 않는다고 할지라도 그렇다. 이 종류 중에는 연민이나 측은히 여기는 마음, 다른 사람들의 비참함에 대해, 우리가 그것을 보거나 매우 생생한 방식으로 그것을 느끼게 될 때, 우리가 느끼는 감정이 있다."[2]

스미스의 동정은 특히 가난한 사람들에 대한 것이었다. 스미스는 다양한 원천으로부터 1년에 900파운드에 달하는 소득을 얻었는데, 이것은 대학교 교수 봉급의 서너 배였다.[3] 그러나 애덤 스미스의 마지막 유언장을

---

[1] Smith, *Theory*, 15.
[2] Smith, *Theory*, 13.
[3] Streminger, *Smith*, 207.

읽었을 때, 그것은 그의 조카 데이비드 더글러스(David Douglas)가 분명히 실망감을 느끼게 했을 것이다. 그가 기대했었던 것보다 훨씬 더 적게 받아서, 그 유언은 스미스의 친구들이 오랫동안 그런 것이 아닌가 의심했던 것, 즉 스미스가 자기의 거의 전체 부(富)를 가난한 사람들에게, 대개 비밀리에, 기부했었다는 점을 확증하였다. 자기의 후함으로, 사실상, 스미스는 그 결과 그 자신 한 시점에 금전 문제에 부딪히기조차 했었다.4 만약 당신이 그의 두 주요 저작, ≪국부론≫과 ≪도덕 감정론≫을 읽는다면, 당신은 그가 부자들과 권력자들에 관해 긍정적으로 말하는 단 한 구절도 발견하는 데 애를 먹을 것이다. 상인들과 지주들은 거의 전적으로 부정적 시각으로, 주로 자기들의 이기적인 이익을 주장하기를 원하고 독점을 창출하려고 노력하는 사람들로서 그려진다.

"우리의 상인들과 우두머리 제조업자들은 높은 임금이 가격을 올리는 나쁜 효과를 불평하고, 그리하여 국내에서뿐만 아니라 해외에서도 자기들 재화의 판매를 줄인다. 그들은 높은 이윤의 나쁜 효과에 관해서는 아무 말도 하지 않는다. 그들은 자기들 이득의 유해한 효과에 관해서는 침묵한다. 그들은 단지 그 다른 사람들만 불평한다."5 혹은: "같은 직업을 가진 사람들은, 심지어 흥겹게 떠들고 기분 전환을 하기 위해서도, 별로 같이 만나지 않지만, 그 대화는 대중에 대한 음모나 가격을 올리려는 어떤 간계로 끝난다."6

자본가들에 관한 긍정적인 문장이 애덤 스미스 저작의 어떤 곳에서보다도 마르크스와 엥겔스의 ≪공산당 선언(Communist Manifesto)≫에 더 많이 있다. 부르주아 계급은 모든 과거 세대를 합친 것보다 더 강력한

---

4 Aßländer, *Smith*, 41; Streminger, *Smith*, 220-221.
5 Smith, *Wealth*, 201.
6 Smith, *Wealth*, 232.

생산력을 창출한다고, 마르크스와 엥겔스는 감탄하여 쓴다.

스미스의 저작에는 그러한 감탄의 흔적이 없다; 대신, 부자들은 신랄한 비판의 대상이다. 스미스의 옹호자들은 이것이 기업가들이나 부자들에 대한 어떤 종류의 일반적인 적의도 나타내지 않고, 오히려 스미스의 자유 경쟁 옹호와 독점 반대를 반영한다고 주장한다. 그것은 확실히 한 측면이지만, 그럼에도 불구하고, 그의 두 저작을 읽으면, 누구든지, 궁극적으로, 스미스가 정치인들을 싫어하는 만큼 많이 그가 부자들을 싫어한다는 인상을 받는다. 애덤 스미스조차도 지식인들이 부자들에 대해 전통적으로 품었던 적의가 없지 않았다.7

그러나 반대로, "가난한 사람들"의 상태에 동정을 나타내는 많은 구절이 있는데, 그것으로 그는 그 단어의 가장 엄밀한 의미에서 가난한 사람들에 국한하지 않았고, 또한 "부유하지 않은 사람들"도 포함했는데, "즉, 생계를 유지하기 위해 노동을 임금과 교환해야 하는 대부분 인구의 상태"8에 동정을 나타내었다. ≪애덤 스미스의 미국≫에서, 글로리 M. 류(Glory M. Liu)는 애덤 스미스의 평판과 연구 상태를 개관한다: "스미스에게는, 상업 사회의 가장 중요한 특색은 그것이 가난한 사람들의 상태를 개선한다는 점이었다는 거의 만장일치 합의가 있다."9

≪국부론≫으로부터의 유명한 구절이 있다: "구성원들의 훨씬 태반이 가난하고 비참한 사회는 설마 번영하고 행복할 리가 없다. 국민의 전체를 먹이고, 입히고, 재워 주는 그들이 자신들이 꽤 잘 먹고, 입고, 자도록 자기들 노동 산물의 몫을 가져야 한다는 것은, 그 밖에도, 그저 형평[의 문

---

7 지식인들과 자본주의의 주제에 관해 더 많이 알기 위해서는, 지텔만, ≪부유한 자본주의 가난한 사회주의≫ 제10장을 보라.
8 Gilbert, *Adam Smith on the Nature and Causes of Poverty*, 281.
9 Liu, *Adam Smith's America*, 295, 각주 18.

제]일 뿐이다."¹⁰

오늘날, 이 말들은 스미스가 정부 주도의 부 재분배를 옹호했다고 주장하는 것으로 때때로 잘못 해석된다. 그것은 그의 의도가 아니었고 그는 확실히 사회적 혁명을 요구하고 있지 않았다. 그렇지만 빈곤은, 스미스에 따르면, 미리 운명이 정해지지 않았다. 그러나 무엇보다도, 그는 정부들을 신뢰하지 않았다. ≪국부론≫의 제8장에, 위에서 인용된 문장들과 더불어, 그는 생활 수준을 올리는 유일한 길이 경제 성장을 통하는 것이라고 지적한다.

지속적인 경제 성장은 임금을 올리는 유일한 길이다; 침체 경제는 임금 하락에 이른다. 다른 곳에서, 그는 "기아는, 부적합한 수단으로, 부족의 불편을 제거하려고 시도하는 정부의 폭력 외의 어떤 다른 원인으로부터도 전혀 일어나지 않았다,"¹¹라고 쓴다. 그가 얼마나 옳았는지는 250년 후에, 가격 통제를 가지고 인플레이션을 통제하려는, 비록 수천 번은 아니라고 할지라도, 수백 번의 실패한 시도 후에 우리가 충분히 잘 아는 어떤 것이다.

"자유주의적 노동 보상"은 "부 증가의 효과"라고 스미스는 썼고 "사회가 추가 획득으로 나아가고 있는 동안에 ... 노동에 종사하는 가난한 사람들의, 대부분 국민의, 상태는 가장 행복하고 가장 편안한 것 같다. 그것은 정상(定常) 상태에서는 어렵고, 퇴보 상태에서는 비참하다,"¹²라고 거듭 강조했다.

반면에, 카를 마르크스는 필연적으로 자본주의의 붕괴에 이를 다양한 경제 "법칙"을 자기가 발견했다고 믿었는데, "이윤율이 하락하는 경향"

---

10 Smith, *Wealth*, 181.
11 Smith, *Wealth*, 465.
12 Smith, *Wealth*, 72.

이나 프롤레타리아의 궁핍화 같은 것들이다. 자기의 주요 저작 ≪자본론≫에서, 마르크스는 이것을 다음과 같이 공식화했다:

"이 변환 과정의 모든 이점을 빼앗고 독점화하는, 자본 거물들의 끊임없이 줄어드는 수와 더불어, 비참함, 억압, 노예제, 강등, 착취의 크기가 증가한다; 그러나 이것과 함께 또한 항상 수가 증가하고, 자본주의 생산 과정 그 자체의 바로 그 메커니즘에 의해 훈련되고, 단결되며, 조직되는 계급인 노동 계급의 반항도 증가한다. 자본의 독점은, 그것과 더불어 그리고 그것 아래에서 생겼고 번성한, 생산 양식에 대한 구속이 된다. 생산 수단의 중앙 집권화와 노동의 사회화는 마침내 그것들이 자기들 자본주의 외피와 양립 불가능하게 되는 지점에 도달한다. 이 외피는 산산이 파열된다. 자본주의 사유 재산의 조종(弔鐘)이 울린다. … 그러나 자본주의 생산은, 거침없는 자연의 법칙과 함께, 자기 자신의 부정을 낳는다."[13]

≪국부론≫이 1776년에 출판되었을 때, 자본주의는 아직 유아기에 있었고 압도적인 다수의 사람은 극빈 상태에서 살았다. 그리고 빈곤은 그 당시에는 그것이 오늘날 의미하는 것과 매우 다른 어떤 것을 의미했다. 사람들은 야위었고 뼈대가 가늘었다―역사를 통틀어, 인체는 불충분한 열량 섭취에 적응하였다. "18세기의 몸집이 작은 근로자들은," 앵거스 디턴(Angus Deaton)이 자기의 책 ≪대탈출(The Great Escape)≫에서 쓰듯이, "실제로 영양 덫에 가두어졌다; 그들이 육체적으로 아주 약했기 때문에 그들은 많이 벌 수 없었고, 일이 없어서, 그들이 식량을 살 돈이 없었기 때문에 그들은 충분히 먹을 수 없었다."[14]

어떤 사람들은 삶이 아주 더 느렸던 조화로운 전(前)자본주의 상황에

---

[13] Marx, *Capital*, Volume I, 763.
[14] Deaton, 92.

관해 열심히 이야기하지만, 이 나태는 주로 영구적인 영양실조에 기인하는 육체적 허약의 결과였다.15 200년 전에는, 영국과 프랑스 주민들의 약 20퍼센트가 전혀 일할 수 없었다고 추정된다. "기껏해야 그들은 하루에 몇 시간의 느린 보행을 위해 충분한 에너지를 가지고 있었을 뿐인데, 이것은 그들 대부분을 구걸 생활로 운명 지웠다."16

스미스는 오직 시장들의 확대만이 번영의 증가에 이를 수 있다고 예측했다—그리고 이것은 바로 사회주의 계획 경제들의 종말 이래로 일어난 일이다. 중국에서만 하더라도, 사유 재산의 도입과 시장 개혁들은 극빈 상태에 사는 사람들의 수를 1981년의 88퍼센트에서 오늘날 1퍼센트 미만으로 줄였다. 내가 자유 시장 경제학자 북경 대학교 웨이잉 장(Weiying Jhang)에게 스미스가 중국에 얼마나 적실성이 있는지 물었을 때, 그는 대답했다: "지난 40년에 걸쳐 중국의 급속한 경제 발전은 애덤 스미스의 시장 개념의 승리이다." 서양에서 지배적인 해석들과는 반대로, 중국에서 경제 성장과 빈곤 하락은 "국가 때문이 아니라 국가에도 불구하고" 일어났고, 사유 재산의 도입으로 일어났다고, 웨이잉 장은 설명했다.

카를 마르크스는 가난한 사람들의 상태가 오직 사유 재산을 폐지함으로써만 개선될 수 있다고 믿었지만, 스미스는 시장의 힘을 믿었다, 그는 국가가 없는 리버테리언 이상향의 옹호자가 아니었다—그는 정부들이 완수할 중요한 기능들을 가지고 있다고 믿었다. 그럼에도 불구하고, 1755년에, ≪국부론≫이 나타나기 20년 전에, 그는 한 강연에서 경고했다:

"사람은 일반적으로 정치인들과 설계자들에 의해 일종의 정치 역학의 재료로 여겨진다. 설계자들은 그가[사람이] 인간사를 운영하는 동안 자연

---

15 McCloskey and Carden, 41.
16 Norberg, *Progress*, 12.

을 교란한다; 그리고 그것은[자연은] 그가 자기 자신의 설계를 달성하도록 그를 그냥 내버려 두는 것, 그리고 자기 목적을 추구하는 데서 그에게 정정당당한 시합을 주는 것, 이상을 할 필요가 없다. ... 이 자연적인 진행을 훼방 놓거나, 사물을 다른 경로로 밀어 넣거나, 특정 시점에서 사회의 진행을 막으려고 애쓰는 모든 정부는 부자연하고, 자신들을 지원하기 위해서는 억압적이고 전제적이지 않을 수 없다."17

이것들은 참으로 예언적인 말들이었다. 계획자들이 항상 저질렀던 가장 큰 실수는 당신이 서류상에서 경제 질서를 계획할 수 있다는 환상에 집착하는 것이었다. 그들은 저자가, 책상에 앉아서, 이상적인 경제 질서를 형성할 수 있다고, 그리고 남아 있는 전부가 이 새로운 경제 질서를 실제로 집행할 만큼 충분한 정치인들을 설득하는 것이라고 믿는다.

하이에크는 후에 이 접근법을 "구성주의(constructivism)"라고 불렀고, "합리적인 사람들이 같이 앉아 세계를 다시 만드는 방법을 고찰한다는 생각은 아마도 그런 설계 이론들의 가장 특징적인 결과일 것이다."18라고 말했다. 하이에크에 따르면, 스미스가 데이비드 흄과 애덤 퍼거슨 같은 다른 스코틀랜드 계몽운동 사상가들과 공유한, 역사적 사건들에 대한 반이성주의 통찰력 덕분에 "그들은 처음으로 제도들과 도덕들, 언어와 법이 어떻게 누적 성장의 과정을 통해 진화하게 되었는지를, 그리고 인간 이성이 성장했고 성공적으로 작동할 수 있는 것이 다만 이 틀을 가지고 그리고 이 틀 안에서만이라는 점을 이해할 수 있게 되었다."19 경제 사가(史家)의 방식으로, 스미스는 이상적인 체제를 개설(概說)하기보다는 경제 발전을 서술했다.

---

17 Smith, Smith, *Essays on Philosophical Subjects*, 322에서 인용.
18 Hayek, *The Constitution of Liberty*, 113.
19 Hayek, *The Constitution of Liberty*, 112.

스미스는 자기 이익(self-interest)의 중요성을 강조한 데 대해 오늘날 종종 비판받는다. 그는 이기심(selfishness)의 중요성을 강조했는데, 사람들이 항상 다른 사람들로부터 도움이 필요하다는 바로 그 이유 때문이다. 그러나 그렇게 하는 데서, 사람들이 오로지 다른 사람들의 호의에만 의존할 수 없다고 그는 생각했다. 그런데, 그가 또한 "보이지 않는 손(invisible hand)"이라는 용어를 사용한 것도 이 맥락에서인데, 비록 이 구절이 스미스의 전 작품에서 단지 세 번만 나타난다고 할지라도, 그 용어로 그는 아주 유명해졌다[그런데, 이것은 슘페터와 "창조적 파괴(creative destruction)"라는 구절과 비슷한데, 그는 그것을 단지 두 번만 사용했다]:

"그러므로 모든 개인이 자기가 할 수 있는 한 많이 자기의 자본을 국내 산업을 지원하는 데 고용할 뿐만 아니라, 그 산업을 그것의 산물이 가장 크게 가치 있도록 지휘하려고도 노력함에 따라; 모든 개인은 불가피하게 사회의 연간 수입을 자기가 할 수 있는 한 크게 하려고 노력한다. 참으로, 그는 일반적으로 공익을 증진하려고 의도하지도 않고, 또한 자기가 얼마나 그것을 증진하고 있는지 알지도 못한다. … 그리고 그는 이 경우에, 많은 다른 경우에서와 같이, 보이지 않는 손에 이끌려 자기 의도의 일부가 아니었던 목적을 증진하게 된다. 그리고 그것이 그것의 일부가 아니었다는 점이 항상 사회에 더 나쁜 것이 아니다. 자기 자신의 이익을 추구함으로써 그는 흔히 사회의 이익을 그가 그것을 촉진하려고 실제로 의도하는 때보다 더 효과적으로 촉진한다. 나는 공공선을 위해 사업하는 체하는 사람들에 의해 많은 선이 행해진 것을 전혀 본 적이 없다."[20]

경제학자 루트비히 폰 미제스는 이기주의적 행동과 이타주의적 행동을 대비하는 것이 잘못이라고 강조했다. 그가 설명하기를, 다행히, "나의 행

---

[20] Smith, *Wealth*, 399.

위와 행동이 나 자신에 봉사하게 할지 나의 동료들에게 봉사하게 할지 선택하는 힘은 나에게 주어져 있지 않다. ... 만약 그것이 주어진다면, 인간 사회는 가능하지 않을 것이다."[21] 그리고 프리드리히 아우구스트 폰 하이에크는 "보이지 않는 손과 같이 복잡한 구조들을 창설하는 자생적 질서에 관한 그의 관념"[22]을 과학적 사고—경제학을 훨씬 넘어 가리킨다—에 대한 애덤 스미스의 가장 큰 공헌으로서 서술했다.

그러나 스미스의 저작은 또한 자유 시장 경제학자들의 집단 안에서부터 신랄한 비판을 받았다. 리버테리언 미국 경제학자 머리 N. 라스바드(Murray N. Rothbard)는, 자기의 기념비적 저작 ≪애덤 스미스 이전의 경제 사상. 경제 사상사에 관한 오스트리아학파 시각(Economic Thought Before Adam Smith. An Austrian Perspective on the History of Economic Thought)≫에서 자기의 스미스 비난에서 점잖게 말하지 않고, 스미스가 결코 그가 흔히 묘사되었던 자유 시장 경제학 옹호자가 아니었다고 주장한다. 사실상, 라스바드는 스미스의 잘못된 노동 가치설이 그를 카를 마르크스의 선조로 만든다고 주장하고 마르크스주의자들이 확실히 그 스코틀랜드 철학자를 인용하고 그를 자기들의 창시자의 궁극적 영감이라고 부르며 맞아들이는 것이 정당화될 것이라고 주장한다.[23] 라스바드에 따르면, 스미스는 기업가의 경제적 기능을 이해하지 못했고, 리처드 캉티용(Richard Cantillon) 같은 경제학자들이 제공한 통찰들이 부족하기도 했는데,[24] 국가가 부과하는 이자율 상한, 사치 소비에 대한 중과세 그리고 경제에 대한 광범위한 정부 개입을 지지하였다.[25] 개인적인 수준에서, 스

---

[21] Mises, *Socialism*, 357.
[22] Hayek, "Die überschätzte Vernunft," 117.
[23] Rothbard, 435.
[24] Rothbard, 451.

미스는 또한 신뢰할 수 없는 사람이기도 했는데, 왜냐하면 그가 이전에는 자유 무역 운동을 했었지만, 자기 생애 마지막 열두 해를 스코틀랜드 관세청장으로서 보냈기 때문이라고, 라스바드는 말한다.[26]

이 비판의 많은 부분은 확실히 정당화되지만, 애덤 스미스를 좌익 인사로 부르는 것은 잘못일 것이다. 스미스의 좌파 경향을 강조하는 미국 철학자 새뮤얼 플라이섀커(Samuel Fleischacker)조차도 스미스가 반드시 자신을 오늘날의 사회 민주주의자들과 동일시하거나 현대 복지 국가를 옹호하지 않을 것이라고 인정한다.[27]

이 비판에 맞서는 것은 정부의 경제 개입에 관한 스미스의 깊은 불신과 시장들을 올바른 방향으로 돌리는 "보이지 않는 손"에 대한 그의 거의 무한한 신뢰이다. 경제가 망할 때, 스미스에 따르면, 그것은 결코 기업가들과 상인들에 의해서가 아니라, 항상 국가에 의해서다: "큰 국가들은 사적 방탕이나 부실 관리로 결코 가난해지지 않는데, 하기야 그것들이 때때로 공적 방탕이나 부실 관리로 가난해지기는 한다,"라고 그는 자기의 주요 저작 ≪국부론≫에서 썼다.[28] 그리고 그는 낙관적으로 추가했다: "모든 사람이 자기의 상태를 더 낫게 하려는 한결같고, 항구적이며, 끊임없는 노력은, 원래 사적인 부(富)뿐만 아니라 공적이고 국가적인 부도 얻는 원리는, 정부의 낭비뿐만 아니라 행정의 가장 큰 실수들에도 불구하고, 종종 개선을 향한 자연적인 상황 진전을 유지할 만큼 아주 강력하다. 동물 생활의 알려지지 않은 원리같이, 질병뿐만 아니라 의사의 불합리한 처방들에도 불구하고, 그것은 흔히 체질에 건강과 활력을 회복한다."[29]

---

[25] Rothbard, 466.
[26] Rothbard, 468.
[27] Fleischacker, 287.
[28] Smith, *Wealth*, 305.

은유는 많은 것을 이야기한다: 민간 경제 행위자들은 건강하고 긍정적인 발달을 대표하지만, 정치인들은 자기들의 터무니없는 규제들로 경제를 방해한다. 애덤 스미스는 오늘날 만약 그가 더욱더 경제에 개입하는 유럽과 미국의 정부들과 자기들이 시장보다 더 똑똑하다고 믿는 정치인들을 볼 수 있었다면 매우 회의적이었을 것이다.

스미스의 단점 중 하나는 그가 기업가의 경제적 기능을 이해하지 못했다는 점이었는데, 이것은 후에 조지프 슘페터 같은 사상가들에 의해 아주 탁월하게 상세히 설명되었다. 잘못해서, 그는 기업가를 혁신자로서보다는 주로 관리자나 기업 지도자로서 보았다. 스미스는 "공감(empathy)"의 중요성을 인식했지만, 그는 자기의 저작 어떤 지점에서도 그것을 기업가 정신과 같다고 생각하지 않았다. 오늘날, 우리는 고객들 자신들보다 더 낫게 그리고 더 일찍 자기 고객들의 요구와 감정을 이해하는 스티브 잡스와 그 밖의 기업가들에서 공감이—그리고 "탐욕(greed)"이 아니라—참으로 기업가적 성공의 근거이고 자본주의의 기초라는 점을 안다.

스미스가 기업가의 역할을 이해하지 못하고 그가 부자들에 관해 명백하게 분개하는 것은 참으로 스미스가 정치적 스펙트럼의 왼쪽에 있는 사람들과 공유하는 특징이다. 그러나 이 점은 그가 근로자 상황을 개선하는 것을 옹호하는 데 전혀 적용되지 않는다. 왜냐하면, 스미스에 따르면, 보통 사람들의 상황을 개선하는 것은 재분배와 과도한 국가 개입을 통해서는 생기지 않을 것이고, 그것은 경제 성장의 결과일 것인데, 후자는 무엇보다도 한 가지, 즉 경제적 자유가 필요하기 때문이다. 경제적 자유가 지배하고 시장들이 확대되는 정도로, 사람들의 생활 수준도 역시 오를 것이다. 스미스의 탄생 300년 후, 그리고 그의 대작 출판 약 250년 후, 우리는

---

[29] Smith, *Wealth*, 306.

그 도덕 철학자이자 경제학자가 옳았다는 점을 알고 있다: 사유 재산과 시장 경제는 성장의 기초인데, 만약 국가가 경제에 너무 많이 간섭하지 않는다면, 모든 사람의 삶이 향상될 것이고, 특히 가난한 사람들의 삶이 그럴 것이다.

자본주의의 옹호자들은 바로 이 상관관계들을 자기들의 시장 경제 옹호의 중심에 두지 못했다: 시장 경제가 필요한 사람들은 주로 강한 사람들이 아닌데, 왜냐하면 그들은 어떤 체제에서건 하여간 잘해 나갈 것이기 때문이다; 자기들의 생활 상태를 개선할 유일한 기회가 자유 시장 경제에 있는 사람들은 약한 사람들과 가난한 사람들이다.

2. 무엇이 빈곤에 맞서는 데 도움이 되는가―
그리고 무엇이 도움이 되지 않는가

프랑크 브레머(Frank Bremer)는 빈곤에 맞선 투쟁에 평생을 바쳤고, 아프리카, 중앙아시아, 카리브해 그리고 인도양에 있는 30개 나라 개발 원조에 관여하여, 농촌 개발과 환경 분야에서 프로젝트들을 준비하였다. 50년 이상의 개발 원조 관여 후에, 그는 통렬한 평가를 제공한다: "개발 원조는 잘못 선택된 대상 집단―아프리카 소(小)자작농민들―에 대해 달성할 수 없는 목표―빈곤 감소―를 위해 비효과적인 활동들을 작동하지 않는 방법―자조를 위한 도움―을 가지고 비효과적인 형태―프로젝트―로 수행하는 프로젝트인데, 이것은, 납작한 냄비에서 섬광처럼, 즐거운 기억들과 별개로 관련된 누구에게도 오래가는 흔적을 남기지 않고, 프로젝트 집행을 위해 대부분 자금을 쓰며, 따라서 원래 좋은 아이디어였던 것을 받아들여 많은 돈을 낭비한다."[30]

    그의 판단은 매우 가혹하다는 인상을 준다―그리고 나는, 객관적인 연구에 근거하여, 브레머가 바르게 이해한 것과 과장한 것을 계속해서 보여 주겠다. 그것을 미리 말하면: 빈곤에 맞선 투쟁은 인류가 직면한 가장 중요한 과업 중 하나이지만, 개발 원조[이것에 대한 정치적으로 올바른 단어는 지금 "개발 협력(development cooperation)"이다]는 이 숭고한 목적을 달성하기 위한 잘못된 수단이다. 많은 사례에서, 그것은 아무것도 달성하

---

[30] Bremer, *50 Jahre Entwicklungshilfe*, 7. 원전에서는 여러 단어가 이탤릭으로 나타난다.

지 않았다. 다른 사례들에서는 그것은 실제로 의도된 것의 정반대를 달성했다.

그의 책 ≪개발 원조 50년―납작한 냄비에서 섬광 50년(50 Jahre Entwicklungshilfe―50 Jahre Strohfeuer)≫에서, 브레머는 촌락 공동체 우두머리와 어느 독일 개발 활동가["자조 전문가(self-help expert)"] 사이 대화를 재현하는데, 이것은 꾸며낸 것이지만 실제 대화들의 단편들로 구성되어 있고 그 분야에서 브레머의 수십 년의 실제 경험에 기초해 있다. 브레머는 이 프로젝트의 진행 상황 점검을 수행했었다. 나는 그 대화를 전부 인용하고 싶다: C는 촌락 공동체 우두머리이고 S는 자조 전문가이다.

C: "나리, 우리는 건기에 가축과 농부들에게 물을 제공할 작은 댐이 필요합니다."
S: "그것은 매우 현명한 목적입니다만, 당신들이 먼저 필요한 것을 설명하겠습니다. 당신들은 댐 같은 프로젝트와 씨름하기 위해 당신들의 관리 능력들을 증진할 필요가 있습니다; 당신들은 분석 도구들, 회합들, 그리고 회합들을 개최하고 집단 역학을 다루는 방법에 관한 훈련, 게다가 여성들을 관여시키는 방법에 관해 생각해 볼 필요가 있습니다; 당신들이 필요한 것은 협상과 의사 결정 기법들인데, 당신들은 이것들을 우리 전문가들에게 자문함으로써 배울 수 있고, 당신들이 필요한 것은 …"
C: "오 나리, 그것은 모두 많은 시간이 걸릴 것 같습니다. 신선한 물도 입에 너무 오래 머물면, 그것은 침으로 변합니다. 그리고 우리 댐은?"
S: "한 번에 한 걸음씩, 당신들은 더 과정-지향적일 필요가 있습니다. 나를 믿으세요, 우리의 자조 전문가들은 당신들이 당신들의 댐을 얻는 데 필요한 것을 압니다."

C: "좋습니다, 일단 우리가 그런 것 전부를 하면, 우리가 댐을 얻습니까?"

S: "확실히 가능합니다. 그러나 당신들이 댐 같은 큰 프로젝트와 씨름하기 전에, 당신은 작은 것부터 시작해야 합니다, 예를 들자면, 우물을 손으로 파는 것이지요, 펌프나 권양기(捲揚機)나 어떤 것도 없이요."

C: "나리, 우리는 충분한 우물과 시추공을 가지고 있고, 그들 중 몇몇은 수동 펌프조차도 갖고 있습니다. 우리가 필요한 것은 댐입니다."

S: "마을 여성들에게 물어보십시오. 아직 우물을 가지고 있지 않은 몇몇이 있다고 나는 확신합니다."

C: "좋습니다, 거지들이 선택자가 될 리 없는 것 같아요. 우리가 우물을 파겠습니다. 그러면 우리가 댐을 얻을까요?"

S: "그것은 당신들에게 달렸습니다. 현금, 더하기 노동과 건축 자재 제공에 50-50 참가; 현금은 선급입니다."

C: "50퍼센트라고요, 나리? 그것은 대부분 가족에게 너무 많습니다."

S: "그럴지도 모릅니다만, 만약 당신들이 50퍼센트를 기부하지 않으면, 당신들의 장기(長期) 소유감은 충분히 강렬하지 않을 것입니다. 49퍼센트는 충분하지 않습니다."

S: "좋습니다, 당신은 당신의 50퍼센트를 얻을 것입니다. 그러면 우리가 우리의 댐을 얻을까요?"

C: "그것은 아주 많은 요인에 달려 있습니다: 우리가 다른 50퍼센트를 자금 조달할 수 있을까요? 그것이 기술적으로 실행될 수 있을까요? 우리가 충분한 시간을 가지고 있을까요? 하여간, 당신들에게 학습 과정이 결과보다 더 중요하다는 점을 항상 기억하십시오. 다음 회합에서 봅시다."[31]

---

[31] Bremer, 44–45에서 인용.

위 대화가 풍자만화처럼 들릴지 모르지만, 브레머는 그것이 실제로 일어났음을 확증한다. 결과적으로, 단 하나의 댐도 저류지(貯留池)도 건설되지 않았고, 대상 집단은, 이론상, 자조하는 방법을 가르침 받았다. 사람들이 자조하도록 돕는다는 개념은 종종 "가난한 사람들에게 물고기를 주지 말고, 그들에게 고기잡이하는 방법을 가르쳐 주라,"는 격언으로 설명된다. 브레머는 그러한 현명한 말들을, 그것들이 처음에는 그럴듯하게 들릴 때조차도, 높이 평가하지 않는다: "전 세계에 걸쳐, 물가에 사는 사람들은, 낚싯대를 가지고서건, 그물을 가지고서건, 통발 따위를 가지고서건, 혹은 작살을 가지고서건, 고기잡이하는 방법을 알고, 그것을 훈제하거나, 그것을 말리거나, 혹은 그것을 소금물에 절임으로써 물고기를 보존하는 방법을 안다."32 누구도 그것을 위해 개발 활동가가 필요하지 않다.

물론, 고기잡이 비유는 문자 그대로 받아들일 것이 아니라 예로서 이바지할 뜻으로 말한 것이다. 그럼에도 불구하고, 브레머는, 소위 "프로젝트들"에 기반을 둔, 바로 그 개발 원조 원리를 비판한다. 비록 오늘날 지속 가능성에 관해 아주 많은 이야기가 있지만, 이 프로젝트들은 좀체 지속 가능하지 않다. 거의 누구도 그러한 프로젝트들이, 예를 들어, 그것들이 십 년 후에 된 것에 관심을 가지지 않는다. 만약 당신이 아프리카 시골 여기저기를 운전하면, 당신은, 때때로 심지어 같은 장소에서도 여러 기부자로부터의, 녹슬고 있는 프로젝트 표시들을 끊임없이 지나갈 것이다. 그들은 무덤 표시들, 어떤 것이 한때 거기에 있었다는 마지막 남아 있는 표시들처럼 보인다. 돈은 남아 있지 않은데, 심지어 프로젝트 끝에 그 표시들을 해체할 만큼 충분히도 남아 있지 않다—기껏해야 그것들은 냄비를 만들기 위해 촌락 대장장이들에 의해 사용될 뿐이다.

---

32 Bremer, 46.

그것들이 운영되고 있었던 동안, 많은 이 프로젝트는 아주 성공적이었는데, 재료들, 운영 자원들, 차량 그리고 높은 급료들을 위해 충분한 돈이 있었기 때문이다. 그러나 일단 자금이 고갈되었을 때, 이 대단히 많은 보조금을 받는 프로젝트들이 모두가 "납작한 냄비에서 비경제적 섬광(uneconomic flashes in the pan)"에 불과하다는 점이 명백해졌는데, 일단 그것들이 끝났을 때 그것들에는 아무것도 남아 있지 않았다.[33]

브레머는, 서아프리카에 있는 나라이자 세계 최대 코코아 수출국, 코트디부아르(상아 해안)에 아주 친숙하다. 1977년만큼 일찍, 인종학자, 사회학자 그리고 개발 경제학자인 브레머는 코트디부아르에서 코코아 생산의 역사에 관해 자기의 박사 학위 논문을 썼다. 그는 아직도 거기에 오늘까지 살고 있다. 그 나라 개발 원조 프로젝트들에 관한 그의 평가는 가혹하다: 삼림 프로젝트를 제외하고, 24개 완료된 프로젝트 중 한 개도 장기 영향을 끼치지 않았다: "이 기준에 대비해 평가해 보면, 그것들은 모두 실패작이었거나 그저 납작한 냄비에서 섬광일 뿐이었고, 총 €1억 2,500만의 비용이 들었다."[34]

브레머의 예 중 또 하나는 부룬디의 경제수도 부줌부라에서 수의 약국의 건설과 유지에 관한 것이다. 그 프로젝트는 내내 똑같은 파견된 전문가를 가지고 22년간 계속되었지만, 자금 조달이 끝난 직후에 재정적으로 성장할 수 없게 되었다. 그것은 문을 닫지 않으면 안 되었다. "이것이 일어나는 것은," 브레머는 말한다, "개발 원조가 민간 부문 영역으로 들어가지만, 필요 분석들, 사업 계획들 그리고 수익성 계산들 없이 지내고 따라서 파견된 전문가들을 위해 보조금을 받는 운동장을 설립하는 데 납세자들

---

[33] Bremer, 52.
[34] Bremer, 83–84.

의 돈을 사용할 때이다."35

　자금이 다 떨어질 때, 프로젝트는 종결되는데, 하기야 이것은 개발 활동가들이 비슷한 프로젝트를 몇 년 후에 같은 나라나 다른 나라에서 수립하는 것을 막지 못하고, 그것의 실패는 처음부터 똑같이 확실하다.

　그러므로 브레머의 전반적인 결론은 통렬하다: "이것은 50년간 계속되어 오고 있고, 공공 자금으로 재정 조달되는 전체 국제 개발 원조 산업은 이런 종류의 프로젝트로부터 살아간다. 이 프로젝트들로 도움받게 되어 있는 수혜자라고 생각되는 사람들, 가난한 농부들은 끝내는 마찬가지로 가난하고 다시 한번 혼자 힘으로 꾸려나가도록 방치된다. 가난한 사람들을 돕는 대신에, 이 프로젝트들은 파견된 전문가들과 원조 조직들의 본부에 있는 그들의 감독자들을 위해 셀 수 없을 정도로 많은 일자리를 창출한다."36

　뉴욕 대학교 경제학 및 아프리카 연구 교수, 윌리엄 이스털리(William Easterly)는 개발 원조를 대개 쓸모없는 것으로, 종종 심지어 역효과를 낳기조차 하는 것으로 서술한다. 여기에 그의 책 ≪백인의 부담: 서양이 나머지 지역을 원조하려는 노력들이 그렇게 많은 해를 끼쳤고 그렇게 거의 도움이 되지 못한 이유(The White Man's Burden: Why the West's Efforts to Aid the Rest Have Done So Much Ill and So Little Good)≫로부터의 그저 한 예만 있다: 20년간, 개발 원조에서 미화 $20억이 탄자니아에서 도로 건설에 쓰였다. 그러나 도로망은 조금도 개선되지 않았다. 도로들이 보수되어 유지되지 않았기 때문에, 그것들은 기부자들이 새로운 것들을 건설할 수 있는 것보다 더 빠르게 노후화되었다고, 이스털리는

---

35 Bremer, 62–63.
36 Bremer, 64.

보고한다. 반면에, 탄자니아에서 "성장 산업"은 거대한 관료제였다. "탄자니아는 자기의 원조 제공자들에게 한 해 2,400개 이상의 보고서를 생산했는데, 그 기부자들은 그 포위된 수령자에게 매년 천 개의 기부자 직원 사절단을 보냈다." 해외 원조는, 이스털리는 언급한다, 가난한 사람들이 필요한 것(도로들)을 공급하지 않았고, 그것은 가난한 사람들이 거의 소용없는 것(관료제)을 많이 공급했다.[37]

잠비아에서 태어난 담비사 모요(Dambisa Moyo)는 1990년대 초기 이래 미국에서 살았는데, 거기서 그녀는 장학금으로 자기의 교육을 계속했다. 그녀는 처음 워싱턴, D.C.의 아메리칸 대학교에서 화학을 공부했고, 자기의 학사 학위를 받은 후, 재무에서 MBA 프로그램을 마쳤다. 그녀는 또한 하버드 대학교 케네디 행정 대학원에서 석사 학위도 마쳤고 옥스퍼드 대학교에서 경제학 박사 학위도 받았다. 자기의 책 ≪죽은 원조(Dead Aid)≫에서, 그녀는 개발 원조에 이의를 제기한다: 세계은행 연구는 원조금의 85퍼센트 이상이 결국에는 원래 의도했던 것과 다른 목적들에 사용되고, 종종 역효과를 낳는 프로젝트에 전용된다는 점을 보여준다.[38] 돈이 실제로 그 자체 합리적인 프로젝트들에 사용될 때조차도, 어떤 단기 긍정적 영향들도 종종 부정적 장기 결과들로 없어지는데, 예를 들면 원조 프로젝트들이 그것들이 돕고 있기로 되어 있는 나라들에서 현지 회사들을 파괴하기 때문이다.

많은 경우, 어느 주제들이 가장 많은 자금을 받을지 유행들이 좌우한다. 예를 들면, 친환경 농장들을 중심으로 해서 과대 선전이 전개되었다: 브레머에 따르면, "12년간 그것들은 파견된 전문가들과 그들의 기술 전문가들

---

[37] Easterly, *White Man's Burden*, 145.
[38] Moyo, *Dead Aid*, 36.

에게 대수롭지 않은 운동장인 채로였는데, 이들은 생태적 그리고/혹은 현장에 적합한 농업을 추구했고 이것은 아주 유행하게 되었다. 대체로, 약 €2,000만이 이 프로젝트들에 관해서 사바나 모래 속에 투자되었다."39

공여국들에서 일반 대중은 관심이 없다. 프로젝트들은 아주 멀리 있고, 그것들이 실제로 차이를 가져오는지 아닌지는 − 하여간 − 대학 교수들 사이에나 토론될 주제이다. 정치인들과 매체는 이해할 수 있게 공여국들 내 투표자들과 독자들의 마음을 빼앗고 관심을 끄는 쟁점들에 더 관심이 있 − 고 개발 원조에서 수십억이 현명하게 사용되고 있는지의 질문에 관심이 없 − 다. 기껏해야, 정치인들이나 매체는 때때로, 예를 들면, 독일이 중국에 대규모 개발 원조 지급금 − 2017년에만 €6억 3,000만 − 을 보내는 것이 타당한지 비판적으로 물을 뿐이다.40

개발 원조의 옹호자들은 빈곤이 최근 몇십 년 엄청나게 크게 감소했다고 지적하기를 좋아한다: 1981년에는, 절대 빈곤율은 42.7퍼센트였다; 2000년까지는, 그것은 27.8퍼센트로 떨어졌고, 2021년에는 그것은 10퍼센트 미만이었다.41 그것은 믿을 수 없을 정도의 성공작이지만, 그것은 개발 원조 때문이 아니라, 개발 원조에도 불구하고 생겼다.

무엇보다도, 전 세계적으로 가난한 사람들의 수 감소는 아시아에서 두 인구 많은 국가 − 중국과, 덜한 정도로, 인도 − 에서 발전 때문이다. 나는

---

39 Bremer, 75.
40 https://www.focus.de/politik/ausland/630-millionen-euro-allein-im-jahr-2017-fast-10-milliarden-euro-seit-1979-darum-zahlt-deutschland-entwicklungshilfe-an-china_id_10817274.html
41 Pinker, 87, Rosling, 52 그리고 Fink / Kappner 참조. https://de.irefeurope.org/Diskussionsbeitrage/Artikel/article/Globale-Armut-Positive-Entwicklung-negative-Einschatzung 그리고 https://www.worldbank.org/en/publication/poverty-and-shared-prosperity

중국에 관해 나의 책들 ≪부유한 자본주의 가난한 사회주의≫와 ≪반자본주의자들의 열 가지 거짓말≫에서 광범위하게 썼다. 그러므로 나는 이 지점에서 단지 이만큼만 반복하고 싶다. 1950년대 말에, 인간 역사에서 가장 큰 사회주의 실험-마오의 대약진 운동-동안, 약 4,500만 중국인이 죽었는데, 그들 대부분은 기아로 죽었다. 그리고 마오의 사회주의 계획 경제가 끝난 후인 1981년에서조차도, 중국 사람들의 88퍼센트는 극빈 상태에서 살고 있었다. 오직 사유 재산권과 자본주의 개혁들의 도입을 통해서라야 극빈 상태에서 살고 있는 중국인들의 수가 오늘날 약 0.5퍼센트로 떨어졌다.

1990년대 초기 아직도 세계에서 가장 가난한 나라 중 하나였던 베트남도 역시 가난하게 사는 자기 주민의 비율을 80퍼센트에서, 1986년에 시작된 도이 모이 자유 시장 개혁들의 결과로, 5퍼센트 미만으로 줄였다-나는 제3장에서 이것에 관해 더 많이 이야기한다.

그러나 당면 주제, 즉 개발 원조로 되돌아가자. 프랑크 브레머, 윌리엄 이스털리 그리고 담비사 모요 같은 저자들이 그린 그림이 너무 일면적인가? 2000년에, 미국 경제학자들 크레이그 번사이드(Craig Burnside)와 데이비드 달러(David Dollar)[42]에 의한 "원조, 정책들, 그리고 성장(Aid, Policies, and Growth)"에 관한 연구가 많은 관심을 모았다. 그들은 일정 조건들 아래서는-특히 수령국들이 잘 관리되는 곳에서는-개발 원조가 성장에 이바지한다는 점을 증명하려고 하였다.

경제학자 토미 오바스카(Tomi Ovaska)는 그 결과들을 2003년에 발표된 논문["개발 원조의 실패(The Failure of Development Aid)"]에서 자세히 조사했고, 1975년과 1998년 사이 86개 개발 도상국에 대한 계산들

---

[42] Burnside / Dollar, "Aid, Policies, and Growth."

을 제시했다. 그는 개발 원조가 사실상 성장에 부정적 영향을 끼친다는 결론에 도달했다. "특히, GDP의 백분율로서 원조에서 1퍼센트 증가가 연간 1인당 실질 GDP 증가를 3.65퍼센트만큼 감소시킨다는 점이 발견되었다."

그리고 그는 그 자료에서 더 나은 정부 질이 더 큰 원조 효과성에 이른다는 번사이드와 달러의 명제에 대한 아무런 확증도 발견할 수 없었다.[43] 그러므로 그는 다른 권고에 도달했다: "자유 시장들과 양립할 수 있는 기업 환경들을 개발 도상국들이 창출하는 것을 돕고 장려하는 것이 그런 나라들에서 개인 노력과 창조성을 해방하는 유망하고 잠재적으로 비용-효과적인 방식이다."[44]

내가 위에서 이미 인용한 윌리엄 이스털리는, 역시 2003년에 발표된 논문["해외 원조가 성장을 살 수 있는가?(Can Foreign Aid Buy Growth?)"]에서, 번사이드 및 달러와 똑같은 자료를 사용했고, 그것을 추가적인 자료와 결합했는데, 좋은 정치 틀 조건들을 가진 나라들에서 개발 원조가 긍정적 효과를 끼친다는 주장들도 역시 더 면밀한 조사에 잘 견디지 못한다고 결론지었다.[45] 24년 기간-1970년에서 1993년까지-을 망라하는 상세한 통계 연구는 개발 원조가 수령국들의 경제 성장에 아무것도 하지 않았다는 점을 드러냈다.[46]

이스털리는 또한 "세계은행이 개발 영향에 대해 자기의 대출금들의 단지 5퍼센트만을 마지막 지급 후 3년에서 10년이 지난 후 심사한다,"[47]는

---

[43] Ovaska, "The Failure of Development Aid," 186.
[44] Ovaska, "The Failure of Development Aid," 187.
[45] Easterly, "Can Foreign Aid Buy Growth?," 27.
[46] Easterly, "Can Foreign Aid Buy Growth?," 30.
[47] Easterly, "Can Foreign Aid Buy Growth?," 38.

점을 지적하기도 한다. 궁극적으로, 이것은 사람들이 개발 원조의 영향들에 관심이 없-거나 그들이 의도적으로 그 결과들을 더 면밀하게 고찰하지 않는-다는 점을 의미한다.

4년 후, 이스털리는 그 주제에 관해 또 하나의 논문을 발표했다: "개발 원조는 실수였는가?(Was Development Assistance a Mistake?)" 지난 42년간, (2007년 달러로) $5,680억이 아프리카로 흘러들었었지만, 어떤 측정 가능한 1인당 실질 GDP 증가도 기록되지 않았었다. 이 42년간 모든 원조 수령국의 상위 ¼은 GDP의 17퍼센트를 원조로 받았지만, 1인당 GDP 증가는 거의 0이었다.[48] 동시에, 높은 성장을 경험한 나라들, 특히, 인도, 중국 그리고 베트남은 개발 원조를 상대적으로 거의 받지 못했다.[49]

이스털리의 전반적인 개발 원조 평가는 통렬하다: "이루어진 대출금들에 대해서 그런 대출금들의 결과들에 대해서보다 더 강조하는 것, 아무도 읽지 않는 보고서들의 과잉, 원대한 틀들과 세계 정상들에 대한 애호, 어떤 한 가지든 책임지는 어떤 기관에 대해서보다는 모든 사람에 대한 도덕적 훈계, 아무도 귀를 기울이지 않고 있는 외국 기술 전문가들, 약이 없는 진료소들, 교과서가 없는 학교들, 건설되었지만 보수되어 유지되지 않는 도로들과 상수도들, 부패와 경제 부실 관리에도 불구하고 정권을 유지하는, 원조로 재정 조달되는 정부들, 기타 등등."[50]

진정으로 도움이 되는 것은 지식의 추정을 가진 전문가들이 아니라, 시장의 자발적인 발전들, 아래에서 와야 하는 발전들이다.[51] 자유 시장 경제는 작동하지만, 그것은 위에서 부과될 수는 없다고, 이스털리는 자기의 책

---

[48] Easterly, "Was Development Assistance a Mistake?," 329.
[49] Easterly, "Was Development Assistance a Mistake?," 329.
[50] Easterly, "Was Development Assistance a Mistake?," 330.
[51] Easterly, "Was Development Assistance a Mistake?," 331.

≪백인의 부담(White Man's Burden)≫에서 설명한다.52

그것의 본질상-그리고 사회주의 경제 계획 모형들과 뚜렷하게 대조적으로-자본주의는 인간 발명과 설계에 의지하는 체제라기보다 자생적인 발전의 결과로서 생기는 사회적 질서이다. 이스털리에게 이런 인식의 결과는 더 큰 겸손이다: "그래서 서양은 가난한 나라를 위해, 시장들이 작동하게 할 자비로운 법률들과 좋은 제도들을 창출하는, 포괄적인 개혁을 설계할 수 없다. 우리는 시장들이 작동하게 하는 규칙들이, 가장 큰 이득을 가지는, 사회적 규범들, 관계망들, 그리고 공식적인 법률들과 제도들의 복잡한 상향식 탐색을 반영한다는 점을 보았다. 설상가상으로, 이 규범들, 망들, 그리고 제도들은 바뀐 상황과 그것들 자신의 과거 역사에 반응하여 바뀐다."53

이것을 보여주기 위해, 이스털리는 중국에서 한 예를 제시한다: 안후이 성 샤오강이라는 작은 마을-중국 쌀 재배 지역의 중심부-에서 약 20가구가 1978년에 비밀회의를 개최했다. 마을 사람들은 절망적이었는데, 왜냐하면 농업 집산화와 사유 재산 폐지가-전에 소련에서 그랬었던 것처럼-기아와 극빈에 이르렀었기 때문이다. 중국의 많은 마을에서, 사람들은 그런 까닭에 사유 재산을, 비록 이것이 실제로는 금지되었다고 할지라도, 사실상 다시 도입했다. 그들은 토지를 나누었고 모든 사람은 그들이 자기들의 땅뙈기에서 생산한 것을 가지도록 허용되었다.

비록 마을 사람들이 자기들의 협정을 비밀로 해두었을지라도, 샤오강에서 쌀 생산은 급증하였고 그 결과들은 아주 눈부셔서 오랫동안 비밀인 채로 있을 수가 없었다. 다른 마을들의 주민들이 샤오강에서 계속되고 있

---

52 Easterly, *White Man's Burden*, 78.
53 Easterly, *White Man's Burden*, 88.

는 것을 발견했을 때, 그들도 역시 개별 영농을 시행했다.[54] 이때까지는, 덩샤오핑이 중국에서 자기의 자유 시장 개혁들을 시작했었고, 국가는 더는 사람들이 더 나은 자유 시장 해결책들을 찾는 것을 막지 않았다.

그러나 사적 영농에 대한 공식적 금지가 1982년에 해제된 지 오래전에, 사회주의 신조와 반대로, 효과적으로 사적 소유권을 재도입한, 중국 곳곳의 소농들에 의한 자생적인 주도들이 있었다.[55] 그 결과들은 믿을 수 없을 정도로 긍정적이었다. 농업 생산은 급속하게 증가했고, 사람들은 더는 굶어 죽게 되지 않았다. 그리고 1983년까지는, 중국에서 거의 모든 농업이 탈-집산화되었었다. 아주 수백만 사람이 희생되었었던 마오의 거대한 사회주의 실험은 끝났다. 이 책에서, 나는, 정부들이 중요한 역할을 하지만, 그것들이 하향식으로 "부과하는" 개혁들이 때때로 단지 이미 상향식으로 일어나고 있었던 것을 재가하는 것일 뿐이라는 점을 보여주기 위해, 베트남과 폴란드의 예들을 사용한다.

2009년에, 덴마크 경제학자 오르후스 대학교 마르틴 팔담(Martin Paldam)은 저명한 ≪경제 조사 저널(Journal of Economic Surveys)≫에 "원조 효과성 문헌: 40년 연구의 슬픈 결과들(The Aid Effectiveness Literature: The Sad Results of 40 Years of Research)"이라는 제목의 논문을 발표했다. 팔담은 개발 원조의 효과성에 관한 97개 과학적 연구를 자세히 조사했었다. 그는 메타-분석, 즉 똑같은 쟁점에 관한 여러 연구의 결과들을 요약하고 평가하는 통계 절차를 여럿 수행했다. 그의 연구 결과: "원조-효과성-문헌(Aid-Effectiveness-Literature)에 관한 우리의 세 메타-분석은 유의미하게 긍정적인 원조 효과의 증거를 발견하지 못했다. 결

---

[54] Easterly, *White Man's Burden*, 94.
[55] Coase / Wang, 49.

과적으로, 효과가 있다면, 그것은 작음에 틀림없다. 개발 원조는 옳게 하기 어려운 것으로 드러난 활동이다."⁵⁶

2017년 6월에, 독일 경제학자들 악셀 드레허(Axel Dreher)와 자라 랑글로츠(Sarah Langlotz)도 똑같은 질문들에 대해 또 하나의 고찰을 했고 1974년부터 2009년까지 기간 96개 수령국에 대한 개발 원조의 효과들을 검토했다. 그들은 2국간 원조(원조국과 원조받는 나라 사이에 직접 시행되는 원조)가 경제 성장을 증가시키는 데 아무것도 할 수 없다는 점을 발견했다. 또 하나의 연구 결과에 따르면, 냉전 시대에, 개발 원조는 실제로 경제 성장에 부정적인 영향을 끼쳤다. "우리는 또한 원조가 저축, 소비, 그리고 투자에 끼치는 효과도 연구하는데, 전반적인 표본에서나 우리의 부분-표본들에서 어떠한 원조 효과도 발견하지 못한다."⁵⁷

저자들은 이 우울한 연구 결과들을 발표하는 데 대해 거의 사과하다시피 하지만, 그렇게 하지 않을 수 없다고 느끼는데, 왜냐하면 많은 발표가 그 주제에 대해 선의의 편협함의 특징이 있기 때문이다: "우리는 여전히 이 결과들을 보여주는 것이, 그리고 발표하는 것이, 중요하다고 믿는데, 왜냐하면 원조 효과성에 관해 발표된 문헌이, 원조 효과성 문헌에서 저자들의 제도적 편향들과 (오직) 유의미한 결과들만 발표하는 학술 잡지들의 잘 알려진 편향 때문에, 지나치게 낙관적인 경향이 있기 때문이다."⁵⁸ 우리가 보았듯이, 개발 원조가 장기적으로 빈곤과 싸우는 데 도움이 되는 것 같지 않다. 그러나 이것은 우리가, 예를 들어 자연재해들이나 기근에 대응하여, 인도주의적 원조를 제공하는 것을 그만두어야 한다는 것을 의미하지는 않는다. 그러한 원조는 옳고 중요하다. 그러나 그것은 개발 원조나

---

56 Paldam, 457.
57 Dreher / Langlotz, 20.
58 Dreher / Langlotz, 20.

개발 협력이 의미하는 것이 아니다.

만약 개발 원조가 경제 성장을 돕지 않는다면, 어쩌면 그것이 사회에서 민주적 구조들의 발전을 도울까? 2005년 4월에 발표된 연구가 보여주듯이, 이것도 역시 그렇지 않다. 저자들 시메온 얀코프(Simeon Djankov)와 호세 G. 몬탈보(Jose G. Montalvo)는 거의 40년의 기간에 108개 수령국의 자료를 검토했고, "해외 원조가 민주주의에 부정적 영향을 끼친다,"[59]고 결론지었다.

만약 그렇게 많은 과학적 연구의 결과들이 그렇게 명백하다면, 개발 원조가 국가들을 가난에서 벗어나게 하는 최선의 길이라는 믿음이 왜 그렇게 끈질기게 지속하는가? 나는 그것이 내가 영합(零合; zero-sum) 신념들이라고 부르는 것 때문이라고 생각한다. 많은 사람은 가난한 나라들이 가난한 것이 그저 부유한 나라들이 그들에게서 어떤 것을 빼앗았기 때문일 뿐이라고 믿는다. 그 함의는 부유한 나라들이 자기들의 부 일부를 포기해야 하고 그러면 가난한 나라들이 더 잘살게 되리라는 것이다.

그러나 이것은 착각인데, 왜냐하면 이 믿음이 기초한 영합 가정이 허위이기 때문이다. 경제 사회학에서, 영합 게임은 경기자들에 대한 지급들의 합이 0인 배열을 서술한다. 한 경기자의 이득은 자동적으로 다른 경기자의 손실이다. 반면에, 비영합 게임들은 경기자들에 대한 지급들의 합이 일정하지 않은 게임들이다. 그런 게임들에서는, 두 당사자 다 이기거나 질 수 있든지, 다른 당사자가 지지 않고 한 당사자가 이길 수 있든지, 기타 등등이다.

연구자들은 영합 믿음이, 제한된 자원들을 가진 상황들이 표준인, 자본주의 이전 사회들에 근거한다고 믿는다. "자원들이 제한되어 있을 때, 바

---

[59] Djankow/Montalvo, 1.

람직한 자원들을 배분하는 것은 그 자원들이 곧 소진될 것이라는 점을 의미한다."60

미국 경제학자 폴 H. 루빈(Paul H. Rubin)은 민속 경제학(folk economics), 즉 경제생활에 관한 대중 혹은 아마추어 생각들이 전적으로 부의 분배의 질문에 집중하지, 그 부가 어떻게 생산되는지에 집중하지 않는다는 점을 보여주었다.61 "요점은 이것이다: 민속 경제학은 부 배분의 경제학이지, 생산의 경제학이 아니다. 순진한 사람들이나 경제학 훈련을 받지 않은 사람들은 가격들을 부를 배분하는 것으로 생각하지, 자원들의 배분이나 재화들과 서비스들의 생산에 영향을 미치는 것으로 생각하지 않는다. 민속 경제학에서는, 거래되는 재화의 양은 — 총계로서건 각 개인에 따라서건 — 고정되어 있고 가격과 독립적이다. 게다가, 각 개인은 부와 소득의 분배에 관심이 있지, … 경제 활동으로부터의 어떠한 효율 이득에도 관심이 있지 않다."62

루빈은 이런 종류의 사고를 인간 두뇌에서의 조건화에 돌리는데, 그는 그것을 진화 생물학으로 설명한다.63 수백만 년 동안, 기술이나 성장에 거의 어떤 개선도 없었다. 원시 사회들에서 변화 속도는 아주 느려서 개인들은 자기들 평생 그것을[변화를] 거의 인식할 수 없었다. 모든 사람은 외관상 바뀌지 않는 기술을 가진 세계에서 살았고, 성장을 이해했던 사람들에게 어떤 이점도 존재하지 않았다 — 사실상 그러한 성장이 없었다는 바로 그 이유로. 아이들과 어른들 사이와 남자들과 여자들 사이 분업을 제외하고는, 또한 거의 어떤 분업도 없었다. 거래는 체계적인 분업의 표현이 아

---

60 Meegan, 12.
61 Rubin, 157–158.
62 Rubin, 158.
63 Rubin, 162 참조.

니라, 오히려 우연의 결과였다 – 그저 행운으로, 혹은 어쩌면 지리로, 어떤 사람은 다른 사람이 사용할 수 있을 어떤 것을 풍부하게 가지고 있었다.

만약 그러한 사회들에서 사람들이 이점들이나 불리들을 가지고 있었다면, 그런 것들은 대개 한 사람이 다른 사람을 공정하게 대우하지 않는 것에서나, 자기가 다른 사람에 대해 실질적이지만 우연한 이점을 보유함으로써 생겼다. 그러므로, 루빈에 따르면, 사람들은 자기들이 다른 사람들에 의해 희생되거나 사기당할 수 있을 상황들을 인식하고 피할 강한 의식을 갖게 되었다.

자본주의 이전 사회들에서는, 어떤 사람들의 부는 참으로 종종 강도 행위와 권력 행사, 즉 다른 사람들의 손실들에 기초하였다. 그러나 시장 체제는 강도 행위에 기초하지 않고 영합 게임이 아니다. 그것은 가능한 한 많은 소비자의 필요들을 충족시킴으로써 부유하게 되는 것에 기초하고 있다. 그것이 시장의 논리다. 그리고 자본주의 체제들의 특징인 경제 성장은 어떤 사람들이 그리고 또한 전 국가들도 더 부유해지는 것을 가능하게 하는데, 이것은 반드시, 말하자면, 자동으로 더 가난해질 다른 사람들이나 국가들을 희생시키고 일어나는 것이 아니다. 나는 이것을 여기에서, 둘 다 30년 전에 극도의 빈곤의 수렁에 빠져 있었던 두 나라 – 베트남과 폴란드 – 의 예들을 듦으로써 보여주고 싶다.

3. 베트남: 도이 모이—용의 상승

여덟 살 풍 쑤언 부(Phung Xuan Vu)와 그의 열 살 형은 자기들의 가족을 위해 식량을 가져오는 책임을 지고 있었는데, 가족은 끊임없이 굶주림에 사로잡혀 있었다. 그리고 이것[식량을 가져오는 것]은—베트남에서 자유 시장 도이 모이 개혁들이 발효되기 전에는—오직 배급 카드들을 가지고서만 가능했다. 가족의 가장 중요한 소유물 중 하나는 식량 바우처들의 소책자였다. 두 아이 중 연장자로서, 부의 형은 그 소책자를 책임지고 떠맡았는데, 만약 자기가 그것을 잃으면, 가족이 먹을 아무것도 없을 것이라는 점을 알았다. 안쪽 바우처들은 밀을 입힌 노란 티슈페이퍼에 인쇄되었다. 그것들은 굶주리는 것과 비록 그것이 전혀 충분하지 않을지라도 먹을 어떤 것을 가지는 것 사이 차이를 의미했다. 바우처들은 식량 배급 센터들에서 식량으로 바꾸어야만 했다, 사람들은 식량을 조금 얻기 위해 몇 시간, 때때로 온종일, 기다려야만 했고, 식량을 가지고 떠날 더 나은 기회를 원하는 사람들은 밤에 왔다: "아이들은, 자기들의 이웃들과 함께, 몇 시간이고 기다렸습니다. 어떤 사람들은 오전 2시, 오전 4시, 혹은 아직도 어두운 오전 5시에 도달했습니다. 어떤 사람들은 줄에서 자기들의 장소를 계속해서 유지하기 위해 바구니나 벽돌을 남겨두었고 다른 활동들에 착수했습니다. 만약 해가 떠올랐으면, 학생들은 기다리면서 공부했고 숙제를 했습니다. 그들은 빗속에 서 있었는데, 그때 땅은 진흙투성이로 되었고 미끄러워졌습니다. 그들은 더위 속에 서 있었는데, 그때 그들은 목마르고 약해져서 거의 기절할 뻔했습니다."[64]

그들은 식량이 심지어 배달되기도 전에—그것이 어떤 시점에 도달할 것을 희망하면서—이미 줄 서서 기다리고 있었다. 자기들 대신 줄을 서도록 가족들은 아이들을, 다른 가족들은 사람들을 미리 보냈다—물론 당신은 차례를 기다려야 했다. 일단 마침내 당신의 차례가 되었을 때, 당신은 종종 가혹한 관리들과 대면하게 되었다: "관리들은 친절하지 않았습니다,"라고 부는 기억한다. "그들은 으스댔고 권력이 있었습니다. 우리는 당연히 우리 것인 식량을 우리가 구걸해야 하는 것처럼 느꼈습니다."[65]

가족들은 선택의 여지가 없었고, 그들은 자기들의 자루에 관리들이 던져 넣는 것은 무엇이든 받아들이지 않으면 안 되었다: "우리는 관리들이 쌀을 쏟아 넣도록 우리의 자루를 열어 놓았습니다. 종업원들은 바구니를 쥐었고, 수레에 실린 큰 자루에서 쌀을 펐으며, 자기들이 우리에게 우리 가족의 한도 이상을 주지 않도록 확실히 하기 위해 그것을 저울에 놓았습니다. 우리는 관리들이 때때로 쌀과 함께 돌들을 자루들에 넣고, 그래서 우리에게 권리가 주어져 있는 것보다 더 적은 쌀을 우리가 받으며, 종종 쌀이 오래됐거나 곰팡내 난다는 점을 알고 있었습니다. 우리는 또한 종업원들이, 만약 있다면, 좋은 쌀을 자신들이나 자기 친구들을 위해 남겨둔다거나 그들이 돈 벌기 위해 그것을 암시장에서 판다는 점도 알고 있었습니다. 그러한 것은 우리를 화나게 했지만, 우리는 관리들과 싸우거나 말다툼할 수 없었습니다. 아이들로서, 우리가 무엇을 할 수 있었겠어요?"[66]

당신이 얻는 식량의 양은 당신 가족의 지위에 달려 있었다. 국가 공무원들은 더 많이 받았고, 공장 근로자들은 덜 받았다. 만약 충분한 쌀이 없다면, 사람들에게 쌀 대신 밀이 주어졌는데, 비록 거의 누구도 그것으로 무엇을 할지 모른다고 할지라도 그랬다. 그러나 설사 그들이 빵을 굽는 방법

---

[64] Napier / Ha, *Bridge Generation*, 94.
[65] Napier / Ha, *Bridge Generation*, 96에서 인용.
[66] Napier / Ha, *Bridge Generation*, 96–97에서 인용.

을 안다고 할지라도, 그것은 어려웠는데, 왜냐하면 그들은 자기들이 필요한 다른 재료를 보통 손에 넣을 수 없었기 때문이다. 하여간, 그들은 솥을 가열하는 데 전기가 필요했지만, 전기는 하루에 그저 두세 시간만 이용할 수 있었다. 그리고 가족은 전기를 솥에 사용하지 않았고, 등을 켜거나 낡은 라디오를 듣는 데 사용했다. 때때로 전기는 갑자기 정전되었고, 그들은 양초에 불을 켜야 했다. 어떤 가족들은 전기를 훔쳤지만, 그것은 위험했다.[67]

부의 가족은 낡은 자전거를 소유하고 있는 점을 매우 자랑스러워했다. 비록 그것이 꽤 구식이었을지라도, 그들에게는 그것은 롤스 로이스를 소유하고 있는 것과 같았다. 그 당시, 1980년대와 1990년대 초기에는, 거의 모든 베트남 사람은 자전거를 탔다. 오늘날 하노이에서는, 당신은 어떤 자전거도 거의 보지 못한다―거리들에 있는 차량의 약 85퍼센트는 오토바이들(motobikes)과 모터 달린 자전거들(mopeds)이다.

미국인 낸시 K. 네이피어(Nancy K. Napier)는 베트남 사람들로부터 직접 경험한 이야기들을 수집했다. 그녀는 자기 책을 나누어 도이 모이 개혁들 이전과 이후의 기간을 다루었고, 이전 기간에 관한 장을 "배고픔(Hunger)"이라는 단어로 제목을 붙였다. 그녀는 하노이에 있는 국립 경제대학교(National Economics University)에서 1994년부터 가르쳤다. 그녀는 자기가 약간 몸이 불었을 때 자기 동료들이 자기에게 말하곤 했던 것을 기억한다: "낸시, 당신 살쪘어요!" 그녀는 자기의 베트남 동료들에게 당신들이 결코, 어떤 상황에서도, 미국 여성에게 그녀가 살쪘다고 말해서는 안 된다고 가르쳤다. 그들은 이해하지 못했다: "오, 그렇지만 그것은 당신이 부유하다는 뜻이에요. 당신이 살찔 수 있도록 당신은 먹을 충분한 음

---

[67] Napier / Ha, *Bridge Generation*, 98–99.

식을 가지고 있어요. 당신은 기뻐해야 해요!"68

내가 2022년에 바로 그 대학교에서 강연했을 때, 나는 잘 입은 교수들과 인생에서 성공할 야망으로 가득 찬 젊은 신진 학자들을 보았다. 낸시 네이피어는 또한 하노이에 새들이 그렇게 별로 없는 이유를 궁금해했던 점을 상기하기도 한다. 그녀가 자기 동료들에게 물었을 때, 그들은 그녀를, 마치 그녀의 머리가 완전 정상은 아닌 것처럼, 당황해 쳐다보았다. 그들은 그녀에게 배고픈 사람들이 새들을-심지어 참새들조차도-잡아먹는다고 설명했다.69 많은 사람은 영양실조였거나 비타민 A 결핍을 겪고 있었다. "젊은 엄마들은 때때로 자기 아이를 위해 충분한 모유를 낼 수 없었고, 그래서 그들 중 일부는 쌀을 끓여, 영양소들이 충분할 것으로 희망하면서, 자기 갓난아이에게 '쌀 우유(rice milk)'를 먹였다."70

박 응옥 찌엔(Bach Ngoc Chien)은 기억한다: "내가 10대였을 때, 나는 항상 배고팠습니다. 나의 다섯 식구는 점심으로 밥 세 사발 그리고 저녁으로 세 사발을 나누었습니다. 우리 아이들은 아침으로 한 사발을 함께 나누었습니다. 우리는 두 경우, 음력 설날과 나의 할아버지 제삿날을 제외하고는, 거의 전혀 고기를 먹지 못했습니다. 1988년에, 내 고등학교 마지막 학년도에, 나의 몸무게가 88파운드(40킬로) 미만이었을 것으로 생각합니다."71

심지어 소비에트 벨라루스조차도 비교해 보면 낙원같이 여겨졌다. 오늘날 많은 큰 회사를 소유하고 있는 루옹 응옥 칸(Luong Ngoc Khanh)은 러시아어를 배우기 위해 민스크에 파견되었다: "그 당시, 러시아[그는 벨

---

68 Napier / Ha, *Bridge Generation*, 109에서 인용.
69 Napier / Ha, *Bridge Generation*, 109.
70 Napier / Ha, *Bridge Generation*, 110–111.
71 Napier / Ha, *Bridge Generation*, 125에서 인용.

라루스를 의미한다]는 천국 같았습니다. 우리는 먹을 사과들, 마실 우유, 먹을 고기를 가지고 있었습니다. 베트남에서는, 모든 그런 것이 부족했습니다."72

오늘날, 베트남 사람들은 이 기간을 "토이 바오 깝(Thoi Bao Cap)"("보조금 기간")이라 부른다－그것은 베트남이 도이 모이 개혁들의 결과로 계속해서 시장 경제가 되기 전 사회주의 계획 경제의 기간이었다. 베트남은 이 개혁들의 결과로 엄청나게 바뀌었는데, 이것은 이 책의 주제이다: "베트남에서 빈곤은 다수 문제인 것에서 소수 문제로 바뀌었다."73 미화 $98의 1인당 GDP로, 베트남은 1990년에 세계에서 가장 가난한 나라였는데, 소말리아(미화 $130)와 시에라리온(미화 $163) 뒤였다.74

베트남이－심지어 다른 사회주의 나라들과 비교해서조차도－얼마나 후진적이고 가난했는지는 다음 수치들로부터 알 수 있다: 1985년에 주민당 생산된 전기는 헝가리에서 4,656kwh, 독일 민주 공화국(동독)에서 6,839kwh, 폴란드에서 3,702kwh 그리고 베트남에서 87kwh였다. 1960년에, 평균 소득들은 헝가리에서 669.80루블이고 폴란드에서 581.80루블이었다. 스무 해 후(1980년에), 베트남에서 평균 소득은 얼마 안 되는 50루블이었다.75

경제 개혁들이 시작되기 전에, 모든 흉작은 기아에 이르렀고, 베트남은 UN의 세계 식량 프로그램으로부터의 지원 그리고 소련과 그 밖의 동구권 나라들로부터의 원조에 의지했다.76 1993년만큼 최근, 베트남 인구의

---

72 Napier / Ha, *Bridge Generation*, 188에서 인용.
73 Tam T.T. Nguyen, *Vietnam und sein Transformationsweg*, 84.
74 Tran, *Rethinking Asia*, 3, 각주 1.
75 Tadashi, "Vietnamese Economic Reforms," 24, Tables 1과 2.
76 Finn Tarp, "Vietnam, Wider Working Paper," 5.

79.7퍼센트는 가난하게 살고 있었다. 2006년까지는, 그 비율은 50.6퍼센트로 떨어졌었다. 2020년에는, 그것은 그저 5퍼센트만이었다.[77]

베트남은 이제 세계에서 가장 역동적인 나라 중 하나이고, 열심히 일하는 사람들과 기업가들에게 많은 기회를 창출하는 활력 넘치는 경제를 가지고 있다. 시장 개혁들이 시작되기 전에는 자기 자신의 인구를 먹일 충분한 쌀을 생산할 수 없었던 나라로부터, 그것은 세계에서 가장 큰 쌀 수출국 중 하나－와 주요 전자 제품 수출국－가 되었다.

그러나 내가 사람들에게 베트남에 관해 이야기할 때는 언제든지, 나는 그들이 보통 그 나라에 관해 아주 거의 알지 못한다는 점을 알아차린다. 많은 사람은 내가 그들에게 베트남이 어떤 유럽 나라보다 더 많은 주민을 가지고 있다는 점을 이야기할 때 놀란다. 거의 1억 주민을 가지고서, 베트남은 독일, 터키, 영국, 프랑스, 이탈리아 혹은 스페인보다 더 큰 인구를 가지고 있고, 한국의 거의 두 배만큼 크며, 싱가포르 인구의 17배다.

전쟁 중인 나라

많은 사람이 베트남을 생각할 때, 생각이 떠오르는 첫 번째 것은 베트남 전쟁인데, 그것으로부터 그들은 1955년부터 1975년까지 이 동남아시아 나라에서 미국이 수행한 전쟁을 의미한다. 그들이 모르는 것은 이것이, 1946년에 시작되었고 거의 30년간 계속된, 더 긴 인도차이나 전쟁의 그저 한 단계일 뿐이었다는 점이다. 그리고 이것[더 긴 인도차이나 전쟁]은 베트남을 파괴한 유일한 전쟁이 아니었다. 인간 역사에서 좀체 단일의 나라가 자기 이웃국들에 의해 그렇게 많은 정복의 대상이었던 적이 없다. 지난 1,000년간, 전쟁의 기간들이 평화의 그것들보다 더 길었고, 베트남은 외

---

[77] World Bank Group, "From the Last Mile to the Next Mile," 28, Table 1.1.

국 침입자들과 정복자들에 대항해서 ― 중국인들과 몽골인들, 일본인들 그리고 프랑스인들에 대항해서 ― 반복적으로 자신을 방위하지 않으면 안 되었다.

　19세기 중엽에, 그 나라는 프랑스 식민지 지배를 받았다. 제2차 세계 대전 동안, 그것은 일본인들에 점령당했고, 1945년에, 베트남은 프랑스 지배로 돌아갔다가, 드디어 프랑스인들은 1954년 5월 7일에 디엔비엔푸 전투에서 패배했다. 그다음 그 나라는 하노이를 수도로 가진 북쪽의 베트남 민주 공화국과 사이공을 수도로 가진 남쪽의 베트남 공화국으로 나누어졌다. 이것은 대부분 사람이 베트남 전쟁으로 알고 있는 전쟁으로 이어졌는데, 이 전쟁에서 ― 소련과 중국의 지원을 받는 ― 공산주의 북베트남과 남베트남의 민족 해방 전선은 미국의 후원을 받는 남베트남에 대항해 싸웠다.

　북베트남은 호찌민이 지도하였는데, 그는 아직도 오늘날 베트남에서 존경받는다. 1973년 1월 27일, 미국 국무장관 헨리 키신저와 호찌민의 후계자 레둑토는 적대 행위 중지에 합의했다. 그다음 전쟁은 (비록 미국이 무기들을 남베트남에 계속해서 공급했을지라도) 직접적인 미국 개입 없이 계속되었다. 그것은 1975년 4월 30일 사이공의 점령으로 끝을 맺었는데, 이것에는 1975년 5월 1일 남베트남의 무조건 항복이 뒤를 이었다. 그다음, 1975년 7월 2일, 북베트남과 남베트남은 베트남 사회주의 공화국이라는 이름으로 재통합되었다. 하노이는 그 이후 수도였고 사이공은 공식적으로 호찌민시로 불리는데, 하기야 많은 베트남 사람은 아직도 그것을 사이공으로 부른다.

　전쟁은 그 나라를 황폐화했었다. 대략 1,400만 톤에서 1,500만 톤의 폭탄들과 폭약들 ― 제2차 세계 대전에서 독일에 투하되었었던 것의 열 배 ―

이 베트남에 떨어졌다.[78] 고엽제 오렌지 작용제(Agent Orange)를 포함하여, 미국이 사용한 대량 살상 화학 무기들은 공산주의 해방군을 때렸을 뿐만 아니라, 그것들은 또한 민간인도 쳤다. 네이팜탄들도 역시 민간인 사이에 많은 사상자를 안겼다. 남베트남인들만도, 300,000명 민간인을 포함하여, 150만 명을 잃었다.[79] 전쟁이 끝났을 때까지는, 남베트남에 거의 백만 고아가 있었고, 수십만 사람이 마약 중독과 매춘으로 내몰렸었으며, 종종 심한 신체장애가 있는, 백만 명의 전쟁 상병자(傷病者)가 있었다. 엄청나게 많은 사람이 마음에 충격을 받았다.[80] 미군은 58,200명 사상자를 경험했고, 더하기 300,000명이 상처를 입었다.

북베트남에서 민간인 손실들은 남에서보다 더 낮았지만, 그것[북베트남]은 훨씬 더 많은 군인을 잃었다.[81] "북에서는, 전쟁은 주요 공업 중심지들과 기본적인 사회 기반 시설을 파괴했다. ... 모든 공업 기업이 파괴되었다. 여섯 개 가장 큰 도시 중 셋, 29개 주도(州都) 중 12, 그리고 마을들의 ⅔도 마찬가지였다. 모든 발전소, 철도역, 항구, 교량, 도로 그리고 전 철도망도 역시 완전히 파괴되었다." 남에서는, 마을들의 ⅔가 역시 파괴되었고, 삼림의 대부분 지역이 파괴되었으며, 2,000만 농민들이 자기 집을 잃었다.[82]

자기들이 미국인들에 승리한 후, 이 이미 자부심이 강한 나라는 더욱더

---

[78] Pfeifer, *Konfuzius*, 49.
[79] https://de.statista.com/statistik/daten/studie/1165881/umfrage/verluste-nach-kriegspartei-im-vietnamkrieg/#:~:text=Im%20Vietnamkrieg%20in%20den%20Jahren,und%20weitere%20300.000%20wurden%20verwundet
[80] Pfeifer, *Konfuzius*, 49.
[81] https://de.statista.com/statistik/daten/studie/1165881/umfrage/verluste-nach-kriegspartei-im-vietnamkrieg/#:~:text=Im%20Vietnamkrieg%20in%20den%20Jahren,und%20weitere%20300.000%20wurden%20verwundet
[82] Tam T. T. Nguyen, *Vietnam und sein Transformationsweg*, 14.

자부심이 강해졌는데, 왜냐하면 그들이 역사상 가장 큰 군사 초강국을 패배시켰기 때문이다. 그러나 그들의 자부심은 사회주의 계획 경제의 도입이 전 나라에 파괴적인 영향을 끼침에 따라 다음 십 년 동안 상처를 입었다. 베트남은 그 지역에서 가장 가난한 나라였다. 자본주의 길을 택한 다른 아시아 나라들―예를 들면, 한국, 홍콩 그리고 싱가포르―이 믿을 수 없을 정도의 성장을 달성했고 가난에서 벗어났지만, 베트남에서 대부분 사람은 전쟁이 끝난 십 년 후에도 쓰라린 가난 속에 살았다.

"사이공의 함락 후에, 북쪽의 베트남인들은 모든 것이 잘될 것이라고 기대했다. 그들은―일본인들, 프랑스인들, 그리고 미국인들로부터의 침입들로 인한―수십 년의 피정복과 전투 후에 더 나은 삶을 꿈꾸었다."[83] 자기의 1969년 유언에서, 호찌민 대통령은 약속했었다: "미국 침략자들이 패배하면, 우리는 우리의 국토를 열 배 이상 아름답게 재건할 것입니다."[84]

북과 남에서 사회주의 계획 경제

일단 프랑스인들을 패배시켰을 때, 호찌민은 베트남 북부에 소비에트 사회주의 계획 경제를 본뜬 체제를 수립했다. 공산주의자들은 자기들이 미국에 승리한 후 바로 이 체제를 남베트남에 이전하기를 원했다. 잠시, 남부에는 자유 시장 경제 그리고 북부에는 사회주의 계획 경제를 가지는, "한 나라, 두 체제" 접근법을 집행하는 논의조차 있었지만, 그 생각은 재

---

[83] Napier / Ha, *Bridge Generation*, 120.
[84] Hồ Chí Minh, "45 years of President Ho Chi Minh's Testament,"에서의 증언, Vietnam Law and Legal Forum, September 29, 2014:
https://vietnamlawmagazine.vn/45-years-of-president-ho-chi-minhs-testament-4550.html

빨리 포기되었다.85

　1975년 8월에, 베트남 노동 인민당(Party of the Working People of Vietnam)(PdWV, 베트남 공산당이 그 당시 그렇게 알려져 있었다) 중앙위원회 제24차 회기는 북이 사회주의로의 길로 전진을 계속해야 한다고, 그리고 사회주의가 또한 남에서도 도입되어야 한다고 결정했다.86 1976년 12월에, 자기의 제4차 [당] 대회에서, 공산당은－그때 베트남 공산당(Communist Party of Vietnam; CPV)으로 알려진다－재통일된 베트남에 대한 자기의 첫 5개년 계획을 채택했는데, 남도 또한 사회주의 이데올로기와 일치하도록 바꾼다는 목적을 가지고서다.

　1977/78년에, 농업 집산화와 거의 30,000개 사유 소기업의 국유화가 호찌민시에서 시작되었다. 당은 그때까지 국가가 남베트남에서 "그저" 도매업의 약 50퍼센트와 소매업의 40퍼센트만 통제했다는 사실을 지적함으로써 자기 정책들을 정당화했다.87 대부분 회사가 중국인 수중에 있었고, 그래서 급진적 조치를 취하는 것에 관해 망설임이 없었다.

　집산화에 관한 한, 남부 지역 공산주의자들은 조금 더 신중했다. 남부의 많은 소농은 집산화를 특히 부당한 것으로 여겼는데, 왜냐하면 공산주의자들이 이전에 그들의 지지를 얻으려고 그들에게 토지를 주었었는데, 이제 그것을 그들에게서 다시 빼앗기를 원했기 때문이다. "그중에서도 특히, NLF(인민 해방 전선; National Liberation Front) 성원들은 부분적으로 그들이 소작농들과 적은 구획의 토지를 소유한 토지 소유자들에게로 농토의 재분배를 밀고 나아가는 것을 도왔기 때문에 시골 지지를 얻었었다. 토지 사유권을 완전히 제거하는 것은 정당과 농민들 사이 이 최근의

---

85 Tarp, "Vietnam, Wider Working Paper," 4, 각주 8.
86 Pfeifer, *Konfuzius*, 60.
87 Pfeifer, *Konfuzius*, 61.

업무 관계에 심한 모욕이었을 것이다."[88]

남부 지역에서 집산화가 시작되었을 때, 많은 소농이 저항했는데, 일부는 그들이 집단 농장에서 일하기를 원하지 않았기 때문에 자기들의 땅을 버리거나 자기들의 동물들이나 농기구를 팔았다.[89] 1980년에는, 남부 지역에는 시골 인구의 그저 24.5퍼센트만 집단 농장에서 일했는데, 북부 지역의 97퍼센트와 비교되었다.[90]

집산화와 국유화는 1980년대 초까지 계속된 격심한 위기를 일으켰다.[91] 제4차 당 대회에서 채택된 야심 찬 5개년 계획의 목표들을 달성할 희망이 없다는 점이 곧 명백해졌다.

공산주의자들은 자기들의 목표들을 놓치는 대부분 정치인이 하는 것과 똑같은 방식으로 반응했다: 자기들이 잘못된 길을 가고 있다는 점을 인정하는(이 깨달음은 그저 두세 해만 지나자 일어났다) 대신에, 그들은 사유재산 폐지와 사회주의 전환이라는 자기들의 정책들이 가속되어야 한다고 확신하게 되었다. 이것은 농업 부문에서 특별히 재난적인 효과를 끼쳤다: "남베트남에서 소농들은 생산을 제한하는 것으로 반항했는데, 생산은 주로 자기들 자신의 필요 쪽으로 돌려졌다. ... 두세 달 안에, 농업 부문은 거의 완전히 붕괴했다. 1978년에, 1인당 그저 190kg만의 쌀이나 238kg만의 식량이 이용될 수 있었는데, 1976년의 240/274kg과 비교되었다."[92]

공산주의자들은 무엇이 일어날지 알았어야 했다. 결국, 농업을 집산화하기 위한 비슷한 정책들이 이미 중국과 소련에서 실패했었다. "어떤 경

---

[88] Vu Le Thao-Chi, *Agent Orange*, 24.
[89] Vu Le Thao-Chi, *Agent Orange*, 24.
[90] Vu Le Thao-Chi, *Agent Orange*, 55–56, Tables 2.7.과 2.8.
[91] Pfeifer, *Konfuzius*, 61.
[92] Pfeifer, *Konfuzius*, 67.

우건, 개인 토지 소유권은 북베트남에서 1959년 헌법의 채택 후에 촉진되었던 사회주의 전환의 정치에 일치하게 전 나라에서 1980년에 폐지되었다. 이 행동 방침은 비록 집산화된 생산 부문이 명백히 비효율적이었다고 할지라도 취해졌다."[93]

투자에 관한 한, 정부는 국가 소유 협동조합들을 편들었다. 그것들은 모든 국가 자금의 40퍼센트를 받았는데, 총 농업 생산의 그저 5퍼센트에만 이바지했음에도 불구하고 그랬다.[94] 계획 경제는 그저 작동되지 않았을 뿐이다: 한해살이 작물들을 위한 경작 면적의 10퍼센트 미만이 인공적으로 관개되고 배수될 수 있었는데, 비록 펌프들이 그 지역의 약 40퍼센트에 이용될 수 있었다고—전력난들과 정전들이 종종 그것들의 사용을 불가능하게 하였다—할지라도 그랬다. 농업 부문의 전기 수요들의 그저 30퍼센트만이 충족되었다.[95]

국가 협동조합들의 회원들은 점수들을 받았고 이 점수들은 그다음에는 그들의 급료를 계산하는 데 사용되었다. "그 단점은 노동 점수들이 일자리의 지속 기간에 기초하지, 수행된 노동의 질이나 심지어 양에도 기초하지 않는다는 점이었다. 이것은 회원들에게 게으름을 부리거나, 대충 하거나, 늦게 출근하도록 부추겼다."[96]

박 응옥 찌엔은 자기 어머니가, 회원들에게 그들이 생산한 쌀의 양에 대해 보상하지 않고, 오직 그들이 얼마나 많은 날을 일했었는지만 계산한 체제에서, 협동조합에서 일했던 점을 상기한다. 만약 그의 어머니가 30일을 일했으면, 그녀는 30점을 받았고, 이것은 그녀에게 수확의 일정 몫에 대

---

[93] Finn Tarp, "Vietnam, Wider Working Paper," 8.
[94] Pfeifer, *Konfuzius*, 72.
[95] Pfeifer, *Konfuzius*, 82.
[96] Ngo Vinh Long, "Reform and Rural Development," 166.

한 권리를 주었다. 만약 그녀가 그저 20일만 일했었다면, 그녀는 20점을 받았고 상응하여 더 적게 받았다.[97]

1980년에, 베트남은 그저 1,400만 톤의 쌀만 생산했는데, 그 나라가 자기 자신 인구의 기본적인 필요를 충족시키는 데 1,600만 톤이 필요했다는 사실에도 불구하고 그랬다. 제2차 5개년 계획 기간(1976년부터 1980년까지), 베트남은 800만에서 900만 톤의 쌀과 그 밖의 식량을 수입하지 않을 수 없었다.[98] 모든 흉작은 즉각적인 식량난들에 이르렀다. "식량 배급이 재도입되었고, 베트남은 세계 식량 프로그램으로부터 대량의 식량 원조 지원 그리고 구소련과 동유럽 나라들로부터 재정적 및 물질적 지원에 의지하지 않으면 안 되었다."[99]

만약 당신이 1976년의 5개년 계획에서 공표된 목표들을 실제 일어났던 것과 비교한다면, 실패의 정도는 명백해진다. 5개년 계획은 1976년부터 1980년까지 동안 연간 13에서 14퍼센트의 국내 총생산의 증가를 예견했다; 사실상 그것은 그저 0.4퍼센트뿐이었다 ─ 그리고 이것도 빠르게 증가하는 인구를 가지고서였다. 계획에 따르면, 농업 생산은 연간 8에서 10퍼센트만큼 증가하게 되어 있었다; 사실상, 그것은 1.9퍼센트만큼 올라갔다. 그리고 공업 생산에 대해서는, 계획은 16에서 18퍼센트 연간 증가들을 예견했다; 실제로는, 베트남은 그저 0.6퍼센트만의 연평균을 달성했다.[100]

그 나라의 전 북반부(北半部)에서, 논벼의 1인당 공급량은 1970년대 후반(後半)에서만 약 ⅓만큼 감소했다. 연별로, 이 감소는 다음과 같다: 1976년에, 1인당 공급량은 한 달에 15.4kg이었는데, 1977년에 12kg,

---

[97] Napier / Ha, *Bridge Generation*, 126.
[98] Tam T. T. Nguyen, *Vietnam und sein Transformationsweg*, 17.
[99] Tarp, "Vietnam, Wider Working Paper," 5.
[100] 모든 수치는 Mai Anh Hoang, 23, Table 2.1에서 가져왔다.

1978년에 11.6kg, 1979년에 11.9kg, 그리고 1980년에 10.4킬로그램으로 떨어졌다.

농업의 집단 농장 아이디어는 전에 북베트남에서 이미 실패했었고 이제 남베트남에서도 실패하고 있다. 그리고 집단 농장들의 결과들은 그것들[집단 농장들]이 더 클수록 더 나빴다.[101] 홍강 삼각주(Red River Delta)에서 집단 농장들에 관한 1979년 연구는 301헥타르와 400헥타르 사이를 영농한 집단 농장들이 헥타르당 408동(đồng; 베트남 화폐 단위)의 순잉여를 낸 반면, 500헥타르 이상 영농한 집단 농장들이 헥타르당 그저 73동의 순수익률만을 냈음을 발견했다.[102]

집산화의 실패는 또한 대부분 수확량이 토지의 일부, 즉 사적으로 영농한 부분에서 산출되었다는 사실에서도 명백했다. 1976년부터 1988년까지, 협동조합원들의 총소득의 60퍼센트 이상은, 토지의 95퍼센트가 집산화된 후 그들이 가지도록 허가된, 5퍼센트의 토지에서 생겼다.[103]

흥미롭게도, 이 비율은 소련에서도 아주 비슷했다: 비록 USSR에서 개인 농토가 총 농토의 5퍼센트 미만을 차지했을지라도, 그것은 1950년대 늦게까지 감자들의 70퍼센트 이상, 우유의 약 70퍼센트 그리고 달걀들의 90퍼센트 가까이 공급했다.[104]

실패한 경제 정책 외에도, 베트남에 대한 제재는 그 나라의 경제 위기를 악화했다. 제재는 1979년 1월 베트남의 캄보디아와의 전쟁에 응하여 부과되었다. 오히려, 베트남은 역사상 가장 잔인한 테러 정권 중 하나, 캄보디아 폴 포트 정권의 반대자들을 도운 데 대해 감사받아야 한다.[105] 그

---

[101] Chu Van Lam, "Doi Moi in Vietnamese Agriculture," 153.
[102] Ngo Vinh Long, *Reform and Rural Development*, 172.
[103] Ngo Vinh Long, *Reform and Rural Development*, 176.
[104] Altrichter, 88.

러나 중국은 동남아시아에서 소련 영향력에 대항하는 동맹으로서 폴 포트를 지원했고, 베트남을 정치적으로와 경제적으로 지원하기를 중단했을 뿐만 아니라, 실제로 1979년 2월과 3월에 자기의 비교적 작은 이웃에 개전했다. 이것은 표면상 국경 분쟁들에 대한 것이었지만, 실제로 베이징은 하노이에 적대하였는데, 왜냐하면 그것[베이징]은 모스크바가 그 지역에서 더 강력한 영향을 얻는 것을 우려했기 때문이다.

경제로 돌아가자: 처음에는, 남베트남의 새 통치자들은 자기들이 단지 외국 소유 기업들만 국유화하기를 원한다고 선언했다. 베트남인 소유 기업들은 소위 준국영 회사들(국가 참여 기업들)로 전환되었다. 그러나 이것은 단지 일시적인 조치만인 것으로 의도되었는데, 점차, 계획은 모든 기업이 완전히 국유가 될 것이라는 점이었기 때문이다.[106]

1978년 초기, 베트남의 남부 지역에서 1,500개 사기업이 650개 국유 기업(state-owned enterprises; SOEs)으로 전환되었다: "그러나 1976-80년 5개년 계획을 위해 설정된 산업 목표 중 어느 것도 충족되지 않았다는 사실에도 불구하고, 국유가 추진되었고, 1986년에는, SOE들은 GDP의 40퍼센트를 차지했다."[107]

농업에서와 마찬가지로 공업에서도 똑같은 문제들이 발생했다. 생산은 침체했고, 국유 공업 생산은 1976년부터 1980년까지 실제로 10퍼센트만큼 감소했다.[108] 그렇지만, 1979년의 CPV(베트남 공산당) 중앙 위원회 제6차 전문가 회의는 급진적인 사회주의 정책들의 느린 완화의 기원을 열었다. 이제, 베트남은 1920년대 소련에서 레닌의 신경제 정책 이래로 재

---

[105] 더 많은 배경에 대해서는, Geisenfeld, 297 이하 참조.
[106] Pfeifer, *Konfuzius*, 84.
[107] Tarp, "Vietnam, Wider Working Paper," 22.
[108] Tam T. T. Nguyen, *Vietnam und sein Transformationsweg*, 17.

삼재사 목격되었었던 것을 경험하고 있었다. 공산주의자들은 자기들의 이데올로기가 나라를 존재 위기 직전으로 가져왔었다는 점을 깨달았고 자유 시장 양보를 하도록 강요받았다. 모든 경제 수준에서 국가 및 개인 소유 형태들의 이원성이 나타났다. "1980년대 초에, 가격들이 비용 계산들과 수요와 공급에 기초한, 자유 시장이 다시 한번 허용되었다. 동시에, 국유 기업들에의 보조금에 대한 최초의 삭감들이 도입되었다."[109]

어느 정도, 이 최초의 개혁들은 여러 마을에서 자생적 사태 진전들로서 이미 일어났었던 것을 그저 정당화했을 뿐이다. 많은 농업 집단 농장과 심지어 국유 기업조차도 공식적인 국가 규칙들과 규정들을 오랫동안 못 본 체해 오고 있었다. 그들은 집단 농장들에서 일하기를 거부했고 집단 농장들과 가족들 사이나 국가 농장들과 개인 거래자들 사이에 권한 없는 계약들["코안 쭈이(khoan chui)"]을 체결했다. 이 관행은 "파라오(pha rao)" 혹은 울타리 부수기(fence breaking)라고 불렸다.[110]

어떤 저자들은 심지어 개혁들의 진정한 원천을, 그 사태 진전들을 그저 승인했을 뿐인, 당에서보다 시골에서의 이런 자생적인 풀뿌리 사태 진전들에서 찾기조차 한다. "국가가 조정들의 중개인으로서 이바지했고, 이런 점에서, 예측할 수 없게 구불구불한 길에서 살아남으려고 하는 보통 농부들의 노력들의 양식(樣式)을 승인했다는 점이," "그 문제의 진실에 더 가깝다,"[111]고 부 레 타오-찌(Vu Le Thao-Chi)는 말한다,

1980년대에 주요 개혁들의 공식적인 개시가 있기 전에 이미 시골에서 변화들이 있었다. 농민들은 자기들의 일을 자기들이 스스로 소유한 작은 땅, 즉 총 농토의 약 5퍼센트에 집중했는데, 왜냐하면 그들은 자기들이 여

---

[109] Pfeifer, *Konfuzius*, 86.
[110] Mai Anh Hoang, 23.
[111] Vu Le Thao-Chi, *Agent Orange*, 25.

기서 생산한 산물을 시장 가격들에 팔 수 있었기 때문이다. 뜨란 티 안-다오(Tran Thi Anh-Dao)와 그 밖의 학자들은 베트남에서 개혁 과정의 시작이 "미시경제(지방) 수준에서 증거에 기초한 관행들과 함께였고 이것들이 그다음 거시경제(전국) 수준에 적용되었다,"112는 점을 강조한다.

예를 들어, 메콩 삼각주의 주들은 1980년대만큼 일찍 배급 보조금 체제(바오 깝; bao cáp)를 폐지했고 시장 기반 체제를 선택했다. "그러한 불법적 혹은 시험적 절차들이 없었더라면, 시장 메커니즘들이 결코 그렇게 빠르게 나타나지 않았을 것이라는 증거가 여기에 있다."113 어떤 개혁들은 단지 전쟁이 끝난 후의 남부 지역에서 민간 부문 구조들의 계속을 합법화했을 뿐이다.

여기서 우리는 중국에서의 사태 진전들과 유사점들을 본다. 거기에서도, 아래로부터의 운동들, 예를 들면, 소농들이 시작한 운동들은 적어도 하향식 국가 주도 개혁들만큼 중요했다. 마오쩌둥 치하에서 역사상 가장 큰 사회주의 실험이자, 4,500만 중국 국민이 죽은, 대약진 운동의 쓰라린 경험 후에, 더욱더 많은 시골 소농은 주도권을 잡았고 농토의 사유를 재도입하기로 결정했는데, 설사 이것이 공식적으로 금지되었다고 할지라도 그렇게 했다. 그러나 사적 영농으로부터의 수확량들이 훨씬 더 높다는 점이 빠르게 명백해졌고, 그래서 중국에서 당료들도 역시 인민이 마음대로 하게 하였다.

첫 실험들은 특별히 가난한 "거지 마을들(beggar villages)"에서 수행되었는데, 그곳은, 당신이 이미 밑바닥에 있을 때 당신이 떨어질 리 없기 때문에, 사정이 여기서 잘못되더라도 그렇게 나쁘지 않다고 관리들이 결

---

112 Tran Thi Anh-Dao, *Rethinking Asian Capitalism*, 7.
113 Tran Thi Anh-Dao, *Rethinking Asian Capitalism*, 8.

론지은 곳이었다. 이 작은 마을 중 하나에서, 정당 지도부는 농민들에게 특별히 수확이 낮은 들판을 사적 농민으로서 경작하도록 허락했다. 그들이 그렇게 하도록 허락된 직후, 그 땅은 그것이 집단 농장에서 산출했었던 것의 세 배나 산출했다.

사적 영농에 대한 금지가 1982년에 공식적으로 해제되기 오래전에, 농민들에 의해 온 중국에서 사회주의 교의에 반대해서 사적 소유권을 재도입하려는 자발적인 주도들이 있었다. 그 결과는 극히 긍정적이었다: 사람들은 더는 굶주리도록 강요당하지 않았고 농업 수확량들은 현저하게 증가했다. 그래서 우리는 중국과 베트남의 예들로부터 자본주의가, 사회주의와 달리, 국가 명령으로 포고될 수 없다는 점을 본다; 그것은 아래로부터 자생적인 과정에서 성장하고, 정치 지도자들이 할 수 있는 최상의 것은 이 과정을 잡아 찢거나 막지 않는 것이다.

베트남에서 초기의 개혁 초점은 농업에 두어졌는데, 이것은 그 당시 단연 가장 중요한 경제 부문이었다. 국가는 자기의 엄격한 농업 장악을, 예를 들면, 1981년에 "지령 100(Directive 100)"으로 알려진 것의 도입으로 완화했다: "협동 토지는 단기 사용을 위해 농가들에 분배되었고 농민들은 심기, 수확하기, 그리고 비료 주기에 대해 책임을 졌다. ... 지령 100은 돌파구를 마련했고 농업 정책에서 역사적인 180도 전환이었는데, 이것은 농민들이 1982-85년 기간 농업 산출량들을 올릴 새로운 유인들을 창출했다."[114] 부 레 타오-찌는 이 지령에 관해 다음과 같이 말한다: "그것은 불문의 가족 기반 생산 관습을 공식적으로 승인된 틀에 넣었습니다."[115]

1980년대 초에, 많은 개혁이 베트남에서 도입되었는데, 그것들이 동유

---

[114] Mai Anh Hoang, 25.
[115] Vu Le Thao-Chi, *Agent Orange*, 28.

럽의 다른 사회주의 나라들에서 그랬던 것과 같다. 상사(商社)들은 이제 자기들 자신의 이윤과 손실에 대해 책임져야 할 것이다. 기업들은 어떤 초과 이윤이든 가지고서 무엇을 할지 혼자 힘으로 결정할 수 있을 것이다. "그러나 생산량과 가치, 생산 이윤, 국가로의 이전, 임금 계산서, 국가 투자 기금, 재료, 장비, 공급될 재화, 게다가 대부분 제품의 가격은 여전히 미리 결정되었다. 농산물들에 대해 몇몇 자유 시장이 허용되었지만, 매우 제한된 규모에서였다. 그리고 생산된 것은 여전히 국가에 의해 분배되었다."[116]

－도시들에서뿐만 아니라 시골에서도－이미 자생적으로 발생해 오고 있었던 것을 종종 그저 합법화했을 뿐이었던 것은 최초의 그다지 대단하지는 않은 개혁들이었다. "예를 들어, 재료들이 부족했을 때, 공급품들을 살 현금을 모으기 위해, 혹은 어쩌면 근로자들에게 상여금을 지급하고 그래서 생산성을 올리기 위해, 재화들이 공개 시장에서 팔릴 수 있었다. 비록 대개 불법적이었을지라도, 이 주도(主導)들은 더욱더 광범위해졌다. 따라서 1981년 1월 국가 산업을 위한 최초의 주요 개혁 포고는 공장들에 그것들이 계획 밖에서 수행하는 모든 활동을 등록하도록 요구하였는데, 동시에 그것은 그것들이 자기들의 산물 공급을 증가시키는 데 필요한 자원들을 얻고 처분할 수 있게 하였다."[117] 비록 개혁들의 결과로 상황이 다소 개선되었을지라도, 기본 식품들의 공급량은 여전히 사람들의 필요를 충족할 수 없었고, 베트남은 세계에서 다섯 가장 가난한 나라 중 하나인 채로였다.[118]

공식적으로, 베트남에 약 400만 실업자가 있었지만, 1987년 4월에 베

---

[116] Tam T. T. Nguyen, *Vietnam und sein Transformationsweg*, 20.
[117] Wurfel, 24.
[118] Glewwe / Agrawal / Dollar, World Bank, "Economic Growth…," 1.

트남 대사는 비밀 대화에서 헝가리 외무 장관에게 실제 수치가 700만이라고 말했다.119 그러나 또 하나의 문제, 즉 인플레이션이 있었다. 1986년에, 베트남에서 인플레이션은 582퍼센트로 올랐었다.120 그리고 하늘 높이 치솟는 인플레이션은 사람들의 삶에 극적인 영향을 끼쳤다: "월급이 그저 한 주 생활비만을 감당했으므로, 거의 모든 가구는 부족을 메우기 위해 추가 소득원들을 찾지 않을 수 없었다. 하노이에서는 가족들이 자기들의 공동 주택 단위들의 방 하나를 돼지들을 기르는 데 사용하는 것이 흔해졌다. 돼지 사육은 최상의 추가 소득원이었고, 대부분 가족은 방 세 개 공동 주택의 방 하나를 돼지들에게 넘겨서, 소음, 냄새 그리고 조악한 위생 상태에 대해 스스로 단련했다."121

1980년대 베트남에서의 삶

응우옌 스롱 호아(Nguyen Trong Hoa)는 1980년대에 베트남에서 러시아어를 가르쳤다. 그는 그때를 생생하게 기억한다: "나는 1984년부터의 내 저축 통장을 아직도 가지고 있고, 그것은 약 100동을 가지고 있습니다. 나는 돈을 저축하기 위해 검소하게, 가난하게 살았지만, 그때, 1985년에, 정부는 통화를 바꾸었고 그 통장은 쓸모없었습니다. 나는 나의 돈을 바꿀 수 없었습니다. 삶은 어려웠습니다. 1985년은 최악이었는데, 그때 사람들은 경질 소맥, '핫 보 보(Hạt bo bo)'(부겐빌리아 씨앗들)를 먹지 않을 수 없었고, 러시아, 체코슬로바키아, 그리고 폴란드 같은 사회주의 나라들로부

---

119 Szalontai, 215.
120 Nguyen Tri Hung, *The inflation of Vietnam*..., 4, Figure 3: https://citeseerx.ist.psu.edu/viewdoc/download?doi=10.1.1.565.4348&rep=rep1&type=pdf
121 Mio, *Vietnamese Economic Reforms*, 32–33을 보라.

터 원조를 받았습니다. ... 보통 사람은 15kg의 쌀을 받았고, 경찰과 군인은 21kg의 쌀을 받았지만, 그것은 저장된 쌀이었고, 그것은 맛있지 않았으며, 그것은 마른 것이었습니다: 마을로부터의 신선한 쌀 1kg은 저장된 쌀 2kg을 주어야 교환될 수 있었습니다. 사람들은 보통 저장된 쌀을 자기들의 돼지들에 주었지만, 가난한 도시 사람들은 저장된 쌀을 먹어야 했습니다. 그것은 곰팡내가 났습니다. 그 당시, 유아들이 있는 사람들은 자기들의 아기들을 위해 밥을 지을 신선한 쌀을 찾으려고 애썼습니다. 부모는 오직 저장된 쌀만 먹었습니다. 우리는 아이들을 위해 희생해야만 했습니다. 의복에 대해서, 당신은 한 조각의 천을 얻는 데 당신의 인지(stamp)를 사용해야 했고, 그다음 당신은 그것(그 천)을 옷 한 점으로 바꾸어야 했습니다. 내 가족은 굶주렸고, 매달 단지 몇 조각의 고기만 있었으며, 우리는 대개 쌀과 채소들을 먹었습니다."122

1985년부터 1986년까지, 응우옌 스롱 호아는 러시아에 있었다−거기서의 삶은 그에게 훨씬 더 나은 것 같았다. "나는 1985-1986년에 러시아에 가 있었는데, 정직하게 말하면, 그 당시, 만약 당신이 외국에 간다면, 그것은, 지옥에서 탈출하는 것처럼, 삶을 바꾸는 기회였습니다. 만약 당신이 독일 민주 공화국에, 동베를린에 갈 기회가 있다면, 그것은 천국에 가는 것 같았습니다. ..."123

그러나 베트남에서 온 모든 사람이 러시아에서의 삶에 그렇게 매혹된 것은 아니었다. 1962년에 태어난, 응우옌 꾸옥 민-꾸엉(Nguyen Quoc Minh-Quang)은 1982년부터 1988년까지 근로자로서 소련에 파견되었다. 그는 배터리를 생산하는 공장에서 일했던 것을 상기한다: "아주 많은

---

122 Nguyen Trong Hoa와의 인터뷰, November 24, 2022.
123 Nguyen Trong Hoa와의 인터뷰, November 24, 2022.

고난이 있었습니다: 날씨 같은, 생활 환경이 달랐는데, 나는 극심하게 추운 것을 알게 되었습니다; 작업에는, 기계들을 가진, 공업 생산 라인들이 포함되었습니다. 그것은 베트남 고용인들에게는 매우 생소하였습니다. 나는 하루 여덟 시간을 일해야 했고, 때때로 휴가가 전혀 없었습니다. 공장은 자체의 전기 회로망을 가지고 있었기 때문에, 기계들은 쉬지 않고 가동되어야 했고, 그래서 우리는 우리의 교대 근무들을 갈라야 했으며 밤낮으로 교대했습니다. 정직하게 말하면, 작업은 내 건강에 아주 해로웠고, 그것은 매우 유독했는데, 그것을 위해 내가 화학 제품에 관여해야 했기 때문입니다. 내 월급은 단지 내가 날마다 근근이 살아갈 만큼만이었습니다. 나는 저축할 수 없었고, 나는 더 많은 돈을 벌기 위해 물자를 거래하지 않으면 안 되었습니다."[124]

더 나은 봉급을 받았을지 모르는 공무원들조차도 종종 가난한 상황에서 살았다: 1936년에 태어난 부 진 록(Vu Dinh Loc)은 공무원으로 근무했고 다음과 같이 1980년대를 기억한다: "1980년대에, 나의 봉급은 심지어 한 사람이 먹고살기에도 충분하지 않았지만, 나는 그래도 내 가족을 돌보지 않으면 안 되었습니다. 그것이 낫지는 않았지만, 나는 매일 근근이 살아가야 했습니다. 나의 봉급은 80동이었고, 많은 사람보다 훨씬 더 높았습니다. 나는 내 가족을 위해 한 달에 13kg의 쌀을 제공받았지만, 그것은 충분하지 않았고, 우리는 옥수수, 빵을 먹어야 했습니다. ... 의복도 역시 한정되어 있었고, 나는 그저 2-3미터의 천만 받았습니다. 그 당시, 사업은 허용되지 않았습니다. 비록 내가 동 쑤언(Dong Xuan) 시장 맞은편에 있는 집에 살았을지라도, 나는 어떤 사업도 할 수 없었습니다. 그래서 나의 부모님은 그저 우리 집 앞에 보도(步道) 찻집을 열 수 있었을 뿐인데,

---

[124] Nguyen Quoc Minh-Quang과의 인터뷰, December 11, 2022.

차를 끓이는 데 빗물을 사용했습니다. 그들의 수입은 많지 않았습니다. 장보기에 관한 한, 나는 식품 외에는 어떤 것도 살 수 없었습니다. 나는 냉장고를 가지고 있지 않았습니다. 요리하기 위해, 나는 단지 등유 난로만 가지고 있었습니다. 어떤 텔레비전도 없었고, 우리는 뉴스와 음악을 듣기 위해 공중 확성기들을 들었습니다."[125]

부 진 록과 그의 가족은 집 하나를 두 다른 가족과 같이 썼다: "우리는 부엌, 화장실, 그리고 뜰을 같이 썼습니다. 단지 한 개의 수도 계량기와 한 개의 전기 계량기만 있었고, 그래서 내 가족과 다른 가족들은 스스로 그것 모두를 잘 해결해야 했으며, 우리 몫 요금을 내기 위해 우리가 할 수 있는 무슨 돈이든 따로 떼어 놓았습니다. 성격, 사고, 그리고 의견에서 차이들은 말할 것도 없지요. 그 때문에, 아주 많은 언쟁과 성가신 상황이 있었습니다. 내 아내와 나는 물건의 대금을 지급할 수 있도록 보통 월급날 이전에 우리 봉급을 빌렸고 그다음 우리는 그것을 갚았습니다. 날들은 힘들었지만 운 좋게 우리가 끼니를 거를 필요는 없었습니다."[126]

이 그다지 대단하지 않은 생활 상태에 높은 인플레이션이 추가되었을 때, 대중 분위기는 폭발 직전이 되었고 정당의 비판은 더 커졌다. 비록 베트남이 일당 국가일지라도, 우리가 오늘날 비밀 기록들로부터 알듯이, 정당 지도부는 여론의 변천을 매우 잘 알고 있었다.[127]

제6차 당 대회와 도이 모이 개혁들

베트남 사람들은—정당뿐만 아니라 국민도—1980년대 중엽에 자기들이

---

[125] Vu Dinh Loc과의 인터뷰, November 29, 2022.
[126] Vu Dinh Loc과의 인터뷰, November 29, 2022.
[127] Szalontai, 216.

막다른 골목에 있다는 점을 깨달았다. 소비에트 모형에 관한 의심들이 계속해서 증가했다. 1986년 4월에, 베트남의 중앙 경제 경영 연구소(Central Institute for Economic Management Research)는 소비에트 모형이 더는 따를 유일한 모형이 아니고, 한국 같은 나라들도 역시 예로 들 수 있다고 선언했다.128 정당은 개혁가들의 파벌과 주요 변경을 더 의심하는 집단 사이 논쟁의 손아귀에 사로잡혀 있었다. 이 두 블록은 정당의 통제가 그들 사이 뒤로 갔다가 앞으로 갔다가 함에 따라 맞붙어 싸웠다. 언급되었듯이, 첫 개혁들이 1970년대 후기에 도입되었지만, 이것들의 뒤를 개혁들이 동결된 기간이 이었다—1982년 3월 제5차 당 대회에서, 그 이상의 개혁들에 반대하는 사람들이 우세하였다.

그러나 나라의 문제들은 더욱더 절박해졌고, 점차 친개혁 세력들이 지배했다. 1986년 5월 제5차 중앙 위원회의 제10차 총회에서, 개혁가들이 명백한 승리를 얻었다. 개혁들에 반대한 부수상 또 후(To Huu)와 그 밖의 사람들은 각료 회의(Council of Ministers)에서 자기들의 자리를 잃었다. 7월에, 당 총서기, 레주언(Le Duan)이 사망했고, 온건한 개혁가, 쯔엉찐(Truong Chinh)으로 대체되었다. 새 총서기는 제6차 당 대회에서 급진적으로 자기 비판적이었고 당이 "이상주의, 좌파 유아주의, 주관주의 그리고 조급함" 같은 실수들을 저질렀다고 비난했다. 그는 급한 집산화와 민간 부문 제거를 비판했다.129 그러나 쯔엉찐은 단지 짧은 기간만 재직했고 곧 응우옌 반 린(Nguyen Van Linh)이 계승하였다.

1986년 12월 제6차 당 대회에서, 보 반 끼엣(Vo Van Kiet)과 마오 찌 토(Mao Chi Tho) 같은, 자유 시장 개혁들을 지지하는 많은 베트남 남부

---

128 Szalontai, 212.
129 Mio, *Vietnamese Economic Reforms*, 39.

지역 출신 대표가 있었다. "결국, 1975년 후 남베트남에서는, 공산주의 체제의 부과에도 불구하고, 민간 부문은 결코 북부 지역에서만큼 철저하게 제거되지 않았고, 몇몇 간부는 그것의 성장 잠재력을 기꺼이 이용하였다."130

당 대회는 응우옌 반 린을 자기의 새 총서기로 선출했다. 그는 북부 지역에서 태어났지만 베트남 전쟁 동안 남베트남의 해방을 위해 인민 전선 게릴라로서 싸웠었고 자기 생애 대부분을 남부 지역에서 보냈었다. 그는 두 가지 중요한 파벌, 개혁가들과 전통주의자들이 합의를 본 절충 후보였다. "숙련된 책략가 린은 현직 총서기 쯔엉찐에 대한 자기의 외관상 존경을 보여주는 데 최선을 다했었지만, 그는 또한 정체의 최근 '실수들'을 고치겠다고 약속함으로써 남부 지역에서 상당한 인기를 얻기도 하였다."131

제6차 당 대회는 베트남의 역사에서 장래성이 있는 사건이자 "도이 모이(Doi Moi)"["재생(Renewal)"]로 알려지게 된 근본적인 개혁들의 시작으로 여겨졌는데, 후자는 그 이후 베트남에서 일어났던 모든 긍정적인 변화의 기초였다.

당 대회는 과격한 자기비판의 분출이 특색을 이루었다. 대회의 연설에서, 어느 대의원은 공개적으로 진술했다: "인민은 당에 대한 신뢰를 잃었다. 이것은 당이 설립된 이래 결코 일어난 적이 없었다."132

공식 보고서는, 처음으로, 베트남 인민의 길고 영웅적인 투쟁에 관한 상세한 서술을 없앴고 단지 당과 나라의 성공들에 관한 가장 짧은 열거만 포함했다. 여러 초안을 당 대회에 제출된 최종판 보고서와 비교해 보면 자기비판 견해가 더욱더 지배했음이 드러난다: "… 초안은 정당 노선이 옳지

---

130 Szalontai, 217.
131 Szalontai, 220.
132 Furuta, The 6th Congress of the Communist Party of Vietnam, 10에서 인용.

만, 그것의 집행 지도에서 몇몇 지도 오류를 범했고, 이로 인해 절반의 성공과 절반의 실패로 끝났다고 결론지었다. … 그러나 초안을 토론하는 중에, 틀에서 주요 변경들이 이루어졌고, 강조가 주체적 결함들의 면밀한 검토에 두어져야 한다고 결정되었다. 그 결과, 대회에 제출된 실제 보고서는 서두에 자기들이 '달성한 성공을 확인해야 할 뿐만 아니라, 또한 진지하게 약점들을 검토하고, 오류들과 실수들을 면밀하게 분석하며, 그것들의 원인들을 명백히 하고, 새로운 과제들과 목표들을 설정하기도 해야 한다,'고 강조했다. 강조는 주체적 원인의 분석에 두어졌다."[133] 의미한 것은 당이 저지른 실수들이었다.

당 지도부는 1976년부터 1980년까지 해들이 실제로 아무런 경제 성장도 없었던 잃어버린 해들이었다고 공개적으로 인정했다. 평균 연간 성장률은 공업 부문에서 0.6퍼센트로 주어졌고 국민 소득에서는 0.4퍼센트로 주어졌다. "1981년부터 1985년까지 다음 5개년 계획 기간에는, 개선이 이루어졌지만, 많은 경우 이것은 실제로 그저 사태를 모든 것이 1975년에 출발했었던 곳으로 되돌려 놓았다는 점을 의미할 뿐이었다."[134]

보고서는 수많은 쟁점을 직설적으로 역점을 두어 다루었고, 다음을 포함했다:

- 제조업 산출량의 증가가 주민의 필요를 충족시킬 만큼 충분하지 않았다.
- 노동 생산성이 하락하고 있었다.
- 천연자원들이 낭비되고 있었고, 환경이 손상되었다.

---

[133] Furuta, *The 6th Congress of the Communist Party of Vietnam*, 9–10.
[134] Pfeifer, *Konfuzius*, 98.

- 인플레이션이 너무 높았다.
- 실업과 시간제 고용이 수백만 개로 가동되고 있었다.
- 주민의 가장 기본적인 물질적 및 문화적 필요가 충족되지 않고 있었다.
- 법과 질서가 위반되고 있었고, 부패가 광범위했다.[135]

그것은 베트남인들이 자기들의 나라가 처한 비참한 상황에 대한 책임을 −미국과 치른 긴 전쟁과 그것과 관련된 파괴, 중국 및 캄보디아와의 군사 분쟁들, 자연재해들, 기타 등등과 같은− 외부 요인들에 돌리려 하지 않았다고 그들을 칭찬한다. 오히려, 당 대회의 최종 결의는 단호히 자기 비판적이었다: "객관적인 어려움들을 저평가하지 않고, 당 대회는 현재 상황에 대한 주체적인 이유들을 무엇보다도 당과 국가의 지도력과 방향의 실수들과 오류들에서 찾아야 한다는 점을 깨닫게 된다."[136]

그리고 그것은 또한 베트남인들이 올바른 정치적 교훈들을 얻었다고 그들을 옹호하기도 한다. 본질적으로, 당 대회에서 합의되고 다음 몇 년 동안 촉진된 개혁들은 시장에 더 많은 자유를 주고 전능한 국가를 후퇴시키는 것에 집중했다. 이것은 국가 계획 경제에서 자유 시장 경제로의 갑작스러운 이동을 의미하지 않았다. 그러나 사회주의 교리에 따르면, 그 시점까지 모든 것이 국가 경제에 기초했었는데, 이제 공식적 지침은 국가, 협동조합 그리고 민간 부문들이 평등한 기반에서 공존해야 한다는 것이었다.[137] 생산 수단의 사적 소유에 더는 눈살을 찌푸리지 않았고, 자본주의 외국들에 개방할 욕망이 있었다.

새 정치 및 경제 방향은 또한 사회에서 부와 부자들이 다르게 평가된다

---

[135] Pfeifer, *Konfuzius*, 98–99.
[136] Giesenfeld, 380에서 인용.
[137] Tam T.T. Nguyen, 24.

는 점을 의미하기도 했다. 중국에서, 덩샤오핑의 경제 개혁들은 "어떤 사람들이 먼저 부유해지게 하라!"라는 구호와 함께 시작됐다. 베트남 공산당 제6차 당 대회에서, 연설자 중 한 사람이 말했다: "우리는 인민이 부유해지는 것을 두려워해서는 안 되는데, 오직 우리의 인민이 부유해질 때라야만 우리의 나라가 강해질 것이기 때문이다."138 자기의 당 대회 분석에서, 후루타 모토오(Furuta Motoo)는 쓴다: "이 발언은 '빈곤을 공유하는 사회주의'에서 '삶을 보상하는 사회주의'로의 전환을 상징하고, 이 대회는, 방향 전환의 필요성을 명백하게 유지함으로써, 1979년의 위기들에 대한 대책으로서 개시되는 개혁의 주요 기본 방향을 정했다."139

일단 새 개혁들이 선언되었을 때, 많은 베트남인은 처음에는 회의적이었다: "베트남의 역사는 그것의 국민에게 추세들과 새로운 세력들을 경계하게 한다,"라고 낸시 네이피어(Nancy Napier)와 다우 투이 하(Dau Thuy Ha)는 쓴다. "지난 세기만도 프랑스 식민주의, 1945년에 공산주의, 1975년에 재통일, 그리고 1989년에 충격을 가져왔는데, 이때 러시아와 중유럽에서 무역 및 정치 형제들이 사라졌다. 각각의 예상 밖 전환에, 베트남인들은 살아남았는데, 부분적으로는 오랫동안 작동했었던 사고방식들과 행동 방식들, 즉 끈덕짐과 지모 풍부함, 완고와 교활을 유지함으로써였다."140

그리고 선언들은, 비록 즉각적으로는 아니라고 할지라도, 행동으로 이어졌다. 농업 생산 협동조합들은 대개 농민들이 생산을 계획하고, 구매하며, 자기들의 제품들을 판매할 수 있게 함으로써 효과적으로 해체되었다.

1988년에, 개혁들은 추진력을 얻기 시작했다. 중요한 변경들은 다음을

---

138 Furuta, *The 6th Congress of the Communist Party of Vietnam*, 15에서 인용.
139 Furuta, *The 6th Congress of the Communist Party of Vietnam*, 15.
140 Napier / Ha, *Bridge Generation*, 198.

포함했다:141

- 민간 제조업자들이 열 명까지 근로자들을 고용하게 허가(후에 증가되었다)
- 내부 세관 검문소들의 폐지
- 국가 해외 무역 독점의 제거
- 사기업에 대한 제한들의 축소
- 거의 모든 직접적인 보조금과 가격 통제의 제거
- 상업 은행업으로부터 중앙 은행업의 분리
- 중앙 계획과 가격 관료제들의 주요 요소들의 해체
- 1975년에 국유화되었었던 남부 지역에서 기업들을 그것들의 이전 소유자들이나 친척들에게 반환
- 만약 이전의 집산화 운동에서 "불법적으로나 자의적으로 몰수되었다"면 토지를 남부 지역의 이전 소유자들에게 반환.142

중국과 비슷하게, 베트남의 지도자들은 새로운 체제를 일거에 하향식으로 집행하려고 하지 않았고, 현지 수준에서 실험들로 시작했으며, 이것들이 성공하는 곳에서는, 그것들은 국가 수준으로 이전되었다.143 "... 정당 본부에서 정책 합의를 쌓아 올린 것은 규칙들로 허용된 것을 넘는 지역적 실험이었다."144

개혁들의 한 초점은 농업이었다. 1987년에, 베트남 근로자들의 70퍼센

---

141 이어지는 것에 관해 더 많이 알기 위해서는, Turly, Introduction, 7을 보라.
142 Wurfel, *Doi Moi in Comparative Perspective*, 32; Turly, Introduction, 7.
143 Tran Thi Anh-Dao, *Rethinking Asian Capitalism*, 7.
144 Tran Thi Anh-Dao, *Rethinking Asian Capitalism*, 12.

트는 농업에서 일하고 있었고 그 부문이 그 나라의 국내 총생산의 41퍼센트를 발생시켰다는 점을 기억할 가치가 충분히 있다.145 2010년까지는, 이것은 이미 각각 53.9퍼센트와 20.6퍼센트로 떨어졌었다.146 2019년에는, 인구의 37퍼센트가 여전히 농업에 고용되어 있었고,147 2021년에는, 그 부문은 국내 총생산의 그저 12.6퍼센트만 발생시켰다.148

시골에서 사기업을 촉진하기 위해, 가족농들은 1987년 말에 장기로 협동조합 및 국가 농장들에서 토지를 임차할 권리가 제공되었다. 이 농민들의 토지 처분권들은 1992년 헌법과 1993년 토지법에서 확대되었다. 비록 토지가 사유 재산으로서 사고 팔릴 수 없었을지라도, (75년까지) 장기 임차권들에서 토지의 이전 가능성과 상속 가능성이 보장되었다.149

농업 협동조합들의 특성이 바뀌었다. 집단 농장들이 해체된 후, 농민들은 이제 자발적으로 합쳤다. 새 협동조합들은 일정 서비스들을 농민들에게, 사회주의 시대에 집단 농장들이 했었던 것보다 훨씬 더 싸게, 제공하는 서비스 제공자가 되었다. 서비스는 동시에 더 나을 뿐만 아니라 더 값싸기도 했다.150

공업 부문에서도, 기업들은 현저하게 더 큰 자율을 누렸다. 국가 본부가 풀뿌리 수준에서 직접 경제 활동에 개입하는 능력은 제한되어야만 했다. 기업들 사이 경제 관계들은 이제 상호 계약들로 규제되어야만 했다.151

---

145 Vu Le Thao-Chi, *Agent Orange*, 39, Table 2.2.
146 Vu Le Thao-Chi, *Agent Orange*, 39, Table 2.2.
147 https://data.worldbank.org/indicator/SL.AGR.EMPL.ZS?locations=VN
148 https://www.statista.com/statistics/1027971/vietnam-gdp-contribution-of-agriculture-forestry-and-fishing-sector/#:~:text=In%202021%2C%20Vietnam's%20agriculture%2C%20forestry,gross%20domestic%20product%20(GDP)
149 Tam T.T. Nguyen, 27–28.
150 Wolz, *Transformation and Development*, 21.
151 Pfeifer, *Konfuzius*, 106.

계획 경제가 폐지되지 않았지만, 계획은 지금 단지 장기간에 걸쳐 전략적 목표들을 정하는 것만 의미했다. 1988년 3월에 "인민 자신의 산업 기업에 관한 법률"이 통과되었다. "그것 덕분에 기업들이 독립적인 생산 및 거래 활동들을 수행할 수 있었는데, 이것들은 해외 무역 활동들을 포함했다."152 임금들의 결정과 이윤들의 이용은 이제 개개 기업들의 문제였고 더는 국가 계획 당국의 문제가 아니었다. "기업들은 특정 시점에 그 기업에 의해 사용될 수 없는 생산 능력들을 심지어 팔거나, 빌려주거나, 세놓는 권리조차도 부여받았다. ..."153

그러나 그러한 경우들에는 기업의 자산들은 여전히 국가 소유였다. 국유 기업들에 대한 보조금들이 줄어들었고 그래서 그것들은 더 효율적으로 일하지 않을 수 없었다. 덧붙여서, 그것들은 시장에서 현실적인 가격들을 가지고 경쟁하지 않으면 안 되었다. 이전에 경제적으로 성장할 수 없었던 많은 더 작은, 지방적으로 운영되는 기업은 파산을 신청하지 않으면 안 되었고, 전반적으로 국유 기업들에서 고용인들의 수는 1989년과 1992년 사이 약 30퍼센트 – 800,000명 이상의 고용인 – 만큼 떨어졌다.154

베트남이 폴란드와 비슷한 길을 따랐기 때문에, 몇몇 동유럽 나라에서와 같은, 큰 민영화 해일은 없었다: 국유 기업들이 남아 있었지만, 민간 경제와 비교하여 중요성에서 감소했다. 동시에, 민간 부문은 1988년 3월과 11월의 결정들로 장려되었다.

이전에, 베트남에서는, 가족 사업들은 제외하고, 사기업이 없었는데, 그러나 가족 사업들은 임금 노동을 고용하는 것이 – 적어도 공식적으로는 – 허용되지 않았다. "그러나 국가 통제 협동조합들 산하에, 심지어 계획

---

152 Pfeifer, *Konfuzius*, 107.
153 Pfeifer, *Konfuzius*, 107.
154 Tam T.T. Nguyen, 45.

경제 시대에서조차도 준사기업으로 운영되는 기업들이 있었다. 이것은 특히 그 나라의 남쪽에서 사실인데, 거기서는 1975년과 1976년에 국유화되었었던 많은 기업이 옛날 소유자들의 관리하에 협동조합으로서 계속되었다."155

최근 개혁들 아래에서 결정적인 단계는 사기업들이 이제 그것들이 원하거나 필요한 만큼 많은 근로자를 고용하게 허용되었다는 점이었다.156 그다음, 1990/91년에, 개인 기업, 유한 책임 회사 그리고 주식 공개 기업이 도입되었다.157 그 발전은 1992년에, 생산 수단의 사적 소유권을 몰수에 대비해 보호하는 것을 보장하는, 새 헌법 제21조로 절정에 도달했다.158

1987년만큼 일찍이, 새 투자법의 도입은 명백한 신호를 보냈다: 베트남은 외국인 투자자들에게 개방할 준비가 되어 있었다. 새 법은 100퍼센트 외국인 소유권을 가진 투자들을 허용했고, 베트남은 외국인 투자자들의 자본과 재산이 안전할 것임을 보장했다: 그것은 수용되거나, 몰수되거나, 국유화될 수 없을 것이다.159

1989년 3월까지는, 국가가 모든 가격을 정했었다. 이제 그러한 규제들은 오직 전기, 석유, 시멘트, 철강업, 그리고 운송 사업들에만 적용되었다. 이런 가격 자유화는 재화 공급 향상으로 이어졌다. 많은 가격이 급격하게 계속해서 상승했을지라도, 증가들은 보통은 100퍼센트 미만이었다. 1986년만큼 최근에는, 가격 증가들은 종종 600퍼센트에 도달했었다. 기본적

---

155 Tam T.T. Nuyen, 50.
156 Pfeifer, *Konfuzius*, 114.
157 Tam T.T. Nguyen, 51.
158 Tam T.T. Nguyen, 50.
159 Pfeifer, *Konfuzius*, 114–115.

인 식료품의 경우, 가격들은 실제로 안정적인 채로였고, 쌀의 경우, 그것들은 30퍼센트까지만큼 떨어졌다.160

비록 개혁들의 시작이 1986년으로 연대가 정해질지라도, 그것들은 —우리가 보여주었듯이—더 일찍 시작되었고, 결코 1980년대에 끝나지 않았다. 오히려, 개혁들은 계속 진행 중인 과정이다. 1999년 5월에는, 새 기업법이 통과되었는데, 이것은 사기업들에 대한 추가적인 관료적 장애물들을 제거했다. "그 영향은, 일단 그것이 2000년 1월 1일 발표되었을 때, 거의 즉각적이었다: 다음 5년간 100,000개의 기업이 등록되었다. 이것들 대부분은 허가증 없이 운영해 오고 있었고 등록하기 위해 새 법을 이용한 기존 기업들이었다. 그러나 그 법은 민간 부문이 마침내 —경제 개혁의 출발 20년 후에—베트남에 도착했다는 점을 의미하였다."161

당 대회에서의 개혁들이 중요하고 결정적이었을지라도, 그것들이 더 자유로운 시장을 지지하는 자생적인, 풀뿌리 발전들에서 생겼—고 그것들이 그다음 당 대회에서 허가되었—다는 점을 망각해서는 안 된다: "대개, 개혁은 사실상 사람들의 '회색(gray)' 혹은 '흑색(black; 暗)' 활동들의 뒤늦은 공인이었다."162

새 정책 방향은 정상(頂上)에서뿐만 아니라, 요원의 면에서도, 새로운 시작을 동반했다. 당 대회에서, 총 173명의 위원과 후보가 당 중앙 위원회에 선출되었—그들 중 81명이 완전히 새로운 위원이었—다.163 당신이 제5차 당 대회에서 중앙 위원회 위원들의 43퍼센트가 신인이라는 점을 고려할 때,164 이 새로운 시작이 정말 얼마나 급진적이었는지 명백해진다.

---

160 Tam T.T. Nguyen, 34.
161 Hayton, Rising Dragon, 8–9.
162 Furuta, *The 6th Congress of the Communist Party of Vietnam*, 16.
163 Furuta, *The 6th Congress of the Communist Party of Vietnam*, 16.

외부 세계에의 개방 – 베트남은 세계화에서 편익을 얻는다

개혁가들은 그 나라가 오직 외부 세계에 개방해야만 회복할 수 있을 것임을 일찍 깨달았다. 이 "개방(opening up)"은, 1939년에 태어난 의사, 람 죽 훙(Lam Duc Hung)으로부터의 아래 보고서가 보여주듯이, 베트남에서 일상생활에 매우 실제적이고 가시적인 영향을 끼쳤다:

"도이 모이 전에는 보건 부문은 많은 도전 과제에 직면했습니다. 병원들에서는, 환자들이 단지 더러운 옷만 입었고, 매트리스들은 이들과 빈대들로 가득했습니다. 의사들과 간호사들은 땅콩과 옥수수가 섞인 쌀을 먹었습니다. 의료 장비와 의약품들은 매우 부족했습니다."

1981년과 1983년 사이, 람 죽 훙은 사실 발견 임무 차 알제리로 파견되었다. 그가 돌아왔을 때, 그는 일련의 보건 프로젝트를 설계하는 임무를 가졌다:

"1985년 첫 프로젝트는 병원의 질 저하와 싸우는 것이었습니다. 나는 60페이지 제안서를 제출했습니다. 그들은 알제리에서 달성되었던 것을 내가 베트남에서 반복할 수 없을 것으로 생각했습니다. 그러나 1986년이 되어서, 도이 모이 후에, 새로운 사고방식이 나타났습니다. 나는 그 프로젝트를 전국적인 기자 회견에서 발표하도록 허용되었는데, 이것은 국제적인 관심을 끌었습니다. 정부는 병원들에 총 100억 동을 제공했고, 그 가운데 20억 동은 내가 근무하고 있던 박 마이 병원(Bach Mai Hospital)에 할당되었습니다. 그 이후 나의 프로젝트 중 몇몇은 필수 의약품들(Essential

---

164 Furuta, *The 6th Congress of the Communist Party of Vietnam*, 16.

Medicines)(1988)과 유엔 아동 기금의 반-갑상선종 프로그램(UNICEF's Anti-Goiter Program)(1989)이었습니다. 1990년부터 1995년까지, 나의 프로젝트들은 결핵, 나병, 말라리아, 그리고 그 밖의 병들에 집중했습니다.

도이 모이와 문호 개방 정책 덕분에, 다자간 협력 역시 번성했습니다. 나는 1988-1989년에 박 마이 병원에의 새 투자들을 관리하기 위해 일본 국제 협력 기관(Japanese International Cooperation Agency; JICA)과 함께 일했습니다. 나는 기금들이 총 200억 달러였고 기부국들이 일본, 스웨덴, 이탈리아 그리고 프랑스를 포함했다고 기억합니다. 그 투자 덕분에, 우리는 널찍하고 현대적인 병원을 가지고 있습니다. 그리고 병원 식품이 개선됐고, 모든 것이 더 깨끗해졌으며, 의사들과 간호사들 사이 분위기가 더 나아졌습니다.

그다음 기계류와 장비가 있었습니다. 나의 팀의 노력들 덕분에, JICA는 비엣 쏘 병원(Viet Xo Hospital)에 투자했고, CT 스캐너를 포함하여, 완전한 한 벌의 영상 검사를 제공했습니다. 우리는 또한 더욱 정기적으로 전문가들을 교환하고 국제회의들에 참가할 수 있었습니다. 예를 들면, 나는 1989년에 인도네시아에서 세미나들, 1990년에 방콕에서 갑상선종에 관한 세미나, 그리고 필리핀에서 1차 보건 의료에 관한 세미나에 참가했습니다.

또한 도이 모이 덕분에, 나는 더 많이 기고할 수 있었고 나의 연구에서 더 큰 자유를 누리기도 했습니다. 또한 내가 나의 지식과 전문 지식을 공유하기가 더 쉬워지기도 했습니다. 내가 알제리에 있었을 때, 나는 간호사들이 의사들에게 제공하는 높은 수준의 지원에 감명받았습니다. 그것은 나를 고무시켜 베트남 간호사 협회(Vietnam Nurses Association)를 설립할 생각이 들게 하였는데, 후자는 간호 직업의 인지도를 높이는 데 도움이 되었습니다. 그래서 내가 환자들을 치료했을 뿐만 아니라, 나는 또한 베트남에서 전반적인 의료 수준도 도왔습니다."165

베트남의 개방은 또한, 무엇보다도, 그 나라에 외국인 투자를 환영하는 것 —과 자본주의 세계 경제에 통합—도 의미했다. 1989년에 외국인 투자법이 통과되었고 최초의 투자들이 서유럽, 싱가포르, 한국, 타일랜드, 홍콩, 일본, 오스트레일리아 그리고 그 밖의 나라들로부터 베트남으로 유입되기 시작했다.

개혁들이 시작되기 전에, 국가는 베트남의 외국 무역의 모든 측면을 지배했는데, 후자는 주로 사회주의 나라들과, 다른 무엇보다도 더 소련과 이루어졌다. 1990년에, USSR은 더는 다른 사회주의 국가들을 지원할 수도 없었거나 기꺼이 지원하지도 않았다. "자기 국가 예산의 25 내지 30퍼센트를 외국 원조로 충당한 수년 후에, 베트남은 갑자기 1991년에 이 원천으로부터는 자기 수입들의 그저 5퍼센트만을 때우지 않으면 안 되었다. ..."166

가장 중요한 개혁 중 하나는 중앙 계획 사양(仕樣)의 체제를 폐지하고 회사들이 더욱더 자기들 자신의 수출들과 수입들을 관리하게 하는 것을 포함했다.167 재화들의 사적 수입과 수출이 허용되었고, 거의 즉시, 베트남은 자기가 상실한 사회주의 나라들과의 무역을, 특히 아시아(타이완, 한국, 홍콩, 싱가포르, 일본)와 오스트레일리아에 있는, 자본주의 나라들과 자기의 무역량들을 증가시킴으로써 보충하는 데 성공했다.

---

165 Lam Duc Hung, December 14, 2022와의 인터뷰.
166 Turley, Introduction, 8.
167 Tam T.T. Nguyen, 54–55.

1990년대 초기 이래로, 지구적 세계 경제로의 베트남의 통합은, 세계은행에 따르면, "경쟁과 시장 친화적 기업 환경을 장려함으로써 베트남의 탁월한 경제 결과들의 주요 동인(動因)"168이 되었다.

다음 몇 년간, 중국, 미국 그리고 유럽과의 무역이 확대되었다. 1993년에, 미국은 자기의 경제적 금지를 해제했고, 2001년에 하노이는 워싱턴과 양자 무역 협정(bilateral trade agreement; BTA)을 체결했다. "미국과의 이 무역 협정은 베트남에 진정한 돌파구를 나타냈습니다,"라고 독일 변호사 올리버 마스만 박사(Dr. Oliver Massmann)가 상기하는데, 그는 [지금까지] 25년간 하노이에 살았고 이 협정을 공식화하는 데 도움이 되었다. BTA는 재화와 서비스의 무역, 지식재산권 보호, 투자 보호, 영업 활동의 용이, 그리고 투명성 보호 장치를 망라한다.

"BTA는 베트남이 지금까지 서명한 가장 포괄적인 무역 협정이다,"라고 미국은 선언했다.169 변호사 마스만은 상기한다: "협상들은 거의 다섯 해가 걸렸지만, 그것들은 빠르게 미국과 베트남 사이 무역의 돌파구에 이른 140페이지 기록으로 끝을 맺었습니다." 협정은 2001년 12월 10일에 서명되었고, 십 년 후에, 베트남인들은 자랑스럽게 선언할 수 있었다: "지난 십 년 동안, 미국과 베트남 사이 무역량은 미화 $15억에서 미화 $200억 이상으로, 1,200퍼센트만큼 증가했다."170

마스만은 무역 협정을 협상한 것을 베트남에 대한 중요한 학습 경험으로서 그리고 2007년 초에 세계 무역 기구(World Trade Organization;

---

168 Mania / Rieber / Tran Thi Anh-Dao, 225.
169 https://vn.usembassy.gov/our-relationship/policy-history/bilateral-trade-agreement/
170 https://vovworld.vn/de-DE/politische-aktualitat/handel-zwischen-vietnam-und-den-usa-nach-zehn-jahren-handelsabkommen-61686.vov

WTO)에 가입하기 위한 전제 조건으로서 서술한다. "미국과의 무역 협정은 돌파구였습니다. 이 무역 협정이 없었더라면, 베트남의 세계 무역 기구 가입은 그렇게 빨리 일어나지 않았을 것입니다," 그 변호사는 설명한다, "베트남의 WTO 가입은, 양자 및 다자 FTA들을 가지고, 그 나라가 세계 경제에 진입하는 길을 닦았습니다. 이 회원 지위는, FDI(외국인 직접 투자; foreign direct investment)가 증가하고, 무역 관계가 확대하며, 세계 경제 지도에의 통합이 강화된, 새 장(章)을 열었습니다."171

이 모든 것은 또한 베트남 자체에도 영향을 미쳤는데, WTO 협정들이 국법에 영향을 미쳐, 회원국들이 자기들의 국법을 WTO의 규칙들에 맞춰 조정할 것을 약속하기 때문이다. 베트남은 이제, 동남아시아 국가 연합(아세안; ASEAN; Association of Southeast Asian Nations), 아세안 자유 무역 지역(AFTA; ASEAN Free Trade Area), 아시아 태평양 경제 협력 (에이펙; APEC; Asia-Pacific Economic Cooperation), 세계은행 그리고 국제 통화 기금을 포함하는, 모든 주요 국제 경제 조직과 기관의 회원국이다.

EU와의 자유 무역 협정은 2020년 8월 1일 발효되었다. 그 협정은 유럽 회사들이 베트남에 수출할 때 직면하는 관세, 번문욕례 그리고 그 밖의 장애물들을 제거하는 데 이바지했다. 그것은 전자 제품, 식품 그리고 의약품 같은 주요 재화들에서 무역을 쉽게 했고, 예를 들면 운송 및 원거리 통신 부문에서, EU로부터의 서비스 수출들에 베트남의 시장을 개방했다. 베트남은 그 협정이 발효된 날에 EU 재화들에 대한 자기 관세들의 65퍼센트를 폐지했다. 남아 있는 관세들은 2030년까지 단계적으로 폐지되게 되어 있다. EU는 베트남으로부터의 수입품들에 대한 자기 관세들을 2027년까

---

171 Mania / Rieber / Tran Thi Anh-Dao, 245.

지 단계적으로 폐지할 것이다.

 2020년 6월 30일에, EU와 베트남 사이 또 하나의 중요한 양자 협정, EU-베트남 투자 보호 협정(EU-Vietnam Investment Protection Agreement; EVIPA)이 하노이에서 서명되었다. EVIPA는 발효되기 위해서는 모든 EU 회원국에 의해 비준되어야 한다. 지금까지는, 그저 12개 EU 나라만 그 거래를 비준했다. 일단 EVIPA가 발효되면, 그것은 베트남과 EU 회원국들 사이 모든 기존 양자 투자 협정을 대체할 것이다. 이 규칙들은 EU 투자자들이 이용할 수 있는 최고 대우를 받을 자격이 있다는 점을 보장할 것이다. "EVIPA를 가지고," 마스만은 말한다, "베트남은 EU로부터 더 고품질 투자를 끌어들이는 데서 중국보다 더 나은 지위를 가질 것입니다."

 또 하나의 중요한 제도는 "투자자와 국가 간 분쟁 해결(Investor-to-State Dispute Settlement)"("ISDS") 메커니즘이다. 투자자들에 관한 분쟁들에서, 그 메커니즘은 투자자들이 해결을 위해 자기들의 분쟁을 투자 재판소(Investment Tribunal)에 제기할 수 있게 한다. 분쟁 해결의 공정과 독립을 보장하기 위해, 상설 재판소는 아홉 명의 판사로 구성된다: 각각 EU와 베트남에서 임명되는 세 국적자, 덧붙여 제3국들로부터 임명되는 세 국적자.

 사건들은 재판장이 무작위로 선택하는 세 판사 재판소에 의해 심리된다. EVIPA는 또한 원고가 중소기업이거나, 손해 배상 청구의 배상이 비교적 적은 곳에서는 단독 재판소도 허용한다. 분쟁 당사자들의 어느 쪽이든 재판소의 판결에 의견이 다를 경우에는, 항소 재판소(Appeal Tribunal)에 항소를 제기할 수 있다.

 EVIPA가 발효되는 날로부터 5년간, 어떤 최종 해결도 베트남의 국내 법원들에 의해 집행되어야 한다. 베트남의 법률사에서 처음으로 그러한 해결들은 베트남에서 직접 집행할 수 있을 것이다. 5년 후에는, 어떤 최종 해결도 문제의 투자자/국가의 베트남 혹은 EU 나라에서 자동으로 집행될 것이다. 마스만은 말한다: "이 IPA는 베트남에서 필적할 수 없는 수준들의 법적 확실성과 은행 담보 가능성(bakability)을 창출할 것입니다."

오늘날, 베트남 경제는 "세계 무역에 가장 개방적인 경제 중 하나"[172]이다. 베트남의 믿을 수 없을 정도의 경제 성장은 반세계화 행동주의자들이 세계화가 개발 도상국들을 착취하고 그것들에서 기회들을 빼앗는 것을 의미한다고 주장할 때 그들이 얼마나 터무니없는지 증명한다. 정반대가 진실이다. 베트남에서 생활 수준은 — 그것이, 예를 들면, 한국과 중국에서 그랬던 것과 똑같이 — 향상했는데, 왜냐하면 이 나라들이 세계화로부터 잴 수 없을 정도의 편익을 얻었기 때문이다.

인정하건대, 수출들에 대한 강한 집중은, 독일, 한국 그리고 폴란드 같은 나라들에 전형적이듯이, 기회일 뿐만 아니라, 만약 세계 경제가 악화하면 그것은 또한 위험이 될 수도 있다.

외부 세계에 개방하는 것은 또한 외국인 직접 투자(Foreign Direct Investment; FDI)에 개방하는 것도 의미했다. 베트남은 1990년대 이래로, 처음에는 아시아 호랑이 경제들과 일본으로부터, 그리고 지금은 또한 유럽과 미국으로부터도, 투자자들을 끌어들여 오고 있다. 외국인 직접 투자들은 2009년에서 2019년 기간에 미화 $76억에서 미화 $161억으로 증가했다.[173]

자금 운용 담당자 앤디 호(Andy Ho)는 아래를 베트남에 대한 투자의 주요 이유들로 강조한다:

---

[172] Mania / Rieber / Tran Thi Anh-Dao, 225.
[173] Ho, *Crossing the Street*, 17.

- 그 ⅔가 35세 미만인, 거의 1억 명이라는 베트남의 큰 인구—"그것은 개발할, 아시아에서 마지막 현저한 규모의 시장이다."174
- 거의 3,000만 명의 **빠르게** 확대하는 중산층.
- 빠른 도시화율인데, 이것은 부동산과 사회 기반 시설의 수요에 연료를 공급한다.
- "저임금들과 꽤 잘 교육받은 인력 덕분에 동남아시아의 생산 중심으로 빠르게 바뀌고 있는"175 성장하는 제조업 부문.
- 안정적인 일반 상황(정치, 통화, 등).
- 부단한 경제 개혁들과 세계 경제로의 완전한 통합에 헌신하는 정부.

2011년에 발표된 연구에서, 마이 안 호앙(Mai Anh Hoang)은 베트남에서 FDI가 성장에 미치는 영향에 관해 여러 경험적 연구 결과를 요약한다. 1988년부터 2003년까지 기간들을 망라하는 네 개의 서로 다른 연구의 결과는 이러했다: "FDI가 경제 성장에 현저하게 이바지하고 국내 투자를 자극한다."176

그러나 그녀 자신은 다른 결론에 도달하여, "지난 몇십 년간 개방이 경제 성장의 주요 엔진이었다고 암시할 설득력 있는 증거가 없다,"177라고 말한다. 동시에, 그녀는 이렇게 진술함으로써 자기 자신의 연구 결과에 단서를 단다: "이것은 개방이 베트남 경제에서 중요한 역할을 하지 않는다는 점을 함축하지 않는다. 개방이 경제를 그것의 비교 우위들을 이용하도록 밀어붙이는 데 매우 중요한 역할을 했을 것 같고 그것이 경쟁을 촉진하

---

174 Ho, *Crossing the Street*, 8.
175 Ho, *Crossing the Street*, 8.
176 Mai Anh Hoang, *Understanding the Causes*, 116 참조.
177 Mai Anh Hoang, 125.

여 국내 효율, 특히 국내 투자를 높였을 것 같다."[178]

   2021년 2월에, 공산당 제13차 당 대회는 외국인 투자를 첨단 기술 산업들로 이동시키고 이 투자들에 대한 환경 보호 장치들을 보장하는 10개년 경제 전략을 채택했다. "국회가 원래 2019년에 승인한, 베트남의 증권법(Securities Law)과 새 노동법(Labor Code)이, 2021년 1월 1일에, 발효되었다. 증권법은 대부분 산업에서 투자들에 대해 외국인 소유권 한계를 제거하는 정부의 의도를 공식적으로 진술한다. 새 노동법은 더 큰 계약 신축성, 인력의 더 큰 부분의 공식적 인정, 그리고, 비록 주요 집행 법령들이 여전히 미정일지라도, 근로자들에게 독립된 근로자 권리 조직들에 가입하게 허용하는 것을 포함한다. 2020년 6월 17일에, 베트남은 개정된 투자법과 새 관-민 협력법(Public-Private Partnership Law)을 통과시켰는데, 둘 다 대규모 사회 기반 시설 프로젝트들에 외국인 투자를 장려하고, 그러한 프로젝트들을 재정 조달할 정부의 부담을 줄이며, 외국인 투자자들과 베트남 민간 부문 사이 연결들을 증가시키도록 설계되었다."[179]

   외국인 투자는 또한 생활 수준을 올리는 데 행할 주요 역할도 지녔는데, 왜냐하면 외국인 소유 회사들에서 급료와 근로 조건이 베트남 기업들에서보다 종종 더 낫기 때문이다. "외국인 직접 투자는 일자리들을 바꾸는 데 중요했는데, 외국인 소유 기업들에서 대부분 일자리가 국내 기업과 비교해서 더 높은 임금을 가진 공식적인 일자리이기 때문이다."[180]

   실제로 외국인 투자자들이 소유한 회사들에서 모든 근로자는 고용 계약을 가진다―민간 소유의 베트남 회사들에서는 이것은 그저 두 근로자 중 한 명에게만 사실이다. 게다가, 외국 기업들은 근로자들에게 국내 기업

---

[178] Mai Anh Hoang, 124.
[179] https://www.state.gov/reports/2022-investment-climate-statements/vietnam/
[180] World Bank Group, *From the Last Mile to the Next Mile*, 58.

들의 약 두 배만큼 지급한다. "따라서, FDI의 주입들, 제조업 일자리들의 수 증가, 그리고 더 높은 임금들 사이에는 강한 상관관계가 있다,"라고 세계은행 2022년 보고서는 언급한다.[181]

개혁들은 어떻게 사람들의 일상생활을 향상했는가

개혁들은 작동했다. 그러나 물론 시장 경제가 자리 잡고 그 효과들이 모두에게 가시적으로 되는 데는 시간이 걸렸다. 사정이 개선되는 것은 그저 느릴 뿐이었다. 1980년대에서와 1990년대 초기까지, 베트남에서 대부분 사람은 가난하게 살고 있었다. 생활 조건에서 근본적인 향상이 없었다. 부진 록(Vu Dinh Loc)은 이 시절에 관해 보고한다: "나의 아내가 1987년에 퇴직했을 때, 우리는 약간의 저축이 있었고, 그래서 그녀는 사업을 시작하기를 원했습니다. 비록 그 당시에 도이 모이가 출발했었을지라도, 나는 나의 일자리를 잃는 것이 겁이 났습니다. 중앙 벌꿀 회사(Central Bee Honey Company)의 총괄 이사인 나의 친구는 꿀을 수출하는 것과 나란히 두 번째 사업을 시작하도록 허가되었고, 그래서 그는 음료를 생산하기 시작했으며, 우리에게 5퍼센트의 매상고를 가지고 그의 지정 유통업자가 되게 했습니다. 그래서 우리는 설치비를 제공할 필요가 없었고, 우리는 다만 우리의 상점을 다시 꾸미기만 하면 되었는데, 후자는 우리 집의 일부였습니다. 우리 사업은 그때 잘 되었고, 컨테이너들이 제품들을 우리에게 한 주에 여러 번 배달했습니다. 뗏(Tet; 베트남의 음력 설이자 가장 중요한 연례 축제)이 다가왔을 때, 사람들은 우리 술을 사려고 열을 지었습니다. 그때 우리는 더욱더 높은 가격을 물리기 위해 우리가 병들을 장식할 포장지를 사야겠다는 생각이 떠올랐습니다.

---

[181] World Bank Group, *From the Last Mile to the Next Mile*, 58.

1989년에, 또 하나의 회사가 우리를 자기의 지정 유통업자가 되게 했고, 그래서 우리는 페인트, 칠 …을 팔기 시작했습니다. 그리고 그때 우리는 또한 밧 스랑(Bat Trang; 밧짱) 도자기를 팔기도 했습니다. 그것들은 꽤 잘 팔렸습니다. 그러나 내 집이 너무 작았고 그래서 나는 도자기들 옆, 나무 침대에서 자야 했습니다. 나는 새 도자기들을 주문하기 위해 (내 집에서 16km 떨어져 있는) 밧 스랑 마을로 낡은 오토바이를 운전해야 했습니다. 나는 아직도 관리로서 월요일부터 토요일까지 하루 8시간 일했고, 그다음 밤에 도자기들을 누옥 응암(Nuoc Ngam) 버스 정류장에 있는 고객들에게 배달해야 했습니다. 사정은 우리에게 좋아졌습니다."[182]

많은 사람은 새로운 상황에 적응해야만 했다. 응우옌 스롱 호아(Nguyen Trong Hoa)는 옛날에는 러시아어를 가르쳤었지만, 1990년대에, 아무도 실제로 그 언어를 배우는 것이 더는 필요하지 않았다. 그는 베트남어를 가르치기 시작했고 부업으로서 자기 자신의 소규모 사업―처음에는 결혼사진을 찍기 그리고 그다음에는 복사점을 운영하기―을 시작했다: "1994년에, 나는 결혼 사진사로서 사업을 시작하기 위해서 사진기와 비디오 녹화기를 샀습니다. 나는 800-900달러를 썼습니다. 어느 날, 나의 아버지는 나를 한 선생님에게 소개해 주셨는데, 그는 내게 복사기를 살 것을 권고했습니다. 그래서 나는 중고 일본 기계를 샀고 나의 사업을 시작했습니다. 나는 아직도 오전 7시에서 오전 11시까지 가르쳤습니다. 나는 일찍 일어나서, 복사기를 시동했고, 나의 아내는 복사본들을 쌓았으며, 나의 딸은 그것들에 도장을 찍었고, 그다음 7:30에는 전 가족이 일하러 그리고 학교에 갔습니다. 내가 귀가한 정오에, 나는 복사를 계속했습니다. 그 기계는 두 해 동안 내 가족을 돌보았습니다. 1996년에, 나의 아내와 나는 영

---

[182] Vu Dinh Loc과의 인터뷰, November 29, 2022.

어 수업을 졸업했고 우리는 직책상 베트남어를 가르쳤습니다. 나의 딸은 대학교에 들어갔고, 그래서 우리는 그 기계를 팔았는데, 그것은 내 가족이 그 당시의 곤경을 극복하는 데 도움이 되었었습니다.

　나는 베트남어를 외국인들에게 가르치도록 허락되었고, 그래서 나의 소득은 많이 증가했습니다. ... 1996년에 그 정책은 완전히 개방되었고, 그래서 나는 내가 좋아하는 누구에게든 가르칠 수 있었습니다. 나는 프랑스, 미국 그리고 덴마크 대사관들로부터의 관리들을 가르쳤는데, 이들은 그다음 나를 다른 사람들에게 소개해 주곤 했습니다. 도이 모이 후에 차이점은 내가 더 자유롭게 일할 수 있었다는 점입니다; 개혁들 전에는, 나는 모든 곳에서 가르치도록 허락되지 않았습니다. 나는 오직 정부 관공서에서만 가르치도록 허락되었습니다. 그러나 도이 모이 후에, 1996년부터는, 나는 가르침이 필요한 누구든 가르치도록 허락되었습니다. 나는 러시아어 교사였지만, 그 당시, 아무도 러시아어를 배우는 것을 원하지 않았고 그래서 나는 외국인들에게 베트남어를 가르치는 것으로 전환했습니다. 1996년 여름에, 나는 베트남어 고급 하계 강습회(Vietnamese Advanced Summer Institute) 프로그램(VASI)에 가담했는데, 후자는 베트남어를 배우도록 학생들을 베트남에 보냈습니다. 그것은 6월부터 9월까지였습니다. 1999년에 한 학생이 나에게 내가 가르치러 미국에 가는 데 관심이 있을지 물었고, 그래서 내가 그[를 포함한 학생]들에게 내가 그렇게 할 수 있도록 부탁했으며, 그들은 자기들이 나를 추천하겠다고 대답했는데, 나는 미국과 연락하기 위해 인터넷을 사용해야 했습니다. 나는 2000년에 등록했지만, 거절당했습니다. 그다음, 2002년에, 어느 미국 재단이 선생 노릇을 하도록 나를 미국에 초청하기로 동의했습니다. 그 이후에, 나는 중국과 캄보디아에도 갔습니다. 나의 소득은 꽤 상당했습니다. 2000년 후, 나는 미국에 해외 파견되었습니다. 2005년부터 2007년까지, 나는 중국에서 베트남어를 가르쳤습니다. 나의 대학교는 나에게 (중국) 구이린(桂林; Guilin) [중국 광시좡족(廣西壯族) 자치구의 도시]에서 베트남어 언어학자가 되도록 요구했었습니다. 나의 급료는 상당했습니다."[183]

응우옌 티 꾸엇(Nguyen Thi Quat)은 1938년 박 닌(Bac Ninh)에서 태어났지만, 자기 생애 대부분을 하노이에서 보냈다. 그녀는 자기 생활이 개혁들 후에 정말 얼마나 많이 바뀌었는지를 공유한다: "1986년에 도이 모이가 시작되었을 때, 나는 내 집에 가게를 열었습니다. 그것은 아주 작았지만, 내가 아동복을 팔기에는 충분했습니다. 그리고 어떤 사람들은 심지어 그들이 자기들의 식량 카드들을 현금으로 바꾸어 산 의복을 팔아 달라고 요구하기조차 했습니다. 나의 소득은 그 당시에 상승했고, 우리는 행복하게 먹고 살 수 있었습니다. 우리는, 전과 달리, 저녁으로 닭고기를 먹을 수 있었습니다. 이전에는, 우리는 한 달에 그저 한두 번 육류를 살 여유가 되었을 뿐입니다. 그리고 나는 거리들이, 사람들이, 눈에 띄게 바뀌었었던 점을 기억하고 있습니다. 사업을 할 기회 덕분에 내 주위 거의 모든 사람에 대해 소득이 향상되었었습니다. 그 이후, 우리는 또한 성인복도 팔았습니다.

게다가, 나는 내 주위 베트남 사람들의 수요 증가를 완전히 볼 수 있었습니다. 내 가족은 상점으로 매우 바빴습니다. 우리는 심지어 어떤 고객들을 오전 6시에 기꺼이 맞이하기조차 했는데, 왜냐하면 그들은 그저 우리 상점에서 사기 위해서만 다른 주들로부터 여행했기 때문입니다. 때때로, 상점이 점심시간에 여전히 붐볐기 때문에 우리는 점심을 먹을 수 없었고, 똑같은 일이 종종 또한 저녁 먹는 시간에도 일어났습니다. 솔직히 우리에

---

[183] Nguyen Trong Hoa와의 인터뷰, November 24, 2022, Hanoi.

게 주말은 없었습니다. 소비자들이 필요한 물건이 급증했습니다. 1991년에, 우리는 우리 상점을 위해 심지어 5-6명 고용인을 고용하기조차 해야 했습니다. 1992년에, 나의 딸은 우리가 상점을 경영하는 것을 돕도록 그 애가 졸업한 후 집에 머물러야 했습니다.

우스운 이야기 하나는 도이 모이 전에는 우리가 옥수수와 섞인 쌀을 먹어야 했지만, 우리가 순 백미를 먹을 수 있었을 때, 그것이 생소하게 느껴졌고 내가 그것에 익숙해질 수 없었다는 점입니다. 수년을 사업한 후에, 우리는 우리 집을 개조할 수 있었습니다. 우리 딸은 심지어 푸조(Peugeot) 자전거를 사기조차 했고 나의 남편은 오토바이를 살 만큼 충분한 돈을 가지고 있었습니다. 모든 것이 급격히 바뀌었습니다. 그저 10년만 지난 후, 나라는 그것에 관해 새 모습과 느낌을 지녔습니다. 그것은 나에게 전환점처럼 느껴졌습니다.

나의 상점들은 점점 더 커졌었고, 제품들의 공급원은 매우 다양해졌습니다. 우리는 중국, 하이퐁(HaiPhong) 그리고 남 진(Nam Dinh)산 품목들을 가지고 있었습니다. 봉제 공장들이 나타나서 우리와 연결하기 시작했습니다. 우리 상점들은 대량의 국내 제품을 가지고 있었습니다. 그 당시, 캄 티엔(Kham Thien) 거리는 많은 봉제 상점을 가지고 있었고, 그래서 그들은 우리에게 자기들의 제품들을 제공했습니다. 우리는 사업을 하는 데 굉장히 인기를 얻었고 2010년에 우리 상점을 닫았습니다."[184]

응우옌 꾸옥 민-꾸엉(Nguyen Quoc Minh-Quang)은 베트남 경제의 개방이 어떻게 그에게 새로운 사업 기회들을 창출했고 따라서 그의 삶을 향상했는지 서술한다: "1995년에, 나는 타일랜드산 제품들을 팔기 위해 항 자오(Hang Dao) 거리에 키오스크(kiosk)를 임차했습니다. 나는 많은

---

[184] Nguyen Thi Quat과의 인터뷰, December 5, 2022, Hanoi.

고객을 얻었습니다. 문호 개방 정책 때문에, 우리가 사업을 하기가 아주 쉬웠습니다. 항 응앙(Hang Ngang)-항 자오 거리는 도매업자들의 목적지가 되었습니다. 나에게, 그것은 전 북부 지역의 거래 중심지 같았고, 모든 사람이 사고팔기 위해 이곳으로 몰려들었습니다. 우리 상인들에게 가장 좋은 철은 뗏(베트남 음력설) 전 몇 달이었습니다. 그것은 우리 모두에게 연중 최고의 때였습니다.

　1997년에, 나는, 의복을 도매로 팔기 위해, 동 쑤언 시장에 키오스크를 사기로 결정했습니다. 중국이 개방하기 시작했고, 그들의 제품들이 베트남으로 몰려들었습니다. 나는 중국에 있는 무역업자를 통해 재화들을 샀고 그것들을 되팔았습니다. 그러나 중개자가 있었기 때문에, 나는 많이 벌 수 없었습니다. 그래서, 나는 몸소 광저우(Guangzhou)에 가기 시작했고, 재화들을 사서 그것들을 베트남으로 갖고 돌아오기 위해 공장들에 갔습니다. 잠시 후, 나의 아내와 나는 우리 자신의 제품들을 만들기 시작했습니다. 나의 아내는 또한 의복 부문에서 근로자로서 소련에 가기도 했습니다. 그녀는 의복을 디자인했고 그다음 우리는 그것을 생산하게 하려고 중국에 갔습니다. 우리는 디자인들을 5월에는 완성해야 했고, 그다음 나는 그것들을 중국에 가져가서 비용들을 공장과 의논하곤 했습니다. 우리가 뗏 철을 위해 팔기 시작하도록 그것들을 여기 하노이에서 9월에 가질 수 있기 위해서 그들은 그것들을 생산하기를 8월 전에 끝마쳐야 했습니다. 그처럼 중국에 가기 위해, 나는 5백만 동을 써야 했는데, 이것은 그 당시의 약 두 달 치 평균 월급과 같았습니다. 그러나 그것은 할 가치가 있었는데, 왜냐하면 우리의 제품들이 아주 잘 팔려서 그것이 우리 자신의 서명이 되었었기 때문입니다. 그리고 우리는 우리의 사업을 돕도록 적어도 두 사람 더 고용해야만 했습니다. 많은 도매 고객이 우리 키오스크에 왔고 그래서 나는 그들도 역시 매우 잘 팔았음에 틀림없다고 생각합니다. 때때로 우리 제품들이 중계 창고에 방금 도착했고, 그것들이 아직 우리 키오스크에 도착하지 않았지만, 우리의 정기 고객들은 이미 그것들을 가져갔고 우리에게 나중에 대금을 지급했는데, 그들은 심지어 그 품질이 좋은지 아닌지 확신하고 있지도 않았습니다. 우스운 일은, 내가 나 자신을 위해 마련해 두기를 원한 스웨터가 있었지만, 나의 고객은 자기가 그것을 팔 수 있도록 나에게 그것을 벗으라고 명령했습니다. 글쎄요, 나는 수요가 상승하고 있다는 점을 전적으로 알 수 있었는데요, 왜냐하면 사람들이 자기들의 생활에서 재무적 안정을 달성했었고 이제 즐기기 위해 장보기 시작하고 있었기 때문입니다.

  사업은 아주 잘 되고 있어서 우리는 자동차와 집들을 살 수 있었습니다. 지금, 나의 아내는 아직도 동 쑤언 시장에서 장사를 하고 있고 나는 부동산 부문으로 전환했습니다."[185]

  개혁들의 처음 몇 년에는, 진전은 느렸고, 1989년에, 당 대회가 개혁 의제를 승인했었던 3년 후에, 베트남의 경제는 여전히 심각한 어려움에 처해 있었다. "그러므로, 1989년 3월에, 베트남은, 경제를 안정화하고 개방하는 것뿐만 아니라, 근본적으로 베트남에서 경제 관리 체제를 바꾸기 위해 경제 단위들에 대해 선택의 자유와 경쟁을 제고시키기도 하는 것을 목표로 삼는, 급진적이고 포괄적인 개혁 패키지를 채택했다."[186]

  그 결과들은 다음 몇 년간 실현되었다: 베트남의 국내 총생산은 1990년과 1996년 사이 매년 7.9퍼센트만큼 성장했는데, —성장이 10퍼센트로 더욱더 높았던 중국을 제외하고— 어떤 다른 아시아 나라보다 더 빨랐

---

[185] Nguyen Quoc Minh-Quang과의 인터뷰, December 11, 2022.
[186] Mai Anh Hoang, *Understanding the Causes*, 30.

다.[187]

도이 모이 개혁들의 한 가지 긍정적인 영향은 베트남에서 빈곤이 급격하게 떨어졌다는 점이다. 빈곤을 측정하는 다양한 세계은행 지표가 있다. 세계적인 규모에서 극빈의 지표는 $1.90/일 2011 PPP-IPL(구매력 평가-국제 빈곤선)이다. 이에 따르면, 1993년에 베트남 인구의 52.3퍼센트가 극빈 상태에서 살고 있었다; 2008년까지는, 그 수치는 14.1퍼센트로 떨어졌고, 2020년까지는 그것은 그저 1퍼센트만이었다.[188] 그러나 이 지표는 "저소득 경제들"에 대해 개발되었는데, 이것은 더는 베트남에 적용되지 않는다.

베트남은 지금 "중저 소득" 나라 범주에 속하는데, 그 범주에 대해서는 빈곤율이 $3.20/일 2011 PPP-LMIC(구매력 평가-중저 소득 나라)에서 측정된다. 이 척도로는, 1993년에 베트남 인구의 거의 80퍼센트가 가난하게 살고 있었지만, 2006년까지는 그 비율은 이미 50.6퍼센트로 떨어졌다. 2020년까지는, 그것은 그저 5퍼센트만이었다.[189]

기대 수명도 역시 향상된 경제 상황과 빈곤 감소의 결과로 베트남에서 급격하게 상승했다. 1980년에, 기대 수명은 62년이었고, 오늘날 그것은 73.6년이다(평균적으로, 남자들은 71.1세까지 살고 여자들은 78.2세까지 산다).[190]

베트남은 또한 국제 연합의 인간 개발 지수(Human Development Index)에서도 상승했는데, 이것은 한 나라에서 사람들의 삶의 질을 포괄

---

[187] Mai Anh Hoang, *Understanding the Causes*, 33.
[188] World Bank Group, *From the Last Mile to the Next Mile*, 28, Table 1.1.
[189] World Bank Group, *From the Last Mile to the Next Mile*, 28, Table 1.1.
[190] https://de.statista.com/statistik/daten/studie/751227/umfrage/lebenserwartung-in-vietnam/#:~:text=Im%20Jahr%202021%20betrug%20die,1%20Jahre%20bei%20den%20M%C3%A4nnern

적으로 측정한다고 주장한다. 베트남에 대한 지수 점수는 1980년에 0.463에서 2020년에 0.704로 증가했다.[191] 이것은 베트남을 지수에 있는 185개 나라에 대한 세계 평균 0.723의 단지 약간만 아래에 둔다.[192]

베트남에서 빈곤 감소의 증거를 분석하고서, 세계은행의 2022년 분석은 진술한다:

- "베트남에서 지난 십 년간 성장은, 복지가 가구들의 전 경제 분포에 걸쳐 향상함에 따라, 넓게 포괄적이었다. 빈곤에서 벗어나는 통로들은, 많은 가족이 단 한 세대 안에 빈곤에서 벗어남에 따라, 대부분 집단에 걸쳐 널찍했다."[193]
- "임금 증가, 공식 고용 몫의 증가, 그리고 저생산성 농업에서 벗어나는 이동은 노동 소득들을 올렸다."[194]

이 주요 전진들에도 불구하고, 베트남에서 빈곤과의 투쟁은 결코 끝나지 않았다. 특히, 시골 지역들과 인종적 소수파들과 관련하여 많은 중대한 도전 과제가 남아 있다. 베트남에서 낀(Kinh) 다수파에 대한 빈곤율은 2020년에 거의 0이었지만, 그것은 인종적 소수파들에 대해서는 여전히 27퍼센트였다.[195]

베트남 사회의 구조에 근본적인 이동이 있었다―대부분 사람이 과거에는 하층 계급에 속했지만, 오늘날에는 대부분이 중산층에 속한다. 이 이동

---

[191] https://www.theglobaleconomy.com/Vietnam/human_development/
[192] https://www.theglobaleconomy.com/Vietnam/human_development/
[193] World Bank Group, *From the Last Mile to the Next Mile*, 4.
[194] World Bank Group, *From the Last Mile to the Next Mile*, 4.
[195] World Bank Group, *From the Last Mile to the Next Mile*, 8.

의 규모는 아래 자료에서 명백하다: 1998년에는, 베트남에서 사람들의 71.4퍼센트가 최하층 계급에 속했다(시골 지역들에서는, 그 수치는 79.5퍼센트만큼 높았다). 2008년에는, 이것이 50.7퍼센트로 떨어졌었고, 2018년에는, 그저 24퍼센트만이 여전히 최하층 계급 구성원들로 여겨졌다. 1998년에는 베트남 인구의 그저 27.2퍼센트만을 구성했었던 중산층은 동일 기간에 65.4퍼센트로 상승했었다. 그리고 1998년에 그저 1.3퍼센트만을 구성했었던 상류 계급은 2018년까지는 10.6퍼센트로 상승했었다.[196]

이 기간에 불평등도 역시 상승했는데, 노벨상 수상자 앵거스 디턴(Angus Deaton)이 증명했듯이, 이것은 사람들이 가난에서 벗어날 때 항상 일어나는 일이다.[197] 그리고 베트남도 예외가 아니다: 가난이 극적으로 감소했지만, 하층 계급 소득과 상류 계급 소득 사이 차이로 측정된 불평등이 증가했다. 상류 계급과 하층 계급 사이 소득 차이 계수는, 1998년에 30.3이었는데, 2008년에 35로 그리고 2018년에 36.8로 상승했다.[198]

2010년부터 2020년까지, 베트남 인구의 최저 10퍼센트에 대한 1인당 평균 가구 소비는 한 달에 740만 동에서 1,210만 동으로 증가했다. 가장 부유한 10퍼센트에 대해서는, 그것은, 한 달에 5,290만 동에서 1억 3,600만 동으로, 더 증가했다.[199]

그러나 불평등 증가는 베트남인들에게 쟁점이 아니고, 그들은 그것을 더 큰 정의의 조짐으로서 본다. 이 맥락에서, 베트남 사회 과학자들 응우옌 스롱 쭈언(Nguyen Trong Chuan), 응우옌 민 루언(Nguyen Minh

---

[196] Bui / Truong Si Anh, 210, Table 9.1.
[197] Deaton, 89.
[198] Bui / Truong Si Anh, 212, Table 9.2.
[199] World Bank Group, *From the Last Mile to the Next Mile*, 42.

Luan) 그리고 레 후 땅(Le Huu Tang)이 책 ≪베트남에서 사회경제적 쇄신(Socioeconomic Renovation in Viet Nam)≫에 쓴 매우 흥미로운 논문이 있는데, 나는 그 내용을 여기에 더 자세히 제시하고 싶다. "관료적 보조금 체제하의 이전 시대에서는," 그들은 쓴다, "정의와 평등은 똑같은 의미를 지니는 것으로 해석되었다. 평등은 사회의 사람들이 모든 측면에서, 즉 정치적으로, 경제적으로, 그리고 문화적으로, 서로 동등하다는 점을 의미하는 것으로 해석되었다."[200]

그들이 캐나다의 UBC(브리티시 컬럼비아 대학교; University of British Columbia)로부터의 연구자들과 함께 쓴 자기들의 논문에서, 저자들−저명한 베트남 철학자들과 사회학자들−은 평등(equality)과 정의(justice)의 개념들을 동일시하는 것을 반대했다. 이 평등주의 이데올로기의 효과들은, 그들은 확신한다, 그 나라에 해로웠다: "평등주의와 조화하지 않는 어떤 것이든 정의 원칙의 위반으로서 여겨질 것이다. 이 나쁜 견해는 사회경제적 발전을 위한 추진력을 줄였고, 심지어 완전히 파괴하기도 했다."[201]

고전적 자유주의자들처럼, 그들은 평등이 그저 법 앞의 평등만을 가리켜야 하지, 사회적 혹은 경제적 평등을 가리켜서는 안 된다고 주장한다. 그리고 사회적 정의는 모든 사람을 평등하게 만드는 것을 의미할 수 없고, 오직 "똑같은 공헌이 똑같은 편익과 같다는 점"[202]만을 의미한다. 시골 인구에서 불평등의 면에서, 저자들은 쓴다, "좋은 기회들, 더 나은 경험, 일

---

[200] Nguyen Trong Chuan, Nguyen Minh Luan, Le Huu Tang, "Social Policy," in Boothroyd / Nam, *Socioeconomic Renovation in Viet Nam*, 153.
[201] Nguyen Trong Chuan, Nguyen Minh Luan, Le Huu Tang, "Social Policy," in Boothroyd / Nam, *Socioeconomic Renovation in Viet Nam*, 153.
[202] Nguyen Trong Chuan, Nguyen Minh Luan, Le Huu Tang, "Social Policy," in Boothroyd / Nam, *Socioeconomic Renovation in Viet Nam*, 153.

하고 거래하는 재능, 그리고 건강한 노동을 가지고 있는 가구들은 더 부유해질 것이다. 따라서 양극화는 불공평을 나타내지 않고 공평을 나타낸다. 열심히 일하는 사람들은 더 많이 벌 것이지만, 게으른 사람들과 비효율적으로 그리고 비효과적으로 일하는 사람들은 더 적게 벌 것이다."203

그리고 저자들은 자기들이 재분배의 제안들에 단호히 반대한다는 점을 명백하게 한다: "분배가 평등주의적인 보조금 체제와 비교해서, 부유한 사람들과 가난한 사람들 사이 현재의 양극화는 사회적 형평의 재수립을 보여준다. 그것은, 어떤 사람들이 주장하듯이, 사회적 형평의 위반 신호가 아니고, 특히 중대한 위반이 아니다."204

불평등은, 그들은 단언한다, 비판에 알맞지 않고 부의 추구는 장려되어야 한다: "양극화는 그 자체 최근의 상당한 경제 성장 배후의 중요한 원동력이 되었다. 그러므로, 지금은 우리가 이미 획득된 결과들을 촉진할 때이고 사람들에게 합법적으로 재산을 모으도록 권할 때이다. 부자들과 가난한 사람들 사이 양극화의 존재 때문에 이 진화를 멈추게 하는 것은 적절하지 않다."205

저자들은, 도이 모이 개혁들이 시작된 6-7년 후, 1993년과 1994년에 행해졌던 여론 조사의 결과들을 인용하고 있다. 그 결과들은 "꽝남-다낭주 (Quangnam-Danang Province)에서는, 663가구의 91.2퍼센트가 부자들과 가난한 사람들 사이 현재 양극화를 정상적이고 받아들일 만한 것으로 여겼다," 는 점을 보여준다. 호찌민시에서는, 부자들과 가난한 사람들 사이

---

[203] Nguyen Trong Chuan, Nguyen Minh Luan, Le Huu Tang, "Social Policy," in Boothroyd / Nam, *Socioeconomic Renovation in Viet Nam*, 157.

[204] Nguyen Trong Chuan, Nguyen Minh Luan, Le Huu Tang, "Social Policy," in Boothroyd / Nam, *Socioeconomic Renovation in Viet Nam*, 158.

[205] Nguyen Trong Chuan, Nguyen Minh Luan, Le Huu Tang, "Social Policy," in Boothroyd / Nam, *Socioeconomic Renovation in Viet Nam*, 158.

양극화를 "정상적이고 받아들일 만한 것으로" 여긴 응답자들의 비율은 72.9퍼센트였고, 하노이에서는 그것은 80.2퍼센트였다.206

이 베트남 사회학자들과 철학자들은 그저 부자들과 가난한 사람들 사이에 불평등이 증가하고 있다고 자유 시장 개혁들의 행로를 포기하는 것이 잘못일 것이라고 결론짓는다. "바꿔 말하면, 비록 부자들과 가난한 사람들 사이 양극화가 더욱더 명백해질지라도, 이것은 우리가 사람들의 합법적인 부유화를 장려하는 것을 멈추어야 한다는 점을 의미하지는 않는다."207

당신은 미국이나 유럽에서 사회학자들로부터 비슷한 진술들을 발견하는 데 애를 먹을 것이다. 서양 나라들에서는, 사회적 불평등은 거의 항상 부정적으로 여겨지고 가난과 싸우자는 제안들은 대개 더욱더 광범위한 재분배 조치들을 통해 "부자들과 가난한 사람들 사이 격차"를 메우는 것을 목표로 삼고 있다.

그 긍정적인 것들에 추가하여, 사회적 이동성은 베트남에서 명백히 작동한다. 한 연구는 2016년에서 2018년까지만도, 인구의 ⅓이 아주 큰 소득 변화들을 경험해서 그들이 다른 사회 계층으로 이동했다는 점을 보여주었다: 가구들의 12.6퍼센트가 이 기간 하향 이동했지만, 훨씬 더 많은, 21.4퍼센트는 사회적 사닥다리를 그럭저럭 올라갔다.208

위에서 인용된 베트남 학자들의 연구 결과와 서양으로부터의 반자본주의자들 사이 대조는 이보다 더 클 수가 없을 것이다. 귄터 기젠펠트

---

206 Nguyen Trong Chuan, Nguyen Minh Luan, Le Huu Tang, "Social Policy," in Boothroyd / Nam, *Socioeconomic Renovation in Viet Nam*, 155, 각주 155.
207 Nguyen Trong Chuan, Nguyen Minh Luan, Le Huu Tang, "Social Policy," in Boothroyd / Nam, *Socioeconomic Renovation in Viet Nam*, 158.
208 World Bank Group, *From the Last Mile to the Next Mile*, 39, Table 1.5.

(Günter Giesenfeld)는 벨기에 마르크스주의 사회학자(이자 가톨릭 사제) 프랑수아 후타르(François Houtart)를 인용하는데, 그는 다음 비판을 베트남에서의 사태 진전들에 돌렸다: "사회적 양극화가 강화되고 있다. 경제의 전환에서 편익을 얻고 소비할 여유가 있는 새로운 사회 계급이 나타나고 있다." 그는 그들을 "벼락부자(nouveau riche)"라고 부르고, 그들을 탐욕스러운, "붉은 자본가(red capitalists)"[209]로 낙인찍는다. 그는 "사회 안전망의 해체와 소멸이 개인들과 가족들에게서 자기들의 삶을 계획하는 데서 어떠한 잔여 안전도 빼앗을 뿐만 아니라, 경제 메커니즘들의 해방이 차이들의 심화와 적대감들의 예리화를 일으키기도 한다."고 한탄한다.

그 사회학자는 부정적 결론을 낸다: "더는 사회 안에 정신들을 활기 띠게 하고, 에너지들을 자극하며, 사회생활에 집합적 의미를 부여할 수 있는 단일 프로젝트가 없다. 그렇다, 이것에 많은 이유가 있지만, 확실한 것은 시장의 약속들이 연대에 기초한 사회의 건설에 최종 일격을 가하고, 에너지들을 분산하며, 시야들을 좁힌다는 점이다."[210]

이 비판은, 비록 베트남의 개혁들이 그렇게 수백만 사람을 가난에서 벗어나게 했다고 할지라도, 서양에 있는 좌익 반자본주의 지식인들이 그것들[개혁들]을 의심한다는 점을 보여준다. 그러나 비록 베트남에서 보통 사람들의 생활 수준이 크게 향상했을지라도, 이것이 사람들에게 "집합적 의미(collective meaning)"를 줄 "연대의 사회(society of solidarity)"라는 그들의 이상향적 관념들에 작별을 고하는 것을 의미하는 한, 그것은 반자본주의 지식인들에게 중요하지 않다.

---

[209] Houtart, Giesenfeld, 389에서 인용.
[210] Houtart, Giesenfeld, 390에서 인용.

도이 모이 개혁들에 관한 설문 조사의 연구 결과

베트남에서, 나는 베트남 여론 조사 연구소 인도차이나 연구(Indochina Research)에 의뢰하여 2022년 10월 19일부터 11월 7일까지 총 800명의 대표적으로 선택된 사람과 전화 면접을 하게 했다. 우리의 설문 조사에서 우리는, 그중에서도 특히, 알고 싶었다: "당신의 의견으로, 도이 모이 개혁들이 당신의 재무 상황에 얼마나 많은 영향을 끼쳤습니까? 당신은 당신의 재무 상황이 도이 모이 개혁들로 많이 영향을 받았다, 다소 영향을 받았다, 거의 혹은 전혀 영향을 받지 않았다 중 어느 것이라고 말씀하시겠습니까?" 베트남인들의 ⅔ 이상(68퍼센트)은 개혁들이 자기들의 재무 상황에 영향을 끼쳤다고 말했고 그저 24퍼센트만이 그것들이 영향을 끼치지 않았다고 말했다(그림 1).

그림 1 베트남: 도이 모이 개혁들이 응답자들 자신의 재무 상황에 미치는 영향

질문: "당신의 견해로, 도이 모이 개혁들이 당신의 재무 상황에 얼마나 많은 영향을 끼쳤습니까? 당신은 당신의 재무 상황이 도이 모이 개혁들로 많이 영향받았다, 다소 영향받았다, 거의 혹은 전혀 영향받지 않았다 중 어느 것이라고 말씀하시겠습니까?"

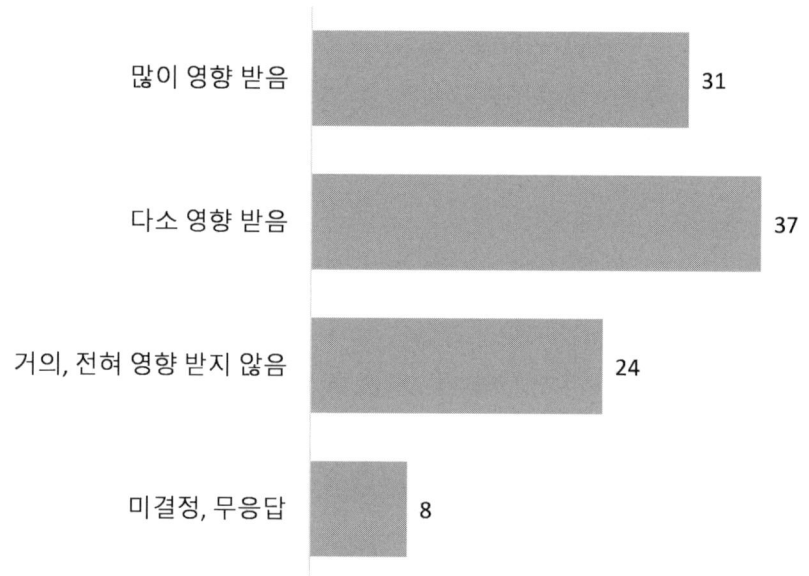

출처: 인도차이나 연구

60세 이상 응답자들, 즉 개혁들의 영향을 판단할 가장 좋은 위치에 있는 응답자들—1961년에 태어난 사람들은 도이 모이 개혁들이 시작되었을 때 25살이었다—가운데서, ¾(75퍼센트)만큼 많은 사람이 개혁들이 자기들의 삶에 영향을 끼쳤다고 말하고 이 연령 집단의 반(49퍼센트)이 자기들의 개인적인 재무 상황이 "많이" 영향을 받았다고 말한다. 우리 응답자들의 연령이 증가함에 따라, 그림 2가 보여주는 바와 같이, 도이 모이 개혁들이 자기들 자신의 재무 상황에 끼치는 영향에 관한 그들의 평가의 강도도 증가한다.

그림 2 베트남: 도이 모이 개혁들이 응답자들 자신의 재무 상황에 미치는 영향－연령 집단에 따른 분석

질문: "당신의 견해로, 도이 모이 개혁들이 당신의 재무 상황에 얼마나 많은 영향을 끼쳤습니까? 당신은 당신의 재무 상황이 도이 모이 개혁들로 많이 영향받았다, 다소 영향받았다, 거의 혹은 전혀 영향받지 않았다 중 어느 것이라고 말씀하시겠습니까?"

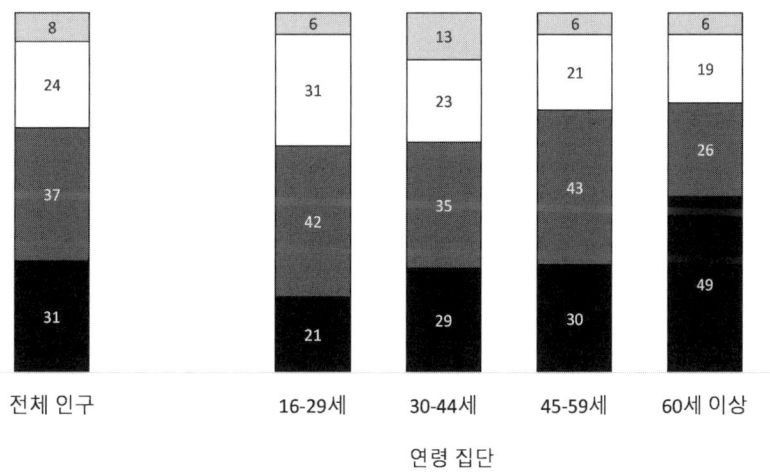

출처: 인도차이나 연구

베트남의 여자들은 중요한 역할을 한다

불평등의 또 하나의 측면은 성 사이에 존재하는 불균형이다. 내가 베트남과 열두 다른 나라에서 행한 대표적인 설문 조사에서(pp. 133-142를 보라), 나는 [베트남을 제외한] 모든 나라에서 남자들이 여자들보다 부자가 되는 것이 자기들에게 중요하다고 더 말할 것 같음을 알아차렸다. 남자들보다 현저하게 더 많은 여자가 부자가 되기를 원하는 것은 오직 베트남에서만이었다: 베트남에서 남자들의 72퍼센트와 여자들의 80퍼센트가 설문 조사에서 부자가 되는 것이 자기들에게 중요하다고 말했다.211

하노이에서, 나는 민간 싱크 탱크의 대표인 진 뚜언 민(Dinh Tuan Minh)과 이야기했다. 그는 여자들이 베트남의 경제에 하는 주요 공헌을 강조했다.

2019년에 그랜트 소턴(Grant Thorton)이 한 설문 조사에 따르면, 베트남에서 임원들의 36퍼센트가 여자였는데, 타일랜드에서 19퍼센트와 비교되었다.212 나의 고국, 독일에서는, 그 수치는 29퍼센트였다. 베트남의 개요에서, 지도적인 스위스 고품질 보통 크기 신문 ≪노이에 취르허 차이퉁(Neue Zürcher Zeitung)≫은 썼다: "다른 동남아시아 나라들과 달리, 베트남 여자들에게 모든 전문 직업과 관리 수준에 대한 문이 활짝 열려 있다."213

---

211 https://onlinelibrary.wiley.com/doi/10.1111/ecaf.12524
212 https://www.destatis.de/Europa/DE/Thema/Bevoelkerung-Arbeit-Soziales/Arbeitsmarkt/Qualitaet-der-Arbeit/_dimension-1/08_frauen-fuehrungspositionen.html#:~:text=Lettland%20war%20mit%20einem%20Frauenanteil,mit%20lediglich%2021%2C3%20%25
213 Rist, "Kriegsheldinnen, Männerersatz und viele Blumen," *Neue Zürcher Zeitung*, March 8, 2021.
https://www.nzz.ch/international/in-vietnam-spielen-frauen-eine-starke-gesellschaftliche-rolle-ld.1605284

하노이에서, 나는 여러 대학교에서 강연을 했는데, 저명한 NEU(국립 경제 대학교; National Economics University)와 해외 무역 대학교(Foreign Trade University)를 포함한다. 해외 무역 대학교에서, 나는 부유해질 동기에 관한 공동 연구회(workshop)에 초청받았다. 그 공동 연구회의 표어: "부유한 국민, 부유한 나라(Rich people, rich country)." 해외 무역 대학교는 20,000명 학생을 지니고 있는데, 그들 중 ⅔가 여성이다. 그 대학교는 850명의 교수와 직원을 지니고 있는데, 대학교에 따르면, 여자들의 비율은 더욱더 높다.

베트남에서, 이 모든 것은 여권(女權)주의(feminist) 이데올로기 없이 달성되었다. 나는 기업가 응우옌 쑤언(Nguyen Xuan)과 이야기했는데, 그녀는 다음과 같이 이야기했다: "베트남에서는, 그것은 여자들의 권리들을 요구하는 것이라기보다는 여자로서 성공하기 위해 당신 자신이 무언가 하는 것에 관한 것입니다. 우리는 남자들에게 의지하기를 원하지 않습니다. 우리는 우리 자신에게 의지하기를 원합니다." 이것은 내가 중국에의 이전 방문들에서 관찰했었던 어떤 것이다: 유럽 시각에서 "집합주의자(collectivist)"로 생각되는 아시아인들은 이 측면에서 유럽인들과 미국인들보다 훨씬 더 개인주의적이다. 그들은 국가가 당신을 위해 무언가 해 줄 것이라고 당신이 기대해서는 안 된다고 생각하고, 그들은 당신이 그것을 당신 스스로 해야 한다고 믿는다.

쑤언 자신이 훌륭한 예다: 그녀는, 자기가 그저 23살뿐이었을 때, 자기의 첫 회사, [서브웨이(Subway)와 비슷한] 샌드위치 식당들의 연쇄점을 시작했다. 그녀는 지금 베트남에 12개 음식점과 한국 수도 서울에 20개 음식점을 소유하고 있다. 일단 자기의 식당 연쇄점이 완전히 제대로 운영되었을 때, 그녀는 약국 연쇄점 그리고, 세 해 전에는, 듣는 책(audio books) 출판사를 시작했는데, 후자는 이미 700개 출판물을 발행했었다.

오늘날, 베트남은 일곱 억만장자에게 본국이다. 이 부유한 집단은 여전히 남자들에 의해 지배되지만, 마침내 그들 중 한 여자, 응우옌 티 푸옹-타오(Nguyen Thi Phuong-Thao)가 있다(대조적으로, 미국에서는, 20명 가장 부유한 사람 가운데 단지 한 여자, 앨리스 월턴(Alice Walton)만 있는데, 그녀는 상속녀이다). 응우옌 티 푸옹-타오는 1970년에 태어났고, ≪포브스≫지(2022년 9월호)에 따르면, 미화 24억 달러의 재산을 가지고서 세계에서 1,000명 가장 부유한 사람에 속한다. 그녀는 자기의 첫 백만 달러를 21세에 모스크바에서 학생으로서 팩스기들을 팔아 벌었다. 2011년에, 그녀는 저가 항공사 비엣젯 항공(VietJet Air)을 설립했다. 그녀는 처음부터 마케팅에 크게 마음이 끌렸다. 2012년에, 그녀의 항공사는 비키니를 입은 승무원들을 보여주는 광고들로 대서특필되었다. 승무원들은 자기들이 전통적인 제복이나 비키니 중 어느 쪽을 입고 비행하기를 선호할지 선택할 수 있었는데, 대부분은 후자를 선택했다. 응우옌 티 푸옹-타오는 사람들이 그녀의 회사를 비키니 여승무원들로 연상하는 데 자기가 아무 문제가 없다고 말한다: "만약 그것이 사람들을 기쁘게 만들면, 우리가 기쁩니다."214 이것이 여자들을 성적 매력의 상징(sex symbols)으로 바꾼다는 주장들에 대응하여, 그녀는 말한다: "만약 아름다운 이미지가 우리 고객들이 기쁘게 느끼는 것을 돕는다면, 우리는 항상 우리 최선을 다할 것입니다. 이 세상에는, 경기 참가자들이 비키니를 입는 많은 미인 대회가 있습니다. … 비키니는 아름다운 특징들을 보여줍니다. 비엣젯에서 우리가 전하는 메시지는 우리가 아름다움과 기쁨을 위해 이것을 했다는 점입니다."215

---

214 https://fortune.com/2017/04/14/vietjet-bikini-billionaire/

2017년에, 그녀의 사이공 기반 회사가 주식을 공개하였고 타오는 억만장자가 되었다. 덧붙여서, 그 기업가는 은행업 부문[호찌민 개발 은행(HD Bank)]에서 이익을 내고 있고 또한, 세 개의 해변 휴양지를 소유하는 것을 포함해서, 부동산에 투자하기도 했다.

베트남 회사들의 보통주에 투자하고 직접적인 지분을 사는(사모 펀드; private equity), 투자 자금 관리자 앤디 호(Andy Ho)는 자기의 2021년 책 ≪거리를 건너기: 베트남에서 투자를 성공시키는 방법(Crossing the Street: How to Make a Success of Investing in Vietnam)≫에서 보고한다: "많은 베트남 최고 기업은 여자들이 이끌고 있습니다. 비록 그 나라가 다른 나라들과 어떻게 비교되는지에 관해 내가 공식적인 연구를 하지 않았을지라도, 나는 여자들이 대부분 다른 나라에서보다 베트남에서 더 많은 대기업을 이끈다고 말해야 할 것입니다."216

그는 여성 지도자를 가진 크고 매우 성공적인 베트남 회사의 여러 예를 든다. 그는 그런 회사들에 대한 사모 펀드 투자들에 대해 매우 긍정적인 경험을 했다: "이 여자들은 모두가 자본을 모으고 자기들의 기업들을 키우는 데 극히 유능했습니다. 공통적인 주제는, 그들이 투자자들을 끌어들일 때조차도, 그들이 자기들이 운영하는 회사들에 상당한 지분을 계속해서 보유한다―그들의 이익이 다른 주주들과 여전히 제휴된다―는 점입니다. 그중에서도, 그들의 회사들이 성장했고 성공적으로 된 후조차도, 그들은 여전히 집중하였습니다."217

반면에, 남자들에 대해서는, 호는 일단 그들이 성공하게 되면 그들이 도

---

215 https://www.cnbc.com/2016/05/24/nguyen-thi-phuong-thao-takes-vietjet-from-bikini-flights-to-ipo-in-5-years.html
216 Ho, *Crossing the Street*, 104.
217 Ho, *Crossing the Street*, 107.

박하거나, 골프 치거나, 바람을 피우는 데 종종 너무 많은 시간을 쓴다고 말한다. 베트남에서 정부(情婦)를 유지하는 데 한 달에 쉽게 미화 $5,000의 비용이 들고, 남자들은 자기들의 기업 활동에 집중이 안 되게 된다. 호가 말하기를,218 "비록 내가 기회균등 투자자일지라도, 나는 여자들이 운영하는 회사들에 더 높은 신뢰 수준을 가지는 점을 인정하겠는데, 적어도 그들이 나에게 다른 이유를 제시할 때까지는 그렇습니다."219

개선의 여지: 국유 기업들과 부패의 문제들

믿을 수 없을 정도의 성공들에도 불구하고, 베트남에서는 아직 많은 일이 행해져야 한다. 하나의 문제는 아직도 너무 많은 국유 기업이 있고, 그것들이 종종 비효율적으로 운영된다는 점이다. 2020년에, 아시아 개발 은행 연구소는 국유 기업들(state-owned enterprises; SOEs)과 관련된 문제들을 분석했다.

첫째, 몇몇 수치: "비록 SOE들의 수가 총기업 수의 그저 0.4퍼센트만 차지한다고 할지라도, 그것들이 전 나라 자본의 28.8퍼센트를 구성하고, 나라 GDP의 20퍼센트에 이바지한다는 점을 언급할 가치가 있다."220 베트남에서 대부분 사기업은 규모가 작다—97퍼센트는 10명 미만의 고용인을 가지고 있는 반면, 국유 기업들은 매우 큰 경향이 있다.221

비록 SOE들이 대출금을 얻는 것에 관한 한, 그리고 많은 다른 측면에서, 우대를 받을지라도, 자료는 그것들이 사기업들보다 덜 효율적으로 그리고 덜 이문이 있게 운영된다는 점을 증명한다. 그 분석의 저자들은 이

---

218 Ho, *Crossing the Street*, 101.
219 Ho, *Crossing the Street*, 107.
220 Le Ngoc Dang / Dinh Dung Nguyen / Taghizadeh-Hesary, 2.
221 Le Ngoc Dang / Dinh Dung Nguyen / Taghizadeh-Hesary, 2.

모순에 주목한다: "… 그것들(SOE들)은 사유 기업들에는 자격이 없는 토지, 신용 그리고 정보에의 접근에서 많은 유인, 즉 특혜 금융 대우, 대출 보증들, 공공 조달 이점, 그리고 더 나은 정보 접근을 받는다. 그러므로, SOE들에서 빈약한 성과는 항상 합리적이고 이해할 수 있는 것이 아니다." 그렇지만, 많은 베트남 국유 기업은, 은행업, 그리고 식품과 음료 같은, 벌 돈이 많이 있는 유리한 부문들에서 활동한다.[222]

그것들이 아주 빈약하게 일을 해낸다는 점은 바로 국유 기업들이 더 높은 보조금들을 받기 *때문*이고, 그것들이 종종 격심한 경쟁에 노출되지 않기 *때문*이며, 무엇보다도, 그것들이 비경제적으로 운영될 때 그것들이 전혀 파산되지 않기 *때문*이다. 이 점은 다음 수치로 확증된다: "SOE들은 경제에서 미지급 채무의 17퍼센트를 차지하고, 그것들은 회수 불능 융자들의 60퍼센트에 책임이 있다."[223] 동시에, SOE들에 대한 자기 자본 수익률은 그 나라에 투자하는 외국 회사들의 그것의 그저 반만이다.[224]

베트남 정부는 국유 기업들과 관련하여 "민영화(privatization)"라는 용어를 피하고 "주식화(equitization)"에 관하여 이야기하기를 선호한다. 그리고 이 과정은 비틀거리고 있다. 2003년과 2006년 사이, 총 2,649개 국유 기업이 "주식화"되었지만, 그때 이후로 그 숫자는 매년 낮은 세 자리나 심지어 두 자리 범위에 있었다.[225] 민영화들은 비엣콤뱅크(Vietcombank), 큰 음료 회사 하베코(Habeco) 그리고 맥주 양조 회사 사베코(Sabeco) 같은 매우 큰 국유 기업을 많이 포함했다. 그러나 문제는 대부분 경우 국가가 그런 회사들에서 과반수 지분을 보유했다는 점이다.[226] 2005년부터

---

[222] Le Ngoc Dang / Dinh Dung Nguyen / Taghizadeh-Hesary, 3.
[223] Le Ngoc Dang / Dinh Dung Nguyen / Taghizadeh-Hesary, 2.
[224] Le Ngoc Dang / Dinh Dung Nguyen / Taghizadeh-Hesary, 4.
[225] Le Ngoc Dang / Dinh Dung Nguyen / Taghizadeh-Hesary, 6, Figure 4.

2011년까지 열 개 대기업의 주식화에 관한 통계는 국가가 이 열 개 회사 중 일곱 개에서 주식들의 90퍼센트 이상을 보유했고 오직 한 개[건설 회사 코베스코(Covesco)]에서만 50퍼센트 이상을 포기했다는 점을 보여준다.

자기들의 원래 사업 분야에서 실패했었거나 극히 이익 없는 몇몇 국유 기업은 어쨌든 생존하기 위해 자기들의 사업 모델을 바꾸지 않을 수 없었다. 그들은, 예를 들면, 부동산이나 호텔 사업에 발판을 얻기 위해 자기들의 토지 소유권과 값싼 국가 대출금들에의 접근을 이용했다.[227]

민영화는 아마도 여러 이유로 비틀거리고 있을 것이다: 첫째, 많은 국유 기업이 충분히 효율적으로 운영되지 않고, 그래서 민간 투자자들이 그것들을 획득할 유인이 거의 없다. 그리고 만약 정부가 회사에 대한 통제 지분을 보유하기를 고집한다면, 투자자들은 관료들이 조만간 자기들의 통제를 양도하려고 하지 않을 것이 아닌지 의심한다. 게다가, 그것은 그저 동기들의 문제일 뿐이다: 국유 기업들의 지도자들은 당에 속하고 자기들의 회사가 민영화되는 데 이익이 거의 없다. 국가는, 조선과 담배 생산같이, 이것이 그래야 하는 이유에 관해 절대로 받아들이기 어려운 경제 부문들에서 여전히 활동한다.

투자자 앤디 호가 하나의 예로 설명하듯이, 종종 국유 기업들에는 대량의 이해 충돌이 있었고 아직도 있다: "베트남에서 나의 첫 투자 중 하나는, 최근에 주식화했지만, 정부가 여전히 과반수 주주인 생선 가공 회사에 대해서였습니다. 메콩 삼각주에 있는 공장을 방문하자마자, 투입물들(날생선들) 반 이상이 SOE 임원들의 가족들이 소유하는 양어장들에서 온다는

---

[226] Le Ngoc Dang / Dinh Dung Nguyen / Taghizadeh-Hesary, 8, Table 3.
[227] Beresford, 263.

점이 우리에게 명백해졌습니다. 그것만으로, 그 CEO는 [그들에게] 항상 10퍼센트 매상 총수익을 보장해 줄 수 있었습니다! 말할 것도 없이, 우리는 SOE가 가능한 가장 낮은 가격에 투입물들을 살 능력을 둘러싸고 마음이 편하지 않았고, 나는 나의 팀에게 완전히 그 사업에서 떠나라고 요구했습니다."[228]

"주식화" 과정의 한 가지 문제는 회사들 자산들의 평가와 관련되어 있는데, 오스트레일리아 경제학자 멜러니 베레스퍼드(Melanie Beresford)가 쓰듯이, "많은 회사의 자산들이 시장 가치를 가지지 않았기 때문이다." 또 하나의 문제는, 베레스퍼드가 설명하듯이, "주식화" 과정의 결과로 국유 기업들의 이사들이 통제를 잃는 것을 걱정하고 근로자들이 자기들의 일자리에 대해 염려한다는 점이다.[229] 따라서, 그 과정은 여전히 성의가 없는 조치에 지나지 않고, 시종일관하게 집행되고 있지 않다.

2018년 11월에, 정부 통제 언론 매체는 응우옌 쑤언 푹(Nguyen Xuan Phuc)이 민영화 대회를 소집했다고 보도했다. 개선을 위한 절박한 필요가 있었는데, 왜냐하면, 그 기사가 퉁명스럽게 진술했듯이: "민영화 과정은 아직 기대된 대로 진행되고 있지 않고 그러므로 효율적이고 시의적절한 조치들이 필요하기"[230] 때문이었다.

자기의 분석에서, 멜러니 베레스퍼드는 쓴다: "중앙 계획의 종식 후에, 베트남에서 사회주의의 초기 정의에서 유일하게 남아 있는 요소는 경제의 전망 좋은 고지들(커맨딩 하이츠; commanding heights; 공익사업, 천연자원 등)에 관해 국가 기업 지배를 유지하려는 정부의 결정이었다."[231]

---

[228] Ho, *Crossing the Street*, 43.
[229] Beresford, 263.
[230] https://vovworld.vn/de-DE/politische-aktualitat/beschleunigung-der-privatisierung-staatlicher-unternehmen-701892.vov

그러나 실제로는, 베트남에서 정부는 국유 기업들에 유망한 미래를 제시하는 데 많은 일을 하지 않았고, 국유 기업들은 "대개 냉대를 받았다,"라고 베레스퍼드는 언급한다. 정책을 바꾸어서, 정부는 자기의 투자들을 국유 기업들보다는 사회 기반 시설 프로젝트들로 겨냥하기 시작했다. "SOE들에 대한 투자는 빠르게 줄어들어, 전체의 작은 부분이 되었고, 구조적 변화와 효율 향상을 위한 장기 투자보다 운전 자본을 위한 단기 신용에 심하게 의지했다."232

국유 기업들은 별난 상황에 있었다: "시장 규율이 대개 없었지만, 정부 규율도 또한 집행되지 않았다. … 그러나 정부가, SOE들이 '국가 지도하의 시장 경제'에서 지배적인 역할을 할 수 있게 할, 개혁 수단들을 탐구하는 데 집착했다는 점은 명백하다."233

베레스퍼드는 이것에 관해 상당히 비판적인 견해를 취하는데, 왜냐하면 그녀는 국가가 경제에서 더 능동적인 역할을 하는 것에 찬성론을 주장하기 때문이다. 베레스퍼드가 부정(否定)의 행위를 보는 곳에서, 그러나 나는 긍정의 행위를, 즉 국가가 국가 기업들을 능동적인 산업 정책의 수단으로 바꾸는 데보다는 민간 외국 투자를 촉진하는 데 더 집중하기 시작했다는 점을 본다: "그 상황에 대한 주요 이유는," 베레스퍼드는 쓴다, "정책과 전략의 초점이 정부의 우선 발전 영역들에 대한 투자를 촉진하는 데 산업 정책을 사용하기보다는 제도적 개혁(기업 자율과 법률들에 따른 규제)에 두어졌다는 점이다. SOE들의 상황을 검토할 때, 그것들을 국가 형성의 수단으로 사용하기는커녕, 베트남 국가는 민간 부문, 특히 외국 투자자들의 우선 사항들이 그 과정의 주요 결정 인자로서 작용할 수 있게 했다는

---

231 Beresford, 260.
232 Beresford, 261.
233 Beresford, 264.

결론을 피하기 어렵다."²³⁴

부패는 - 지나치게 많은 비효율적인 국유 기업 외에 - 베트남이 맞붙어 싸우고 있는 또 하나의 문제이다. 국제 투명성 기구(Transparency International)의 부패 인식 지수(Corruption Perception Index)에 따르면, 베트남은 2021년 순위에서 180개 나라에서 중간 순위 87위를 기록했다. 지수는 전적으로 부패 없는 경제에 대한 0에서 가능한 최고 부패 수준들에 시달리는 경제에 대한 100에 이르는 척도를 사용한다. 베트남은 2003년에 76점에서 2021년에 61점으로 개선되었다.²³⁵

내가 하노이에 있는 동안, 한 사업가가 나에게 말했다: "당과 국가 관리들의 봉급에 관한 공식적인 명세서들이 신문들에 발표되는데, 많은 관리는 한 달에 그저 미화 $500이나 미화 $1,000만 받습니다. 그럼에도 불구하고, 그들은 종종 비싼 메르세데스를 몰고 사치스러운 생활 양식을 영위합니다. 물론, 누구든 궁금해합니다: 그 돈이 어디서 나오지?"

2020년 하노이 프리드리히 나우만 재단(Friedrich Naumann Foundation Hanoi) 보고서는 베트남이 자기의 "봉투 문화(envelope culture)"로 잘 알려져 있다고 진술한다. 이것은 시민들이 정부나 다른 관리들로부터 자기들이 실제로 납세자로서 법에 따라 무료로 받을 자격이 있는 것들을 받기 위해 자발적으로나 비자발적으로 [뇌물을] 지급하는 것을 의미한다고, 보고서는 말한다.

예를 들어, 호적 등기소에서 결혼 증명서와 교환으로 밀봉한 현금 봉투가 건네진다. 혹은 정부 병원들에서 환자들은 간호사들로부터 필요한 주사를 맞거나 더 빨리 치료받기 위해 돈을 주는 것을 예사로 여긴다. 한 설

---

²³⁴ Beresford, 262.
²³⁵ https://www.laenderdaten.info/Asien/Vietnam/korruption.php

문 조사에서, 시민들의 61퍼센트는 자기들이 공공 부문에서 서비스들의 대가로 뇌물을 지급한 적이 있었다고 말했다.236

정부는 흔히 부패 방지 운동을 개시한다. 예를 들면, 관리들이 "봉투"를 받는 것을 예방하기 위해 근무 중인 관리들을 촬영하는 비디오카메라들이 많은 관공서에 설치되었다. 비디오 아이디어는 꽝응아이(Quang Ngai) 주에서 비롯했고 곧 다른 곳에서도 시작되었다. 한 주에서는, 관공서들이 또한 특별히 설치된 창문들로 문자 그대로 "투명해(transparent)"지기도 했다.

베트남의 국가 주석이자 당 서기장 응우옌 푸 쫑(Nguyen Phu Trong)은 최근 몇 년간 부패 방지 운동을 수행했다. 지금까지, 38명의 고위 관리와 장관이 재판에 회부되었다. 피고들은 23명의 장성과 한 명의 전 정치국원을 포함했다. 수회, 사기 그리고 금품 강요에 대해 5년과 30년 사이 징역형들이 언도되었다. 아무도 무죄가 되지 않았다. 법원에 따르면, 미화 $300만의 뇌물을 받은 전직 장관은 사형이 선고되었다. 그러나 주석은 자기의 강경한 운동에 대해 칭찬만 받는 것이 아니었다. 그의 비판자들은 그가 부패 방지 투쟁을, 전 수상에 충성하는 사람들을 포함해서, 자기의 정적들을 제거하기 위한 구실로 사용하고 있다고 주장한다.237

정부가 나라에 대해 행사하는 영향력이 더 클수록, 부패가 더 만연할 것이다. 전(前) 사회주의 나라들이 특히 부패로 시달렸다는 점은 비밀이 아니다. 부패가 특히 자본주의 나라들에 만연하다는 견해는 틀렸다. 반대가 진실인데, 국제 투명성 기구(Transparency International)의 부패 인식 지

---

236 https://www.freiheit.org/de/videoueberwachung-und-todesstrafen-vietnams-kampf-gegen-die-korruption
237 https://www.freiheit.org/de/videoueberwachung-und-todesstrafen-vietnams-kampf-gegen-die-korruption

수(Corruption Perceptions Index) CPI를 경제적 자유 지수(Index of Economic Freedom)와 비교함으로써 확증되는 바와 같다. 가장 낮은 부패 수준들을 가진 나라들은 또한 마침 가장 높은 경제적 자유 수준들을 가지고 있기도 하다. 가장 낮은 부패 수준들을 가진 열 나라는 모두, 예외 없이, 경제적 자유 지수의 "자유로운(free)" 혹은 "대개 자유로운(mostly free)" 범주에 속한다: 싱가포르, 덴마크, 핀란드, 뉴질랜드, 스위스 그리고 네덜란드는 세계에서 열 개 가장 부패 없는 나라에 속-하고 그것들은 모두 열 개 가장 경제적으로 자유로운 나라에 속-한다!

반대로, 부패 인식 지수의 하위 열 개에 속하는 나라는 또한 경제적 자유 지수에서 "억압된(repressed)"으로 분류되기도 한다. 경제적 자유 지수에서 두 최악 수행국, 베네수엘라와 북한은 또한 부패 인식 지수에서 최악 수행국들에 속하기도 한다. 국가가 경제생활에 더 많이 개입할수록, 정부 관리들을 매수할 기회가 더 많다. 그러므로 부유한 사람들이 정치적 정책에 끼치는 비윤리적이거나 심지어 범죄적이기조차 한 영향력을 제한하기를 원하는 어떤 사람이든 더 큰 정부가 아니라, 더 작은 정부를 옹호해야 한다.

비록 베트남이 도이 모이 개혁들 이래 시장을 위한 더 많은 공간을 창설했고 정부가 더는 그것이 사회주의 시대에 그랬던 만큼 많이 경제에서 전능하지 않다고 할지라도, 당은 여전히 많은 영향력을 보유하고 있다. 그리고 그것은, 논리적으로, 이 질문을 제기한다: 자유 언론이 없는 일당 체제에서 효과적으로 부패와 싸우는 것이 실제로 어느 정도 가능한가?

베트남: 경제 개혁 – 그러나 일당 지배

베트남에서 도이 모이 개혁들이 개시된 해, 1986년에, 미하일 고르바초프

(Mikhail Gorbachev)도 역시 소련에서 자기의 *페레스트로이카*(Perestroika; 러시아어 перестройка; 재건, 전환, 재구조화) 정책을 집행하기 시작했다. 그는 소비에트 체제를 개혁하고 현대화하기를 원했다. 1986년 말에 베트남 공산당 총서기로 선출된 응우옌 반 린(Nguyen Van Linh)은 자기의 선출 후 처음 몇 년에는 심지어 "베트남의 고르바초프(Vietnam's Gorbachev)"로 불리기조차 했다.238 응우옌 반 린은, 도이 모이 개혁들의 시작으로 여겨지는, 제6차 당 대회가 CPSU(소련 공산당; Communist Party of the Soviet Union)의 제27차 당 대회에 영감을 받았다고 말했다.239 그것은 고르바초프가 자기의 *페레스트로이카*와 *글라스노스트*(glasnost; 러시아어 гласность; 개방, 투명성) 개혁 정책을 촉진했던 당 대회였다.

1988년 12월에, 베트남군의 공식 신문, 꽌 도이 년 던(Quan Doi Nhan Dan)에 한 기사가 실렸는데, 이것은 진술했다: "우리는 문서들, 결의들, 그리고 연설들에서 정치 체제를 개조하겠다는 우리의 노력을 선언했지만, 실제로는, 똑같은 구체제가 그것의 모든 근본적인 특징이 손상되지 않은 채 계속해서 존재한다."240 그 기사는 고르바초프의 연설들로부터의 구절들을 길게 인용했고 그의 개혁들을, 그것들에 대비해 베트남의 개혁들이 측정돼야 하는, 모델로서 칭찬했다.241 그러나 고르바초프의 *글라스노스트*와 *페레스트로이카* 정책의 영향력은 과대 평가되어서는 안 된다. 베트남 공산당의 어느 고위 당국자가 말했듯이, "베트남인들에게 페레스트로이카의 가장 큰 편익은 그들이 더는 공산주의(즉 소비에트) 이데올로기의 교리들로 구속된다고 느끼지 않는다는 점이었습니다." 베트남은 혼자 힘

---

238 Womack, *Political Reform and Political Change*, 282.
239 Wurfel, *Doi Moi in Comparative Perspective*, 19.
240 Turley, *Party, State, and People*, 265.
241 Turley, *Party, State, and People*, 266.

으로 자기의 경제 문제들을 해결하는 방법을 결정해야 한다고, 그는 말했다.[242]

덧붙여서, 베트남인들은 몇 년 일찍 중국에서 덩샤오핑이 개시한 개혁들에 더 큰 관심을 가지기 시작했다. 예를 들면, 1986년 7월에, 하노이는 자기들이 중국에서 경제 개혁들의 영향을 연구하기 위해 사실 발견 여행 차 30명 관료의 대표단을 보낼 수 있을지 문의했다.[243]

베트남이 자기 자신의 개혁 프로그램을 개시하려고 준비하고 있었을 때, 덩샤오핑 치하 중국 개혁들과 소련에서 고르바초프 개혁들 양쪽 다가 논의되는 모델이었다. "소련과 동유럽에서 1989년 말기의 극적인 전환들까지는, 베트남의 지도자들은 자기들의 개혁들을 중국 접근법과 소비에트 접근법의 가장 좋은 것들을 결합한 것으로 서술했다. 중국이 경제 개혁들에 집중했고 정치 개혁들을 경시했지만, 소비에트 개혁들은 경제적 차원을 충분히 강조하지 않았다. 하노이의 지도자들은 자신들을 정치와 경제 사이 더 만족스러운 균형을 가진 것으로 여겼다."[244]

그러나 중국 경험은 지향점으로 이바지한 유일한 경험이 아니었다ー남베트남도 이바지했는데, 남베트남은 재통일 전에 시장 경제를 가지고 있었고 시장 경제는 부분적으로라도 공산주의 시대를 견뎌냈다. 당의 관료들은 자기들이 남베트남에서의 기업가적 경험으로부터 배울 수 있을 것이라는 점을 미루어 알았다.[245]

도이 모이 개혁들의 첫 단계에서, 고르바초프의 소련에서의 정치 개혁들에 따라 정치 개혁들을 도입하려는 시도들이 이루어졌다. 공산당의 지

---

[242] Szalontai, 241–242.
[243] Szalontai, 212.
[244] Elliott, *Dilemmas of Reform in Vietnam*, 73.
[245] Wurfel, 20.

도적인 역할은 의문시되지 않았지만, 다른 제도들의, 특히 국회의, 역할은 강화되게 되어 있었다. 1986년 12월 제6차 당 대회에서, 당은 자기 자신의 단점들을 인정했다: "국가에 의한 관리의 효과성을 강화하는 것은, 맨 먼저, 국회와 국무회의의, 그리고 모든 수준에서 인민 의회(People's Council)의 역할을 떠받치는 것을 의미한다. 현재, 서로 다른 수준에서 인민에 의해 선출된 단체들은 여전히 형식주의 방식으로 선택되고, 선거되며, 기능하고 있다. 많은 경우, 다양한 수준에서 정당 위원회들이, 국가 기관들의 일을 하면서, 모든 것을 책임지고 있고, 많은 곳에서 선출되는 단체들에 인민들을 선출하는 것이 강제적인 방식으로 행해진다. 많은 인민 위원회(People's Committees)는 인민 의회들을 진정으로 존중하지 않는다."246

당의 지도자들은 모든 수준에서 국가와 당 사이 더 현저한 구별이 있어야 한다는 점과 인민의 참여가 증대되어야 한다는 점을 인정했다.247 "당에 의한 지도, 인민에 의한 지배 그리고 국가에 의한 관리"라는 표어 아래, 당, 국가 그리고 선출된 대표들의 기능 사이에 더 명백한 구별을 확립하는 조처들이 취해졌다. 이것은 또한 나라의 "대중 조직들(mass organization)," 예를 들면 노동조합에서도 뚜렷했다. 1988년 10월 제6차 노동조합 대회에서, 모든 대의원이, 최초로, 조합원들의 지방 집회들에 의해 선출되었다. 노동조합의 집행 위원회 선거들에서는, 구(舊)위원들의 70퍼센트가 투표로 물러났고 무소속 후보 다섯 중 넷이 이겼다. 회합 동안에는 쟁점들에 관해 공개적이고 매우 비판적인 토론이 있었다.248

또한 1987년 4월에 국회에의 선거들에 대한 규칙들도 바뀌었다. 이

---

246 Turley, *Party, State, and People*, 259에서 인용.
247 Turley, *Party, State, and People*, 259.
248 Turley, *Party, State, and People*, 263.

전의 1981년 선거에서는, 496개 의석에 그저 614명 후보만 출마했었다. 이번에는 829명 후보가 있었다. 이 선거들에서 베트남 조국 전선(Vietnam Fatherland Front)이 후보들을 지명 추천하는 데 주요 역할을 했다는 점이 사실이지만, "개인들이 자천(自薦)하고 무소속으로 출마하는 것이 허락되었다."249

그러나 동유럽 나라들에서 일당 지배의 붕괴는 베트남 지도자들을 심각하게 고민하게 했다. 예를 들어, 폴란드에서는, 공산주의 독재 정권은 1989년 6월의 첫 자유선거들과 함께 끝났는데, 그 선거들에서 솔리다르노시치(Solidarność)가 지도 세력으로 나타났다. 이것은 베트남 공산주의자들에게 경제 개혁들이 정치 분야로 이동했을 때 바로 그 실제 위험들을 생각나게 하였다. "1989년까지 모든 동유럽은 베트남 엘리트에게 모방의 대상이기보다 더 악몽이 되었다."250

동시에, 이웃 중국에서는 또 하나의 사건이 있었다: 베이징의 천안문 광장에서, 전면적인 정치 개혁들과 민주주의를 요구하는, 학생 주도 운동이 1989년 봄에 몇 주 동안 평화롭게 시위해 오고 있었다. 6월 4일 밤에, 중국 정부는 탱크들을 가지고 들어왔고 여기와 도시 전체에 걸쳐서 민주주의 운동을 유혈 진압했다.

베트남 공산당 안에서는 정확하게 무슨 이유로 동유럽에서 사회주의가 붕괴했는지를 그것[베트남 공산당]이 분석했을 때 두 해석이 있었다. 당의 개혁가들은 무엇보다도 공산주의자들의 실수들과 잘못된 관리 그리고 그들이 진정한 개혁들을 수행하지 못한 점을 원인으로 보았다. 전통주의자들은 그 붕괴를 외국 강대국들의 활동 및 "제국주의 방해 행위

---

249 Turley, *Party, State, and People*, 263.
250 Wurfel, *Doi Moi in Comparative Perspective*, 46.

(imperialist sabotage)"의 결과로 해석했다.251 총서기 응우옌 반 린은 1990년 2월의 연설에서 가까스로 양 해석을 동시에 결합했다. 한편, 그는 "경제 개발에서 실수들, 사회경제적 관리 절차들의 느린 개선, 전제 정치, 민주주의 결여"를 비판했고, 다른 한편, 그는 또한 "마르크스주의-레닌주의 원칙들의 위반들과 제국주의 세력들의 방해 활동들"을 구사회주의 나라들에서 위기들의 원인으로서 탄식하기도 했다.252

1990년 3월 중앙 위원회 제8차 전체 회의에서, 린은 무엇보다도 정치적 안정의 필요와 당의 수위(首位)를 강조하면서, "부르주아 자유화(bourgeois liberalization)" 혹은 "다당제 민주주의(multiparty democracy)"를 단호히 배제했다. 동시에, 동유럽에서 사회주의 체제들의 붕괴는 경제 개혁 외 대안이 없다는 점을 그에게 명백히 했다. 응우옌 반 린의 관점에서 유일한 선택지들은 오직 "쇄신하기 아니면 죽기(renew or die)"뿐이었다.253

그때부터 베트남에서 지도 원리는, 제7차 당 대회에서 린의 후계자로 선출된 도 무오이(Do Muoi)가 분명히 표현했듯이, "경제 쇄신이 주요 과업이다,"였다.254 도이 모이의 초기 시절에 집행되었었던 출판 보도 자유의 완화들과 그 밖의 정치 개혁들은 뒤엎어졌고, 예를 들면, 신문사들은 오직 국유로만 허가된다고 규정되었다.255

초점이 경제 개혁들에 두어졌고 정치 변경에 두어지지 않았다는 점은, 물론, 무엇보다도 당의 자기 보존 욕망의 표현이었다—그것은 자기 권력

---

251 Wurfel, *Doi Moi in Comparative Perspective*, 38.
252 Wurfel, *Doi Moi in Comparative Perspective*, 38–39.
253 Turley, Introduction, 8.
254 Wurfel, *Doi Moi in Comparative Perspective*, 41.
255 Wurfel, *Doi Moi in Comparative Perspective*, 34–35.

을 양도하기를 원하지 않았다. 게다가, 좀체 명시적으로 언급되지 않는 이유가 있었다: 경제 개혁들은 종종 일시적인 악화에 이른다. 많은 경우, 이것은 폴란드에서의 경우였던 것처럼, 두 해 같은, 그저 짧은 기간일 뿐이지만, 때때로 이 단계는 더 오래 지속될 수 있다. 다당제와 자유 출판 보도의 조건들 아래서는, 대중 영합주의자들과 매체는 개혁들 자체를 공격하는 데 이 초기의 문제들을 이용한다. 이것은 개혁가 레셰크 발체로비치가 폴란드에서 배우지 않을 수 없었던 쓰라린 교훈이었다(이것에 관해 더 많이 알기 위해서는, 다음 장을 보라). 잘해야, 그런 공격들은 개혁들의 효력이 약화하는 것에 이르고, 최악의 경우에는 그것들은 포기된다. "레닌주의 뿌리뿐만 아니라 공자 뿌리도 가지고 있는, 지배적인 (그리고 공식적인) 견해는 자발적인 참여와 다당 경쟁이 사회적 갈등들을 풀어 놓을 것이고, 따라서 생산, 운송, 시장들 그리고 외국 투자들을 방해하며, 발전의 희망을 꺾는다고 주장한다. 이 견해는 1989년에 자기의 가장 소란한 표현을 발견했는데, 그때 당 지도자들은 다른 사회주의 나라들에서의 자유화 개혁들이 정체들이 만족시킬 수 없는 요구들을 발생시켰었다고 결론지었다."256

실용주의와 현재 집중이 베트남의 성공에 대한 이유이다

만약 당신이 베트남의 성공에 대한 근본적인 이유들을 묻는다면, 그건 무엇보다도 실용주의와 현재 집중이다. 이 실용주의는 유교에 그것의 이데올로기적 뿌리들을 가지고 있다. 실용주의는 그 나라의 경제 개혁들에서 명백할 뿐만 아니라, 그 나라가 역사와 그것과 미국의 관계를 다루는 방식에서도 명백하다. 기업가 쑤언 응우옌(Xuan Nguyen)이 나에게 말했듯

---

256 Turley, *Party, State, and People*, 272.

이: "나는 전쟁이 이미 끝난 지 열두 해 되었던 1987년에 태어났습니다. 나의 부모님과 조부모님은 전쟁이 얼마나 끔찍했는지 나에게 이야기해 주셨지만, 그들은 결코 미국인들에 관해 나쁜 말을 하시지 않았습니다. 오히려, 그들은 나에게 이야기하셨습니다, '너는 영어를 배우고, 미국인들처럼 옷을 입고, 미국인들이 먹는 것을 먹고, 무엇보다도, 미국인들이 생각하는 것처럼 생각하기를 배워야 한다. 그러면 너는 성공할 것이다.'"

2014년에 퓨 리서치 센터(Pew Research Center)가 수행한 설문 조사에서, 베트남 응답자들의 76퍼센트는 자기들이 미국에 관해 긍정적인 시각을 가지고 있다고 말했다. 더 나은 교육을 받은 베트남인 가운데서는, 그 수치는 89퍼센트만큼 높았고, 18세와 29세 사이 연령의 응답자 가운데서는, 89퍼센트만큼 많은 사람이 미국에 관해 긍정적인 시각을 가지고 있었다. 심지어 50세 이상인 사람들, 전쟁에서 살아남은 사람들 가운데서조차도, 60퍼센트 이상이 미국에 관해 긍정적인 시각을 가지고 있었다.[257]

나는 그럭저럭 과거보다는 더 미래를 지켜보는 사람들을 항상 찬탄한다. 그러한 사람들은 자기들의 시간 대부분을 과거를 걱정하면서 쓰는 사람들보다 인생에서 보통 훨씬 더 성공한다. 그리고 이것은 개인들에 대해서뿐만 아니라 국가들에 대해서도 진실이다. 오늘날 많은 아프리카 나라는 식민주의의 결과들을 불평하고 그것을[식민주의를] 오늘날 자기들의 모든 문제에 대한 변명으로 사용한다. 베트남인들도 똑같이 잘 그렇게 할 수 있었을 것이지만, 그들은 그렇게 하지 않는다―그들은 미래를 지켜본다.

물론, 이것은 그들이 역사를 무시한다는 점을 의미하지 않는다. 나는 하

---

[257] https://www.pewresearch.org/fact-tank/2015/04/30/vietnamese-see-u-s-as-key-ally/

노이에 있는 인상적인 기념물, 처음에는 프랑스 식민자들이 베트남 죄수들을 투옥하는 데 사용했고 후에는 북베트남인들이 미국 병사들을 구류하는 데 사용한 전 감옥을 방문했다. 오늘날, 호아 로 감옥(Hoa Lo Prison)은 박물관이다. 그 당시, 미국 전쟁 포로들은 얄궂게도 그 감옥을 "하노이 힐턴(The Hanoi Hilton)"으로 불렀고, 미국 전쟁 포로들이 거기서 겪은 경험들에 관한 영화가 1987년에 이 이름으로 만들어졌다. 감옥의 재감자들은 후의 대통령 후보 존 매케인(John McCain)을 포함했다. 오늘날 그 전시회는 1967년에 그의 전투기가 격추된 후 하노이 근처 호수에서 그를 구한 사진들을 전시한다. 그것은 또한 2000년 그의 감옥 박물관 방문을 상세히 기록하기도 한다.

그러나 심지어 감옥의 역사조차도, 설사 여기에 얼마간의 미련이 있는 듯싶은 의심이 있다고 하더라도, 베트남인들에게는 현재와 미래가 과거보다 더 중요하다는 점을 확실히 한다. 왜냐하면 그동안에, 호아 로 단지의 큰 지역이 거대한 쇼핑몰, 하노이 타워스(Hanoi Towers)에 양보했기 때문이다. 역설적이게도, 1990년대에, 미국 힐턴 그룹은 베트남에서 첫 번째 힐턴 호텔을 건축하기 위해 원래의 호아 로 단지의 부분적 해체로 만들어진 공터를 사는 것을 탐구했다. "이 모험사업은 미국 언론에 의해 미국-베트남 역사에 대한 그것의 의미심장한 연상 때문에 극히 섬뜩한 것으로 비판되었다. 그다음, 1999년에, 한 힐턴 그룹 호텔, 힐턴 하노이 오페라 호텔(Hilton Hanoi Opera Hotel)이 실제로 베트남 수도에서 문을 열었다."[258]

일단의 연구자들은 고엽제 에이전트 오렌지(Agent Orange) 사용의 건강 영향을 연구하면서 15년을 보냈는데, 그 고엽제는 베트남에서 수십만

---

[258] Margara, *Der amerikanische Krieg*, 54.

아이에게 유전적 손상을 일으켰다. 그들은 자기들의 장애 아이들이, 에이전트 오렌지가 일으킨, 병들로 고생하는 80가족을 추적했다. 연구자들은 발견하고서 놀랐다. "이 부모들은 자기들의 아이들의 불운을 주요한 원인, 즉 에이전트 오렌지와 그 물질을 자기들 뒤뜰에 가져온 전쟁에 좀체 연결하지 않는다. 전쟁은 먼 과거 속으로 사라져 간 것 같고 그것과 함께 자기들 아이들의 불운과 전쟁 사이의 연결도 사라져 간 것 같다. ... 어느 가족들도, 혹은 그 문제와 관련 [많은 장애아가 수용되어 있는, 라이너 지텔만] 코뮌 클리닉(Commune Clinic) 직원도 우리에게 그 작전들을, 심지어 무심하게라도, 알게 해 주지 않았다. 그들에게는, 에이전트 오렌지는, 전쟁 자체와 같이, 자기들의 생활에서 멀리 떨어져 있다. 파괴적인 어떤 것이든 잊힐 필요가 있거나, 만약 그것이 잊힐 수 없으면, 그것을 경시할 수 있는 위안이 되는 이야기들에 챙겨 넣어질 필요가 있다."259 이것은 베트남이 자기의 과거를 무시한다는 점을 의미하지 않는다. 프랑스와 미국에 대한 전쟁들을 기념하는 셀 수 없을 정도로 많은 기념물이 있고, 물론 베트남에서 많은 책과 영화가 똑같은 일을 한다.260

공산당에 대해, 그 전쟁은 주요 역할을 했는데, 왜냐하면 그것이 당에 그것이 나라를 통치하는 데 필요한 정당성을 주었기 때문이다. 결국, 당은 프랑스인들과 미국인들에 대한 해방 전쟁을 이끌었다. 그러나 당은 이 과거 공적이 오늘날 인민 충성심의 기초가 아니라는 점을 아는데, 이들은 무엇보다도 베트남에서 경제적 상승과 빈곤에의 승리를 소중히 여긴다.

베트남에서의 기념 문화에 관한 자기의 책에서, 안드레아스 마르가라(Andreas Margara)는 젊은 세대 사이에서 전쟁의 기억이 "오직 종속적인

---

259 Vu Le Thao-Chi, *Agent Orange*, 7.
260 Margara, *Der amerikanische Krieg*, 54.

역할만(only subordinate role)" 한다는 사실을 강조한다. 젊은이들은 "미래를 소비하기(consume the future)"를 원하고, 그들의 시선은 가망 있는 경제적 내일로 돌려지지, 빈곤으로 특징지어진 과거로 돌려지지 않는다. "송 보이(song voi; 현재 인생을 즐겨라)는 베트남 젊은이의 *현재를 즐겨라*(carpe diem) 표어이다. 미국인들은 지금 그들을 친구로 생각한다. 놀랍지도 않다: 도시들로 돌아오는 쾌락주의의 역할 모델들은 모두가 서양에서 생기고 빌 게이츠와 스티브 잡스로 불린다. 자기들의 경제적 성공의 가시적인 증거로서, 신흥 부자들은, 스마트폰과 차량 같은, 사치품들을 공공연히 과시한다."[261]

베트남이 변했다는 점은 구조적 개혁들에 기인할 뿐만 아니라, 주로 태도들―만약 당신이 그렇게 말하고 싶다면, 국민적 사고방식―이 바뀌어, 유교의 긍정적인 전통들이 자본주의 사고방식과 결합될 수 있게 했기 때문이기도 하다. "선택의 자유(free to choose)": 이것들은 밀턴 프리드먼이 자본주의의 본질을 서술하는 데 사용한 단어들이다. 자기들의 책 ≪베트남의 다리 세대(The Bridge Generation of Vietnam)≫에서 낸시 네이피어(Nancy Napier)와 자우 투이 하(Dau Thuy Ha)는 베트남에서 "선택 없는 수프(No Choice Soup)"의 옛 조리법이 어떻게 "선택 수프(Choice Soup)"의 새 조리법으로 바뀌었는지 서술한다:

"1. 교육에서 가족까지 그다음 일과 결혼까지 모든 것에 관해 아이들이 자기 부모님의 가르침에 따르는 것에 관한 규칙들을 포함하는, 세 찻숟가락의 유교 사회로 시작하십시오.
2. 농업, 기계류, 그리고 교육 산출물의 생산 능력에 관한 정부 규칙들, 감

---

[261] Margara, *Der amerikanische Krieg*, 101–102.

독 그리고 지도를 포함하여, 세 찻숟가락의 계획 경제 원칙들을 추가하십시오.

3. 자기들의 가족들과 나라를 공정하게 대하고 양쪽 다에 복종하기를 원하는 젊은이들의 한 찻숟가락의 사고방식을 뿌려 넣으십시오.

4. 50년간 잘 섞으십시오.

5. 결과: 규칙들을 따르나 자기들의 선택이 없다는 점을 깨닫지 못하는 젊은이들."

대조적으로, 새 조리법은 이렇다:

"1. 유교 사회의 그리고 아이들이 자기 부모님의 가르침을 따르는 것에 관한 규칙들의 다섯 찻숟가락으로 시작하십시오.

2. 한 찻숟가락 가득 인터넷과 소비에트 블록 바깥 나라들에의 노출을 던져 넣으십시오.

3. 계획 경제 수프를 2.5 찻숟가락의 시장 지향 경제 원칙들로 희석하고 생산 능력과 돈 버는 방법에 관한 규칙들의 반을 제거하십시오.

4. 10년간 잘 섞으십시오.

5. 결과: 자기들이 선택을 한다는 점을 깨닫지만 좋은 선택을 하는 방법을 모를지 모르는 젊은이들.

또 10년간 약한 불로 끓이십시오. 결과: '무(無)선택(no choice)'에서 '선택(choice)'으로 이행(移行)한 사람들의 아이들이 이제 문자 그대로 자기 자신의 선택을 한다."[262]

---

[262] Napier / Ha, *Bridge Generation*, 213–214.

베트남 사람들이 부자들에 관해 생각하는 것

부유한 사람들은 오늘날 베트남에서 매우 긍정적인 인상을 누린다. 2022년 9월에, 외국 무역 대학교에 의해 하노이에 초청받았는데, 그들은 부자들에 대한 태도들에 관한 나의 연구를 주의 깊게 살펴 오고 있었다. 대학교의 공동 연구회(workshops) 중 하나의 주제는 베트남에서 부유한 사람들에 관한 인상이었다. 그 공동 연구회에서, 나는 부에 관해서 그리고 부유한 사람들에 대한 인상에 관해서 조사 연구소 입소스 모리(Ipsos MORI)에 의뢰한 설문 조사의 결과들을 발표했다.

그 결과들이 책, ≪여론에서의 부자들(The Rich in Public Opinion)≫에 실렸는데, 이것은 미국, 이탈리아, 스페인, 스웨덴에서—와 또한 베트남에서—를 포함해서 여러 다른 나라에서와 여러 서로 다른 언어로 출판되었다. 그 프로젝트는 2018년에 프랑스, 독일, 영국, 그리고 미국에서 설문 조사들로 시작되었고, 다음 몇 년 동안 스페인, 이탈리아, 스웨덴, 중국, 한국, 칠레, 폴란드, 그리고 베트남으로 이어졌다. 베트남에서 설문 조사의 한 가지 특별히 흥미로운 결과는 부자가 되는 것이 자기에게 중요하다고 말하는 사람들의 백분율이 그 밖의 어느 곳에서도 베트남에서만큼 높지 않다는 점이었다(그림 3).

그림 3 당신이 개인적으로 부자가 되는 것이 얼마나 중요한가?

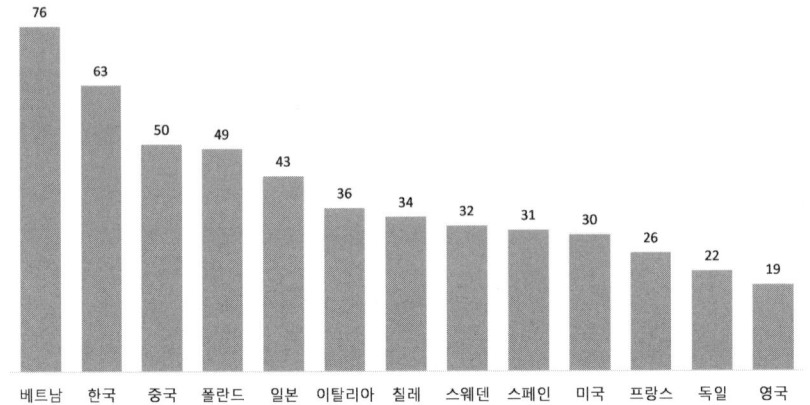

질문: "어떤 사람들에게는, 부자가 되는 것이 중요합니다, 하여간, 당신이 개인적으로 부자가 되는 것이 중요합니까?"
대답: "매우 중요하다"/ "꽤 중요하다"
출처: 알렌스바흐 연구소 여론 조사 11085와 8271, 입소스 모리 여론 조사 J-18-031911-01-02, J-19-01009-29, J-19-01009-47, J-20-091774-05, J-21-041026-01, 22-087515-44, 22-055857-01, 그리고 22-055857-02

합쳐서, 베트남 응답자들에게 부유한 사람들에 관해 17개 긍정적 및 부정적 진술문이 제시되었다. 부유한 사람들에 관한 긍정적 진술문들에 대한 동의가 명백히 지배했다(그림 4).

그림 4 베트남: 부자들에 관한 태도

질문: "사람들이 부유한 사람들에 관해 말한 것들의 목록이 여기에 있습니다. 당신은 목록에 있는 진술문 중, 만약 있다면, 어느 것들에 동의하시겠습니까? 그들이 살고 있는 집을 포함하지 않고, 적어도 100억 동의 가치가 있는 자산을 가진 사람들을 생각하십시오."263

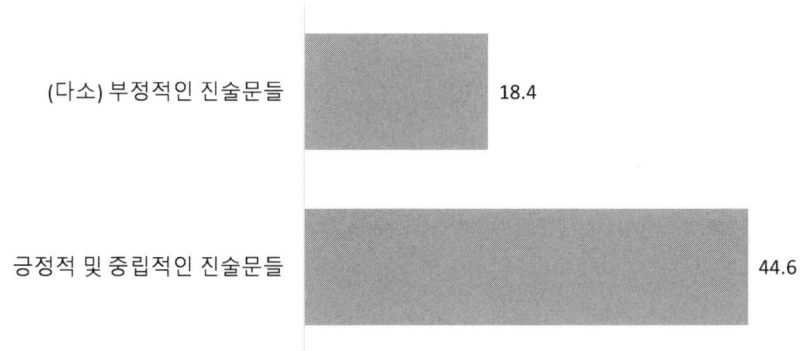

출처: 입소스 모리 여론 조사 J-21-041026-01

베트남인들은 부자들이 주로 그들이 더 많은 위험을 기꺼이 무릅쓰기 때문에(62퍼센트), 그들이 특별한 기술과 아이디어를 가지고 있기 때문에(58퍼센트), 그리고 그들이 특별히 근면하기 때문에(57퍼센트) 부자가 된

---

263 EU 나라들과 미국에서는 설문 조사는 "백만장자(millionaire)"라는 용어를 사용했다. 이것은 베트남에서는 이치에 맞지 않았을 것인데, 그 통화를 고려하면, 실제로 모든 사람이 백만장자일 것이기 때문이다. [베트남에 사용한] 100억 동이 (유럽에서 설문 조사에 사용된 €1백만의 금액이 아니라) 그저 €400,000과 같을 뿐이지만, 베트남에서는 [유로로 환산했을 때] 다소 낮은 숫자가 선택되었는데, 그것이 현지 사정에 더 적합하기 때문이다. 여기서 요점은 정확한 금액이 아니었고, 응답자들이 [100억 동] 비슷한 생각을 "부유한"이라는 용어가 의미하는 것으로 연상한다는 점이었다.

베트남: 도이 모이－용의 상승

다고 생각한다. 동시에, 60퍼센트는 자수성가한 부유한 사람들을 역할 모델로 여긴다(그림 5).

그림 5 베트남: 부자들에 관한 태도 – 긍정적 및 중립적 진술문들

질문: "사람들이 부유한 사람들에 관해 말한 것들의 목록이 여기에 있습니다. 당신은 목록에 있는 진술문 중, 만약 있다면, 어느 것들에 동의하시겠습니까? 그들이 살고 있는 집을 포함하지 않고, 적어도 100억 동의 가치가 있는 자산을 가진 사람들을 생각하십시오."

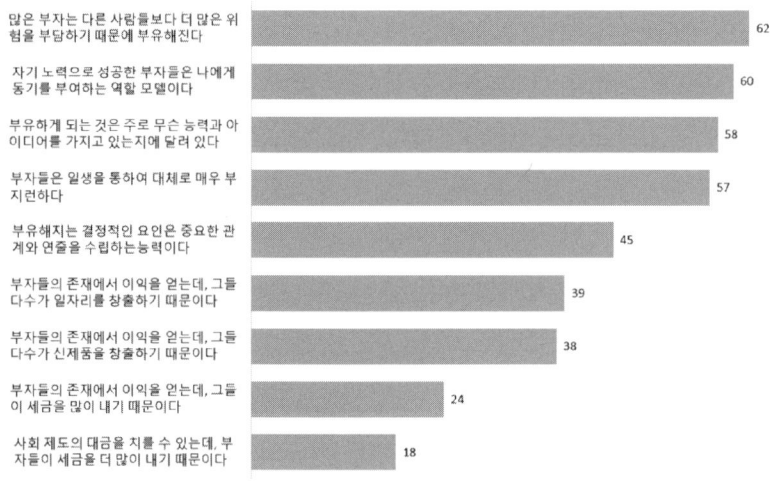

출처: 입소스 모리 여론 조사 J-21-041026-01

부자들에 관한 부정적 진술문들은 베트남인 사이에 훨씬 더 적은 지지를 끌어냈다. 대부분 부정적 대답은 응답자들의 거의 정확하게 ⅕의 찬성과 만났고, 그래서 누구든 베트남인들의 약 ⅕이 부자들에 대해 부정적 태도를 지니고 있다고 결론지을 수 있다(그림 6).

그림 6 베트남: 부자들에 관한 태도 – (다소) 부정적 진술문들

질문: "사람들이 부유한 사람들에 관해 말한 것들의 목록이 여기에 있습니다. 당신은 목록에 있는 진술문 중, 만약 있다면, 어느 것들에 동의하시겠습니까? 그들이 살고 있는 집을 포함하지 않고, 적어도 100억 동의 가치가 있는 자산을 가진 사람들을 생각하십시오."

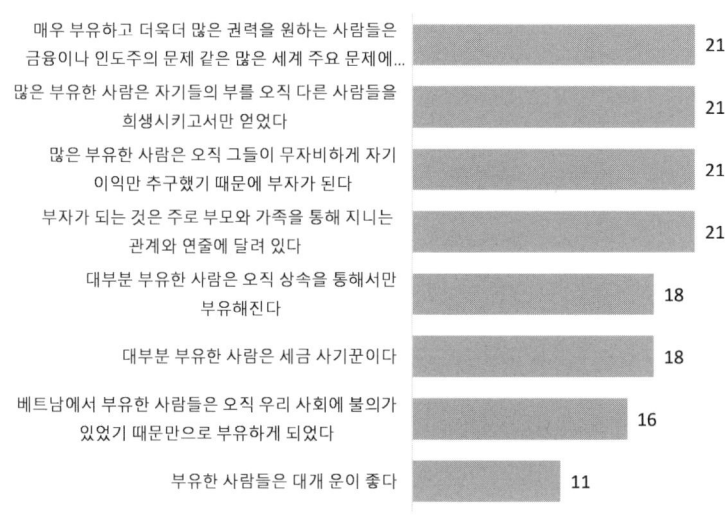

출처: 입소스 모리 여론 조사 J-21-041026-01

입소스 모리는 또한 베트남 사람들이 부자들 사이에 어느 성격 특성들이 특히 흔하다고 생각하는지도 물었다(그림 7).

그림 7 베트남: 부자들에 돌려지는 성격 특성들

질문: 아래 중, 만약 있다면, 어느 것들이 부유한 사람들에 가장 적용될 것 같습니까?

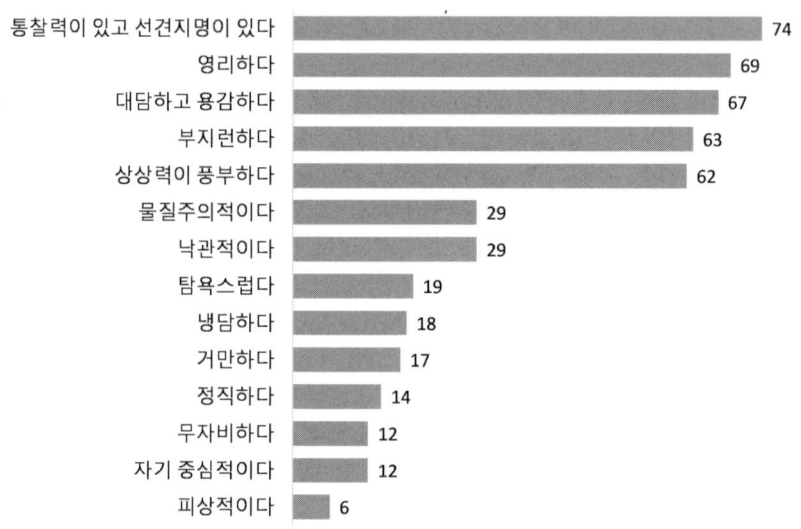

출처: 입소스 모리 여론 조사 J-21-041026-01

우리가 이 형태로 설문 조사를 한 다른 13개 나라 어느 것에서도 긍정적인 성격 특성들이 그렇게 빈번하게(평균적으로 54퍼센트) 그리고 부정적인 것들이 그렇게 드물게(평균적으로 16퍼센트) 선택되지 않았다. 소위 성격 특성 계수(Personality Trait Coefficient; PTC)가 어떤 다른 곳에서 보다 베트남에서 더 낮다는 결론이 된다(그 계수가 더 낮을수록, 긍정적인 성격 특성들이 부자들에게 더 빈번하게 돌려진다 – 그림 8을 보라).

138 • 국가들이 가난에서 벗어나는 방법

그림 8 13개 나라에서 성격 특성 계수(PTC)

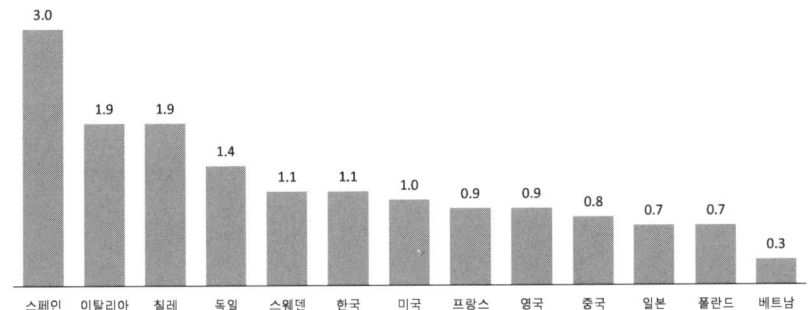

출처: 알렌스바흐 연구소 설문 조사 11085와 8271, 입소스 모리 설문 조사 J18-031911-01-02, J-19-01009-29, J-19-01009-47 J-20-091774-05 그리고 22-055857-01

주: 계수가 더 낮을수록, 부자들에 돌려지는 성격 특성들이 더 긍정적이다.

베트남 사람들은 부자들에 대한 세금을 어떻게 생각하는가? — 모든 나라에서 — 대부분 응답자는 부자들이 더 낮은 소득을 버는 사람들보다 더 높은 세금을 납부해야 함을 인정한다. 그러나 부자들에 대한 세금은 *얼마나* 높아야 하는가? 우리는 응답자들에게 선택할 두 대안을 주었다:

A. "부자들에 대한 세금이 높아야 하지만, 지나치게 높아서는 안 되는데, 왜냐하면 그들이 대체로 자기들의 부를 벌기 위해 열심히 일했고, 국가가 그들에게서 너무 많이 빼앗아서는 안 되기 때문이다."
B. "부자들이 높은 세금을 납부해야 할 뿐만 아니라, 그들은 매우 높은 세금을 납부해야 한다. 이런 식으로, 국가는 부자들과 가난한 사람들 사이 격차가 여기 우리나라에서 너무 커지지 않도록 보장할 수 있다."

베트남에서 이 두 진술문에 대한 응답들은 놀라울 정도로 명백하다: 63퍼센트는 부자들에 대한 세금이 지나치게 높아서는 안 된다고 말하고 그저 21퍼센트만이 부자들에 대해 매우 높은 세금을 옹호한다. (폴란드와 스웨덴을 예외로 하고) 대부분 다른 나라에서는, 응답자들은 사정을 다르게 본다−이 나라들에서 과반수는 부자들에 대해 극히 높은 세금을 찬성한다. 부자들에 대한 높은 세금을 반대하는 것이 어느 곳에서도 베트남에서만큼 강력하지 않고, 그다음이 폴란드였다(그림 9).

그림 9 부자들에 대한 높은 세금? 13개 나라에서 대중 의견

질문: "모든 것을 고려하여, 당신은 아래 진술문 중, 만약 있다면, 어느 것들에 가장 동의하십니까?"

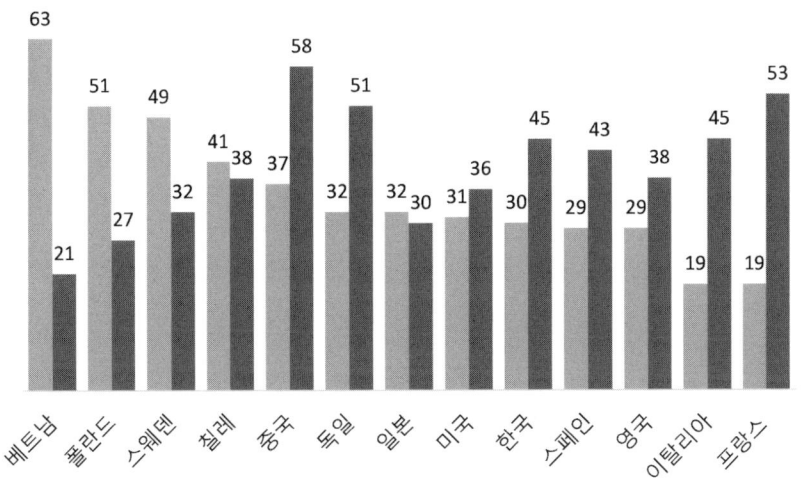

■ 부자들에 대한 세금이 높아야 하지만 지나치게 높아서는 안 된다
■ 부자들이 세금을 많이 내야 할 뿐만 아니라, 매우 많이 내야 한다

출처: 알렌스바흐 연구소 설문 조사 11085, 입소스 모리 설문 조사 J18-031911-01-02, J-19-01009-29, J-19-01009-47, 그리고 J-20-091774-05

설문 조사는 또한 각 나라에서 부자들에 대한 사회적 시기심의 정도를 측정하도록 설계된 여러 질문도 했다(방법론에 대해서는, 나의 책 ≪여론에서의 부자들≫ 160-162페이지를 보라). 베트남에서는, 사회적 시기심 계수는 0.43으로 낮았는데, 미국에서와 대략 같은 수준이었다. (세 배로 가중된) 사회적 시기심 계수와 (가중치 1의) 성격 특성 계수를 결합하여, 우

리는 부자 감정 지수(Rich Sentiment Index; RSI)에 도달하는데, 이것으로 우리는 주어진 나라에서 사람들이 부자들에 대해 어떻게 느끼는지에 관해 전반적으로 비교할 수 있다. 그 결과: 부자들에 대한 태도들이 베트남에서보다 약간 더 긍정적인 것은 오직 폴란드에서만이고, 일본에서 태도들은 [베트남과] 똑같이 긍정적인 수준에 있다(그림 10).

그림 10 13개 나라에서 부자 감정 지수 RSI

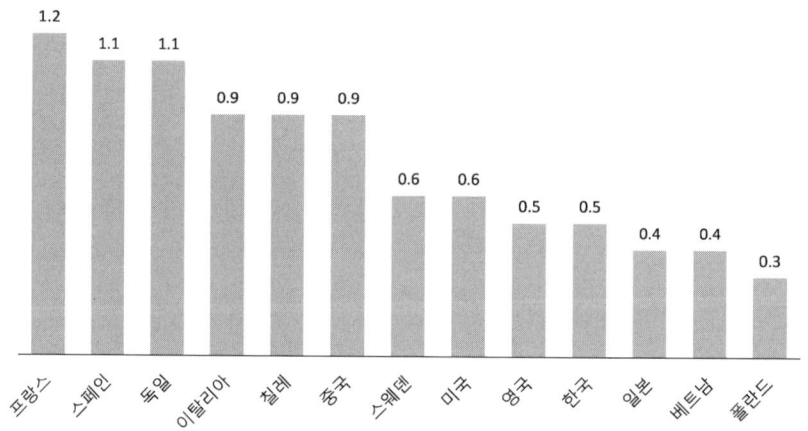

출처: 알렌스바흐 연구소 설문 조사 11085, 입소스 모리 설문 조사 J18-031911-01-02, J-19-01009-29, J-19-01009-47, 그리고 J-20-091774-05
주: 숫자가 더 낮을수록, 부자들에 대한 태도가 더 긍정적이다.

베트남의 사람들이 자본주의에 관해 생각하는 것

2021년 6월부터 2022년 11월까지, 입소스 모리는 서로 다른 나라의 사람들이 자본주의와 시장 경제에 관해 무엇을 느끼는지 찾아내기 위해 나를 대신해서 33개 나라에서 설문 조사를 했다. 베트남에서는, 여론 조사 연구소 인도차이나 연구가 2022년 10월 19일과 11월 7일 사이 800명의 대표 전화 설문 조사를 했다.

이 설문 조사는 그것의 깊이에서(즉, 질문들의 세부 수준에서)뿐만 아니라, 특정 방식에서도 자본주의에 관한 많은 다른 설문 조사와 다르다. 설문 조사가 시작되기 전 가설은, 비록 어떤 사람들의 실제 견해가 그들을 더 친자본주의 진영에 포함할 것이라고 할지라도, 그들이 특히 '자본주의(capitalism)'라는 단어로 혐오감을 느낀다는 것이었다. 이것에 대해서는 많은 이유가 있을 수 있을 것이다: 어떤 사람들은 '자본주의'에 대해 그저 모호하고 불분명한 연상들만 가지고 있고, 다른 사람들은 그 용어를 이 세상의 모든 해악과 연결한다.

따라서, [경제적 자유(Economic Freedom)에 관한] 한 집합의 질문은 시종일관하게 그리고 의도적으로 '자본주의'라는 단어를 피했다. 응답자들에게 총 여섯 개의 진술문이 제시되었는데, 그 가운데 세 개의 진술문은 경제적 자유와 시장 경제를 지지했고 세 개는 국가의 강력한 역할을 옹호했다. 경제적 자유에 관한 질문 집합은, 예를 들면, 이런 진술을 포함했다: "시장이 계속해서 실패하는 경우가 있기 때문에, 국가가 경제에 더 깊이 개입해야 한다." 대조적으로, 다른 것은 이렇게 진술했다: "나는 국가가 규칙은 설정하지만 간섭하지 않는 경제 체제를 지지한다." 각 나라에 대해, 우리는 "친경제적 자유" 항목들과 "친국가" 항목들에 대한 평균 지지 수준들을 계산했고, 어떤 주어진 나라에서 사람들이 경제적 자유에 관해 어떻게 느끼는지 계산하는 데 이 자료를 사용했다.

베트남에서, 세 개 친국가 진술문과 세 개 친시장 진술문에 대한 응답들의 분석은 더 큰 정부 역할을 지지하는 진술문들이 79퍼센트 찬성을 얻는데, 더 큰 시장 자유를 지지하는 친시장 진술문들에 대한 61퍼센트 찬성과 비교된다는 점을 드러낸다. [경제적 자유에 대한] 긍정적 진술문들의 평균을 부정적 진술문들의 평균으로 나누면 0.78의 계수가 나온다. 우리는 다음 몇 페이지에서 이 계수에 자주 돌아올 것이다: 1.0보다 큰 계수는 친경제적 자유 태도들이 지배한다는 점을 의미하고, 1.0보다 더 작은 계수는 반경제적 자유 의견들이 우세하다는 점을 의미한다.

대조적으로, 두 가지 다른 질문 집합에서는 '자본주의(capitalism)'라는 용어가 사용되었다. 마지막 두 질문 집합의 자료를 결합함으로써, 우리는 실제 단어 '자본주의'가 사용될 때 사람들이 자본주의에 관해 무엇을 생각하는지 결정할 수 있다. 이것을 첫 번째 질문 집합과 비교하는 것이 흥미로운데, 거기서는 대답들은 그 단어가 언급되지 않을 때 사람들이 자본주의에 관해 어떻게 느끼는지를 드러낸다. 응답들을 세 질문 집합에 걸쳐 비교함으로써, 우리는 '자본주의'라는 단어가 정확하게 무슨 역할을 하는지 볼 수 있다. 베트남에서는, 자본주의 경제 체제가 '자본주의'라는 단어를 사용하지 않고 서술될 때, 자본주의에 대한 지지가 실제로 41퍼센트만큼 *감소한다*. 거의 모든 다른 나라에서는, 자본주의가 실제로 그 단어를 언급하지 않고 서술될 때, 자본주의의 찬성이―어떤 경우들에는 상당히 ― *증가한다*. 베트남에서는, 우리의 설문 조사 자료가 확증하듯이, '자본주의'라는 단어는 그것에 나쁜 인상이 없고, 오히려 그것은 긍정적인 함축들이 실려 있다.

응답자들에게는 또한―긍정적이고 부정적인―열 개 용어 목록도 제시되었고, 그들이 '자본주의'로 어느 것을 연상하는지 질문받았다. 응답자들의 평균 65퍼센트는 '자본주의'를 "탐욕," "부패" 그리고 "환경 저하" 같은 부정적 용어들로 연상한다. 대조적으로, "번영," "진취," "혁신" 그리고 "자유" 같은 긍정적 용어들은 77퍼센트만큼 선택되었다. 이 결과는 그것의 명료성에서 놀랄 만하다: 베트남 사람들은 '자본주의'라는 단어를 대개 긍정적인 용어들로 연상한다.

다른 나라들에서는, 우리는 반대를 발견하는 경향이 있었다: 시장 경제의 찬성은 대부분 나라에서는 '자본주의'라는 단어가 사용되지 않았을 때 증가하였다. 대조적으로, 베트남에서는, 사람들은 '자본주의'를, "진취"(81퍼센트), "혁신"(80퍼센트), "광범위한 제품"(77퍼센트), "번영"(74퍼센트) 그리고 "자유"(71퍼센트) 같은, 긍정적인 특징들로 연상하는 경향이 있다. "탐욕"과 "부패"(각각 64퍼센트) 혹은 "냉정"(55퍼센트) 같은 부정적 용어들은 다소 덜 빈번하게 선택된다. 그럼에도 불구하고, 두 부정적 용어—"성과 지향적, 지속적인 성취 압력"(72퍼센트)과 "환경 저하"(70퍼센트)—는 그림 11에 묘사되듯이, 더 빈번하게 선택된다.

그림 11 베트남: '자본주의'에 대한 연상들

질문: "이제 **자본주의**라는 단어에 관해 생각해 보십시오. 아래 진술문 각각에 대해, 그것이 당신이 **자본주의**로 연상하는 것인지 선택하십시오."

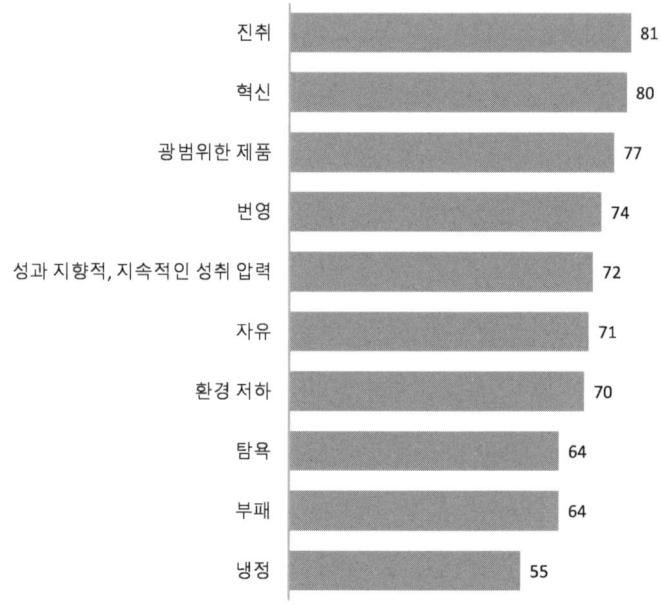

출처: 인도차이나 연구

응답자들에게, 10개는 부정적이고 8개는 긍정적인, 총 18개 자본주의 진술문이 제시되었다. 이 질문 집합은 우리가 이미 연상 시험에서 본 것—베트남 사람들은 자본주의를 주로 긍정적인 것들로 연상한다—을 확증한다. 사실상, 이 발견은 특히 이 질문 집합에 명백하다. 지금까지 설문 조사된 33개 나라 중, 베트남은 가장 높은 동의 수준들을 얻는 다섯 진술문이 모두 친자본주의적인 유일한 나라이다.

베트남에서, 가장 많은 동의(78퍼센트)를 끄는 진술문은 이것이다: "자본주의는 경제적 자유를 의미한다." 오직 일본과 한국에서만 이 진술문이 역시 1위를 하기도 했다―그리고 지금까지 33개 나라 중 그저 총 5개 나라에서만 이 진술문이 최고 다섯 가장 지지받는 진술문에 들어갔다.

두 번째로 가장 높은 동의 수준, 74퍼센트는 이 진술문에 대해서다: "자본주의는 여러 나라에서 일반인들의 상황을 개선했다." 우리가 설문조사를 한 33개 나라 중 오직 한 다른 나라(나이지리아)에서만 이 진술문이 상위 5위 사이에 자리 잡았다. 대부분 나라에서는, 현저하게 더 많은 사람이 부정적 진술문, "자본주의는 기아와 빈곤의 원인이다,"에 동의했다. 예를 들어, 독일에서는, 단지 15퍼센트만 "자본주의는 여러 나라에서 일반인들의 상황을 개선했다."고 말했고, 45퍼센트는 "자본주의는 기아와 빈곤의 원인이다,"라고 말했다. 베트남에서는, 주객이 전도된다. "자본주의는 기아와 빈곤의 원인이다,"를 주장하는 부정적 진술문(53퍼센트)이 "자본주의는 여러 나라에서 일반인들의 상황을 개선했다."라는 긍정적 진술문(74퍼센트)보다 현저하게 더 적은 지지를 받았다.

진술문, "자본주의는 사람들이 최선을 다하도록 촉구한다,"는 베트남에서 세 번째 가장 흔히 선택된 진술문이었는데, 이것도 역시 매우 강한 지지를 끌었다(71퍼센트). 33개 설문 조사 나라 중 그저 세 나라에서만 이 진술문이 상위 5위에 들어갔다.

베트남에서 5위에는 이 진술문이 있다: "자본주의는 번영을 보장한다,"(64퍼센트). 다시, 이 진술문이 또한 상위 5위에도 들어가는 나라는 33개 나라 중 그저 한 다른 나라만 있다.

베트남에서 6위에, 우리는 이 진술문을 가지고 있다: "자본주의는 이상적이지 않을 수 있지만, 다른 모든 체제보다는 더욱더 낫다,"(59퍼센트).

반면에, "자본주의는 사람들이 필요 없는 제품을 구매하도록 유도한다,"라는 비판적인 의견은 32개 나라 중 11개에서 상위 5위에 속했다. 대조적으로, 베트남에서는, 이 진술문은 18개 진술문의 어떤 다른 것보다 더 적은 지지를 끌었는데(23퍼센트), 그림 12에서 보는 바와 같다.

그림 12 베트남: 자본주의에 관한 18개 진술문

질문: "만약 있다면, 당신은 자본주의에 관한 아래 진술문 중 어느 것들에 동의하시겠습니까?"

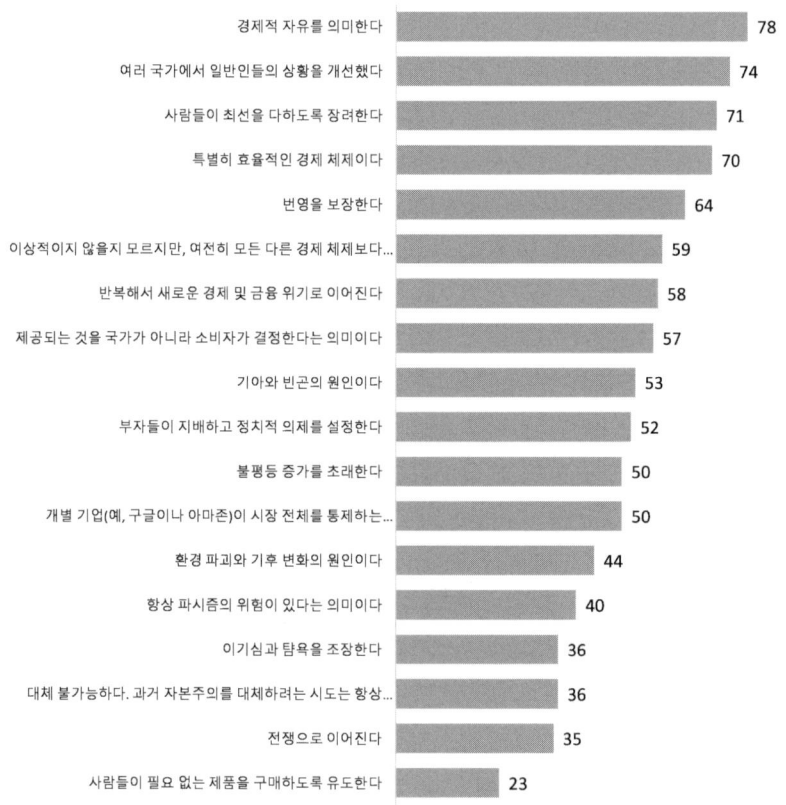

출처: 인도차이나 연구

모든 세 질문 집합에 대해 친자본주의 그리고 반자본주의 진술문들에 대한 평균 동의가 계산되었고 그 두 평균을 나누어 계수가 계산되었다: 이것으로 우리는 한 나라의 사람들이 자본주의에 관해 생각하는 것을 한 자릿수로 요약할 수 있다. 만약 우리가 모든 34개 설문 조사 항목에 대한 응답들을 결합하면, 우리는 33개 나라 중 그저 여섯 나라에서만 자본주의가 베트남에서보다 더 긍정적으로 보이게 되고, 26개 나라에서는 그것이 더 부정적인 인상을 가진다는 점을 알게 된다(그림 13).

그림 13 33개 나라에서 자본주의에 대한 태도들에 관한 전반적인 계수

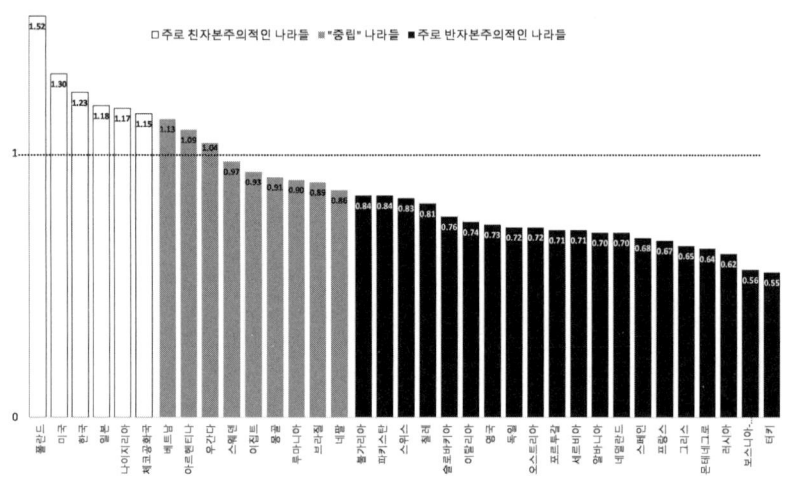

주: 계수가 더 낮을수록, 반자본주의 태도가 더 강하다

출처: 알렌스바흐 연구소 설문 조사 12038, 산트 마랄 재단(Sant Maral Foundation), 입소스 모리 설문 조사 20-091774-30, 21-087515-07, 22-014242-04-03 및 22-087515-44, 인도차이나 연구, 사실 연구 및 분석 주식회사(FACTS Research & Analytics Pvt. Ltd.) 그리고 리서치 월드 인터내셔널 주식회사(Research World International Ltd.)

우리는 또한 우리의 베트남 응답자들이 전 세계에 걸쳐서 어느 경제 체제들을 가장 칭찬하는지 알기를 원하기도 했다. 그래서, 우리는 그들이 다음 나라들에서의 경제 체제들에 관해 긍정적인 견해를 가지는지 부정적인 견해를 가지는지 그들에게 질문했다: 중국, 한국, 북한, 일본, 타이완, 프랑스, 싱가포르, 미국 그리고 러시아.

명백한 승자들은 모두 자본주의 나라이다: 82퍼센트의 지지율을 가진 일본, 79퍼센트를 가진 한국 그리고 78퍼센트를 가진 싱가포르. 미국은 71퍼센트 지지를 얻지만, 러시아도 미국과 똑같이 높은 지지율을 얻는다 -러시아 경제 체제의 비효율을 고려하면 이해하기 어려운 결과.

대조적으로, -베트남이 그렇듯이-자신들을 사회주의로 서술하는 두 나라는 가장 낮은 지지 수준을 얻는다: 베트남 응답자들의 그저 40퍼센트만이 중국의 경제 체제를 칭찬하고, 55퍼센트는 자기들이 그것을 지지하지 않는다고 말한다. 북한의 경제 체제를 좋아하는 응답자들의 비율은 더욱더 낮아 35퍼센트이고, 38퍼센트는 그것을 거부한다(그림 14).

그러나 결과들이 부분적으로 그 나라들에 대한 호감/반감을 표현할 가능성이 있다-예를 들어, 우리는 미국이, 베트남 전쟁에도 불구하고, 베트남에서 대체로 좋게 대해지고, 중국이 매우 부정적인 인상을 지니고 있다는 점을 안다. 30세 미만 젊은 베트남 응답자 가운데서는, 미국 경제 체제가-일본 다음으로-한국과 나란히 실제로 두 번째로 가장 인기 있다. 그리고 [30세 미만 젊은 베트남 응답자 가운데서는,] 북한 체제의 지지는 전체로서의 인구보다 더욱더 낮다(그림 14).

그림 14 베트남: 베트남인들은 어느 경제 체제들을 좋아하는가?

질문: "당신이 서로 다른 나라의 서로 다른 경제 체제를 생각할 때, 당신이 어느 것을 아주 좋아하고, 당신이 어느 것을 덜 좋아하십니까?"

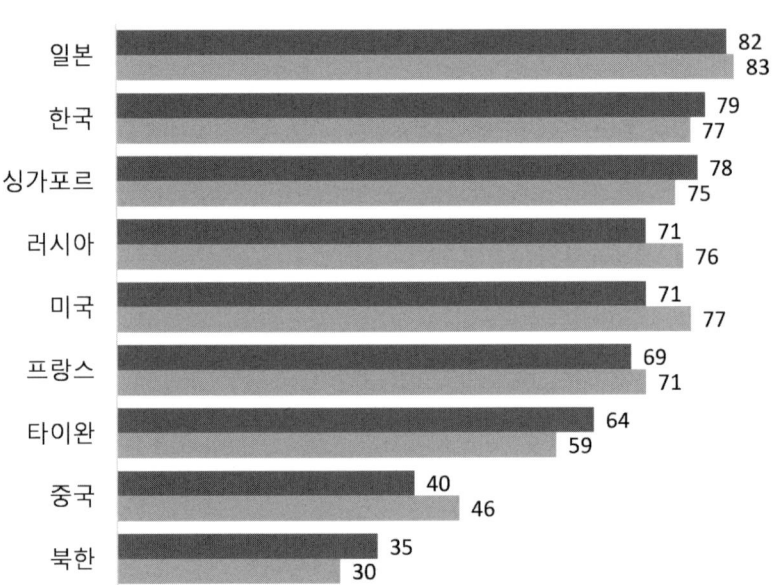

출처: 인도차이나 연구

비록 베트남이 자신을 사회주의라고 부를지라도, 그 인구-특히 젊은이들-는 일본과 미국 같은 자본주의 나라들과 더 긴밀하게 제휴되어 있다. 베트남 사람들은 자본주의가-서양에서 많은 사람이 믿듯이-가난에 책임이 있는 것이 아니라 정반대라는 점을-오직 자본주의만이 사람들을 가난에서 벗어나게 돕는다는 점을-알았다. 만약 베트남이 자기의 현재 자유 시장 길을 계속해서 따라가고 여전히 임박한 개혁들을 집행하는 데 성공한다면, 그것은 세계의 지도적인 경제 중 하나가 되는 좋은 기회를 가질 것이다. 그러나 만약 베트남이 - 최근 몇 년의 중국처럼 - 자기가 생활수준들에서 그러한 거대한 증진을 달성한 이유를 잊고 국가에 더 의지하는 것으로 돌아가면, 그것은 엄청나게 큰 기회를 낭비할 것이다.

4. 폴란드: 흰 독수리의 비상

이보나 키엔즐러(Iwona Kienzler)가 폴란드에서 공산주의 노동자당의 지배하 일상생활에 관한 자기의 책에서 설명하듯이, 사회주의 폴란드에서 줄 서기가 완전히 발달한 과학으로 성장했다: 도처에 줄들이 있었고 사람들이 종종 몇 시간이나—가구나 가정용품의 경우에는 며칠도—기다려야 했기 때문에, 몇몇 독창적인 체제가 발생했다. 그것들 중 하나는 소위 "줄 명부(line list)"였는데, 이것은 사람들이 몇 시간이 아니라 며칠을 기다려야 할 때 사용되었다. 그 경우 명부는 줄 서서 기다리는 모든 사람으로 만들어졌는데, 그들이 육체적으로 항상 거기에 있을 필요가 없도록 하기 위해서였다. 몇 시간마다 명부가 큰 소리로 낭독되었고 사람들은 자기들의 출석 여부를 보고할 필요가 있었다—그리고 만약 그들이 이미 정렬해 있지 않으면, 그들은 명부에서 삭제될 것이다. 출석을 부를 시간표는 미리 공표되었다. 대기 시간이 몇 시간이 아니라 며칠이었을 때, 사람들은 하루에 서너 번 보고할 필요가 있었다. 어떤 사람들은 결근 휴가를 얻었고, 어떤 사람들은 상관들에게 그저 자기들이 빨리 갔다가 돌아오게만 해 달라고 부탁하였으며, 어떤 사람들은 다른 사람들에게 돈을 주어 자기들 대신 보고하게 했다(그것은 "서는 사람 고용하기(hiring a stander)"라고 불렸다). 줄 명부에 대한 관리는 자칭 줄 위원회(line committee)에 의해 처리되었다.[264]

요아나 솔스카(Joanna Solska)가 쓴 책 ≪80년대: 우리는 폴란드 인민

---

[264] Kienzler, *Życie w PRL. I strasznie i śmiesznie*, 300.

공화국의 마지막 십 년 동안 실제로 어떻게 살았는가(*80-te. Jak naprawdę żyliśmy w ostatniej dekadzie PRL*)≫로부터 또 하나의 예를 들어보자. 더 효과적으로 가게에서 물건을 사기 위해 사람들은 임산부들과 아이들을 가지고 있는 여자들의 특권들을 남용했다: "상점들은 종종 이론적 사회주의와 현실 사회주의 사이 대조 영역이었다. 이론상 그 체제는 여자들을 존중했고, 아이들을 가지고 있거나 임신한 여자들에게 특권들을 부여했다. 이 특권 중 하나는 줄 서서 기다리지 않고 가게에서 물건을 살 가능성이었다. 그래서 아이들을 가지고 있는 여자들은 상점에 와서 (어떤 여자들은 정말로 자기 친구들에게서 아이들을 빌리곤 했다) 계산대로 직행하곤 했다. 제품의 부족이 더 클수록, 아이들을 가지고 있는 여자들이 더 많이 오곤 했다. 그들이 살 수 있는 모든 것을 매점하고 있는 동안, 줄에 있는 나머지 사람들은 거의 움직이지 못하곤 했다."265

내가 폴란드에서 사회주의와 자본주의에 관한 영화[≪흰 독수리의 비상(飛上)(The Rise of the White Eagle)≫]를 함께 제작한, 토마시 아겐키(Tomasz Agencki)도 역시 전통적인 구매들을 대신하는 물물 교환에 관한 한 폴란드인들의 꾀바름에 관해 보도한다.

그래요, 그는 말한다, 당신에게 일정 제품들을 가져다줄 수 있는 어떤 사람을 아는 것은 이점이었습니다. "그러나 실제로는 그것은 그것보다 훨씬 더 많은 층을 이루고 있었습니다: 당신은 구두점의 점원을 알아서 한 결레 구두를 사고, 그다음 그것을 한 친구에게 뇌물로 주어 자전거를 산 다음, 그것을 제과점 주인에게 주어 전기 기사의 딸과의 결혼식 케이크의 값을 치러야 했습니다. 이런 종류의 현실은 많은 영화, 특히 스타니슬라프 바레야(Stanislaw Bareja)가 감독하는 영화들에서 묘사됩니다. 심지어 그

---

265 Solska, *80-te. Jak naprawdę żyliśmy w ostatniej dekadzie PRL*, 52.

의 이름에서 파생된, 터무니없는 상황에 대한 폴란드어 특별 단어―바레이즘(bareism)―조차도 있습니다."

카를 마르크스에 따르면, 사회주의는 그저 공산주의로의 과도 단계일 뿐이었다. 공산주의하에서는, 모든 사람이 필요에 따라 살아갈 수 있을 것이라고, 그의 추론 방식은 진행되었다. 그러나 기본 생활필수품을 사려고 몇 시간이나 줄 선 폴란드 사람들은 마르크스 비전의 현실을 조롱하며 직시했다. 폴란드에서 하나의 유행하는 농담은 이와 같았다:

"우리가 완전한 공산주의에 도달할 때 상점들 바깥의 대기 행렬들의 문제가 어떻게 풀릴까요?"
"얻으려고 줄 설 것이 남아 있지 않겠지요."266

이 모든 것은 그다지 오래전이 아니었다. 위 보고들은 모두 1980년대 폴란드 상황을 서술하는데, 그것은 오늘날의 폴란드에서 떨어져 있는 세계였다. 1989년 이래로, 폴란드의 1인당 국내 총생산은 세 배로 증가했다.267 폴란드는 연간 3.5퍼센트의 평균 실질 경제 성장을 기록했다. 그 나라의 경제는 성장하여 시장 경제 개혁들의 발진 후 몇십 년이 지나서 유럽 공동체에서 여섯 번째로 큰 경제가 되었다.268 폴란드는 1989년 개혁들

---

266 Lewis, *Hammer and Tickle*, 210.
267 https://data.worldbank.org/indicator/NY.GDP.PCAP.KN?locations=PL (1989년에 19,900에서 2021년에 58,614로 – 1인당 불변 LCU(현지 통화 단위; Local Currency Unit) GDP
268 https://www.deutsche-bank.de/ms/results-finanzwissen-fuer-unternehmen/international/01-2020_im-wirtschaftswunderland.html 그리고
https://de.statista.com/statistik/daten/studie/164004/umfrage/prognostizierte-bevoelkerungsentwicklung-in-den-laendern-der-eu/

후 유럽에서 가장 빨리 성장하는 경제를 가졌고 널리 "유럽의 성장 챔피언(Europe's Growth Champion)"—이것은 또한 우연히 마르친 피아트코프스키(Marcin Piatkowski)의 책 제목이기도 하다—으로 여겨진다. 이 놀랄 만한 성장의 주요 이유가 있다: 상당하는 크기의 거의 어떤 다른 나라에서도 경제적 자유가 최근 몇십 년간 [폴란드만큼] 그렇게 많이 증가하지 않았다.

헤리티지 재단은 1995년 이래로 매년 ≪경제적 자유 지수(Index of Economic Freedom)≫를 발간해 오고 있다. 이론적으로, 어떤 나라든 달성할 수 있을 가장 높은 달성 가능 점수는 100점이지만, 지수가 분석되는 177개 나라 중 어떤 나라도 최대 점수를 달성하지 못하고 있다(2022년 최고 수행자들은, 각각, 84.4점과 84.2점으로 싱가포르와 스위스였다). 반대로, 가장 낮은 이론적 점수는 0점일 것인데, 이것은 북한이 3.0점에서 가까이 다가간다. 폴란드는 68.7점으로 39위를 차지하는데, 이것은 첫눈에는 특별히 주목할 만한 것 같지 않고 확실히 최고 점수들에 속하지 않는다. 그럼에도 불구하고, 그것은 폴란드가, 예를 들어, 스페인, 이스라엘, 프랑스 혹은 이탈리아보다 더 경제적으로 자유롭다는 점을 정말 의미한다.[269]

그러나 절대 등급보다 훨씬 더 중요한 것은 1995년 이래 한 나라의 상대적 변화인데, 이 척도에서 폴란드는 정말 정상에 오른다. 폴란드의 점수는 1995년 50.7점에서 2021년 69.7점으로 올랐다. 2022년에는, 폴란드는 1점을 잃어 68.7점이 되었다. 더욱더 큰 증가를 경험한 조지아(370만 주민)와 불가리아(690만 주민) 같은 아주 작은 나라들이 있다는 점은 사

---

[269] Miller, Terry, Anthony B. Kim and James M. Roberts, *2022 Index of Economic Freedom*.

실이다. 그러나 3,000만 이상 주민을 가진 나라 중에서는, 41.7점에서 60.6점으로 오른 베트남만이 경제적 자유에서 비교될 정도로 큰 증가를 경험했다.[270]

그러나 오늘날 폴란드에서 경제적 자유는 위협받고 있다. 특히 PiS(Prawo i Sprawiedliwość; 프라보 이 스프라비에들리보시치; 법과 정의)당이 집권한 2015년 이래로, 사회 복지 프로그램들에 대한 지출이 급등했고, 민영화가 대개 중단되었으며, 심지어 이미 민영화되었었던 은행들과 기업들조차도 국가 수중으로 도로 이전되었다. 요컨대, 폴란드는 그 나라를 그렇게 성공적으로 만들었던 시장 경제 경로를 포기하는 과정 중에 있다. 비록 최근의 사태 진전들이 아직 적절하게 헤리티지 재단의 순위에 반영되지 않았다고 할지라도, 폴란드에서 경제적 자유는 최근 몇 년간 감소했다. 그럼에도 불구하고, 이것은 1990년부터 2015년까지 25년간 폴란드의 성공담을 손상하지 않는다. 그러나 처음부터 이야기를 하여 폴란드가 끔찍한 전쟁, 제4차 국가 분할, 그리고 그다음 사회주의 정권을 경험한 암울한 시절로 돌아가는 여행을 해보자.

고문당한 땅

폴란드는 1772년, 1793년 그리고 1795년에 프러시아[프로이센], 러시아 그리고 오스트리아 사이에 세 번 분할되었고, 그 후 이 세 분할의 마지막 동안 123년간 유럽 지도에서 완전히 사라졌다. 두 번째 폴란드 공화국은 오직 제1차 세계 대전 후에만 존재하게 되었고, 1918년부터 1939년까지 단지 21년간만 가까스로 생존했다.

---

[270] Miller, Terry, Anthony B. Kim and James M. Roberts, *2022 Index of Economic Freedom*, 452–454.

독립국으로서 폴란드의 멸망은 국가 사회주의 독일과 사회주의 소련 사이 히틀러-스탈린 협정에서 결정되었다. 1939년 8월 23일에, 독일 외상 요아힘 폰 리벤트로프(Joachim von Ribbentrop)는 자기의 상대 소비에트 연방 외무 장관 뱌체슬라프 몰로토프(Vyacheslav Molotov)를 만나 모스크바에서 협정에 서명했다—분할은 비밀 추가 의정서에 기록되었다. 1939년 9월에, 처음 독일 군대가 그리고 그다음 소비에트 군대가 그 나라를 침략하여 정복했고, 9월 22일에 공동 열병에서 자기들의 승리를 경축했다.

독일 군과 소비에트 군의 공동 열병 제안은 독일 쪽에서 나왔다. 독일 카메라 팀이 그 장관(壯觀)을 촬영하기 위해 참가하고 있었고 아돌프 히틀러 군대와 요셉 스탈린 군대의 군대 열병식에 관해 그들이 찍은 장면은 1939년 10월에 ≪독일 주간 평론(Deutsche Wochenschau)≫ 뉴스 영화들의 특집 방송이었다.

두 사령관 하인츠 빌헬름 구데리안(Heinz Wilhelm Guderian)과 세미온 모이세비치 크리보셰인(Semyon Moiseevich Krivoshein)은 다같이 브레스트-리토프스크 중앙에서 독일과 소련 전차 대대를 지나 행진했다. 독일 군 관현악단이 두 승전국의 국가를 연주했다. 열병식 직후, 독일 군대는 도시를 떠났고 소련 점령 지역과 독일 점령 지역 사이 경계를 표시하기 위해 경계석이 놓였다.

독일은 폴란드의 거의 반, 2,120만 명 인구에 고향인 영토를 점령했다. 1,320만 주민을 가진, 나라의 동부는 소련(USSR)에 의해 점령되었다.

공포 정치의 결과들은 충격적이었다: "거의 300만 폴란드 유대인을 포함하여, 500만과 600만 사이 폴란드 국민이 목숨을 잃었다. 희생자들의 과반수는 기동 특무 부대에 의해 사살되었거나, 아우슈비츠-비르케나우

(Auschwitz-Birkenau), 마이다네크(Majdanek), 헤움노(Chełmno), 트레블린카(Treblinka), 소비보르(Sobibór), 그리고 베우제츠(Bełżec) 같은 독일 죽음의 수용소에서 독가스로 살해되었거나, 강제 노동, 투옥, 혹은 관련 고난의 결과로 죽은 민간인들이었다(이들은, 더욱이, 심지어 적대 행위들이 끝난 후조차도 계속해서 죽었다). 이 모든 것 동안, 집단 학살의 희생이 된 것은 유대인들뿐만 아니라, 다른 폴란드인들이기도 했다. 독일 점령 지역 크라쿠프(Kraków)에 있는 대학교들의 교수들과 학자들을 겨누었던, *크라카우 특수 작전*(Sonderaktion Krakau) 같은, 폴란드 엘리트에 적대하는 표적 운동들이나, 동유럽의 국민들이 오직 노예로서 필요한 한에서만 자기가 그들에 관심 있다고 그가 말한, 1943년 10월 4일 포즈난(Poznań)에서 SS(나치 친위대; Schutzstaffel) 그룹 지도자들에게 한 하인리히 히믈러(Heinrich Himmler)의 연설은, 일반 동방 계획(General Plan East)과 *라인하르트 작전*(Aktion Reinhardt)이 했던 것과 똑같이, 인종적 폴란드인들에 적대하는 것을 포함해서, 폴란드에서 독일 점령 정책의 집단 학살 성격을 보여준다."[271]

    소련 정부도 또한 폴란드에서 잔인한 공포 정치를 풀어 놓았다: 1940년 4월에서 5월까지 기간, 무려 15,000명이나 되는 폴란드 장교-전쟁 포로-가 1940년 3월 5일 러시아 공산당 중앙 위원회 정치국이 발한 결정에 따라 살해되었다. 그들은 모두 뒤통수에 총을 맞았고 그들의 시체는 카틴(Katyń), 하리코프(Kharkov) 그리고 미에드노예(Myednoye)에 매장되었다. 바로 그 명령의 결과로, 체포되어 NKVD[내무 인민 위원부; 옛 소련의 비밀경찰(1934-46)] 교도소들에 구금되었던 7,000명의 폴란

---

[271] https://www.bpb.de/themen/europa/polen-analysen/281439/analyse-deutsche-kriegsreparationen-an-polen-hintergruende-und-einschaetzungen-eines-nicht-nur-innerpolnischen-streites/

드 엘리트 구성원도 역시 살해되었다.

'카틴 대학살(Katyń massacre)'이 1943년 독일인들에 의해 드러났을 때까지, 폴란드 정부는 사라진 사람들에게 무슨 일이 일어났는지를 확증하려는 효과 없는 시도들을 했다. 소련은 범죄를 인정하기를 거부했고, 독일인들이 잔학 행위를 수행했다고 비난했다. 폴란드인들에게는, '카틴 대학살'은 소비에트 집단 학살 및 그 정체의 터무니없는 거짓말들과 동의어가 되었다. 320,000명을 넘는 폴란드 국민이 1940년 2월, 4월 및 6월, 그리고 1941년 6월에 일어난 네 물결의 대량 추방이 일어나는 동안 소련 속 깊은 곳으로 추방되었다. 개개 추방 물결들은 처음 "쿨라크들(kulaks)"("부"농들), 군 정착민들, 그리고 삼림 노동자들에 적용되었고, 연이어 1940년 3월 5일의 명령으로 사형 선고를 받은 죄수들의 가족들, 독일 점령 지구로부터의 피난민들 그리고 마지막으로 국경 지대들의 주민들이 뒤따랐다.[272]

그러나-1943년 4월 19일 바르샤바 게토(Warsaw Ghetto; 제2차 세계대전 때 나치 독일이 유대인을 강제로 입주시켰던 바르샤바의 구역)에서 폴란드 유대인들의 봉기와 1944년 8월 1일의 바르샤바 봉기(Warsaw Uprising)가 예증하듯이-어느 곳에서도 정복자들에 대한 저항이 폴란드에서만큼 맹렬하지 않았다.

바르샤바는 전쟁 전에 130만 주민에게 그리고 봉기의 끝 무렵 350,000 주민에게 고향이었었다.[273] 그 폴란드 수도는 프랑스 전체가 동일 기간에 잃은 거의 그만큼 많은 목숨을 전쟁, 정복, 그리고 나치스의 유대인 대학살에 잃었다.[274] 추정치들에 따르면, 전체로서, 폴란드는 제2차 세계 대전

---

[272] Karta Archive in Poland: "Soviet repression after 1939"의 "Faces of Totalitarianism" 전시로부터의 정보.
[273] Gnauck, 101.

에서 5백만에서 6백만 희생자의 죽음을 애도하도록 남겨졌다. 비례해서, 손실 수는 엘리트들에 더욱더 나빴는데, 독일과 러시아 정복자들은 이들을 일소하려고 시도하였다. "폴란드의 인구 손실은 22퍼센트(그 전쟁에 참여한 모든 나라 중 가장 높다)로 추정되지만, 그것은 자기 의사들의 40퍼센트, 자기 교사들, 과학자들, 및 학자들의 ⅓, 그리고 자기 법률가들의 26퍼센트를 잃었다."275

　1945년 2월 4일부터 11일까지, 소련 독재자 요셉 스탈린, 미국 대통령 프랭클린 D. 루스벨트 그리고 영국 총리 윈스턴 처칠은 크림반도에 있는 얄타의 소련 해변 휴양지에서 만났다. 폴란드에 관해, 연합국 지도자들은 소련이 동쪽 영토들 일부의 소유를 유지하도록 결정했다. 폴란드의 새 동쪽 국경은 커즌 라인(Curzon Line)이 되게 되어 있었다. 폴란드는 동쪽에서 자기의 손실들을 독일을 희생시키고 북쪽과 서쪽에서 영토적 이득들로 보상받게 되어 있었다. 그러나 폴란드의 서쪽 국경에 관한 최종 결정은 종전 후 평화 회담으로 연기되었다.

　독일-폴란드 역사에서 또 하나의 비극적인 장(章)은 독일인들의 추방이다. 영국 총리 윈스턴 처칠은 1944년 영국 하원에서 선언했다: "추방은, 우리가 볼 수 있었던 것에 관한 한, 가장 만족스럽고 지속적일 방법입니다. 알자스-로렌에서 같은 끝없는 분쟁을 일으킬 인구들의 혼합은 없을 것입니다."

　1945년 전쟁 종식과 1949년 후기 사이, 수백만 독일인이 이제 폴란드가 된 영토들에서 추방되었ㅡ고 많은 사람이 그 과정에서 목숨을 잃었ㅡ다. 전부, 8-9백만 독일인이 1944/45년 후에, 그들이 도망치거나 추방됨

---

274 Gnauck, 102.
275 Korys, 287–288.

에 따라, 새 폴란드 국경 지대 안에 있는 자기들의 집을 떠났다.

승리한 연합국 사이에 체결된 협정들은 "강하고, 자유로우며, 독립적이고, 민주적인 폴란드"가 수립되어야 한다고 규정했다. 그 밖의 유럽 국가들도 역시 "자기들이 그 아래에서 살 정부의 형태를 선택할" 권리가 부여되게 되어 있었다. 그러나 현실은 매우 달랐는데, 사회주의 소련이 폴란드에, 이제 동독이 된 중부 독일(Central Germany)에, 동부 및 중부 유럽 국가들에 자기 체제를 강제했기 때문이다.

1948년 12월 15일에 폴란드 노동자당(Polish Workers' Party)(PPR; Polska Partia Robotnicza)과 폴란드 사회주의당(Polish Socialist Party)(PPS; Polska Partia Socjalistyczna)의 결합에서 형성된 폴란드 통일 노동자당(Polish United Workers' Party)(PZPR; Polska Zjednoczona Partia Robotnicza)이 이 목표를 달성하는 데 도움이 되었다. PPS의 많은 당원은 이 결합을 반대했지만, 새 당에 가입하도록 강제되었다.

대회의 대의원들은 소련 독재자 스탈린을 찬양했는데, 그는, 히틀러와 함께, 우선 폴란드의 제4차 분할에 동의했었고 그것[폴란드]에 적대해 전쟁을 개시했었던 사람이었다. 그러나 물론 이 역사적 사실들은 지금 중요하지 않았다. 대의원들은 제2차 세계 대전의 역사가 다시 쓰인다는 선언을 통과시켰다. 폴란드 "독립(independence)"의 개념이 재해석되었다: "따라서, 제2차 세계 대전 전에는, '독점 자본주의(monopoly capitalism)'가 폴란드 독립의 가장 큰 적이라고 주장되었다. … '히틀러의 파시즘(Hitler's fascism)'에 대항하는 전쟁 동안, 소련은 한 손으로 폴란드 국가를 '물리적 절멸(physical annihilation)'로부터 구했다."[276]

---

[276] Friszke/Dudek, 179.

폴란드에서 사회주의

폴란드에서 새 정치 체제는 "인민 민주주의(people's democracy)"로 불렸는데, 이것은 "프롤레타리아 독재(dictatorship of the proletariat)"를 집행할 것이다. 1946년에, 폴란드인들이 세 가지를 해결하도록 요구받은 국민 투표가 행해졌다: 첫 번째는 상원의 폐지에 관한 것이었고, 두 번째는 토지 개혁과 회사 국유화를 역점을 두어 다루었으며, 세 번째는 오데르강과 나이세강(Oder and Neisse Rivers)을 따라 서쪽 국경을 확인하는 것을 다루었다. 그러나 그 결과들은 왜곡되었다. 폴란드의 새 통치자들은 그들이 1947년 1월의 첫 "선거들" 동안 처리했었던 것과 정확하게 똑같은 방식으로 처리했다. 가정상, 유권자의 80퍼센트가 소위 민주 블록(Democratic Bloc)(공산당, 사회당, 그리고 그 밖의 관련 정당들)에 찬성 투표했지만, 승리했음에 틀림없는 것은 실제로 야당 폴란드 국민당(Polish People's Party)(PSL; Polskie Stronnictwo Ludowe)이었다는 징후가 있다.[277]

1953년에 *잠정*(województwa) 위원회들의 1,157명 위원 중에서, 61퍼센트는 자기들의 초등학교 교육만 마쳤거나 전혀 교육받지 못했는데, 70퍼센트는 노동자였고, 11.5퍼센트는 농민이었다. 정치 위원회들을 책임지고 있는 사람들의 그저 1퍼센트만이 대학교 학위를 가지고 있었다.[278] 바꿔 말하면, 노동자들과 소농들을 위한 사회적 승진의 새로운 기회들이 있었지만, 오직 그들이 정당 노선에 충실하고 "이데올로기적으로 안정적인" 것으로 여겨지는 경우에만 그러했다. 경제에서 지도적인 지위를 가진 7,000명 사람 가운데서, 53퍼센트는 PZPR에 속했다; 경제의 중앙 행정 기관들의 장 가운데서, 75퍼센트는 당원이었다.[279] 그 밖의 이

---

[277] Korys, 267.
[278] Friszke/Dudek, 187.

제는 사회주의인 나라들에서처럼, 노동조합들은 더는 노동자들 이익의 독립적인 대표자가 아니었다; 대신, 그들은 정당의 지시들을 노동자 계급 사이에 시행할 "정치적 도구"로서 이바지했다.

    1952년에, 당의 중앙 위원회가 지명한 한 위원회에 의해 새 폴란드 헌법이 기초(起草)되었다. 새 헌법은 1936년의 소비에트 헌법을 본떴는데, 스탈린은 개인적으로 초안 문서를 읽고 약 50개 수정 사항을 추가했다.[280] 스탈린은 소련 원수, 콘스탄틴 로코솝스키(Konstantin Rokossovsky)를 폴란드의 초대 국방부 장관으로 삼음으로써 소련이 참으로 폴란드에서 정책을 결정하게 되어 있다는 점을 명백히 했다.[281]

    다른 사회주의 나라들에서처럼, 기업들의 큰 비율이 (만약 그것들이 전전(戰前) 기간에서나 점령 동안 이미 국유화되지 않았었더라면[282]) 국유화되었다. 가격들은 계획 당국에 의해 결정되었다. 폴란드에서 노동 생산성은 오직 느리게만 증가했다. 1950년대에, 그것은 폴란드에서 1년에 2.6퍼센트만큼 상승했다. 비교해서, 동일 기간에 서독에서는 6.6퍼센트의 성장이 기록되었다. 1960년대에는, 생산성은 폴란드에서는 2.1퍼센트, 서독에서는 5.2퍼센트만큼 증가했다.[283] 게다가, 폴란드의 1인당 GDP는 사회주의 기간, 1950년부터 1989년까지, 1년에 그저 2.2퍼센트만큼만 증가했다.[284] 당연히 의심스러운 공식적인 폴란드 수치들에 기초해서조차도, "폴란드가 유럽의 경제 느림보였다,"[285]는 점은 명백하다.

---

[279] Friszke/Dudek, 188.
[280] Friszke/Dudek, 197.
[281] Korys, 268.
[282] Korys, 295.
[283] Piatkowski, 88, Table 3.1.
[284] Piatkowski, 89.
[285] Piatkowski, 90.

이 느린 성장은 놀랄 만했는데, 특히, 제2차 세계 대전 후, 폴란드가 유럽에서 가장 가난한 나라 중 하나였기 때문이다. 폴란드에서, 1인당 소득은 (1990년 물가로) 1년에 그저 미화 2,500달러만이었다. 하여간, 그렇게 가난한 나라들은 더 빨리 성장하여야 한다. 여기에 또 하나의 비교가 있다: 1950년대에 폴란드만큼 가난했던, 스페인, 포르투갈 그리고 그리스와 같은 남유럽 나라들은 그 율의 두 배로 성장했다.[286]

폴란드 경제의 허약한 성장은 다른 이유로 주목할 만하다: 서부 지방의 새 영토들, 특히 포메라니아(Pomerania), 실레지아(Silesia) 그리고 남부 지방 동프로이센(East Prussia)의 이전 독일 영토들은, 폴란드가 얻었었던 것인데, 더 부유했고, 소련에 넘겨주도록 강제되었던 동부 영토들의 그것들보다 더 나은 사회 기반 시설, 더 개발된 산업 기지, 더 큰 도시들, 그리고 더 생산적인 농업을 가지고 있었다.[287]

제2차 세계 대전 후, 폴란드는 대개 농업 국가였다. 처음에는, 공산당원들은—이미 소련에서 비참하게 실패했었던—자기들의 방식들을 폴란드 농업에도 집행하려고 하였다. 그들이 소련에서 불렸듯이, "쿨라크(kulaks)"라고 불린 부농들은 공산당원들에 의해 "착취자," "간첩" 그리고 "도둑"으로 낙인찍혔다.

50헥타르 이상 농장들은 몰수되어 작은 구획들로 나누어졌다. 그것들은 "소농들(small farmers)"에게 주어졌는데, 이들은 그것들에서 일하고 폴란드의 농업을, 공산주의 이데올로기에 더 적합한, 새로운 형태로 형성하게 되어 있었다. "그러나 회고해 보면, 이 조치들은 성공을 거의 얻지 못한 것 같은데, 왜냐하면 마을 공동체들 안에서 새 대변자가 되게 되

---

[286] Piatkowski, 90.
[287] Piatkowski, 90–91.

어 있었던 그 '소농들(small peasants)'이 다른 마을 사람들의 승인을 좀체 얻지 못했기 때문이다."288 폴란드에서 공산주의 집산화 정책은 실패했다; 그저 몇 퍼센트의 농토만 집단으로 경작되었다. 대신, 국가는 농민들에게 무거운 압력을 행사함으로써 부과금들을 강제하려고 하였다. 1952년과 1955년 사이만도, 약 50만 농민이 강제 부과금들을 납부하지 못해 구속되었다.289

경제적 유인들은 압력으로 대체되었다. 이 압력을 행사하는 데서 하나의 중요한 수단은 국가 보안국이었는데, 이것은 1953년에 약 33,000명 요원을 가지고 있었고, 그들의 90퍼센트는 당원이었으며, 당원은 어떤 다른 국가 기관보다 더 많았다. 그러나 국가 보안 요원들의 18퍼센트는 심지어 초등학교 졸업장도 가지고 있지 않았고, 그저 7퍼센트만 고등학교를 졸업했었다.290

"보안 기관들이 1944년에서 1956년에 약 50만 명을 충원하려고 했다고 추정된다. 사회 안에서, '그들이 곳곳에 있다,'는 그리고 '벽에는 귀가 있다,'는-대체로 정확한-견해가 퍼졌다. 1954년까지는, 내무부의 '주의 인물' 개인 파일은 약 600만 명, 즉 폴란드 성인 인구의 ⅓을 포함하였다."291 정치적으로 부적당한 농담을 말했거나, 공식 공장 집회 중 하나에 나타나지 않았거나, 일터에서 실수를 저지른(이것은 쉽게 생산 방해로 해석될 수 있었다) 누구든 자기들이 이 기간에 보복에 직면할 것 같다는 점을 알았다. 그러나 누구든 어떤 것에 "유죄일" 필요가 없었는데, 왜냐하면 "잘못된 사회 계급"에 속하는 것이 종종, 승진 거부나 대학교 입학들의 어

---

288 Friszke/Dudek, 204.
289 Friszke/Dudek, 205.
290 Friszke/Dudek, 220.
291 Friszke/Dudek, 221.

려움들 같은, 괴롭힘의 충분한 근거가 되었기 때문이다.

작은 아이스크림 가게 주인, 브로니슬라프 핀델스키(Bronislaw Pindelski)가 생생하게 얘기하듯이, 작은 가게 주인들은 괴롭힘을 당했다: "세 세무 조사원이 갑자기 가게 안으로 춤추듯 걸어 들어왔습니다. 그들 중 한 사람이, 아마 상관일 것 같은데, 자신을 소개했고 자기의 초-검사 명령서를 휙 내보였습니다. '모든 고객을 지금 쫓아내십시오,'라고 그는 명령했습니다. '자세한 조사가 있을 것이오. 우리는 당신의 사기들을 조사할 필요가 있소. 각 소규모 자영업자는 도둑이고 수완가요. 스탈린그라드 방어자(Obroncow Stalingradu)의 거리에는 민간 상점들이 있을 수 없소. 그건 이 영웅적인 거리엔 수치요.'"292

1953년에 스탈린이 사망하고 새 국가수반 니키타 흐루쇼프가 3년 후에 CPSU(소련 공산당)의 제20차 당 대회에서 한 자기의 유명한 비밀 연설에서 스탈린주의를 청산한 후에, 폴란드에서도 역시 한 물결의 반스탈린주의가 생겼다. 그러나 공산당과 소련에 반대하는 시위들이 1956년에 발생했을 때, 상황은 거의 걷잡을 수 없게 소용돌이쳤고, 소련이, 같은 해 헝가리에 대한 그것의 개입과 비슷하게, 군사 개입을 개시할 위험이 있었다. 지금 막 취임했었던 당 지도자 에드바르트 오하프(Edward Ochab)가 제거되어 브와디스와프 고무우카(Władysław Gomułka)로 대체되었다. 소련은 처음 그를 거부했지만, 이것은 폴란드에서 그의 인기를 증가시켰다. 비록 폴란드가 여전히 독재 정권이었을지라도, 억압은 더는 그것이 스탈린 시대 동안 그랬었던 만큼 심하지 않았다. 고무우카는 자기 전임자들이 많은 진전을 이루지 못했던 사유 농업 집산화에 제동을 걸었

---

292 "Inicjatywa na marginesie," Karta Nr. 26, 1998, Report from Kraków, July 1950, in: Karta Centre, "Enterprise the Polish Way," 26.

고 제한된 규모로나마 사유 기업들을 허용했다. 1956년 9월에 아직 존재하고 있던 10,000개 농업 협동조합 가운데서, 그저 1,500개만 그 해 말까지 남아 있었다.293

이것은 그리고 "부농들"에 반대하는 운동의 종식은 시골 인구 사이에서 고무우카의 인기를 증대시켰다. 1960년까지는 90퍼센트 이상의 토지가 소련, 동독, 그리고 불가리아에서, 80퍼센트 이상이 체코슬로바키아와 루마니아에서, 그리고 71퍼센트가 헝가리에서 집산화되었었지만, 폴란드에서는 그저 13퍼센트의 토지만 국가가 소유하였다.294

1959년에, 식량 생산은 제2차 세계 대전의 종식 이래 그것의 최고 수준에 도달했는데, 이것은 거의 전적으로 중소 농민들에게 기인했다. 1950년대 중엽에, 숙련 무역업들의 수는 두 배로 되었고 소규모 상점들의 수는 80퍼센트만큼 증가했다.295

그러나 계획 경제 체제가 폴란드에서도 잘 작동하고 있지 않다는 점이 더욱더 명백해졌다. 1956년과 1957년에, 경제 개혁들이 논의되었다. 1957년 1월에, 한 경제 회의(Economic Council)가 경제학자 오스카 랑게(Oskar Lange)의 지도하에 소집되었는데, 그는 기존 체제의 틀 안에서 많은 온건한 경제 개혁을 옹호했다. 제안들이 온건했고 결코 자본주의로의 복귀를 요구하지 않았다는 사실에도 불구하고, 당 지도부는 그것들을 거부했다. 이미 그 사회주의 나라에서 반복되는 개혁 시도가 있었는데, 그 모든 것은 한 가지를 공통으로 가지고 있었다: 개혁가들은 더 많은 경쟁을 도입하고 기업가들에게 그들의 의사 결정에서 더 많은 자율을 줄 시장 메커니즘들을 도입하기를 원했다. 그러나 그들은 결정적인 조치를 취하는

---

293 Friszke/Dudek, 244.
294 Friszke/Dudek, 268.
295 Friszke/Dudek, 282.

것, 즉 생산 수단의 국유와 계획 경제의 교의를 의문시하는 것을 꺼렸다.

비록 생활 수준이 향상했을지라도, 폴란드는 다른 나라들과 비교해서 더욱더 뒤처졌다. "폴란드의 경제 성과를 1930년대와 1940년대에 비슷한 발전 수준에 있었던 나라들과 비교해 보면, 1960년대 중엽에, 폴란드가 경제적 기준들에서뿐만 아니라 ... 생활 수준 지표들의 면에서도 현대화 경주에서 지기 시작했다는 점이 드러난다. 실질 임금은 연간 2퍼센트 미만으로 증가했는데, 이것은 사실상 정체를 의미했다. 보통 국민은 자기 소득의 약 50퍼센트를 식품에, 그리고 약 18퍼센트를 의복에 썼다."[296]

1970년대 초에, 에드바르트 기에레크(Edward Gierek)(1970-1980)가 이끄는 정부하에서, 생활 수준이 폴란드에서도 향상했고, 폴란드 사회학자 가빈 라에(Gavin Rae)는 "소득, 소비 그리고 생활 수준에서 급상승과 결합된 ... 놀랄 만한 경제 성장의 기간"[297]을 이야기한다. 그러나 이 성장은 늘 증가하는 외채에 기반을 두었는데, 이것은 차후의, 더욱더 큰 문제들의 원인이었다. 사회주의 경제 체제는 지속적인 성장을 발생시킬 수 없음이 드러났다.

1970년대 말에, 경제 상황은 다시 한번 위기에 이르렀다: 분기마다, 재화의 양들은 감소했고, 상점들, 특히 정육점 앞의 대기 행렬들은 점점 더 길어졌다. "냉장고, 텔레비전, 가구 등 같은 더 비싼 재화를 사기 위해서는, 예상 구매자들은 여러 날을 줄 서서 기다려야 했습니다. 그러한 급격한 재화 부족은 광범한 부패 체제를 발생시켰고, 학연들의 틀 안에서 서로 봐주기가 흔하게 되었습니다. 예를 들면, 탐나는 재화를 따로 떼어 둘 수 있는 점원을 아는 것에는 큰 이점이 있었습니다. 다양한 권력 수준에서 대

---

[296] Friszke/Dudek, 286.
[297] Rae, 45.

표들이 공급이 부족한 재화들에 접근할 수 있었으므로, 그들은 자기들의 '졸개들(clientele)'을 충원할 많은 기회를 가지고 있었습니다. 보통 국민의 삶은 점차 더욱더 어려워졌고, 그래서 기본 물품을 끊임없이 '사냥(hunt)'하는 동안 그리고 줄 서서 기다리는 데 쓴 시간 동안, 좌절과 공격이 증가했습니다."[298]

무엇보다도, 육류를 손에 넣는 문제가 계속되었다. 어떤 신비한 방법으로 그 문제를 완화하기로 되어 있는 한 가지 제안된 해결책은 1951년에 소위 "육류 없는 월요일들"을 도입하는 것이었다. 그때 이래로 월요일들에는 어떤 육류든 판매하는 것뿐만 아니라, 소비하는 것도 금지되었다. "오늘날 가톨릭은 금요일들에 금식하고 마르크스주의자들은 월요일들에 금식한다,"라고 한 신문 잡지 기자가 비꼬아 논평했다.[299]

사회주의 폴란드에서 일상생활이 어떠했는지 더 잘 이해하기 위해서, 나는 바르샤바로 여행했고, 거기서 나는 비정부 역사 기록 보관소 카르타 센터(Karta Center)의 공동 창설자인 알리챠 반체르스-글루자(Alicja Wancerz-Gluza)를 만났다. 알리챠는 처음에는 1980년에 설립된 독립 노동조합 솔리다르노시치(Solidarność; 연대)에서, 그리고 1981년 12월에 폴란드에서 계엄법이 선포된 후에는 반공산주의 지하 운동에서 활동하였다. 1982년 1월 4일에, 자기 남편 및 작은 집단의 친구들과 함께, 그녀는 지하신문 ≪카르타(Karta)≫를 창간했는데, 이것은 야루젤스키(Jaruzelski) 장군 치하 새로 설립된 정권을 반대했다. 이것은 후에 카르타 기록 보관소(Karta Archive)로 진화했는데, 후자는 당대 증인들과의 6,000개 인터뷰 그리고 약 400,000장 사진과 그 밖의 기록물을 포함하는 광범위하게 선택

---

[298] Friszke/Dudek, 391.
[299] Kienzler, *Życie w PRL. I strasznie i śmiesznie*, 55.

된 자료를 수집했다.

우리의 대화 동안, 알리챠는 사회주의 계획 경제 치하 폴란드에서 일어난 일상생활의 현실 모습을 설명했다. 그녀는 1980년대 후기 사회주의 정권의 붕괴까지 폴란드 사람들이 식품과 그 밖의 제품들을 사는 데 필요했던 배급표들(ration cards)의 꾸러미를 나에게 보여주었다. 첫 번째 배급표들은 1976에 설탕을 얻기 위한 것이었다. 사회주의 멸망까지는, －육류, 요리용 기름, 버터, 세제, 비누, 담배, 휘발유, 그리고 심지어 신발조차도 포함하는 모든 종류의 제품에 대해－더욱더 많은 이 배급표가 추가되었다. 배급표들 위에는 또한 특별 표시들(special tokens)도 있었고, 이것들은 숫자가 매겨져 있었다. 예를 들면, 당신이 표시 숫자 3(token number 3)을 사용하여 아이들 학용품들이나 여성 생리대들을 살 수 있을 것으로 갑자기 공고될지 모른다.

전 배급표 체제는, 계획 경제들의 특징인, 거대한 관료제를 수반했다: "200,000명이 배급표들의 배포에서 일했고, 다른 40,000명이 그것들의 행정을 취급했으며, 다른 6,000명은 조사들을 취급했다. 모든 일터, 대학교, 중고등학교 그리고 주택 관리청도 역시 배급표들을 관리하는 일의 부담을 지고 있었다."[300]

실제로, 배급표 체제는 다음과 같이 작동하였다: 모든 상점에서, 판매원들은 배급표들에서 작은 표시(token)를 잘라내는 데 가위를 사용할 것이다. 특별 표시를 가진 배급표를 얻기 위해, 폴란드인들은 또 하나의 카드[표]가 필요했는데, 그들의 고용주들은 그들이 매달 발급받았던 모든 카드[표]를 등록하는 데 그것을 사용했다.

예를 들어, 만약 당신이 2주간 휴가를 간다면, 당신은 호텔에서 미리 당

---

[300] Solska, *80-te. Jak naprawdę żyliśmy w ostatniej dekadzie PRL*, 136.

신의 배급표들을 제출해야 했고 당신이 휴가 중에 있는 동안 당신이 먹을 수 있도록 새 카드[표]들을 받았다. 그리고 만약 어떤 사람이 자기 배급표 중 하나를 잃어버린다면 그것은 정말 비극이었다. 요아나 솔스카(Joanna Solska)는 자기 책에서 1980년대 폴란드 사회주의 치하 삶에 관해 풍자적으로 쓴다: "당신이 당신의 배급표를 잃어버렸다고? 당신은 당신의 규정식을 바꾸어야 했다. 당신은 당신의 배급표들을 잃어버려서는 안 되는데, 왜냐하면 부본들이 없기 때문이다. 만약 어떤 사람이 자기 육류 배급표를 잃어버린다면, 그는 그달 나머지 동안 채식주의자가 되어야만 할 것이다."301

알리챠: "나의 결혼식을 위해 내게 흰 팬티스타킹을 사도록 허가할 특별 카드[표]를 내가 등기소에서 받았을 때는 정말 특별한 때였습니다. 나는 또한 우리가 결혼할 것이기 때문에 우리가 보석상에서 금 결혼반지들을 사는 것이 허가된다고 명시하는 증명서도 받았습니다. 그러나 우리는 그것을 살 돈이 없었고, 우리는 하여간 반지들을 원하지 않았습니다. 그래서, 모든 경우에 대해 특별 카드[표]들이 있었는데, 예를 들면, 장례식을 위해 당신은 검은 팬티스타킹을 살 카드[표]를 받을 수 있었습니다."

그러나 당신이 배급표를 가지고 있다고 해서 당신이 나가서 당신이 원하는 것을 살 수 있는 것은 아니었다. 종종 당신은 당신이 원하는 것을 사기 위해 몇 시간이고 줄지어 서 있어야만 했다. 사람들은 또한 만약 그들이 자기들의 카드[표]가 허가하는 것과 다른 제품이 필요하면 자기들의 카드[표]들을 교환하기도 했다. 예를 들면, 보드카 카드[표](성인은 한 달에 한 병을 사도록 허가되었다)는 커피 카드[표]와 교환될 수 있었다. 아이들에게는, 분유와 사탕(소위 "초콜릿 대용품")의 카드[표]들이 있었다.

---

301 Solska, *80-te. Jak naprawdę żyliśmy w ostatniej dekadzie PRL*, 117.

가구, 세탁기 혹은 텔레비전을 사기 위해서는, 사람들은 "*사회적 줄* (kolejki społeczne)"로 알려진 것에 서 있지 않으면 안 되었다. 어떤 경우들에는, 그들은 한두 달 동안 매일 줄에 들어, 한 번에 몇 시간 동안 줄을 서서 기다려야만 했다. 가족원들이 대기 행렬에 들어야 했고, 줄을 서서 기다렸으며, 몇 시간마다 다른 가족원들과 자리를 교환했다. 종종 줄에 서 있도록 선택된 사람은 할아버지나 할머니였는데, 왜냐하면 그들이 여러 날 동안 줄에서 견딜 시간을 가장 많이 가질 것 같았기 때문이다. 두 시간마다, 이름들을 불렀다―그리고 만약 어떤 사람이 줄을 떠났다면, 그는 자기 자리를 잃었는데, 그들이 줄을 서서 보냈던 시간은 중요하지 않았다.

요아나 솔스카는 또한, 어떤 것이 상점에 배달되었을 때, 사람들은 설사 그들이 그것을 전혀 필요로 하지 않는다고 할지라도 그것을 샀는데, 왜냐하면 그들이 그것을 지하 물물 교환 거래들에서 사용할 수 있었고 어떤 다른 것을 얻기 위해 교환할 수 있었기 때문이라고 이야기하기도 한다: "만약 당신이 어떤 친구가 두 개의 어린이용 변기를 운반하는 것을 본다면, 그 이유는 아마도 그가 쌍둥이의 아빠이기 때문이 아니었을 것입니다. 어쩌면 그는 심지어 아이를 하나도 가지고 있지 않았을 것입니다. 구경꾼들에게는 상점에서 두 개의 어린이용 변기를 살 선택지가 있었다는 점이 명백했습니다."[302]

또한 전화를 갖게 되는 것도 어려웠다. 알리챠: "내 이웃에서는, 1986년에 새 지구의 모든 거리와 건물에 대해 단지 한 개 전화 부스만 있었습니다. 그것은 공중전화였고, 내 이웃 누구도 개인 전화를 가지고 있지 않았습니다." 그녀 부모님은 1960년에 자기들의 협동조합 아파트로 이사했고 즉시 전화선을 신청했다. 전화는 결국―13년 후―접속되었다. 그리고 그

---

[302] Solska, *80-te. Jak naprawdę żyliśmy w ostatniej dekadzie PRL*, 53.

것은 오직 그녀 아버지가 폴란드 통일 노동자당(Polish United Workers' Party) 당원이었다는 이유만으로 그렇게 "빨리" 일어났다. 통상 당신은 사회주의 폴란드에서 전화를 더욱더 오래-평균, 18년-기다려야만 했다. 이것은 부분적으로 계획 경제 체제의 약점들 때문이었지만, 또한 정치적 이유들도 있었다: "당국은 수백만 대화를 동시에 도청할 수 없었고, 그래서 가입자들의 수는 제한되어 있었습니다."[303] 하여간, 국제 전화는 단지 우체국에서만 걸 수 있었는데, 거기서는 전화 호출을 미리 몇 시간 전에 예약해야만 했다. 1987년에, 폴란드인들의 그저 12퍼센트만 전화를 가지고 있었다.[304] 이것은 1989년의 동독 국민 약 16퍼센트 그리고 서독에서 99퍼센트와 비교되었다.[305]

자동차들도 역시 흔치 않았다: 폴란드에서는, 1990년에 인구의 그저 약 14퍼센트만이 자동차를 소유했다;[306] 1989년에 서독에서는 그 수치가 거의 68퍼센트였다.[307] 폴란드인들은, 실제로 결국 한 대 살 수 있을 것이라는 확신이 없이, 자동차를 여러 해 기다려야만 했다. 물론, 중고차를 사는 것이 가능했지만, 그것은 때때로 새 차보다 더욱더 비쌌다. 알리챠의 아버지가 자동차, 피아트 126p(Fiat 126p) 특별 상품권을 받았던 것은 단지 그가 당 소속이었다는 점 때문만이었다. 그러나 그는 1980년까지 기다려야만 했는데, 그때 그는 자기 공장에서 제1 당서기가 된 보상으로서 그 상품

---

[303] http://www.e-teberia.pl/czy-mozna-stad-zadzwonic-na-miasto/
[304] https://stat.gov.pl/files/gfx/portalinformacyjny/pl/defaultaktualnosci/5501/34/1/1/polska_19182018.pdf, 272.
[305] *Statistisches Jahrbuch 1990 für die Bundesrepublik Deutschland, Statistisches Jahrbuch 1991 für das vereinigte Deutschland, Sozialreport 1990 (Daten und Fakten zur sozialen Lage in der DDR), Datenreport 2008.*
[306] https://stat.gov.pl/files/gfx/portalinformacyjny/pl/defaultaktualnosci/5501/34/1/1/polska_19182018.pdf
[307] *Statistisches Jahrbuch 1990 für die Bundesrepublik Deutschland.*

권을 받았다.

사람들은, 아파트를 포함해서, 모든 것을 기다려야만 했다. 알리챠는 기억한다: "내 미래 남편이 다섯 살이었을 때, 그의 부모님이 협동조합에 돈을 납입하기 시작했고, 그래서 25년 후 그들이 작은 아파트를 살 권리를 가지게 됩니다. 나의 부모님은 조금 더 늦게 저축하기 시작했는데, 왜냐하면 먼저 나의 언니를 위해 저축해야만 했기 때문이지요." 25년 후에, 그녀가 29살이고 그녀의 남편이 30살이었을 때, 그들은 자기들이 많은 해의 저축 동안 얻었었던 권리들을 모아 작은 방 세 개 아파트로 이사할 수 있었는데, 후자는 그럼에도 불구하고 빚이 없는 것이 전혀 아니었고 아직도 빚을 다 갚아야 했다.

주간지 ≪폴리티카(Polityka)≫의 편집장, 미에치수아프 F. 라코프스키(Mieczysław F. Rakowski)가 1975년 3월 자기 일기에서 언급했듯이, 작은 가게 주인들은 1970년대에 여전히 괴롭힘을 당하고 있었다: "나는 지방 위원회(Provincial Committee) 제1서기의 일을 지켜볼 기회가 있었다. … 우리가 어느 거리를 따라가고 있었을 때, 그는 작은 개인 상점을 가리켰고 말했다: '우리는 아직도 몇 명의 소규모 자영업자를 가지고 있지만, 우리는 이미 그들을 제거하고 있습니다. 저기에 소규모 자영업자가 있었고, 그는 아이스크림을 팔고 있었어요. 나는 그에게 50만의 체납 세금을 명령했습니다. 그는 군말 없이 납부했어요. 그래서 나는 그에게 또 한 번 50만을 명령했습니다. 그는 그것을 견딜 수 없었어요. 그리고 그는 이제 사라졌어요.' 이것은 우리의 점잖은 작은 서기가 통치하고 있는 방식이다. 제기랄!"[308]

---

[308] Mieczyslaw F. Rakowski, *Dzienniki polityczne 1972-1975*, Warsaw 2002, Karta Centre, "Enterprise the Polish Way," 32에서 인용.

만약 광범위한 암시장의 발생이 없었더라면 상황은 확실히 더 나빴을 것이고 체제는 더 일찍 붕괴했었을 것이다. "회색 경제와 부패는 그것이 [체제가] 계획 경제에서 생존하는 것을 가능하게 하는 메커니즘이었는데, 그것들이 계획자의 결정들로 발생한 비효율을 줄이고 시장의 요소를 도입했기 때문이다. 비슷하게, '암시장'은 (영속하는 불균형의 상태에 있었던) 공식적인 소비재 시장을 뒷받침하는 일종의 '기초'가 되었다. 그러므로, 비록 이 관행들이 기소되어야 할지라도, 당국은 그것들을 묵인했고, 심지어 부분적으로 비밀 정보부를 수단으로 그것들을 관리하기조차 했다."309

자기의 책 ≪공산주의 폴란드에서의 생활. 무섭기도 하고 재미있기도 한(Życie w PRL. I strasznie i śmiesznie)≫에서, 이보나 키엔즐러는 폴란드에서 암시장이 정말 얼마나 중요하게 되었었는지 예를 들어 설명한다: 농민들조차도 도구들과 기계들을 암시장에서 사야 했는데, 왜냐하면 국유 상점들에서는 그것들을 손에 넣을 수 없었기 때문이다. 농민들은 숫돌이나 새끼줄 같은 단순한 물건들에 대한 접근에도 심각한 문제들을 겪었다. 새끼줄은 사회주의 경제의 비효과성에 대한 상징이 되었는데, 왜냐하면 시장에서 그것의 부족들은 전 나라에서 수확 계절 동안 일을 방해했기 때문이다. 그리고 그것은 사회주의의 전 기간을 통하여 매년 그러했다. 1989년 후에, 마법의 지팡이를 한번 댄 것처럼, 그 문제는 사라졌다. 오늘날 폴란드는 새끼줄의 수출국이다.310

언론인 피오트르 안드르제옙스키(Piotr Andrzejewski)는 1986년에 암시장에 관해 썼다: "크르지시오(Krzysio)는 함부르크에서 1.6마르크

---

309 Korys, 294.
310 Kienzler, *Życie w PRL. I strasznie i śmiesznie*, 136 - 137.

에 산 오렌지들에 100퍼센트 이윤을 낸다. 물론, 우리는 크르지시오를 좋아하지 않을지 모르는데, 그는 악착같이 돈을 긁어모으는 사람이고 불쾌한 사람이다. 그러나 나는 우리 거래의 관료적 기구가 우리 시장에 감귤류를 공급하는 문제를 해결할 수 없다는 사실을 내가 더욱더 싫어한다는 점을 인정해야 한다. 그리고 그 거대한 짐승이 팡파르를 울리며 자기가 폴란드 시장을 감귤류로 넘쳐나게 할 것이라고 선언하고, 그다음 그 과일들 반이 상점들에 도달하기 전에 썩게 할 때, 나는, 노동자-농민 검사가 어디에 있는가? 계속해서 묻는다. 우선 그것은 누구를 다루어야 하나: 크르지시오인가 레몬 추문에 책임 있는 친구인가?"311

오렌지들의 주제에 관해, 생각이 떠오르는 또 하나의 이야기가 있다: 한 폴란드 블로거는 공산주의 폴란드에서 휴일들이 자기에게 오렌지들을 생각하게 한 이유를 설명한다: "그래서 당신은, 공산주의 폴란드에서 휴일들이 왜 나에게 오렌지들을 생각나게 할까요? 라고 물을지 모릅니다, 글쎄요, 휴일들은 사람들이 공산주의 치하에서 감귤류를 사는 유일한 때였습니다. 그것은 아주 중대 사건이어서 국영 TV에서 정기적인 갱신들이 서로 다른 감귤류를 우리 해변들에 운반하는 배들의 위치들을 추적하곤 했습니다."312 마르친 지엘린스키(Marcin Zielenski)는, 심지어 오늘날에도, 자기 할머니가 아직도 자기에게 크리스마스에 오렌지들을 주시는데, 왜냐하면, 사회주의 시대 동안 그녀의 경험들 후에, 그녀가 그것들을 특별히 바람직하고 귀한 어떤 것으로 여기시기 때문이라고 나에게 이야기한다.

---

311 "Pan Krzysio i handel zagraniczny," Wprost Nr. 27/1986, in Karta Centre, "Enterprise the Polish Way," 39.
312 https://foodpolka.com/2013/12/24/the-christmas-tale-of-food-polka-oranges-and-irony/

폴란드에서 공산주의자들은 체제를 개혁하려고 반복적으로 시도하지 않았다고 비난받을 수 없다. 그러나 그 개혁들이 여전히 체제의 범위 안에 있었으므로, 즉, 그들이 사회주의 경제학의 고유한 특징들에 의문을 제기하는 것을 피했으므로, 그들은 실패할 운명이었다. 바르틀로미에이 카민스키(Bartlomiej Kaminski)가 자기의 책 ≪국가 사회주의의 붕괴(The Collapse of State Socialism)≫에서 보여주듯이, 1980년대 개혁들은 몇몇 사례에서는 실제로 경제의 문제들을 증가시켰다.

첫눈에, 1981년에 채택된 개혁들이 매우 급진적이고 멀리까지 미치는 것 같았고, 헝가리와 유고슬라비아에서 개혁들보다 더욱더 그런 것 같았다.[313] 마법의 공식은 SSS—자립(self-dependent), 자율 관리(self-managed), 그리고 자체 자금 조달(self-financed)—이었다. 자율 관리는 결정들이 노동자들에 의해 이루어지도록 공장 수준으로 이동될 것이라는 점을 의미했다. 자체 자금 조달은 회사들이 국가로부터 지원을 덜 받을 것이라는 점과 그것들의 경제 성과와 노동자들과 관리진의 보수 사이에 더 밀접한 연결이 수립될 것이라는 점을 의미했다. 자립은 중앙 정부 계획 당국으로부터 더 큰 독립을 의미했다.[314]

1980년대에 개혁들의 주요 특징 중 하나는, 몇몇 경우에는, 재정적 유인들이 정부 명령들을 대체한다는 점이었다. "도입된 개혁 조치들은 공공 정책 도구들의 혼합이 재정적 도구들을 지지하도록 바꾸었는데, 이것들은 이론적으로는 간접적 통제 도구였다. 문제는 그것들이 오직 직접적 통제 도구로서만 사용될 수 있다는 점이었는데, 왜냐하면 도입된 개혁 조치들이 국가를 경제에서 분리하는 것에 한참 미달했기 때문이다."[315]

---

[313] Kaminski, 51.
[314] Kaminski, 52.
[315] Kaminski, 73.

개혁들은 사회주의를 개선하도록 의도되었지, 그것을 폐지하도록 의도되지 않았다. 생산 수단의 국가 소유, 사회주의의 본질적인 특징은 대개 손대지 않은 채로였다. 진정한 시장 경제를 도입하는 데 꺼림이 있었고, 결국, 더욱더 많은 규제와 불일치에 말려들게 되어, 상황을 더 나쁘게 했지, 더 좋게 하지 않았다. "폴란드의 경제 개혁 실험에 관한 분석으로부터 도출될 수 있는 결론은 비시장 환경에서 시장 조치들의 사용이 최악의 세상을 가져온다는 점이다. 중앙 통제들의 '화폐화(monetization)'는 급성 인플레이션이 결핍들과 공존하는 현상을 낳았다. 경쟁과 시장들의 결여는 국가에 의한 직접적인 미시경제적 개입의 범위를 증가시키는 쪽으로 압박을 낳았다."316

많은 개혁 시도는317 그럼에도 불구하고 좋은 어떤 것을 달성했다: 그것들은 자본주의와 사회주의 사이 "제3의 길(third way)"에 관한 어떤 환상들도 파괴했다. 가빈 라에(Gavin Rae)는 그가 최초 *솔리다르노시치*(Solidarność) 운동이 1990년 이후 집행된 것만큼 급진적인 개혁 프로그램을 승인했었을 것이라고 믿기 어렵다고, 그리고 이것이 "원탁회의(Round Table)"318에서 합의되었던 것과 일치하지 않았다고 쓸 때 옳다. 그러나 라에는 또한 다음을 진술할 때도 옳다: "사회주의 시대 후기에, 연속하는 개혁의 실패는 그 체제가 개혁할 수 없고 과거로부터 깨끗한 정치적 및 사회적 단절이 있을 필요가 있다고 하는 사회에서의 신념을 강화하는 데 도움이 되었다."319

이것은 진정한 개혁가, 레셰크 발체로비치에게 기회를 주었다. 그는 기

---

316 Kaminski, 73.
317 For more details, Korys, 278 이하 참조.
318 Rae, 49, 53.
319 Rae, 54.

존 체제의 틀 안에서 개혁들이 무익할 것이라는 점과 오직 사회주의를 극복하고 자본주의를 도입하는 것만이 개선에 이를 수 있을 것이라는 점을 이해했다—이것에 관해서는 차후에 더 논한다.

사회주의 경제의 기록은 번쩍 정신이 들게 하였다. 1989년에, 폴란드는 유럽에서 가장 가난한 나라 중 하나였다. 평균적인 폴란드인은 한 달에 미화 50달러 미만을 벌었다—이것은 가치에서 독일 연방 공화국 사람들이 벌고 있었던 것의 심지어 10분의 1도 되지 않았다. 심지어 구매력에서 차이들을 고려한다고 할지라도, 1989년에 한 사람의 폴란드인은 한 사람의 서독인 ⅓ 미만을 벌었다.320 그리고 마르친 지엘린스키는 설명한다: 구매력이라는 용어는 폴란드 같은 사회주의 나라에서는 자본주의 경제들에서와 아주 다른 의미를 지니고 있었다. 폴란드에서, 가격표들에서 수치는 매우 낮았을지 모르지만, 그 제품을 사기가 어려웠다. "폴란드인들은 가봉, 우크라이나, 혹은 수리남의 평균 국민보다 더 가난했다. 폴란드의 소득은 심지어 자기의 공산주의 동료 국가들보다도 뒤처졌다: 그것의 1인당 GDP는 체코슬로바키아에서 소득 수준의 그저 반에만 해당했다."321

1988/89년에, 많은 폴란드 상점에서 선반들은 다른 공산주의 나라들에서 선반들보다 더욱더 비어 있었다. 상점들은 종종 단지 빵, 우유 그리고 식초만 갖춰 두고 있었다. 그리고 심지어 가장 기본적인 식료품조차도 오직 쿠폰들과 교환으로만 얻을 수 있었다.322 사회 기반 시설도 역시 가치가 떨어졌다. 전 나라에 걸쳐, 200킬로미터 미만의 대개 낡은, 독일인이 건설한 고속도로가 있었다.323

---

320 Piatkowski, 125.
321 Piatkowski, 126.
322 Piatkowski, 126.

상황이 아주 비참해서 누구도 폴란드가 다음 몇십 년간 경제 기적의 무대가 될 것으로 예상하지 않았다. 전문가들은 헝가리가 앞장설 것을 예상했을 것이고, 아니면 어쩌면 체코슬로바키아, 동독, 혹은 슬로베니아를 예상했을 것이다. 그러나 폴란드? 그것이 출발한 가난한 상태를 고려할 때 아무도 폴란드 성공 이야기를 예측하고 있지 않았다.324

정치적 전환

폴란드의 경제 기적의 상황은 1980년대에 시작한 폴란드의 정치적 전환으로 창출되었다. 사회주의 독재 정권의 종식을 위한 결정적인 추진력은 노동자들에게서 왔다. 폴란드의 전(全) 전후 역사에는 그 나라의 노동자들에 의한 반복되는 파업과 계속 진행 중인 시위가 간간이 끼어드는데, 그것들의 다수는 잔인하게 진압되었다. 예를 들면, 1970년 12월 14일 그단스크(Gdansk) 조선소에서 시작한 파업들이 있었다. 12월 15일 밤에, 파업 노동자들은 탱크들을 가진 군부대들로 포위되었다. 노동자들이 공장을 떠났을 때, 군인들은 그들에게 사격을 개시했고 그 후 구내로 행군했다. 12월 15일에 파업들이 또한 그디니아(Gdynia) 조선소에서도 발발했다. 사망자들과 부상자들이 있었다. "−거리들에서 사건들 동안뿐만 아니라, 이미 구금된 사람들을 향해서도−파업들을 진압하기 위해 파견된 군인들의 잔인성은 충격적이었다. 교도소들과 임시 구치소들에서, 사람들은 구타당해 의식을 잃었고 중상을 입었다."325 나는 그단스크 조선소를 방문했는데, 그것은 지금 두 개의 박물관과 2023년 1월 한 개의

---

323 Piatkowski, 127.
324 Piatkowski, 127.
325 Friszke/Dudek, 326.

기념 명판의 본거지이다. 기념 명판은 그때 죽은 노동자들의 이름들을 열거한다―그들 중 최연소자들은 15, 16 그리고 17살이었다.

파업들과 시위들이 12월 같은 주 동안 또한 많은 다른 도시에서도 일어났고, 그 결과 45명이 목숨을 잃었다. 희생자 중에서, 열두 명은 스무 살 미만이었고 24명은 서른 살 미만이었다. 통틀어, 1,100명이 다쳤는데, 그들 다수는 노동자였다.[326]

대단히 심리적으로 중요했던 것은, 1920년에 바도비체(Wadowice)에서 태어난 폴란드인, 카롤 유제프 보이티와(Karol Józef Wojtyła)(요한 바오로 2세)가, 1978년 10월에, 교황으로 선출되었다는 사실이었다. 폴란드인들은 그 뉴스를 억제할 수 없을 정도로 열광적으로 환영했고, 새 교황은 명백히 자유의 가치들에 편들었다. 수백만의 폴란드인은 그가 1979년 6월에 자기 고국을 방문했을 때 거리들을 따라 죽 늘어서서 그를 환영했다.

1980년 8월은 파업들의 새 파도의 시작을 알렸다. 그단스크의 레닌 조선소(Lenin Shipyard) 노동자들은 더 높은 임금들뿐만 아니라 자유 노동조합의 공식적인 인정도 요구했다. "프롤레타리아 독재 [체제] (dictatorship of the proletariat)"에서 지배 계급으로 생각되었던 노동 계급이 반복해서 나라의 통치자들에게 반항하고 파업들과 시위들로 자기들의 불만을 뒷받침하는 세력이었다는 점은 놀랄 만하다. 공산당 정부는 마침내 근로자들의 요구들에 굴복하고 조합을 공식적으로 인정하지 않을 수 없었다―곧 약 천만 폴란드인이 *솔리다르노시치*에 가입했다. 동시에, 더욱더 많은 당원이 공산당을 탈당했다. 1981년까지는, 350,000명 당원이 PZPR을 떠났었는데, 압도적으로 노동자들이었다.[327]

---

[326] Friszke/Dudek, 329.

소련은 당연히 이 전개를 두려워했는데, 그것이 다른 사회주의 국가들에 강렬한 신호를 보낼 우려가 있음을 보여주었기 때문이다. 폴란드에서는, 사람들은 소련이, 그것이 1953년에 동베를린에서, 1956년에 부다페스트에서, 그리고 1968년에 프라하에서 그랬었듯이, 군사 개입을 개시할지 모른다고 두려워했다. 1981년 12월 13일에, 정부는 폴란드에서 계엄법을 부과했고 인기 있는 노동자 지도자 레흐 바웬사(Lech Walesa)를 투옥했다. *솔리다르노시치*와 전 반대 세력은 지하로 밀려났다.

경제 상황은 계속해서 악화했고, 1980년대 후기에는, 나라는 새 파도의 총파업들로 휩싸였다. 폴란드 정부는 소위 "원탁(Round Table)" 회담에 동의하는 것 외에 선택의 여지가 거의 없었는데, 회담은 1989년 2월에 시작됐다. 이 회담은 PZPR 공산당뿐만 아니라, *솔리다르노시치* 노동조합과 가톨릭교회도 포함했는데, 가톨릭교회는 폴란드에서 그것이 오늘날 그런 것보다 그때 더욱더 강력하고 영향력이 있었다. 원탁 회담의 한 결과는 *솔리다르노시치*의 합법화였다; 또 하나는, 민주주의 나라들에서 자유선거들의 수준까지는 아니지만, 공산주의 국가들에서 치러진 전형적인 가짜 선거들과는 아주 다른 선거들을 치른 것이었다. 자유선거들은 폴란드 의회 세임(Sejim)에서 460석 중 161석에 대해 치러졌다. 이전 선거들에서는, 후보들은 모두 PZPR이나 정권에 충성하는 그 밖의 정당들에서 왔다; 이제, 처음으로 독립적인 후보들이 출마하도록 허용되었다. 덧붙여서, 회담들은 제2원, 상원(Senate)의 재도입을 확보했다. 여기서, 100석 상원에 대한 완전히 자유로운 선거가 보장되었다. 1989년 6월 4일의 세임 선거는 *솔리다르노시치 시민 위원회*(Solidarność Civic Committee)가 첫 번째 회 투표에서 자유롭게 경쟁이 되는 의석들의 절

---

[327] Friszke/Dudek, 417.

대다수를 달성하는 것을 보았다. 두 번째 회 투표 후에, 161명 솔리다르노시치 세임 의원에 덧붙여, 상원에 대한 그 당의 100명 후보 중 99명도 역시 승리했다는 점이 명백했다.

발체로비치와 그의 경제 개혁들

한편, 사회주의 폴란드에서 경제 상황은 희망이 없는 것 같았다. 여당 내 파들조차도 어쩌면 폴란드를 구할 수 있을 유일한 일이 기업가적 자유 증대일 것이라는 점을 지금쯤은 이미 깨달았었다. 그러므로, 1988년 9월 27일에, 1985년 이래 세임의 다양한 위원회에 대한 자문가였던 기업가 미에치수아프 빌첵(Mieczysław Wilczek)이 미에치수아프 라코프스키(Mieczysław Rakowski) 수상에 의해서 산업 장관(*Minister przemysłu*)에 임명되었다. 빌첵은 자기의 장관직을 라코프스키의 임기 끝까지 보유했는데, 그때 그는 1989년 9월 12일 타데우시 시리이칙(Tadeusz Syryjczyk)으로 대체되었다. 1988년에, 빌첵은 자기의 이름을 지니는 법안[기업 활동에 관한 법(*ustawa o działalności gospodarczej*)으로, 또한 빌첵의 법(*Ustawa Wilczka*)으로도 알려져 있다]을 제출했는데, 이것은 폴란드 인민 공화국 마지막 몇 달에 소기업들의 설립을 일으켰다. 쉬운 말로, 그 법률은 모든 폴란드 국민에게 자기들이 원하는 어떤 경제 활동에도 종사하게 허용했다.

집권 공산당이 그러한 법률을 받아들였다는 점은 레닌의 신경제 정책(New Economic Policy; NEP)에 비유된 필사적인 행위였다.[328] 1920년대 초기, 심지어 소비에트 10월 혁명의 지도자조차도 공산주의자들의 급진적인 경제 정책의 계속이 소비에트 권력의 바로 그 기초들을 위

---

[328] Stodolak, 숫자가 매겨지지 않음.

협했을 것이라는 점을 인정하지 않을 수 없었다. 산업 생산은 이미 자기의 1913년 수준의 10분의 1로 떨어졌었고, 사람들은 굶어 죽고 있었다. 대응해서, 레닌은 유턴을 시작했고 신경제 정책을 제안했는데, 이것은 1921년 3월에 제10차 러시아 공산당 대회에서 채택되었다. 레닌은 "우리가 경제 전선에서 매우 심각한 패배를 계속했다,"[329]는 점을 인정했다. 레닌은 유일하게 이용할 수 있는 해결책이 "상당한 정도로—어느 정도인지 우리는 모른다—자본주의로 되돌아가는 것"[330]이라는 점을 깨달을 정도로 아주 영리했다. 이것들은 레닌이 자기의 정책 변화를 공식화하는 데 사용한 바로 그 단어들이다.

소련의 NEP는 이윤 지향 생산, 소비재 생산에서 사적 소유권 그리고 부의 획득을 합법화했다. 그것은 또한 "자연세(natural tax)"의 도입을 통해 농민들을 경제 체제에 흡수하기도 했다. 레닌은 국유 기업들이 자기들의 공장들을 사인들에게 임대하고 재무, 물류, 그리고 기업가 정신을 개인 손에 맡기는 것을 허용했다. 1921년 7월에는, 거래의 자유가 심지어 장인(匠人)과 소규모 공업 기업들에 대해서도 회복되었다.[331]

폴란드에서 빌첵의 법은 더욱더 나아갔다. 예를 들면, 그것은 포함했다:

"제1조: 기업 활동을 시작해서 집행하는 것은, 법적 규정들이 제시하는 조건들을 준수하는 한, 자유롭고 모든 사람에게 평등한 권리로 허용된다.

---

[329] Lenin, "The New Economic Policy and the Tasks of the Political Education Departments" in V. I. Lenin *Collected Works, Vol. 33,* 63.
[330] Lenin, "The New Economic Policy and the Tasks of the Political Education Departments" in V. I. Lenin *Collected Works, Vol. 33,* 64.
[331] Baberowski, *Scorched Earth,* 68.

제2조: (...) 영업을 수행하는 실체는, 이하 '기업체'로 칭하는데, 법률 규정에 따라 설립되는, 개인, 법인 혹은 법인격 없는 조직 단위가 되어야 한다. ...

제4조: 기업체들은, 자기들의 기업 활동의 일환으로서, 법률로 금지되지 않는 행위들과 행동들을 수행해야 한다. ...

제5조: 기업체는 고용 당국의 중개 없이 무한히 많은 고용인을 고용해도 좋다."332

많은 폴란드인은 새 법률을 궁극의 크리스마스 선물로 여겼음에 틀림없는데, 특히 그것이 1988년 12월 23일에 통과되었기 때문이다. 옵티머스(Optimus)의 설립자, 기업가 로만 클루스카(Roman Kluska)는 새 기업을 설립하는 것이 갑자기 얼마나 놀랄 만큼 쉬웠는지 기억한다: "그 당시 회사를 운영하는 방법을 배우기 위해, 몇 개 법령을 읽는 것으로 충분했습니다: 상법, 조세법, 관세법, 그리고 노동법. 나는 그것을 하룻밤 사이에 했습니다. 그 당시 폴란드에는 나 같은 사람들이 수만 명 있었습니다. 그들 각각은 소기업을 설립했고 일에 착수했습니다. 일과 정신력이 중요한 유일한 것들이었습니다. 그때는 아름다운 시절이었습니다. 어떤 사무관도 할 말이 많지 않았습니다. 그리고 조세법은 아주 간단하여, 조사가 있었을 때, 조사관에게 심지어 차 한 잔 권할 필요조차도 없었습니다."333

그 결과는 인상적이었고 그 법은 한 물결의 기업가적 창의를 해방했다.

---

332 *Journal of Laws of the Republic of Poland*, No. 109/2000, Karta Center, "Enterprise the Polish Way," 40에서 인용.

333 Leszek Kostrzewski, Piotr Miaczynski, *20 lat minelo*, Warschau 2009, Karta Center, "Enterprise the Polish Way," 41에서 인용.

폴란드인들은 그렇게 오랫동안 경제적 자유를 기다려 오고 있었고, 이제 그것은 마침내 도달한 것 같았다: "여러 해 동안 억눌렸던 폴란드인들의 기업가 정신은 마침내 해방되었습니다. 폴란드인들은 가판대들을, 이동할 수 있는 접이식 주석 가판대들을 세웠고, 거래하기 시작했습니다. 그들은 '자기들 베개 밑에 감춰둔' 자기들 현금을 꺼내어 기업들을 설립하기 시작했습니다. 12달가량 기간에 약 200만 상사(商社)가 설립되었고 600만 일자리가 창출되었습니다."334

그때까지는, 개인 사업 활동은 종종 불합리한 조건들 아래에서 일어났다. 카르타 기록 보관소의 알리챠는 상기한다: "1988년 중엽에, 한 친구가 나에게 새로 설립된 컴퓨터 회사에 일자리를 제안했는데, 이 회사는 지하 운동 출신인 사람들, 박해받는 전(前) 죄수들, 기타 등등을 돕기를 원했습니다. 그 회사는 싱가포르와 홍콩에서 컴퓨터들을 수입했습니다. 그것은 매우 어려운 과정이었는데, 왜냐하면 컴퓨터들은 오직 사인들에 의해 '개인적인 용도로'만 살 수 있었기 때문입니다. 위험은 컸고, 당신은 실제로 도달할 것으로 당신이 절대 확신할 수 없을 소포를 여러 주 기다려야 했습니다. 그러나 만약 당신이 컴퓨터를 얻으면, 당신은 후에 어떤 다른 사람에게 '그것을 줄' 수 있었습니다. 예를 들면, 숙모는 그 컴퓨터를 자기 조카에게 주곤 했고, 그다음 오직 그만이 우리 회사를 통해서 그 컴퓨터를 팔 수 있었습니다. ... 그것은 미친 짓이었고 당신은 그 불합리한 규제들을 피하기 위해 매우 창의적이어야 했습니다. 그러나 컴퓨터를 팔아 얻는 이윤은 막대했습니다! 내 남편과 나도 역시—'경험 있는' 친구의 도움과 빌린 돈 덕분에—컴퓨터를 한 대 샀습니다."

미에치수아프 빌첵의 개혁들은 사회주의 체제의 틀 안에서 변경을 집

---

334 Stodolak, 숫자가 매겨지지 않음.

행하려는 많은 시도 중 마지막—이미 그 체제 자체를 넘는 경향이 있었던 시도—이었다. 한편, 개혁들은 긍정적 영향을 끼쳤지만, 다른 한편, 마르친 지엘린스키가 언급하듯이, 또한 부정적 측면들도 있었다: "부분적인 해결책으로서, 그것은 경제의 과두제화에 이를 수 있었는데, 그것은 노멘클라투라(nomenklatura)(고위 관료들)가 자기들의 사회적 지위로부터 경제적 이익들을 얻게 허용했기 때문이다. 예를 들면, 많은 민간 회사는 국유 기업들을 관리하는 노멘클라투라 구성원들에 의해 설립되었는데, 그들은 기업 소유주로서 그것들과 협력했다. 유인은 민간 회사들에는 이윤을 벌게 하고 국유 기업들에는 손실을 보게 하여 결국 그것들을 파산으로 이끌어 인수를 가능하게 하는 것이었다."

언급되었듯이, 폴란드에서 더욱더 많은 사람은 계획 경제가 작동하고 있지 않다는 점을 깨닫고 있었다. 많은 경제학자는 심지어 그 체제를 극복하는 방법에 관해 생각하기 시작하기도 했다. 그들 중 한 사람은 레셰크 발체로비치(Leszek Balcerowicz)였는데, 그는 후에 폴란드 경제의 방향을 바꾸는 데 주요 역할을 할 것이다. 발체로비치는 1947년 리프노(Lipno)에서 태어났고, "아마도 사회주의 나라들에서 가장 개방적인 경제학 대학 학부일"335, 바르샤바에 있는 계획 및 통계 중앙 대학(Central School of Planning and Statistics)에서 해외 무역을 공부했다. 그는 1975년에 자기 박사 학위를 받았다—그의 박사 학위 논문은 기술 변화에 관한 서양 문헌의 광범위한 연구에 기초하였다. 1960년대 후기에, 그는 폴란드 통일 노동자당(Polish United Workers' Party)(PZPR)에 가입했는데, 왜냐하면 그는 변화를 가져올 유일한 방식이 당

---

335 Balcerowicz, "Stabilization and Reforms under extraordinary and normal Politics" in *The Great Rebirth*, 19.

내에서부터라고 생각했기 때문이다. 그 당시에는, 일당 사회주의 체제가, 평화로운 종식은 말할 것도 없고, 어떤 종식에도 도달할 것이라고 결코 거의 누구도 믿지 않았다.

발체로비치는 1970년대에 미국으로 갈 장학금을 받았고, 거기서 그는 경영학 석사 학위를 취득했는데, 그 당시 정치적 상황에서 폴란드인에게는 이례적인 업적이었다. 솔리다르노시치가 형성되고 있었으므로, 그는 경제 개혁을 위한 계획들을 입안할 팀을 설립했다. 다른 개혁가들처럼, 그는 사회주의 체제의 틀 안에서 더 많은 시장 경제와 경쟁에 이를 생각들로 시작했지만, 그는 계획 경제의 좁은 코르셋 안에서는 어떤 진정한 변화들도 가능하지 않다는 점을 곧 깨달았다. "나는 오스카 랑게 등이 대변하는 '사회주의 쪽(socialist side)'의 순진함과 루트비히 폰 미제스와 프리드리히 하이에크가 대변하는 '반사회주의(antisocialist)' 진영의 합리성으로 충격을 받았습니다. 나는 사회주의의 효과적인 개혁이 자본주의로의 복귀를 수반한다는 폰 미제스의 역설적인 예측을 완전히 공유했습니다."[336]

발체로비치는 경제 성공 이야기들—타이완, 한국, 그리고 루트비히 에르하르트의 독일 경제 개혁들—을 연구했고, 그것들을 사회주의 체제들 안에서 개혁들을 집행하려는 무익한 시도들과 나란히 놓았다. 1989년 봄에, 그는 폴란드에서 개혁들의 필요에 관해 한 논문을 썼는데, 여기서 그는 급속한 자유화들에 찬성론을 주장했다. 그 당시, 그는 몇 달 후 자기가 폴란드 경제를 개혁할 책임을 질 것이라는 점을 몰랐다. 그는 정치에 들어가기를 결코 계획조차 하지 않았다.

---

[336] Balcerowicz, "Stabilization and Reforms under extraordinary and normal Politics" in *The Great Rebirth*, 20.

그러나 *솔리다르노시치*의 압도적 승리로 끝난 1989년 6월 선거들은 —그 자신의 삶을 포함해서—모든 것을 바꾸었다. 1989년 8월 말에, 새 폴란드 수상 타데우시 마조비에키(Tadeusz Mazowiecki)는 발체로비치에게 자기의 루트비히 에르하르트(Ludwig Erhard)가 되어 달라고 요청했다(루트비히 에르하르트는 제2차 세계 대전 후 서독에서 시장 경제를 도입했었다). 1989년부터 1991년까지, 발체로비치는 마조비에키와 그의 후계자 잔 크르지슈토프 비엘레키(Jan Krzysztof Bielecki) 치하 첫 비공산주의 정부들에서 부수상과 재무 장관으로 복무했다.

폴란드 초기 거시경제 상황은 특별히 어려웠다—많은 다른 사회주의 나라에서보다 더 어려웠다. 모든 사회주의 계획 경제가 고통받는 일반적인 문제들에 덧붙여서, 폴란드는 걷잡을 수 없는 인플레이션과 산더미 같은 부채에 사로잡혔다. 서양 채권국들에 대한 그것의 부채 부담은 점점 더 커졌었고, 1984년까지는, 폴란드는 세계에서 세 번째로 가장 큰 채무국이었다.[337] (주로 자본주의 나라들에 대한) 폴란드의 총외채는 1971년에 미화 11억 달러에서 1989년에 미화 400억 달러로, 어떤 다른 사회주의 나라에서보다 더 많이 부풀었다.[338] 1989년에, 연율로 계산한 인플레이션은 폴란드에서 640퍼센트였는데, 헝가리에서 18.9퍼센트, 불가리아에서 10퍼센트, 각각, 체코슬로바키아와 루마니아에서 1.5와 0.6퍼센트만큼 낮은 것과 비교되었다.[339]

첫눈에, 긍정적인 것 같을지 모르는 또 하나의 초기 상태는 실제로 매우 부정적인 측면을 지니고 있었다. 앞에서 언급했듯이, 그리고 다른 사회주의 나라들과 대조적으로, 폴란드에서 대규모 농업 집산화 시도는 농

---

[337] Rae, 48.
[338] Piatkowski, 93.
[339] Balcerowicz, *Socialism, Capitalism, Transformation*, 315, Table 16.1.

민 저항이 너무 강력한 것으로 드러났을 때 좌절되었다: "그러나 270만 개인 농장의 평균 규모는 그저 7.2헥타르만이었고, 농장들의 30퍼센트는 2헥타르 미만을 가지고 있었다."[340] 대조적으로: 독일 연방 공화국에서는, 단일 농민이 경작하는 면적은 1950년과 1989년 사이 2.9헥타르에서 12.5헥타르로 증가했었다. 농토의 극단적인 단편화는 폴란드에서 부정적 초기 상황 중 하나였다.

그리고 이것들은 모두 그저 폴란드에 특유한, 그 나라에서 상황을 특별히 어렵게 만든, 요인일 뿐이었다. 물론, 더 중요한 것은 모든 계획 경제 체제가 수반하는 바로 그 문제들이었다: 가격들이 국가에 의해 정해지기 때문에 실질 가격들의 결여, 경쟁의 결여, 이윤에 대해서가 아니라 계획으로 정해진 생산 목표들에 대한 집중―이 모든 것은 루트비히 폰 미제스가 1922년만큼 일찍 자기 책 ≪사회주의: 경제학적 및 사회학적 분석(Socialism: An Economic and Sociological Analysis)≫에서 사회주의가 작동할 수 없는 이유로서 식별한 요인이었다.

아마도 발체로비치의 핵심 통찰력, 그리고 그의 개혁 프로그램의 성공 이유는 누진적인 일련의 사소한 개혁이 이 문제들의 어느 것도 해결하지 못할 것이라는 점이었다. 상황을 바꿀 유일한 길은 경제의 모든 부문에서 급속하고, 포괄적이며, 급진적인 개혁들을 통하는 것이다. 경제학자로서는 다소 이례적으로, 발체로비치는 또한 훌륭한 정치적 직관도 지니고 있었는데, 그것은 그에게 말했다: 그러한 난처한 개혁 상황에서는 오직 매우 짧은 기회 창(window of opportunity)만 있다. 당신이 결정적이고 급속한 개혁 조치들을 집행하는 데 이 기회 창을 사용하든지, 아니면 당신이 주저해서, 필요한 조치들을 집행하는 것이 어렵거나 심지어 불가능

---

[340] Balcerowicz, *Socialism, Capitalism, Transformation*, 316.

하게도 되거나 둘 중 하나다.

"폴란드 경제 개혁들 성공의 주요 이유는," 발체로비치는 설명했다, "자유 경제 체제와 거시경제 안정의 기초가 수립되었을 때, 그것의 초기 단계의 큰 속도인 것 같습니다. 시장 지향 개혁들의 지지자들이 그것들을 *기정사실*로서 옹호하는 것이 1991년 10월의 선거들 후 의회에서 강력한 대중 영합주의 야당에 직면하여 개혁들을 점진적으로 수립하는 것이 쉬웠을 것보다 더 쉬웠습니다."341

발체로비치의 전략은 무엇이었고 그는 그것을 어떻게 집행했는가? 단기에서, 그것은 분별 있는 화폐 정책을 도입함으로써 인플레이션을 억제하는 문제였다. 덧붙여서, 외채의 문제도 채권자들과의 협상들을 통해 역점을 두어 다루어야 했다. 그러나 채권자들은 오직 폴란드가 시장 경제 개혁들을 집행할 것이라는 점을 자기들이 보는 경우에만 부채를 감소할 것이 예상될 수 있었다. 그것은 발체로비치가 어쨌든 하려고 의도하고 있었던 것이지만, 이제 그는 그 나라의 외국 채권자들을 가리킴으로써 그렇게 할 추가적인 찬성론을 가졌다.

동시에, 그는 가격들의 급진적인 자유화가 단기에 재화들의 공급을 증진할 것과, 이것 덕분에 사람들이 개혁들이 어떻게 자기들의 일상생활을 증진하고 있는지 알아차릴 수 있을 것을 희망했다.

발체로비치는 또한, 독립적인 중앙은행과 증권 거래소 같은, 자본주의 경제의 기능에 그렇게 핵심 역할을 하는 제도들을 창설하는 과제를 스스로 맡았다. 덧붙여서, 그의 개혁 프로그램은 국유 기업들의 민영화와 수출입 통제들의 도입을 요구했다.

그 장관은 자기 계획을 정성 들여 만들었고, 이것은 곧 발체로비치 계획

---

341 Balcerowicz, *Socialism, Capitalism, Transformation*, 307.

(Balcerowicz Plan)으로 이름이 붙여졌다. 그것은 1989년 말과 1990년 2월 사이 정부에 의해 채택되었고, 그다음 1990년 7월에 폴란드 의회에 의해 승인되었다. 보험법, 파산법, 그리고 조세 개혁을 포함하는 다른 개혁들이 뒤따랐다.

개혁들은 대성공작이었다. 인플레이션은 현저하게 감소했다: 1989년 마지막 다섯 달 동안 연율로 계산한 소비자 물가 지수는 약 3,000퍼센트였다. 1990년에 (연말) CPI(소비자 물가 지수) 인플레이션은 249퍼센트였고, 1991년에는 60.4퍼센트, 1992년에는 44.3퍼센트 그리고 1993년에는 37.6퍼센트였다.[342] 볼 수 있듯이, 인플레이션은, 비록 그것이 여전히 높았을지라도, 크게 줄어들었다. 발체로비치는 이 숫자들에 관해 말할 다음을 가지고 있었다: "인플레이션 수준이 명백히 여전히 너무 높지만, 누구든 폴란드의 디스인플레이션(disinflation; 인플레이션의 완화)을 고(高)인플레이션 라틴아메리카 나라들에서의 그것들과 비교해야 합니다. 칠레와 멕시코에서는 세 자릿수 인플레이션을 15와 20퍼센트 사이로 줄이는 데 대충 7년이 걸렸습니다. 폴란드에서 디스인플레이션이 상대 가격들이 근본적으로 바뀌는 동안에 일어났다는 점과 이것이 몇몇 주요 가격, 특히 에너지 가격에서 막대한 상승을 요구했다는 점이 강조되어야 합니다."[343]

발체로비치 경제 개혁들의 하나의 중요한 결과는 폴란드가 더 많고 더 좋은 제품으로 범람한다는 점이었다. 심지어 그 나라 전환의 많은 측면에 비판적인 가빈 라에(예를 들어, 그는 "국민 기업들을 외국 자본에 싸게 팔아 치운다,"고 말한다)조차도 인정한다: "... 상점들이 사회주의 동안 흔히

---

[342] Balcerowicz, *Socialism, Capitalism, Transformation*, 323–324.
[343] Balcerowicz, *Socialism, Capitalism, Transformation*, 324.

이용할 수 있었던 것들보다 보통 훨씬 더 우수한 품질의 재화들로 가득 차 있다. 부족의 경제는 파괴되었고 점차 고품질 제품들의 이용 가능성이 서양에서 그것의 수준에 도달했다."344

이것은 사람들의 일상생활에 주요 영향을 끼쳤다. 그리고 이것은 특히 중요했는데, 왜냐하면 급진적인 개혁들은 항상 몇몇 단기 부정적 영향에 이르고, 이것이 사람들의 인내심을 시험할 것이기 때문이다. 그러므로 폴란드인 다수가 또한 개혁들의 빠른 긍정적인 영향들도 경험했다는 점은 더욱더 중요했다.

모든 이전 사회주의 국가에서 경제 개혁들의 예측할 수 있는 부정적 결과는 GDP가 성장으로 돌아오기 전에 몇 년간 급락한다는 점이었다. 폴란드에서 하락은 1990년에 11.6퍼센트였고 1991년에 7.6퍼센트였다. 그러나 그다음 폴란드의 GDP는 1992년에 1.5퍼센트만큼 그리고 1993년에 4퍼센트만큼 상승했다.345

대체로, "경제적 충격 요법(economic shock therapy)"의 비판자인 가빈 라에조차도 자기 책 ≪폴란드의 자본주의로의 복귀(Poland's Return to Capitalism)≫에서 인정할 수밖에 없었다: "그것의 심각성에도 불구하고, GDP의 하락은 CEE(중동부 유럽; Central and Eastern Europe)에서 많은 다른 나라와 비교하여 상대적으로 가벼웠다. 폴란드 전환의 또 하나의 측면은 성장이 어떤 다른 CEE 경제에서보다 더 빨리 돌아온다는 점이었다. …"346

이 자료를 해석할 때, 사회주의하 GDP 수준들이 낭비적인 투자와 대규모 군사 지출 때문에 크게 부풀려졌다는 점을 기억하는 것이 중요하다. 사

---

344 Rae, 56.
345 Balcerowicz, *Socialism, Capitalism, Transformation*, 325, Table 16.2.
346 Rae, 61.

실상 [전환 후] 폴란드의 경제 성과는 공식적인 통계보다 더 좋았는데, 후자는, 예를 들면, (상당한 비율이 비공식적인 "회색(gray)" 경제에 돌려질 수 있을)347 민간 부문의 급속한 성장을 포착하지 못했다.

똑같은 것이 또한 실업률들에 대해서도 사실인데, 후자는 0에서 1991년에 12퍼센트로 그리고 그다음 1992년에 다시 14퍼센트로 올랐다가, 그 후 다음 몇 년간 그 수준에 머물렀다.348 어떤 사회주의 나라에서도 공식적인 수치들은 부정적인 그림을 그리도록 허용되지 않았다: 실업도, 빈곤도, 중대 범죄도 혹은 환경 저하도 있을 수 없었다. 사람들은 설사 그들이 어떤 진정으로 의미 있는 경제 활동에 종사하지 않을지라도 통계적으로 취업으로 계산되었다. 예를 들어, GDR(동독)에 관해, 경제 조사 연구소(Institute for Economic Research)(ifo)[**I**nformation and **Fo**rschung(조사)의 두문자어(頭文字語)]는 인구의 15퍼센트, 즉 140만 명이 실제로 일자리가 없다고 계산했다-설사 이것이 서류상으로는 다르게 보인다고 할지라도349 그리고 모든 사람이 기술적으로 어떤 연합체, 공장, 상점, 정부 사무소, 혹은 심지어 성직이나 그 밖의 기관에 일자리를 가지고 있다고 할지라도. 전문가들은 이것을 위장 실업(hidden unemployment)이라고 부른다.

폴란드에서, 이 위장 실업의 정도는 더욱더 컸다. 추정치들은, 1980년대에, 위장 실업이 총노동력의 상당한 비율을 포함한다는 점을 보여주었다. 가장 높은 실업은 1981년과 1982년에 기록되었다. 일반 경제에서, 그

---

347 Balcerowicz, *Socialism, Capitalism, Transformation*, 323.
348 Piatkowski, 169, 장기 실업에 대해서는, Rae, 64, Table 3.5 참조.
349 https://www.news.de/wirtschaft/834923025/wirtschaft-im-sozialismus-wie-die-ddr-arbeitslose-versteckte/1/#:~:text=Experten%20sprechen%20dabei%20von%20verdeckter,auf%20dem%20Papier%20anders%20aussah

것은 약 29퍼센트에 달했고, 폴란드 공업에서는 38퍼센트만큼이나 달했다. 다른 해들에서는, 그것은 일반 경제에서 20과 25퍼센트 사이를 왔다 갔다 했고 공업에서는 30과 35퍼센트 사이를 왔다 갔다 했다.[350]

정확한 수치들은 추정하기 힘들지만, 위장 실업은 20에서 30퍼센트만큼이나 높았을지 모른다.[351] 공산주의자들은 그들이 실업을 숨기는 데 사용하는 방법들에서 매우 창의적이었다-한 논문은 약 600만 실업을 숨기는 데 얼마나 조작된 묘사들과 통계들이 사용되었는지 상술한다.[352]

이보나 키엔즐러는 자기의 책 ≪폴란드 인민 공화국에서의 생활. 무섭기도 하고 웃기기도 하고≫에서 보고한다: 국가는 주요 고용주였다. 그것이 노동에 독점을 지니고 있었지만, 그것은 또한 모든 국민에게 일자리를 제공할 의무도 지니고 있었다. 게다가, 모든 사람에 대한 일자리가 1952년 헌법으로 보장되었는데, 이것은 국가에 모든 사람에게 일자리와 임금을 제공할 의무를 지웠다. 결과적으로 역설이 나타났다-일의 요점은 ... 직장에 가는 것이었다. 플랜트들과 공장들은 주로 일자리들을 낳았는데, 그것들에서 만들어진 재화들이 절대적으로 아무런 쓸모가 없었기 때문이다. 전 상황은 인기 있는 농담으로 완전히 포착되었다:

-감독님, 나와 요제프는 근무 시간 중 마시기와 담배 피우기를 그만두기

---

[350] http://www.repozytorium.uni.wroc.pl/Content/34836/PDF/009.pdf

[351] https://bazhum.muzhp.pl/media/files/Annales_Universitatis_Mariae_Curie_Sklodowska_Sectio_H_Oeconomia/Annales_Universitatis_Mariae_Sklodowska_Sectio_H_Oeconomia-r1997-t31/Annales_Universitatis_Mariae_Curie_Sklodowska_Sectio_H_Oeconomia-r1997-t31-s1-14/Annales_Universitatis_Mariae_Curie_Sklodowska_Sectio_H_Oeconomia-r1997-t31-s1-14.pdf)

[352] Jarosz-Nojszewska, Anna. "Unemployment in Poland in 1918–2018," in *Kwartalnik Kolegium Ekonomiczno-Społecznego Studia i Prace* 3 (35) (2018): 102-120.

로 결정했습니다.

―그래, 좋지. 그러나 자네들은 그때 무얼 하려고?353

심지어 공산주의 지도자들조차도 그 나라에 존재하지 않는 것으로 생각되는 실업에 관해 서로 농담을 주고받았다. 1987년 4월에, 야루젤스키 장군은 소련 대통령 고르바초프를 만났고 그에게 폴란드의 문제들이 부분적으로 완전 고용의 허구로 인해 일어난다고 말했다. 그는 이것을 농담으로 예를 들어 설명했다: "두 친구가 같은 외바퀴 손수레를 밀고 있습니다. 어떤 사람이 그들에게 묻습니다: '왜 당신 둘이나 그것을 하고 있습니까?' 그들이 답합니다: '왜냐하면 세 번째 친구가 병가 중이거든요.'"354

사회주의의 종식 후에, 위장 실업은 공식적 실업이 되었다. 세계 시장들에 도무지 충분히 경쟁적이지 못하고 국가 보조금들 덕분에 파산될 수 없었던 국유 기업들에서 일하는 사람들이 이제 자기들의 일자리를 잃을 것이라는 점과 자기들의 위장 실업이 공식적인 실업 수치들에 보태질 것이라는 점이 불가피하였다. 국유 기업들은 줄어들었다. 그러나 동시에 수많은 새 기업이 창설되었다.

1990년과 1993년 사이, 백만 이상의 새로운 사기업이 폴란드에서 설립되었다.355 대규모 국유 기업들의 민영화가 최대한 빨리 진행되지는 않았지만, 다수의 이런 기업은 "자산들을 민간 부문에 판매하거나 임대함으로써 급격한 규모 축소를 겪었는데, 이것은 그 민간 부문의 발전에 이바지했다."356 이것은 막대한 민간 부문 고용 증가로 이어졌다. 농업과 협동조합

---

353 Iwona Kienzler, *Życie w PRL. I strasznie i śmiesznie*, 244.
354 Lewis, *Hammer and Tickle*, 291.
355 Balcerowicz, *Socialism, Capitalism, Transformation*, 328.
356 Balcerowicz, *Socialism, Capitalism, Transformation*, 328.

들을 제외하고, 민간 부문의 몫은 1989년에 총노동력의 13.2퍼센트에서 1992년에 34.4퍼센트로 증가하였다: "만약 우리가 농업과 협동조합들을 포함하면, 민간 부문에서 고용 몫은 1992년 말에 고용의 약 60퍼센트와 GDP의 약 50퍼센트로 뛰어오른다."357

이전에 고용인이나 공무원으로 일했었던 보통 사람들은 자기들 자신의 기업을 설립했거나 자영업자가 되었다: 잡지 ≪여성과 생활(Kobieta I Zycie)≫에의 편지에서 야로슬라프 B.(Jaroslaw B.)는 썼다: "나는 폴란드의 수도에서 중앙 기관 중 하나에서 보통의 일반 서기였습니다. 나는 책상에 앉아 있었고, 서류들을 오른쪽에서 왼쪽으로 놓고 있었으며, 아무 것도 달성하지 않은 긴 회의들에 참가하고 있었고, 때때로 나는 나를 극히 자랑스럽게 한 적은 임금 인상을 받았으며, -마흔 넘은 사람으로서- 나는 연금을 갈망하기 시작했습니다. 나의 사무소를 해체하는 결정이 이루어졌을 때, 나는 그것이 세상의 종말이라는 점을 확신했습니다. ... 우연히, 나는 바르샤바에서 15호선 전차에서 실업 전문대학(technical college) 출신 내 옛 친구와 마주쳤습니다. 비투스(Witus)는 최신 유행의 옷을 입고 있었고, 자기가 방금 차고에 자기 볼보(Volvo)를 놔두어서 그러한 혼잡한 전차에 비집고 타지 않을 수 없었던 점을 불평하는 것으로 대화를 시작했습니다. 자연적으로, 나는 나의 이전 교우가 어떻게 생계를 꾸리고 있는지에 관심을 보였습니다. 그리고 그는 자기 지식으로부터 생계를 꾸리고 있었습니다. 그는 우리가 경제 전문가 기술자(economist technicians)라는 점과 나도 역시 사회학 대학(sociological college)을 졸업했다는 점을 나에게 상기시켜 주었습니다. ... 나는 매우 느리게, 신중하게, 겁을 잔뜩 집어먹고 시작했지만, 하여간, 한 걸음 한 걸음, 모든 것은 내가 희망하는 대

---

357 Balcerowicz, *Socialism, Capitalism, Transformation*, 329.

로 전개되었습니다. 나는 내 침대 밑에서부터 내 경제 책을 꺼냈고, 나의 이전 중앙 국가 사무소에서 두 부기 계원을 고용했는데, 나 자신을 위해 일하는 것이 아주 매력적이라는 점이 드러났습니다."358

아이들을 포함한, 많은 사람은 새로운 자본주의 정신에 정신을 빼앗겼고 돈을 벌기를 원했다. 마치에이 두신스키(Maciej Duszynski)는 1993년에 ≪현금(Cash)≫ 잡지에의 편지에서 썼다: "제 이름은 마치에이 두신스키이고 저는 열 살입니다. 저의 아빠는 ≪현금≫의 독자이신데, 그것은 제가 그것을 우연히 발견한 방법입니다. 저는, 우리에게 경제학과 자본주의를 가르치고 우리에게 정직하게 돈을 버는 방법을 말해 주는, 아이들을 위한 이 같은 잡지가 있었으면 좋겠다고 생각합니다."359

민간 부문의 성장은 대규모 국유 기업들에 대한 경제의 불건전한 집중에서 감소로 이어졌다. 51명과 100명 사이 고용인을 가진 공업 기업들에서 고용인들의 수는 1989년과 1991년 사이 202퍼센트만큼 증가했지만, 5,000명 이상 고용인을 가진 기업들에서 일하는 고용인들의 수는 35.6퍼센트만큼 감소했다.360

폴란드는 또한 외국인 투자자들에게도 갑자기 매력적으로 되었다. 1989년에, 외국 회사들은 빈약한 미화 6,000만 달러를 폴란드에 투자했다; 1993년까지, 이 수치는 미화 15억 달러로 상승했었다.361 가빈 라에는 이것을 외국인들에게 매각한 것으로 공공연히 비난하지만, 이것은 터무니없는데, 외국인 투자들이 민영화들과 그저 아주 드물게만 관련되었기

---

358 *Kobieta i zycie* Nr. 42/1990에서, Karta Center, "Enterprise the Polish Way," 46에서 인용.
359 *Cash* No 22/1993, Karta Center, "Enterprise the Polish Way," 78에서 인용.
360 Balcerowicz, *Socialism, Capitalism, Transformation*, 329.
361 Balcerowicz, *Socialism, Capitalism, Transformation*, 333.

때문이다. 1990년대에 외국인 투자들의 80퍼센트 이상은 민영화들과 전혀 관련이 없었다. 사실상, 외국인 투자들은 폴란드가 세계 경제로 통합된 것의 중요한 측면이었는데, 이것은 폴란드인들의 일상생활에 매우 빠르고 긍정적인 영향을 끼쳤다. 예를 들면, 육체노동과 사무직 가구들에서 스테레오라디오 소유권은 1989년과 1992년 사이 22.6퍼센트에서 40.8퍼센트로 증가했고 컬러텔레비전 소유권은 50.7퍼센트에서 91.4퍼센트로 급등했다. 1989년에, 이 가구 중에서 5퍼센트 미만이 비디오카세트 녹화기(video cassette recorder; VCR)를 소유했다; 1992년까지는, 반 이상이 소유했다. 세탁기, 냉동고 혹은 자동차를 가진 육체노동과 사무직 근로자들의 비율도 역시 각 경우 1989년부터 1992년까지 적어도 10퍼센트 포인트만큼 증가했다.

연금 생활자 가구들 사이에서 증가는 더욱더 컸다: 1989년에는, 퇴직자들의 그저 5.4퍼센트만이 스테레오라디오를 소유했다; 1992년까지는, 이 수치는 13.4퍼센트로 상승했었다. VCR을 소유한 비율은 0.7에서 13.5퍼센트로 상승했다. 그리고 1989년에는 농민들의 그저 30.4퍼센트만이 자기들 자신의 자동차를 소유했지만, 1992년까지는 그 수치는 41.7퍼센트였다. 퇴직자 가구들 사이에서는, 자동차를 소유한 비율은 그 짧은 시간에 9.2퍼센트에서 15퍼센트로 상승했다.[362]

단기 성공들보다 더욱더 놀랄 만한 것은 폴란드 경제 개혁들의 장기 효과들이었다. 2017년에, 경제학자 마르친 피아트코프스키(Marcin Piatkowski)는 ≪유럽의 성장 챔피언(Europe's Growth Champion)≫이라는 책을 출판했는데, 거기서 그는 [개혁] 25년 후에 검토한다: "그렇지만, 25년 후에

---

[362] 모든 자료는 Balcerowicz, *Socialism, Capitalism, Transformation*, Table 16.3, 334에서 가져왔다.

무적의 전환 지도자이자 유럽의 그리고 세계의 성장 챔피언이 된 것은 폴란드이다. 1989년 공산주의 후 전환의 시작 이래로, 폴란드의 경제는 어떤 다른 유럽 나라보다 더 많이 성장했다. 폴란드의 1인당 GDP는 거의 2.5배 증가하여, 유로화 지역뿐만 아니라 모든 다른 공산주의 후 국가도 능가했다." 363

세계은행 자료에 따르면, 1989년에 1인당 GDP는 미국의 해당 수치의 30.1퍼센트였고 2016년까지는 미국 수준의 48.4퍼센트로 올랐었다.364 그러한 이득들은 국민의 삶에서 느껴졌다. 폴란드 사람들의 소득은, 구매력에 대해 조정되었을 때, 1990년에 약 10,300 미국 달러에서 2017년에 거의 27,000 미국 달러로 증가하였다.365 EU 15개국과 비교했을 때, 폴란드 사람들의 소득은 1989년에는 ⅓ 미만이었지만, 2015년에는 거의 ⅔로 상승했었다.

비록 동독이 서독으로부터 보조금으로 수십억을 받았을지라도, 폴란드인들의 소득은—상대적으로—동독인들의 그것보다 더 많이 향상했다.366 폴란드의 성장도 역시 세계적으로 놀랄 만했다—그 나라의 경제는 한국, 싱가포르 그리고 말레이시아의 고성장 아시아 나라들보다 그럭저럭 더 빠르게 성장했다.367 "폴란드는 경제 성장의 지속에서 거의 세계를 능가한다: 그것은 1992년부터 2017년까지, 잇달아 25년간 그침 없이 성장했고, 한국, 싱가포르, 그리고 일본의 역사적 기록을 능가한다."368 그다음, 불행하게도, 코로나 위기가 나타났고 불황에 이르렀는데, 그것이 거의 모

---

363 Piatkowski, 127.
364 Gomulka, 숫자가 매겨지지 않음.
365 Piatkowski, 114–115.
366 Piatkowski, 128.
367 Piatkowski, 130.
368 Piatkowski, 131.

든 나라에 그랬던 것과 같다.

반자본주의자들은 부자들이 가난한 사람들보다 경제 성장에서 더 많이 이익을 얻는다고 불평한다. 만약 우리가 1989년과 2016년에서 폴란드인들의 소득을 비교한다면, 우리는 폴란드인들의 가장 부유한 10퍼센트의 소득이 135퍼센트만큼 증가했지만, 평균 소득이 "그저(just)" 100퍼센트만큼만 증가했고 인구의 가장 가난한 10퍼센트의 소득이 40퍼센트만큼 증가했다는 점을 정말 볼 수 있다.[369] 불평등의 쟁점에 주로 관심 있는 누구든 그러한 사태 진전을 비판할 것이지만, 빈곤을 근절하는 쟁점에 주로 관심 있는 누구든, 가장 중요하게, 인구의 모든 부문이 이익을 얻었다는 점을 알아차릴 것이다.

더 중요하게, 20년 전의 가난한 사람들이 절대로 오늘날 가난한 바로 그 사람들이 아니다. 빈곤에 관한 한, 분석들은 소득과 인구 범주들이 항상 똑같은 현실 세계 사람들을 가리킨다고 종종 잘못 가정한다. 그리고 이것은 가장 중요한 것, 즉 사람이 무슨 향상 기회들을 누리는지에 관한 질문을 전적으로 간과한다. 그리고 폴란드에서 사회적 이동성은 매우 높다. "2011-2015년 동안 수행된 30,000명 이상 응답자에 관한 일련의 대규모 사회학적 설문 조사는 40퍼센트 이상 가구가 하위 20퍼센트 가구로부터 더 높은 집단 수준들로 이동하고, 40퍼센트 가구가 상위 20퍼센트에서 더 낮은 소득 수준들로 하향 이동한다는 점을 발견했다."[370]

그러니까 더 낮은 소득 수준으로 하향 이동하는 것이 반드시 절대 소득에서 감소와 같은 뜻이 될 필요가 없다. 그래서, 상대적인 면에서 가난한 것으로 분류되는 누구든 결코 여전히 가난할 필요가 없고, 물론, 반대도

---

[369] Piatkowski, 139.
[370] Piatkowski, 146.

또한 사실이다: 부자들이 여전히 부유하다는 보장이 없다. 그것은 진정한 시장 경제의 본질이다 – 그리고 그것은 폴란드에서도 똑같이 사실이었다.

그리고 극적으로 개선된 것은 결코 단지 생활 수준만이 아니었고, 환경 상황도 개선되었다. 반자본주의자들은 환경 파괴에 대해 사적 자본주의 회사들의 이윤 추구를 비난한다. 그러나 사실상, 환경 파괴는 사회주의 나라들에서 훨씬 더 나빴다.

폴란드에서 수질 및 대기 오염 수준은 사회주의의 종식 후에 빠르게 감소했다. 그리고 이것은 주로 GDP 감소의 결과가 아니었는데, 왜냐하면 대기 및 수질 오염에서 감소가 몇 배 더 높았기 때문이다. "1992년에 강들에 공급된 폐수의 양은 1989년에서보다 40퍼센트 더 낮았다; 액체 오염 물질들의 그것은 50퍼센트만큼 감소했고, 기체 오염 물질들의 배출은 40퍼센트만큼 감소했다."[371]

대기질도 역시 현저하게 개선되었다. 1990년부터 2019년까지, 폴란드에서 대기 오염에 돌릴 수 있는 사망자들의 수는, 51,800명의 최고점에서 31,100명으로, 현저하게 감소했다.[372]

피아트코프스키가 지적하듯이: "1980년에, 한 단위의 산출물을 생산하는 데 필요한 에너지와 그것에 해당하는 오염의 양은 서유럽에서보다 CEE(중동부 유럽)에서 거의 여덟 배 더 높았다. 폴란드의 공업화된 실레지아(Silesia) 지역에서, 공기 중 벤조피렌 농도는 서유럽에서보다 열 배 더 높아서, 호흡기 질환들과 조기 사망에 이르렀다. [자본주의로의] 전환은 환경을 구했다. 폴란드에서 그리고 그것의 지역적 동료들 사이에서 에너지 강도, 즉 GDP에 대한 에너지 소비의 비율은 세계적으로 선례가 없

---

[371] Balcerowicz, *Socialism, Capitalism, Transformation*, 333.
[372] https://www.statista.com/statistics/827777/air-pollution-deaths-poland/

는 속도로 감소했는데, 1990년에 달러당 12,910Btu(영국 열량 단위; British thermal unit)에서 2011년에 그저 6,000Btu만으로 감소했고, 이것은 독일에서보다 그저 20퍼센트만 더 높았다."373

폴란드에서 진전은 다른 선진 자본주의 나라들에서와 똑같다: CO_2 배출물들에서 분리된 성장인데, 이것은 기후 변화의 쟁점에 아주 결정적이다. CO_2 배출물들은 1960년대와 1970년대에 급격하게 상승했다. "다양한 경제 실패에 기인하는 작은 하락에도 불구하고, 그 수준은 1980년대 후기에 여전히 1인당 11미터톤을 초과했다. 전환은 이 그림을 현저하게 바꾸었고 십 년 미만에 배출물들은 1인당 약 8미터톤에 도달했다. 또한, 꾸준히 증가하는 GDP당 점점 더 적은 킬로그램의 CO_2가 배출됨에 따라, 사업 효율 증대가 있다."374 심지어 오늘날조차도, 폴란드 경제의 강한 성장에도 불구하고, 배출물들은 1인당 약 8미터톤에 안정적으로 유지되었다.375

그리고 무엇보다도, 폴란드인들은 오늘날 훨씬 더 행복하다. 2015년에는, 폴란드인들의 80퍼센트가 자기들의 삶에 만족했는데, 1992년 자본주의 전환의 시작 때 그저 50퍼센트와 비교된다.376 1990년에 폴란드에서 출생 때 70.7년이었던 기대 수명은 2020년까지는 78.5년으로 증가했었다.377

---

373 Piatkowski, 147–148.
374 Tatała, 122.
375 https://data.worldbank.org/indicator/EN.ATM.CO2E.PC?locations=PL
376 Piatkowski, 150.
377 https://www.tilasto.com/land/polen/bevoelkerung-und-gesundheit/lebenserwartung-bei-der-geburt-gesamt

우리는 폴란드에서 사태 진전들로부터 무엇을 배울 수 있는가?

다른 나라들은 폴란드로부터 무엇을 배울 수 있는가? 첫째, 개혁 과정의 정상에 명백한, 시장 경제 좌표계를 가진 어떤 사람을 가지는 것이 중요하다. 이것은 제2차 세계 대전 후 독일에서 루트비히 에르하르트에 대한 사례였고, 그것은 1980년대에 영국에서 마거릿 "매기(Maggie)" 대처와 미국에서 로널드 레이건이 자기들의 나라를 위기에서 벗어나도록 그리고 성공에의 길로 이끌었을 때의 사례였다. 폴란드에서는, 그 나라의 경제적 성공에 결정적인 공헌을 한 사람은 레세크 발체로비치였다. 대처처럼, 발체로비치는 하이에크의 숭배자였다. 그리고 여기서 자주 인용되는 ≪유럽의 성장 챔피언≫의 저자, 마르친 피아트코프스키가 확실히 하이에크의 제자가 아닐지라도, 그는, 만약 레세크 발체로비치가 없었다면, 폴란드 기적이 결코 일어나지 않았을 것이라는 점을 인정한다.378 그러나 개혁들의 성공에서 아마도 가장 결정적일 요인은, 매체와 정치적 반대자들이 대중 영합주의 구호들을 효율적으로 사용하여 개혁들에 반대하는 여론을 환기하기 전에 그저 매우 작은 기회 창만 있기 때문에, 그것들이 큰 속도로 집행되어야 한다는 점을 발체로비치가 이해했다는 점이었다.

발체로비치는 결론에 도달했었다: "나의 이전 개혁 연구들과 1989년에 폴란드에서 경제 상황이 얼마나 극적이었는지에 관한 나의 깨달음에 기초하여, 나는, 1989년에 폴란드가 대개 해도에 없는 바다에 있기 때문에, 오직 급진적인 전략만이, 비록 위험할지라도, 성공할 수 있을 것이라는 점을 깊이 확신했습니다. 위험한 전략이 희망 없는 전략보다 더 낫다

---

378 Piatkowski, 260.

는 점이 나에게 명백했습니다. 나에게 급진적인 개혁들을 추진하고 고집할 심리적 힘을 준 것은 이 심사숙고한 가정이었지, 감정적인 급진주의가 아니었습니다."379

"충격 요법(shock therapy)"이라는 용어가 광범위하게 채택되었고, 나도 역시 그것을 사용하겠는데, 하기야 발체로비치는 그 단어가 본질적으로 부정적 함축들이 함유되어 있다는 점을 지적하긴 한다: "'충격 요법'이라는 바로 그 표현은 보통 사람들을 겁먹게 만들고, 참으로, 그것은 종종 그 목적으로 사용되었습니다."380

피아트코프스키에 따르면, 개혁들은 "선례 없는 속도로 집행되었다." 많은 것이 최초의 공산주의 후 정부가 형성되었었던 그저 넉 달만 후, 1990년 1월 1일에 "빅뱅 방식(big bang fashion)"으로 도입되었다. "개혁 프로그램은 세계 역사에서 지금까지 평시에 집행된 것 중 가장 급진적인 경제 개혁 프로그램들에 속했다."381

조치가 그렇게 빨리 취해져야 했던 여러 이유가 있었다. 첫째는 상황의 극적인 본질이었다—이것은 초인플레이션에 직면한 나라였고, 재화들은 모든 곳에서 공급이 부족했으며, 모든 사람은 무언가가 빨리 행해져야 한다는 점을 알 수 있었다. 그러나 빠른 개혁들은 또한 심리적인 이유로서도 중요했다: "모든 사람은 공산주의가 영원히 사라졌다는 점을 알고 그에 따라 적응할 필요가 있었다."382 물론, 개혁들에 반대하는 구 엘리트들이 있었고, 사회주의로의 복귀에 관한 그들의 희망을 꺾는 것이 중요했기

---

379 Balcerowicz, "Stabilization and Reforms under extraordinary and normal Politics" in *The Great Rebirth*, 25.
380 Balcerowicz, "Stabilization and Reforms under extraordinary and normal Politics" in *The Great Rebirth*, 24.
381 Piatkowski, 167.
382 Piatkowski, 167.

때문이다.

"충격 요법" 의제의 올바름은 폴란드가—짧은 경기 후퇴 후에—1992년만큼 일찍 성장으로 복귀하는 첫 사회주의 후 나라라는 사실로 확증되었다. 다른 공산주의 후 나라들에서 개혁들의 비교 연구들은 "개혁들의 속도가 더 빠를수록, 회복이 더 빠르고 성장이 더 높다,"383라는 점을 증명했다.

2016년에 발표된 분석, "전-공산주의 나라들에서 25년간의 개혁(25 Years of Reform in Ex-Communist Countries)"은, 빠르고 급진적인 개혁들에 반대하는 주장을 하는, 조지프 스티글리츠(Joseph Stiglitz) 같은 점진적 개혁 옹호자들["점진주의자들(gradualists)"]의 명제를 명백히 논박한다: "주요 점진주의 찬성론은 너무 빠른 개혁들이 큰 사회적 고통을 일으킬 것이라는 점이었다. 실제로, 빠른 개혁가들은 점진적인 개혁가들보다 더 짧은 경기 후퇴들을 경험했고 훨씬 더 일찍 회복했다."384 1인당 GDP는 다른 구사회주의 나라들에서보다, 급진적 개혁들을 집행한, 폴란드 같은 나라들에서 더 빨리 증가했다. 그리고 그것들은 훨씬 더 높은 수준들의 외국인 투자를 끌어들였다.385 장기 분석은 당신이 경주의 초기 단계들에서 승자를 골라잡을 수 있다는 점을 증명한다: "... —누가 개혁 과정을 이끌고 누가 뒤처지는지의—기본 패턴은 처음 4에서 5년 안에 정해졌다."386

모든 구사회주의 나라에서, 개혁들은 처음 몇 년간 상황을 나쁘게 만들었고 경기 후퇴와 극빈 증가에 이르렀다. 이전의 위장 실업과 자원 오배

---

383 Piatkowski, 171.
384 Havrylyshyn, Meng, Tupy, *25 Years of Reforms*, 1.
385 Havrylyshyn, Meng, Tupy, *25 Years of Reforms*, 13–14.
386 Havrylyshyn, Meng, Tupy, *25 Years of Reforms*, 17.

분은 모두가 보도록 백일하에 드러났다. 그러나 이르고 급진적인 개혁들을 집행한, 폴란드 같은 나라들은 이 어려운 국면에서 가장 빨리 벗어났고, [이 나라들에서는] 빈곤은 덜 급진적인 개혁들을 집행한 나라들에서보다 이 빈약한 기간 후에 훨씬 더 빠르게 감소했다.387 심지어 25년 후조차도, 급진적인 개혁들을 빨리 집행한, 폴란드 같은 나라들이 덜 급진적인 개혁들을 집행한 나라들보다 현저하게 더 나은 처지에 있다는 점이 여전히 명백했다.388

발체로비치가 주장하듯이, 물론, 대부분 성공적인 경제 개혁이 불가피하게 불만에 이르지만, "거의 없는 개혁이나 무개혁도 조만간 더욱더 큰 환멸이나 좌절을 발생시킴에 틀림없다." 이것은 또한 많은 사람이 사실상 충분히 멀리 가지 않은 개혁들의 결과인 고충들과 사회적 문제들에 대해 개혁들을 비난한다는 사실 때문이기도 하다.389

발체로비치의 힘은 그가 훌륭한 경제학자일 뿐만 아니라, 또한 정치와 여론의 메커니즘들을 이해하기도 한다는 점이었다. 폴란드에서 사회주의의 종식은 그 나라가 갑자기 자유 언론을 가진다는 점을 의미했다. 이것은 큰 진전이었지만, 그것은 또한 개혁 과정을 복잡하게 만드는 것으로 끝났다: 사회주의하 동질적인 언론은 문제들을 숨기고 상황에 관해 더 낫고 더 온건한 그림을 그린다. 반면, 자유 언론은 종종 고충들과 문제들을 서술하는 데 집중하고, 오래된 격언에 충실하다: "유일하게 좋은 뉴스는 나쁜 뉴스다." 그러므로 폴란드에서 매체가 매우 빠르게 자기의 관심을 — 옳건 그르건 — 개혁들에 탓이 돌려지는 문제들로 돌릴 것이라는 점이 예상되게 되어 있었다.390 이 보도는 또한 투표자들의 행동에도 결정적인

---

387 Havrylyshyn, Meng, Tupy, *25 Years of Reforms*, 15 참조.
388 Havrylyshyn, Meng, Tupy, *25 Years of Reforms*, 22 참조.
389 Balcerowicz, *Post-Communist Transition*, 18.

영향을 끼칠 것이다.

 선거들은 폴란드에서 1991년 10월 27일에 치러졌다. 이것은 이상적이지 않았다—만약 개혁가들이 다음 선거까지 다른 네 해를 가지고 있었더라면 그들에게 더 나았을 것인데, 왜냐하면 그때까지는 폴란드가 성장으로 돌아왔고 개혁들의 긍정적 결과들이 더 많은 주민에 의해 느껴지고 있었기 때문이다. 대조적으로, 1991년은 어려운 해였고, 감소하는 GDP를 가진 경기 후퇴의 두 번째 해였다. 예순 개 정당이 선거를 다퉜(고 그것들 중 28개가 의회에 진입했)다. 이 정당들 대부분은 발체로비치 집단의 경제 개혁들에 대해 비판적 입장을 채택했다.[391]

 폴란드 언론 매체들은 부정적 뉴스로 가득 차 있었고, 현 방침으로부터 이탈을 요구했으며, 자본주의 개혁들이 사정을 더 좋게 만들기보다는 더 나쁘게 만들고 있다고 주장했다. "폴란드에서는, 특히 1991년에, 매체가 폴란드 대중에게 폴란드 경제가 경제적 재앙으로 타격을 받았었고 빨리 상황을 개선하기 위해 급진적으로 새로운 프로그램이 있어야 한다는 메시지들을 퍼부었습니다. 제안된 프로그램은 세 가지 낯익은 요소를 가지고 있었습니다: 화폐 및 재정 정책들의 완화, 보호무역주의 그리고 산업 수준에서 국가 개입."[392]

 위장 실업 같은, 사회주의 기간 숨겨졌었던 많은 문제가 이제 밝혀지게 되었다. 이 문제들에 대해 자본주의 개혁들을 비난하는 대중 영합주의 구호들은 주민에게 반향을 불러일으켰는데, 왜냐하면 "초기 전환 시절에 일어난 많은 경제적 사태 진전이 심지어 전환 자체에도 아니고, 40년 이상

---

[390] Balcerowicz, *Post-Communist transition*, 49.
[391] Balcerowicz, "Stabilization and Reforms under extraordinary and normal Politics" in *The Great Rebirth*, 27.
[392] Balcerowicz, *Socialism, Capitalism, Transformation*, 309.

의 사회주의에 근원을 가지고 있었다,"는 점이 널리 이해되지 않았기 때문이라고, 마렉 타타우아(Marek Tatała)는 쓴다. "경제와 개인들을 자유롭게 하는 개혁들은 그저 이전 체제의 많은 실패를 드러냈을 뿐이다. 대규모 국유와 중앙 계획으로 움직인 위장 실업과 과잉 고용 혹은 막대한 비효율들은 극히 희생이 컸다. 체제는, 사실상, 경제적 거짓말들이 지배하였다."393

가장 중요한 요인은, 그러한 과도기 동안 항상 발생하는 문제들을 넘어서, 또한 사람들이 자기들의 일상생활에서 느끼는 긍정적인 영향들도 있다는 점이었다. 아마도 이것들 중에서 주요한 것은 사회주의 경제들에 그렇게 전형적인 제품 부족들과 텅 빈 선반들이 가격 개혁들과 자유화로 빠르게 극복된다는 점이었을 것이다. 그렇게 광범위한 재화에 접근할 수 있다는 것은 많은 사람에게 상황이 나은 방향으로 변하고 있다는 점을 확신시켜 주었다.394

또 하나의 중요한 요인이 있었다: (농업을 제외하고) 민간 부문에서 고용인들의 몫이 1989년에 그저 13.2퍼센트만으로부터 1992년에 34.4퍼센트로 상승했다. 연구들은 민간 부문에서 고용인들이 일반적으로 국유 기업들에서 고용인들보다 시장 경제 개혁들을 더 강하게 지지한다는 점을 반복적으로 보여주었다. 이 측면에서, 민영화도 또한 중요한 정치적 차원을 지니고 있었고 개혁의 힘들을 강화하였다.395

모든 개혁은 승자들과 패자들을 낳는다. 빨리 새 상황에 적응하고 자본주의의 기회들을 인지하는 사람들이 있다. 그들은 개혁들을 지지하는 사람들에 속한다. 그만큼 빨리 적응할 수 없거나 적응하지 않을 것이고 개

---

393 Tatała, *It's Not Only the Economy, Stupid*, 117.
394 Balcerowicz, *Socialism, Capitalism, Transformation*, 308.
395 Balcerowicz, *Socialism, Capitalism, Transformation*, 308.

혁들로부터 이익을 덜 얻는 다른 사람들이 있다.396 이 두 번째 집단은 개혁들에 회의적이다—그리고 경제학에 관해 아무것도 모르지만 사람들의 시기심과 불안한 것들을 동원하는 방법에 관해서는 많이 아는 대중 영합주의자들이 대상으로 삼는 것은 이 집단이다.

새 정부가 1991년 10월 선거들 후에 형성되었다. 발체로비치는 1991년 12월 18일 "매우 지치고 돌아올 생각 없이"397 정부를 떠났다. 그러나 1995년부터, 그는 폴란드에서 가장 큰 친시장 정당, 자유 동맹(Freedom Union)의 총재였고, 1997년 10월부터 2000년 12월까지 그는 다시 부수상 겸 재무 장관으로 복무했다.398

그의 두 번째 임기는, 1998년에 아시아와 러시아 위기들이 금융 시장들을 흔들었기 때문에, 어려운 외부 상황의 특징을 가졌다. 이 기간에, 발체로비치는 다음 쟁점들에 집중했다:

— 폴란드의 부채 부담을 줄이기.
— 민영화: 대부분 은행업 부문, 대규모 야금 부문, 원거리 통신, 그리고 제조업에서 남아 있는 국유 기업의 다수—그러나 광업과 철도는 제외.399
— 규제 철폐: 여기서 그는 오직 부분적으로만 성공했는데, 왜냐하면 노동 시장에 필요한 자유화가 정치적 저항 때문에 실패했기 때문이다.

---

[396] Balcerowicz, *Socialism, Capitalism, Transformation*, 263.
[397] Balcerowicz, "Stabilization and Reforms under extraordinary and normal Politics" in *The Great Rebirth*, 27.
[398] Balcerowicz, "Stabilization and Reforms under extraordinary and normal Politics" in *The Great Rebirth*, 17로부터의 날짜들.
[399] Balcerowicz, "Stabilization and Reforms under extraordinary and normal Politics" in *The Great Rebirth*, 34.

―조세 개혁: 소득세에 대한 일률세 제도(flat tax system)를 포함했었을 그의 조세 개혁들도 역시 정치적 저항 때문에 실패했지만, 그것의 몇몇 요소는 그 당시 SLD(Sojusz Lewicy Demokratycznej; 민주 좌파 연합)로 알려진 전 공산당과 그것의 동반자들에 의해 후에 집행되었다.400

2000년 12월에, 발체로비치의 두 번째 임기가 끝났고, 2001년부터 2007년까지 그는 폴란드 국립 은행(National Bank of Poland)의 총재였다. 그래서, 그의 개혁들은, 그의 반대자들이 오늘날 주장하듯이, 너무 급진적이었는가? 더 느리고, 더 신중한 접근법이 더 나았을까? 사실들은 다르게 말하는데, 심지어 피아트코프스키가, 오히려 사회 민주주의자이고 도무지 발체로비치 같은 확고한 친자본주의자가 아님에도 불구하고, 인정하는 바와 같다.

반대로, 발체로비치는 자기가 저지르는 실수들이 대부분 경우 추종과 타협의 결과라고 믿었다. "모든 주요 오류는 누락의 오류였습니다: 재무 장관을 포함하여 경제팀이 어떤 다른 부들, 특히, 사회 정책들을 책임지고 있는, 노동부로부터 나쁜 제안들을 받아들였습니다."401

예를 들면, 그의 팀은 연금들이 평균 임금의 43퍼센트(1989년)로부터 63퍼센트(1992년)로 상승하는 것을 받아들였는데, 이것은 연금 제도에 상당한 부담을 일으켰다. 발체로비치는 또한, 1992년에 도입되었듯이, IMF의 전통적인 누진 소득세제 제안을 받아들이는 대신에, 1990년에

---

400 Balcerowicz, "Stabilization and Reforms under extraordinary and normal Politics" in *The Great Rebirth*, 35.
401 Balcerowicz, "Stabilization and Reforms under extraordinary and normal Politics" in *The Great Rebirth*, 28.

소득들에 대해 일률세를 도입할 기회가 있었을지 모른다고 후에 믿게 되기도 했다. 그는 또한 대규모 국유 기업들의 민영화에 더 빠른 걸음을 보기를 선호하기도 했을 것이다.402

이 자기 비판적인 소견들에도 불구하고, 발체로비치의 개혁들은 지난 50년의 가장 큰 경제적 성공 중 하나를 예고했는데, 오직 영국에서 마거릿 대처, 미국에서 로널드 레이건, 중국에서 덩샤오핑의 개혁들, 그리고 1980년대 중반 개시된 베트남의 도이 모이 개혁들만 맞먹었다.

폴란드인들은 자기들 성공 이유들을 잊어서는 안 된다

그러나 사람들이 자기들 번영의 이유들을 잊을 위험이 항상 있다. 이것은, 미국이건, 독일이건, 중국이건, 칠레건, 오늘날 많은 나라에서 사실이다. 이 위험은 또한 폴란드에서도 존재한다. 비록 폴란드가 EU에서 가장 좋고 가장 안정적인 은행업 제도 중 하나를 지니고 있을지라도, 바르샤바는 여러 은행을 국유화했다.403 그리고 폴란드에서 스무 해 이상의 경제 성장이 GDP 대비 공공 부채 비율의 감소에 이르렀지만, 최근 몇 년에는 더 느린 성장과 증가한 차입은 이 추세의 역전에 이르렀다.404

덧붙여서, 다른 문제들도 있다: 폴란드는 자기의 원천 과세 국가 연금 계획과 관련하여 심각한 재정 문제를 지닌 나라들에 속한다. 이것은 EU 평균에 미달하는 폴란드의 낮은 출생률과 그것의 고령화 사회에 기인한다. 2013년에, 그 당시 집권 PO-PSL 연합[시민 연단(Civic Platform)과 폴란드 농민당(Polish Peasant's Party)]이 퇴직 연령을 67세로 연

---

402 Balcerowicz, "Stabilization and Reforms under extraordinary and normal Politics" in *The Great Rebirth*, 28.
403 Dudek, Zielinski, "More free market or more government," 7.
404 Dudek, Zielinski, "More free market or more government," 7–8.

속적으로 올리는 법률을 통과시킨 것은 이 이유 때문이다. 이어진 해들에서, 여자들과 남자들의 고용률은 현저하게 증가했다.[405] 그러나 PiS(법과 정의)당은 2015년 자기의 선거 승리 후에 퇴직 연령을 다시 낮추었는데, 이것은 중기와 장기에 폴란드에 상당한 경제 문제들을 일으킬 것이다.[406]

라섹(Laszek) 등은 다음 비판을 한다: "최근 몇 년간, 법과 정의당은 폴란드인들의 노동력 참여율에 타격을 주는 해로운 변경들을 도입했다. 그것은 퇴직 연령을 높이는, 전 정부가 도입한, 개혁을 뒤엎었다. … 그것은 근로 길이와 보험료들과 미래 연금 사이의 관련을 약화하는 많은 변경을 도입했다. 퇴직 연령을 낮추는 것에 덧붙여서, 무엇보다도, 최저 연금 증가, 할당 조정, 어머니들을 위한 연금, 자영업자들을 위한 보험료 감소, 그리고 열세 번째와 열네 번째 연금이 이것에 이바지했다."[407]

폴란드에서 국유 기업들의 많은, 모든 민영화 노력에도 불구하고, 다른 나라들과 비교하여 여전히 막대하다. "1990-2015년 기간에 재산 전환, 혹은 국가 재산부(Ministry of Property Transformation, or State Property)의 놀랄 만한 업적들에도 불구하고, 폴란드 경제에서 국가 몫은 여전히 매우 높았다. 경제 협력 개발 기구(Organization for Economic Cooperation and Development; OECD)로부터의 수치들에 따르면, 폴란드는 국가 소유 면에서 OECD의 34개 회원국 가운데서 1위를 차지한다."[408]

---

[405] Wojciechowski, 숫자가 매겨지지 않음.
[406] Wojciechowski, 숫자가 매겨지지 않음.
[407] Laszek, Trzeciakowski, Zielinski, 4.
[408] Darius Filar, "Rückkehr Staatseigentum."
https://forumdialog.eu/2019/02/21/rueckkehr-zum-staatseigentum/

추가적인 상당한 민영화가 필요했을 것이라는 사실에도 불구하고, PiS 당의 선거 승리 꼭 1년 후, 민영화 프로그램은 본질적으로 중단되었고, 2017년 초기에, 정부는 국가 재산부를 해체했다. 그러나 정부는 추가적인 민영화들을 연기했을 뿐만 아니라, 그것은 이전에 민영화된 기업을 국유화하는 새 프로그램도 개시했다. 게다가, 심지어 항상 사유였던 회사들을 국유화하는 시도들조차 있었다.[409]

이미 위에서 언급되었던, 헤리티지 재단의 《경제적 자유 지수》는 다른 나라들과 비교하여 폴란드가 최근 몇십 년간에 이룬 큰 진전을 기록하지만, 그럼에도 불구하고 또한 여전히 존재하는 상당한 적자를 강조하기도 한다. 폴란드는 "투자 자유," "화폐 자유," "무역 자유," "기업 자유," 그리고 "재정 자유"의 범주들에서 뛰어난 등급들을 받는다. 대조적으로, "정부 지출," "사법적 효과성," "노동 자유," 그리고 "정부 청렴"은 매우 빈약하게 평가된다.[410]

정부 지출을 제한하는 것, 노동 시장 개혁들 그리고 법의 지배와 사법부의 독립을 강화하는 것이 폴란드에 대한 주요 개혁 노력들의 초점이 되어야 한다. 불행하게도, 사정은 최근 몇 년간 나빠졌다. 이것은 특히 법의 지배에 사실인데, 후자는 자본주의 경제 질서의 작용을 위해 크게 중요하다. 폴란드 경제학자 마렉 타타우아가 이끄는 팀은 법의 지배―특히 사법부의 독립―가 폴란드에서 2015년 이래로 어떻게 더욱더 침식되었는지 보여주는, 정신이 번쩍 들게 하는 분석을 2020년에 발표했다. 가장 큰 해악은 사법부의 정치화이다. 2017년까지는, 전국 사법부 평의회(National

---

[409] https://www.heritage.org/index/pdf/2022/countries/2022_IndexofEconomicFreedom-Poland.pdf
[410] https://www.heritage.org/index/pdf/2022/countries/2022_IndexofEconomicFreedom-Poland.pdf

Council of the Judiciary; NJC) 평의원들의 그저 32퍼센트만이 정치인들에 의해 선발되었다; 자칭 "사법 개혁(judicial reforms)" 후에, 그 수치는 92퍼센트였다.411 사법부가 [과거] 공산주의자들로 가득하다는 구실은 설득력이 없는데, 특히 나라의 판사들의 평균 연령이 약 46세였다는 점을 고려하면 그렇다. "게다가, 1990년 NJC의 설립과 SC(Supreme Court; 대법원)의 개혁은 그것의 구성의 80퍼센트 이상을 대체하게 되었다."412

사법부의 정치화 결과는 폴란드가 법의 지배와 민주주의를 평가하는 모든 주요 지수에서 설 자리를 잃고 EU와 심각한 계속 진행 중인 갈등을 일으킨다는 점이었다. 저자들에 따르면, PiS 정책들은 폴란드에서 경제적 자유의 단축에 이바지했다. 예를 들면, 그들은 도입된 수많은 새 규제를 가리키는데, 농토 판매 금지, 일요일 장보기 금지, 그리고 새 약국 개업 제한을 포함했다. 덧붙여서, 사기업들을 재국유화하는 정책이 도입되고 있었다. 은행업 부문에서 국유 확대는 경제 성장의 안정성에 특별히 위험하다고, 저자들은 언급한다. 그들은 또한 폴란드 국가가 여러 금융 기관을 인수한 후에 이제 은행업 부문 자산들의 40퍼센트 이상을 통제한다는 점도 지적한다. 그러나 경험은 국유가, 예를 들어 대출 결정들을 정치적 목적들에 종속시킴으로써, 자기들의 대출 정책들을 정치화하게 된다는 점을 보여준다.413

또 하나의 쟁점은 법적 확실성의 결여인데, 왜냐하면 법률들이, 특히 조세 법률들이, 잠재적으로 끊임없이 변경될 수 있기 때문이다. "폴란드에서 법률들은 다른 나라들에서보다 훨씬 더 자주 변경된다. 기록적인 해

---

411 Tatała, Rutynowska, Wachowiec, 18.
412 Tatała, Rutynowska, Wachowiec, 14.
413 Laszek, Trzeciakowski, Zielinski, 5.

2016년에, 35,000페이지 이상의 법률이 통과되었다. 또 하나의 기록은 2018년에 법과 정의당에 의해 세워졌는데, 그때 조세 법률들에 대한 362페이지 개정이 발표되었다. 집권당의 입법 관행은, 규제 영향 평가들을 준비하거나 공개 협의들을 개최할 의무가 없이, 중요 법률의 극히 서두르는 제정과 정례 의회 절차들의 무시 경향의 특징을 지니고 있었다. 덧붙여서, 수많은 공공 기반 시설 사업에 관해, 정부는 믿을 수 없는 영향 평가들과 부당하게 단축된 공개 협의들을 준비했는데, 이것들은, 어떤 경우든, 대중의 투입을 추구하려는 실제 시도라기보다 오히려 외관이었다. 법률의 예측 불가능성 문제는 특히 과세에 적용되는데, 여기서 PiS는 해로운 부문별 세금들(특별히 은행세와 소매업에 대한 조세), 추가적인 면제들[예를 들면, 26세 미만 사람들에 대한 PIT(개인 소득세; personal income tax) 면제, 200만 유로까지 수입을 가진 회사들에 대한 CIT(법인세; corporate income tax) 삭감], 그리고 사실상의 추가적인 조세 문턱[소위 연대 부가세(solidarity surcharge)]을, 게다가 (배출, 재활용, 설탕 혹은 전력 수수료들같이) 공식적으로 수수료(fees)라 불리는 많은 다른 세금을 도입했다. 동시에, 조세 제도를 엄격하게 하는 데 사용된 방법들은 그것을 더욱더 억압적이게 하였다."[414]

그래서 우리는 폴란드의 경제가 다가올 해들에 어떻게 전개되는지 기다려 보아야 할 것이다: 폴란드인들은 자기들을 최근 몇십 년간 그렇게 성공적으로 만들었던 자유 시장 길로 돌아올까? 그러면 폴란드는 밝은 미래를 가진다. 아니면 폴란드는 자기가 최근 몇 년 걸었던 길을, 즉 더 많은 국가와 더 적은 시장의 방향으로, 계속 걸을까? 그것은 비극일 것인데, 왜냐하면 폴란드는 자기가 1990년 이래 해들에 얻으려고 그렇게 열

---

[414] Laszek, Trzeciakowski, Zielinski, 5.

심히 일했던 번영의 많은 부분을 잃을 것이기 때문이다.

폴란드 사람들이 자본주의에 관해 생각하는 것

폴란드인 다수가 여전히 시장 경제와 자본주의에 관해 긍정적인 견해를 지니고 있다는 점은 고무적이다. 나는 2021년 6월과 2022년 11월 사이 33개 나라에서 시장 경제와 자본주의의 인상에 관한 설문 조사를 의뢰했다. 폴란드에서는, 입소스 모리가 2021년 7월 30일부터 8월 9일까지 총 1,096명의 대표적으로 선택된 사람을 설문 조사했고, 모두 33개 나라에서 총 33,452명의 응답자가 설문 조사되었다.

이 설문 조사는 그것의 깊이에서(즉, 물은 질문들의 세부 수준에서)뿐만 아니라, 특정 방식에서도 시장 경제와 자본주의에 관한 많은 다른 설문 조사와 다르다: 설문 조사가 시작되기 전 가설은, 비록 어떤 사람들의 실제 견해들이 그들을 더 친자본주의 진영에 넣을 것이라고 할지라도, 그들이 특히 '자본주의(capitalism)'라는 단어에 혐오감을 느낀다는 것이었다. 따라서, ('경제적 자유'에 관한) 한 집합의 질문들은 시종일관 '자본주의'라는 단어를 피했다. 응답자들에게 총 여섯 개의 진술문이 제시되었는데, 그 가운데서 세 개의 진술문은 경제적 자유와 시장 경제를 지지했고 세 개는 국가의 강력한 역할을 옹호했다.

대조적으로, 두 가지 다른 질문 집합에서는 '자본주의'라는 용어가 사용되었다. 첫째, 우리는 설문 조사의 응답자들이 '자본주의'라는 단어로 정확하게 무엇을 연상하는지 알기를 원했고, 그다음 우리는 각 응답자에게 자본주의에 관한 총 18개 진술문을 제시했다. 마지막 두 질문 집합의 자료를 결합함으로써, 우리는 '자본주의'라는 단어가 언급된다면 사람들이 생각하는 것을 결정할 수 있다. 이것을 첫 번째 질문 집합과 비교하는 것이 흥미로운데, 거기서는 대답들은 그 단어가 언급되지 않을 때 사람들이 자본주의에 관해 어떻게 느끼는지를 드러낸다. 응답들을 세 질문 집합에 걸쳐 비교함으로써, 우리는 '자본주의'라는 단어가 정확하게 무슨 역할을 하는지 볼 수 있다: 폴란드에서는, '자본주의'가 그 단어를 사용하지 않고 서술될 때, 자본주의에 대한 지지가 대규모의 122퍼센트만큼 증가한다.

친국가 진술문들과 친시장 진술문들에 대한 응답들의 분석은 더 큰 정부 역할을 지지하는 진술문들이 15퍼센트 찬성을 얻고, 축소된 정부 역할을 지지하는 친시장 진술문들에 대한 37퍼센트 찬성과 비교된다는 점을 드러낸다. [경제적 자유에 대한] 긍정적 진술문들의 평균을 부정적 진술문들의 평균으로 나누면 2.40의 계수가 나온다. 나는 아래에서 이 계수에 자주 돌아올 것이다: 1.0보다 더 큰 계수는 친경제적 자유 태도들이 지배한다는 점을 의미하고, 1.0보다 더 작은 계수는 반경제적 자유 의견들이 우세하다는 점을 의미한다.

폴란드에서 단연코 가장 큰 동의(46퍼센트)를 끌어낸 진술문은 이러했다: "나는 사기업들만이 무슨 제품들을 제조할지 그리고 그것들에 무슨 가격들을 매길지 결정해야 한다고 생각한다; 국가는 그것에 간여해서는 안 된다." 그리고 단연코 가장 낮은 동의(10퍼센트)는 이 진술문에 대해서였다: "시장이 되풀이해서 실패하므로, 경제에 대한 훨씬 더 많은 국가 개입이 필요하다."(그림 15).

그림 15 폴란드: 좋은 경제 체제에 관한 여섯 개 진술문

질문: "아래에는 사람들이 자기들이 좋은 경제 체제라고 여긴다고 말한 다양한 것의 목록이 있습니다. 진술문 중 어느 것들을 당신도 그렇다고 말씀하시겠습니까?"

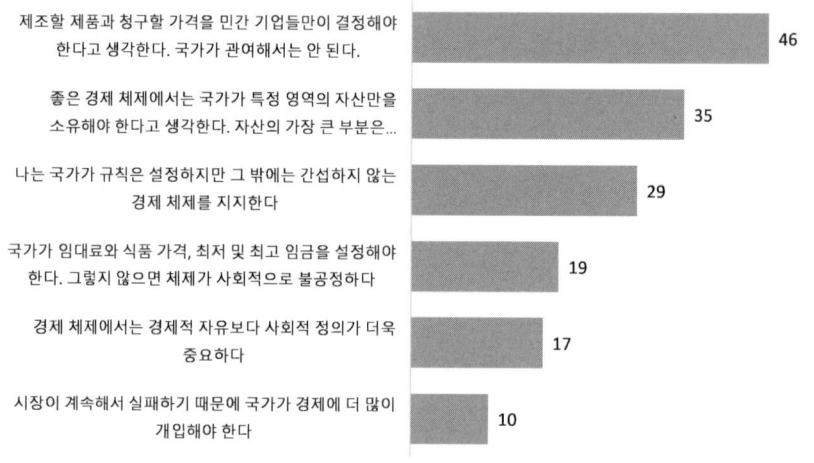

주: 모든 자료는 응답자들의 백분율로 되어 있다
출처: 입소스 모리 설문 조사 20-091774-30

그림 16으로부터, 당신은 시장 경제에 대한 태도들이 설문 조사가 집행된 모든 다른 나라에서보다 폴란드에서 더 긍정적이었다는 점을 볼 수 있다.

그림 16 33개 나라에서 경제적 자유에 대한 태도들
('자본주의'라는 용어를 사용하지 않고) 자유 경제 체제를 지지하는 진술문들의 평균을 국가 통제 경제 체제를 지지하는 진술문들의 평균으로 나눈 것

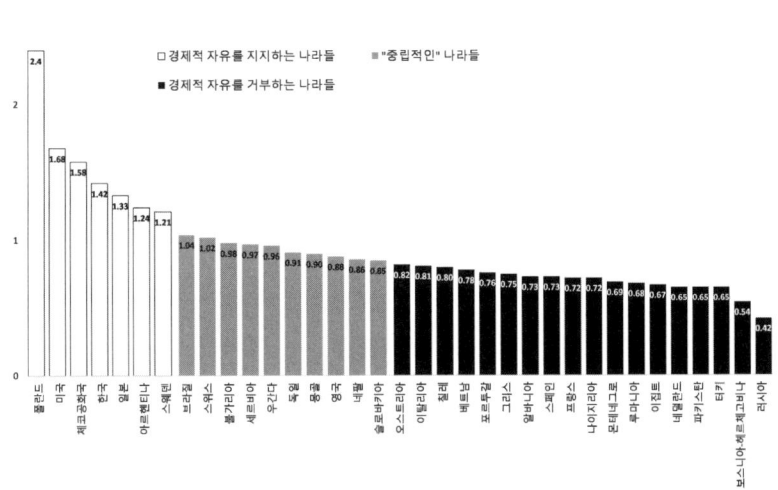

주: 계수가 더 낮을수록, 반자본주의 태도가 더 강하다
출처: 알렌스바흐 연구소 설문 조사 12038, 산트 마랄 재단, 입소스 모리 설문 조사 20-091774-30, 21-087515-07, 22-014242-04-03 및 22-087515-44, 인도차이나 연구, 사실 연구 및 분석 주식회사 그리고 리서치 월드 인터내셔널 주식회사

그다음 응답자들에게는 ─ 다섯 개 긍정적이고 다섯 개 부정적인 ─ 열 개 용어가 제시되었고, 그들이 '자본주의'라는 단어로 어느 것을 연상하는지 질문받았다. 결과: 폴란드 응답자들의 평균 61퍼센트는 '자본주의'를 탐욕, 냉정 그리고 부패 같은 부정적 용어들로 연상한다. 반면에 번영, 진취, 그리고 자유 같은 긍정적 용어들은 67퍼센트만큼 언급된다(그림 17). 대부분 다른 나라와 달리, 우리의 폴란드 응답자들은 대개 '자본주의'를 긍

정적 용어들로 연상한다. 하기야, 동의 수준이, '자본주의'라는 용어가 언급되지 않은, 좋은 경제 체제들의 특징들에 관한 첫 번째 집합의 질문들에 대해서보다 더 낮다는 점이 명백하긴 하다.

그림 17 폴란드: '자본주의'에 대한 연상들

질문: "이제 **자본주의**라는 단어에 관해 생각해 보십시오. 아래 진술문 각각에 대해, 그것이 당신이 **자본주의**로 연상하는 것인지 선택하십시오."

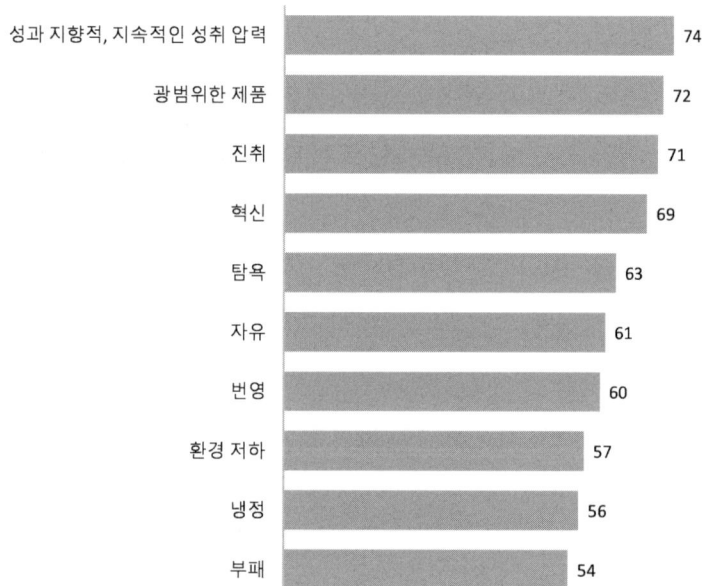

주: 모든 자료는 응답자들의 백분율로 되어 있다
출처: 입소스 모리 설문 조사 20-091774-30

다음 집합의 질문들에서는, 응답자들에게, 10개는 부정적이고 8개는 긍정적인, 총 18개 자본주의 진술문이 제시되었다. 자본주의에 관한 부정적 진술문들에 대한 동의(평균 22퍼센트)와 긍정적 진술문들에 대한 동의(평균 23퍼센트)가 정교하게 균형 잡혀 있다. 긍정적 진술문들에 대한 백분율을 부정적 진술문들에 대한 백분율로 나누면 우리는 1.05의 계수를 얻는다.

폴란드는 자본주의에 관한 18개 진술문 중 두 번째로 높은 등급이 긍정적인 몇 안 되는 나라 중 하나이다: 폴란드 응답자들의 33퍼센트는 "자본주의가 경제적 자유를 의미한다."에 동의한다(그림 18). 그러나 폴란드인들의 35퍼센트는 또한 "자본주의가 부자들에게 지배되고, 그들이 정치적 의제를 정한다."고 말하기도 하고, 32퍼센트는 "자본주의가 불평등 증가에 이른다."는 점에 의견이 일치하기도 한다(그림 19).

30퍼센트에서, "자본주의는 제공되는 것을, 국가가 아니라, 소비자들이 결정한다."는 진술문에 대한 동의는 다른 나라들에서보다 폴란드에서 현저하게 더 높다. 아마도 그것은, 사람들이 사회주의 치하에서 사는 데 익숙해 있었던 폴란드와 달리, 다른 나라들에서는 사람들이 당연하게 여기고 결코 생각조차 하지 않은 어떤 것이기 때문일 것이다. 마찬가지로, "자본주의가 이상적이지 않을지 모르지만, 그것이 여전히 모든 다른 경제 체제보다 더 낫다."는 진술문도 18개 진술문 중 5위를 차지하는데(29퍼센트 동의), 이것도 역시 폴란드의 사회주의 경험이라는 역사적 배경의 면에서 이해될 수 있다(그림 18).

그림 18 폴란드: 자본주의에 관한 진술문들 – 8개 긍정적 진술문

질문: "만약 있다면, 당신은 자본주의에 관한 아래 진술문 중 어느 것들에 동의하시겠습니까?"

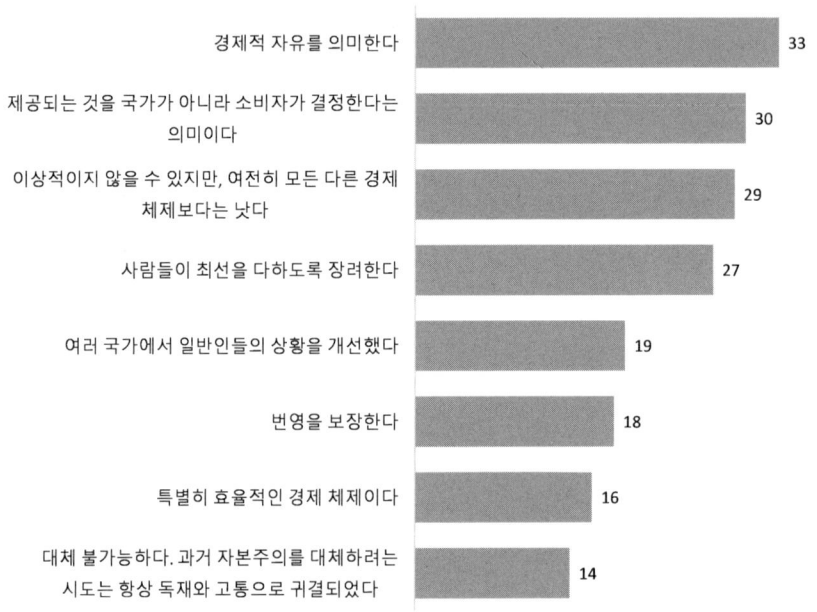

주: 모든 자료는 응답자들의 백분율로 되어 있다
출처: 입소스 모리 설문 조사 20-091774-30

그림 19 자본주의에 관한 진술문들 - 10개 부정적 진술문

질문: "만약 있다면, 당신은 자본주의에 관한 아래 진술문 중 어느 것들에 동의하시겠습니까?"

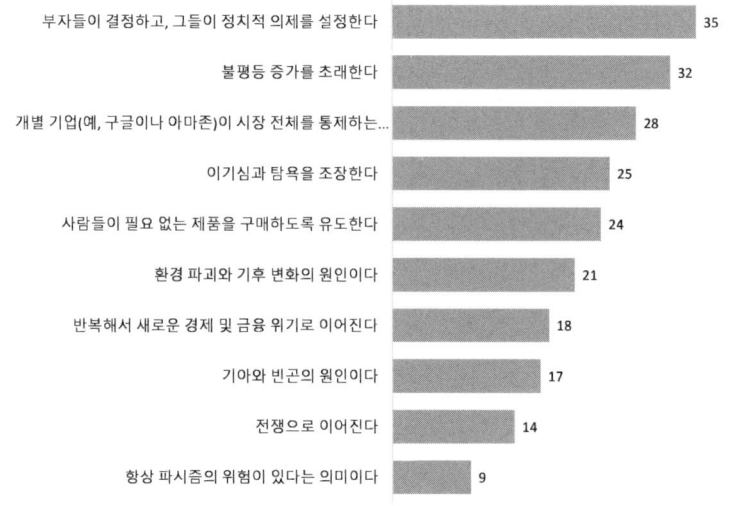

주: 모든 자료는 응답자들의 백분율로 되어 있다
출처: 입소스 모리 설문 조사 20-091774-30

아래 그림 20에서 당신은 '자본주의'가, 설사 그 단어 자체가 사용된다고 할지라도, 폴란드에서 모든 다른 설문 조사된 나라에서보다 더 긍정적인 인상을 지닌다는 점을 볼 수 있다(경제적 자유와 두 가지 자본주의 질문에 대한 수치들을 결합하면 1.52 계수로 귀착한다).

그림 20 33개 나라에서 자본주의에 대한 태도들에 관한 전반적인 계수

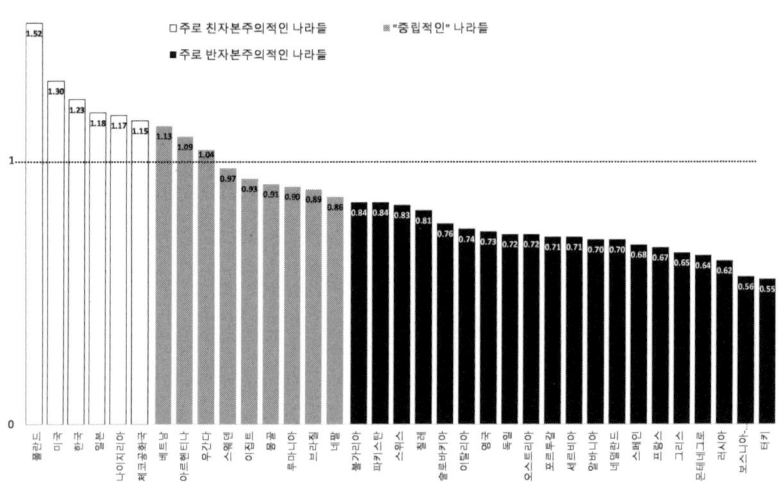

주: 계수가 더 낮을수록, 반자본주의 태도가 더 강하다
출처: 알렌스바흐 연구소 설문 조사 12038, 산트 마랄 재단, 입소스 모리 설문 조사 20-091774-30, 21-087515-07, 22-014242-04-03 및 22-087515-44, 인도차이나 연구, 사실 연구 및 분석 주식회사 그리고 리서치 월드 인터내셔널 주식회사

폴란드 사람들이 부자들에 관해 생각하는 것

내가 역시 의뢰한 또 하나의 설문 조사에서, 입소스 모리는 서로 다른 나라에 있는 사람들이 부자들에 관해 생각하는 것을 찾아내기 위해 자료를 수집-했고 각 나라에서 사회적 시기심의 보급을 측정-했다. 그 프로젝트는 2018년에 프랑스, 독일, 영국 그리고 미국에서 설문 조사들로 시작했고, 이어서 스페인, 이탈리아, 스웨덴, 중국, 베트남, 한국 그리고 칠레

가 가담했다. 설문 조사는 폴란드에서는 2022년 11월 4일부터 7일까지 집행되었다.

   똑같은 질문들을 모든 나라에서 했ㅡ는데, 일정한 조정들이 있었ㅡ다. 예를 들면, 독일과 미국 같은 나라들에서는, 우리는 "백만장자들(millionaires)"에 관한 질문들을 했다. 우리는 "백만장자들"을 그들이 자기들의 주요 거주지로 사용하는 주택이나 아파트에 덧붙여서 자산으로 적어도 백만 유로나 달러를 가진 개인으로 정의했다. 이것은 베트남이나 심지어 스웨덴 같은 나라들에서는 이치에 맞지 않았을 것인데, 거기서는 ㅡ현지 통화로ㅡ대부분 사람이 "백만장자"의 자격이 있을 것이고, 그래서 우리는 각 경우 금액을 조정했다. 폴란드에서는, 우리는 부자들을 자기들의 주요 주택에 덧붙여서 적어도 4백만 즐로티 가치가 있는 자산들을 소유하는 개인으로 정의했다. 우리는 응답자들에게 부유한 사람들에 관해ㅡ긍정적인 것과 부정적인 것 양쪽 다의ㅡ17개 진술문을 제시함으로써 시작했고 그들이 동의하는지 동의하지 않는지 그들에게 물었다. 여기에 폴란드에 대한 결과들이 있다.

그림 21 부유한 사람들에 관한 17개 진술문

질문: "여기에 사람들이 부유한 사람들에 관해 말한 것들의 목록이 있습니다. 당신은 목록에 있는 진술문 중, 만약 있다면, 어느 것들에 동의하시겠습니까?"

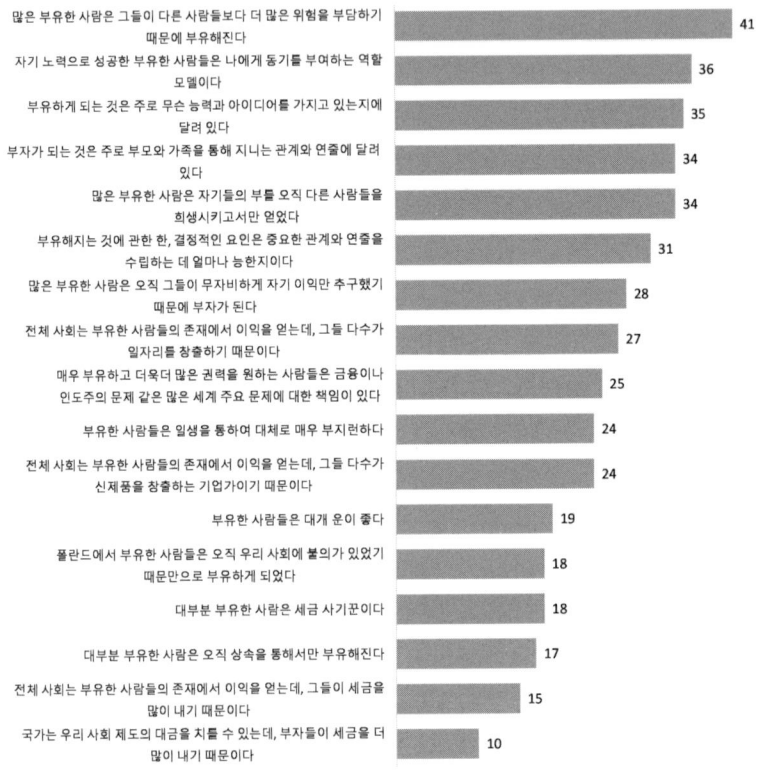

진술문	%
많은 부유한 사람은 그들이 다른 사람들보다 더 많은 위험을 부담하기 때문에 부유해진다	41
자기 노력으로 성공한 부유한 사람들은 나에게 동기를 부여하는 역할 모델이다	36
부유하게 되는 것은 주로 무슨 능력과 아이디어를 가지고 있는지에 달려 있다	35
부자가 되는 것은 주로 부모와 가족을 통해 지니는 관계와 연줄에 달려 있다	34
많은 부유한 사람은 자기들의 부를 오직 다른 사람들을 희생시키고서만 얻었다	34
부유해지는 것에 관한 한, 결정적인 요인은 중요한 관계와 연줄을 수립하는 데 얼마나 능한지이다	31
많은 부유한 사람은 오직 그들이 무자비하게 자기 이익만 추구했기 때문에 부자가 된다	28
전체 사회는 부유한 사람들의 존재에서 이익을 얻는데, 그들 다수가 일자리를 창출하기 때문이다	27
매우 부유하고 더욱 더 많은 권력을 원하는 사람들은 금융이나 인도주의 문제 같은 많은 세계 주요 문제에 대한 책임이 있다	25
부유한 사람들은 일생을 통하여 대체로 매우 부지런하다	24
전체 사회는 부유한 사람들의 존재에서 이익을 얻는데, 그들 다수가 신제품을 창출하는 기업가이기 때문이다	24
부유한 사람들은 대개 운이 좋다	19
폴란드에서 부유한 사람들은 오직 우리 사회에 불의가 있기 때문만으로 부유하게 되었다	18
대부분 부유한 사람은 세금 사기꾼이다	18
대부분 부유한 사람은 오직 상속을 통해서만 부유해진다	17
전체 사회는 부유한 사람들의 존재에서 이익을 얻는데, 그들이 세금을 많이 내기 때문이다	15
국가는 우리 사회 제도의 대금을 치룰 수 있는데, 부자들이 세금을 더 많이 내기 때문이다	10

출처: 입소스 모리 설문 조사 20-087515-44

예를 들어, 이 질문은 폴란드 사람들이 독일인들보다 부자들에 대해 훨씬 더 긍정적인 태도를 지니고 있다는 점을 드러낸다. 예를 들면, 폴란드인들의 그저 18퍼센트만이 대부분 부유한 사람이 조세 사기꾼이라고 말하는데, 독일 응답자들의 51퍼센트와 비교된다; 폴란드인들의 25퍼센트가, 금융 혹은 인도주의 쟁점 같은, 많은 세계 주요 문제에 대해 부자들을 비난하지만, 독일에서는 그 수치는 두 배로 높다(50퍼센트).

그림 22 폴란드와 독일 사이 가장 큰 차이점들

질문: "여기에 사람들이 부유한 사람들에 관해 말한 것들의 목록이 있습니다. 당신은 목록에 있는 진술문 중, 만약 있다면, 어느 것들에 동의하시겠습니까?"

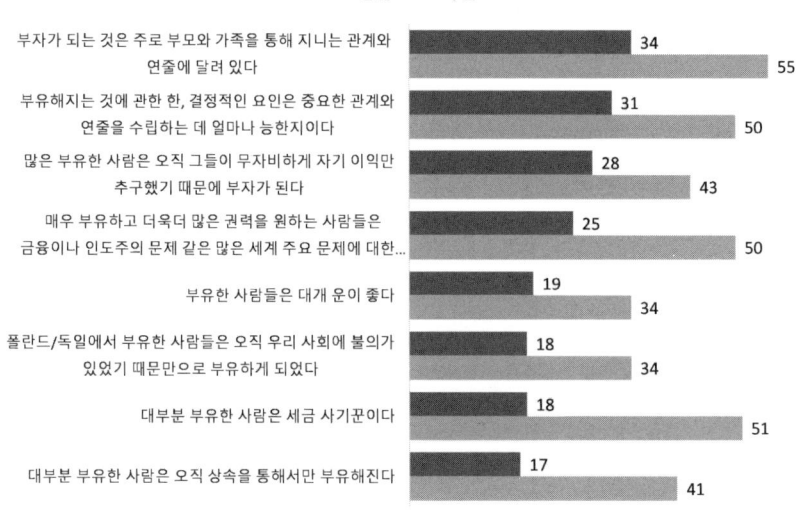

출처: 입소스 모리 설문 조사 22-087515-44, 알렌스바흐 연구소 설문 조사 11085

우리는 또한 응답자들에게 일곱 개 긍정적 그리고 일곱 개 부정적 성격 특성의 목록을 제시했고 그것들 중 어느 것들이 부유한 사람들에게 가장 적용될 것 같은지 물었다. 폴란드에서는, 세 개의 가장 흔히 언급된 특성은 모두 긍정적이다―즉 대담하고 과감하다, 상상력이 풍부하다, 그리고 근면하다. 그러나 심지어 가장 덜 자주 언급되는 특성조차도 긍정적인 것인데, 즉 정직이다.

그림 23 폴란드: 어느 성격 특성들이 부유한 사람들에게 가장 적용될 것 같은가

질문: "아래 것 중, 만약 있다면, 어느 것들이 부유한 사람들에 가장 적용될 것 같습니까?"

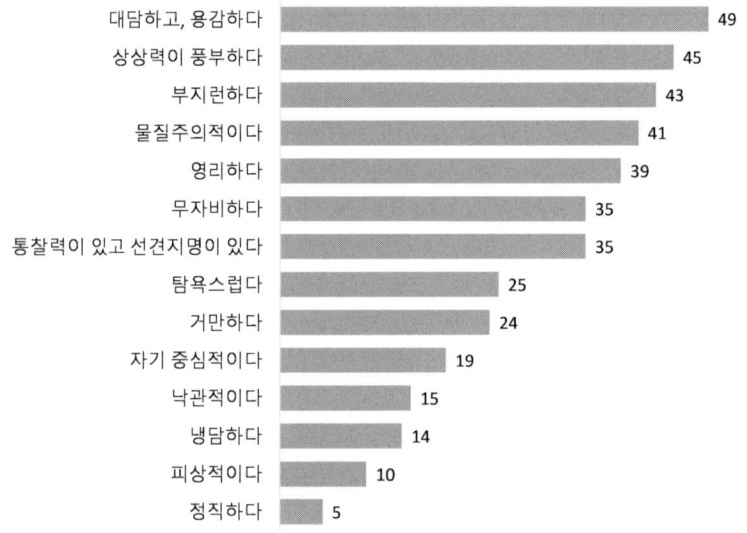

출처: 입소스 모리 설문 조사 22-087515-44

그러나 우리가 개인적으로 한 사람 이상의 부유한 사람을 아는 폴란드 응답자들에게만 어느 성격 특성들이 자기들이 가장 잘 아는 부유한 사람에게 적용되는지 질문할 때는, "정직"의 항목에 관해 흥미로운 차이점이 있다. 폴란드인들의 그저 5퍼센트만이 일반적으로 부유한 사람들이 "정직하다,"고 여기지만, 20퍼센트가 정직을 자기들이 개인적으로 아는 부유한 사람에게 돌린다. 우리가 이 추가적인 질문을 한 모든 나라에서 우리

가 똑같은 경향을 발견한다는 점은 놀랄 만하다:

그림 24 부유한 사람들은 정직한가?

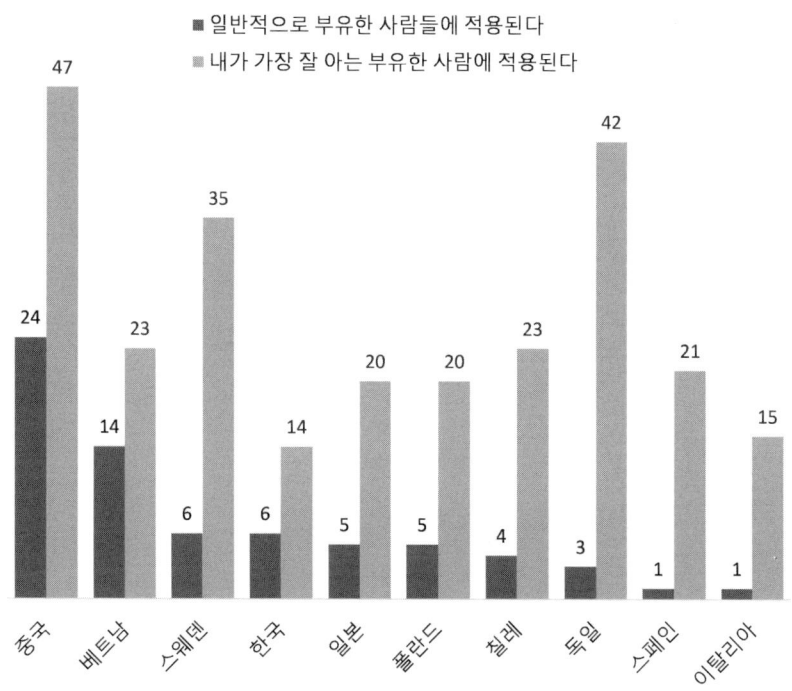

질문: "아래 것 중, 만약 있다면, 어느 것들이 부유한 사람들에 가장 적용될 것 같습니까?" 개인적으로 백만장자를 아는 응답자들에 대한 보충 질문: "아래 것 중, 만약 있다면, 어느 것들이 당신이 가장 잘 아는 백만장자에 적용됩니까?"
"정직하다"를 선택한 응답자들의 백분율.
출처: 알렌스바흐 연구소 설문 조사 11085와 8271, 입소스 모리 설문 조사 J-18-031911-01-02, J-19-01009-29, J-19-01009-47, J-20-091774-05, 그리고 J-21-041026-01

차이들에도 불구하고, 우리의 폴란드 응답자들과 독일 응답자들 사이에 몇몇 일치 사항도 있다. 예를 들면, 폴란드인들의 43퍼센트와 독일인들의 42퍼센트는 부유한 사람들이 근면하다고 말한다. 그러나 더 중요한 것은 차이들이다. 예를 들면, 폴란드인들의 19퍼센트는 부자들이 자기중심적이라고 생각하는데, 독일인들의 62퍼센트와 대조적이다; 폴란드인들의 25퍼센트 그러나 독일인들의 49퍼센트는 부유한 사람들이 탐욕스럽다고 생각한다. 그리고 폴란드인들의 24퍼센트는 독일인들의 43퍼센트와 비교되어 부유한 사람들이 거만하다고 생각한다.

그림 25 폴란드와 독일의 사람들이 부자들에 돌리는 성격 특성들

질문: "아래 것 중, 만약 있다면, 어느 것들이 부유한 사람들에 가장 적용될 것 같습니까?"

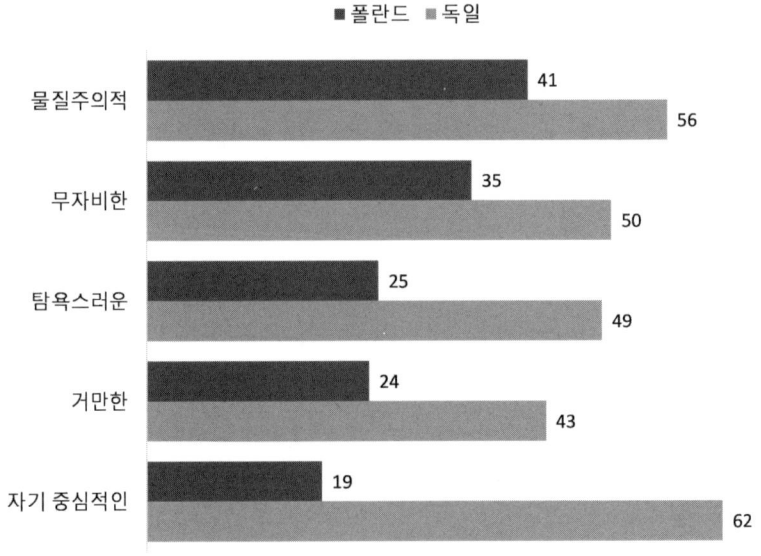

출처: 입소스 모리 설문 조사 22-087515-44, 알렌스바흐 연구소 설문 조사 11085

우리가 폴란드인들이 부자들에게 긍정적이고 부정적인 성격 특성들을 돌리는 평균 백분율을 계산할 때, 우리는 PTC-성격 특성 계수(Personality Trait Coefficient)-에 도달한다. 1보다 큰 PTC는 주어진 나라의 인구가 부자들에게 더 부정적인 특성들을 돌리는 경향이 있다는 점을 의미하고, 1보다 작은 PTC는 응답자들이 부자들을 긍정적인 성격 특성들과 더 관련지을 것 같다는 점을 의미한다. 폴란드는 0.7의 PTC를 가지고 있다. 인구가 부자들의 성격 특성들을 폴란드보다 더 긍정적으로 평가하는 유일한 설문 조사 나라는 베트남이다.

그림 26 성격 특성 계수 PTC의 국제 비교

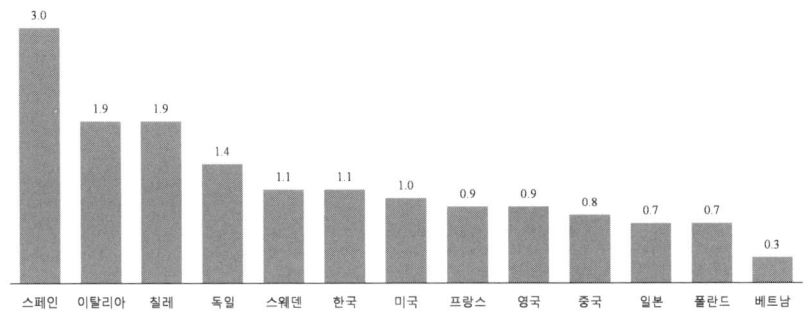

출처: 알렌스바흐 연구소 설문 조사 8271과 11085, 입소스 모리 설문 조사 18-031911-01-02, 19-01009-29, 19-01009-47, 20-091774-05, 20-09-1774-30 그리고 21-041026-01

설문 조사는, 시기심의 지표로 여겨질 수 있는 많은 항목을 포함하여, 많은 다른 질문도 포함했다. 예를 들어, 우리는 사람들에게 그들이 부유한 사람들에 대한 세금들을 상당히 증가시키는 것을 지지할지, 설사 그들이 그것에서 개인적으로 이익을 얻지 않을지라도 그렇게 하겠는지 질문했다 (폴란드에서는 44퍼센트가 이 진술문에 동의했지만, 독일에서는 그것은

65퍼센트였다). 하나의 질문은 *남의 불행을 기뻐함*(schadenfreude)을 결정하는 데 사용되었고 응답자들에게 부유한 사람이 위험한 사업 거래를 통해 많은 돈을 잃을 때 어떻게 생각하는지 질문했다. "그래 싸다,"라고 폴란드인들의 15퍼센트가 말(하지만, 독일인들의 40퍼센트가 말)한다. 우리는 또한 폴란드인들이 최상위 관리자들의 급료를 급격하게 줄여서 그 돈을 그들의 고용인들 사이에 더욱 균등하게 재분배하는 것을 찬성할지, 그것은 그들이 달마다 그저 2-3즐로티만 더 많이 얻을 것을 의미할지라도 그렇게 할지 질문하기도 했다―폴란드인들의 그저 23퍼센트만 찬성할 것이지만, 독일에서는 두 배만큼 많았다(46퍼센트).

모든 나라에서 물은 이 질문들에 대한 응답들에 기초하여, 우리는 소위 사회적 시기심 계수(Social Envy Coefficient)[415]를 계산했다. 이 계수는 모든 설문 조사 나라에서 비시기자들에 대한 시기자들의 비율을 묘사한다. 예를 들어, 폴란드에서는, 응답자들의 13퍼센트가 사회적 시기자인데, 비시기자인 61퍼센트와 비교되고, 0.21의 계수로 귀착한다. 독일에서는, 33퍼센트가 시기자이고, 34퍼센트는 비시기자이다(SEC=0.97). 사회적 시기심 계수가 더 높을수록, 그 나라에서 사회적 시기심의 보급이 더 크다. 당신은 여기에서 우리가 설문 조사를 집행한 13개 나라 어느 곳에서도 사회적 시기심이 폴란드에서만큼 낮지 않다는 점을 볼 수 있다.

---

[415] 정확한 계산 방법에 대해서는 Zitelmann, *The Rich in Public Opinion*, 160 이하 참조.

그림 27 사회적 시기심 계수의 국제 비교

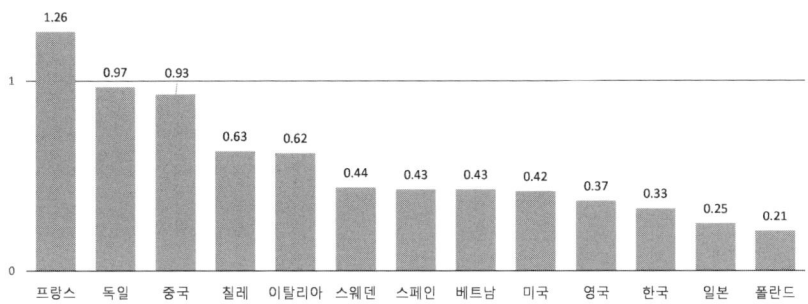

출처: 알렌스바흐 연구소 설문 조사 8271과 11085, 입소스 모리 설문 조사 18-031911-01-02, 19-01009-29, 19-01009-47, 20-091774-05, 20-09-1774-30 그리고 21-041026-01

우리는 또한 우리의 폴란드 응답자들에게 그들이 어느 정당을 지지 투표하는 경향이 있는지도 질문했고 그들의 대답들을 다른 결과들에 연결했다. 각 당의 투표자들 가운데 사회적 시기자들의 백분율을 언급하는 것은 흥미롭다. 폴란드에서 모든 투표자 가운데 사회적 시기자들의 비율은 13퍼센트이다. 물론, 사회적 시기심을 경험하는 사람들이 또한 다른 집단들[특히 "양면적인 사람(ambivalents)"] 가운데도 있을지 모른다. 그러나 우리가 우리의 분석에 적용하는 확고한 기준들에 따르면, 폴란드에 대한 수치는 그저 13퍼센트일 뿐이(고 따라서 우리가 연구한 어떤 다른 나라에서보다 더 작)다.

전 수상 야로스와프 카친스키(Jarosław Kaczyński)가 통치하는 "법과 정의"당(Prawo i Sprawiedliwość: PiS)의 지지자들 넷 중 한 명(24퍼센트)이 사회적 시기자로서 자격을 얻는다는 점은 인상적이다.

그래서, 이 당을 위해서는, 사회적 시기자들에 영합하는 것이 주요 관심사다. 만약 PiS가 폴란드의 사회적 시기자들의 지지를 잃기라도 한다면, 그것은 자기 투표자들의 ¼을 잃는 것과 같을 것이다. 심지어 사회 민주당(Sojusz Lewicy Demokratycznej)과 녹색 봄당(Wiosna)의 "신좌파" 연합(Nowa Lewica)조차도 PiS만큼 많이 사회적 시기자들에 의지하지는 않는다: 그들 투표자들의 그저 14퍼센트만이 사회적 시기자들이다. 폴란드 2050당(Polska 2050 Szymona Hołowni)도 역시 자기 투표자들 가운데 사회적 시기자들의 14퍼센트 몫을 가지고 있다.

PiS가 어떤 다른 정당보다 사회적 시기자들을 더 많이 끌어들이는 것은 예상 밖이 아니다. 독일에서는, 그 당은 "우익"이나 "민족주의-보수주의자"로 여겨진다. 그러나 PiS가 한편 (예를 들어 가족과 민족주의에 관해) 많은 보수주의 입장을 정말 가지지만, 다른 한편 그것은 자기의 사회 및 경제 정책들 면에서 좌익이다.

사회적 시기자들은 폴란드의 두 번째 가장 큰 정당, 도날트 투스크(Donald Tusk)의 시민 연단(Platforma Obywatelska)의 투표자들 가운데서 거의 대변되지 않는데, 이 당 투표자들의 그저 7퍼센트만 사회적 시기자로 분류된다.

그리고 민족주의자, 군주론자 그리고 리버테리언 세력들의 특이한 혼합체를 결속시키는 자유와 독립 연합당(Konfederacja Wolność i Niepodległość)은 사회적 시기자로서 자격을 얻는 투표자 중 그저 매우 적은 비율만(6퍼센트)을 가지고 있다.

그림 28 폴란드: 사회적 시기심과 투표 선호들

각 정당의 투표자들 가운데 사회적 시기자들의 백분율

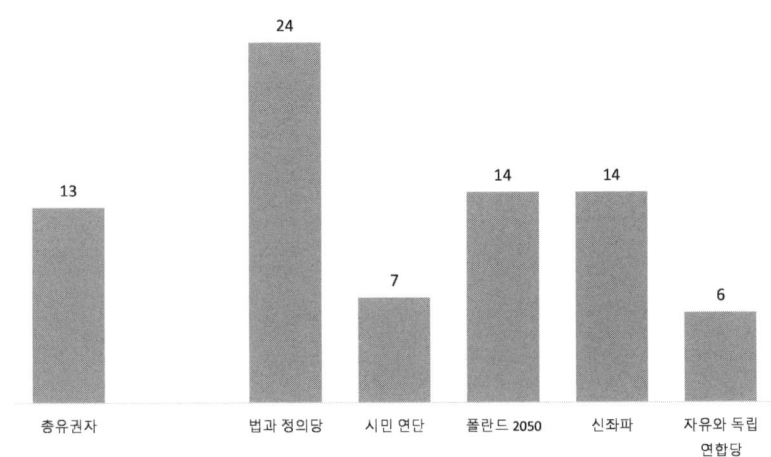

출처: 입소스 모리 설문 조사 22-087515-44

어떤 주어진 나라에서든 부자들에 대한 전반적인 태도를 측정하기 위해서 우리는 사회적 시기심 계수 SEC와 성격 특성 계수 PTC를 결합하여 부자 감정 지수(Rich Sentiment Index) RSI를 계산했다. RSI에 대해서, 1보다 큰 계수들은 부자들에 대한 태도들이—독일, 프랑스 그리고 스페인에서처럼—대개 부정적이라는 점을 의미한다. 가장 긍정적인 태도들은 폴란드, 일본 그리고 베트남에 있다.

그림 29 부자 감정 지수 RSI 국제 비교

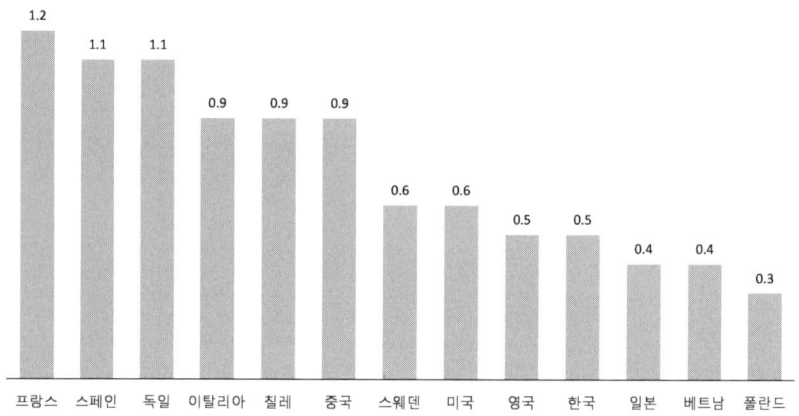

주: 계수가 더 낮을수록, 부자들에 대한 감정이 더 긍정적이다
출처: 알렌스바흐 연구소 설문 조사 8271과 11085, 입소스 모리 설문 조사 18-031911-01-02, 19-01009-29, 19-01009-47, 20-091774-05, 20-09-1774-30 및 21-041026-01, 그리고 인도차이나 연구

많은 나라에서, 경제적 향상들은 부자들에 대한 태도들의 변화를 뒤따랐는데, 덩샤오핑이 부의 추구가 좋은 것이지, 나쁜 것이 아니라고 1980년대 초기에 선언한 중국에서와 같다. 똑같은 말이 베트남에도 적용된다―폴란드 응답자들의 49퍼센트가 부자인 것이나 부자가 되는 것이 자기들에게 중요하다고 말한다는 사실로부터 명백하게 보이듯이, 폴란드에도. 네 아시아 나라 중국, 일본, 베트남 그리고 한국에서 평균은, 58퍼센트로, 더욱더 높았다. 그러나 역시 우리의 설문 조사가 집행된 다른 유럽

나라들과 미국에서는, 평균 그저 28퍼센트만이 부유하게 되는 것이 자기들에게 중요하다고 동의한다. 따라서 이 결과는 폴란드를, 사람들이 부의 추구에서 더는 그렇게 야심적이지 않은, 유럽과 미국에보다는 야심적인 아시아 나라들에 더 가깝게 둔다.

  폴란드의 예는 자본주의 개혁들이 한 나라에서 보통 사람들의 삶을 얼마나 많이 개선할 수 있는지를—그리고 때때로 개혁들이 빠르고 급진적으로 행해질 필요가 있다는 점을—보여준다. 자기 역사에서 그렇게 결정적인 단계에서, 폴란드는 정직하면서, 명백한 자유 시장 나침반을 지닌 정치인들이 이끌게 되어 운이 좋았다.

결론: 국가들의 부와 빈곤

"정신 이상의 정의는 똑같은 일을 재삼재사 하고 다른 결과들을 기대하는 것이다." 이 인용문은 종종 알베르트 아인슈타인이 한 말로 추정되는데, 하기야 그가 실제로 그 말을 했다는 반박할 수 없는 증거는 없다. 그러나 누가 그 말을 했건, 그 진술은 사실이다. 50년의 개발 원조와 100년 이상의 사회주의 실험 경험은 가난이 재분배로 극복될 수 없다는 점을 보여주었다. 만약 애덤 스미스가 오늘 세상을 내려다볼 수 있다면, 그는 이것이 진실임이 입증되었음을 느낄 것이다: 경제 성장이 가난을 극복한다는 점을―그리고 경제 성장의 전제 조건이 경제적 자유라는 점을.

사업의 세계에서는, 회사들은 최상의 회사들로부터 배운다―사업 특수 용어로 이것은 적절하게 "최상의 관행(best practice)"이라 불린다. 국가들도 역시 서로로부터 배울 수 있다. 이 책에서, 나는 국가들이 가난에서 벗어나는 방법을 보여주기 위해 폴란드와 베트남의 예들을 사용했다. 전쟁과 사회주의로 일어난 가공할 파괴에도 불구하고, 이 나라들은 몇십 년간 해마다 사람들의 생활 수준을 그럭저럭 개선했다. 처방은 두 경우 다 비슷했다: 자본주의 개혁들.

그러나 그러한 개혁들은 그저 위에서부터 부과될 수만은 없었다. 폴란드와 베트남에서, 시장 경제 구조들은 이미 사회주의 시대 동안 지하에서 발전하기 시작했었다. 폴란드에서는, 모든 사회주의 나라에서와 같이, 사람들이 그것 없이는 생존하기 어렵게 여겼을 상당히 큰 암시장 경제가 있었다. 암시장은 공식적인 소비재 시장과 나란히 발전하였고, 비록 그런 관행들이 처벌받을 수 있었지만, 그것들은 당에 의해 묵인되었다.

베트남에서는, 중국에서처럼, 비공식적 시장 구조들은 공식적인 개혁들을 도입하는 과정이 시작되기 전에 이미 발전했었다. 부분적으로, 그 개혁들은 셀 수 없을 정도로 많은 마을에서 자생적 발전으로서 이미 일어났었던 것을 그저 정당화했을 뿐이다. 많은 농업 집단 농장과 심지어 국유 기업조차도 공식적인 규칙들과 규정들을 그저 무시했을 뿐이다. 그들은 집단 농장들에서 일하기를 거부했고 집단 농장들과 가족들 사이나 국가 농장들과 개인 거래자들 사이에서 권한 없는 계약들["코안 쭈이(khoan chui)"]을 체결했다. 이 관행은 "파라오(pha rao)"[울타리 부수기(fence breaking)]라고 불렸다.

자본주의는 위에서부터 부과될 수 없다. 한 나라의 정치적 지도부가 할 수 있는 최상의 일은 자생적인 발전들에 반대하는 일을 그만두고 그것들을 위해 법적 확실성을 창출하는 법적 틀을 창설하는 것이다.

폴란드와 베트남 양쪽 다에서, 사회주의를 개선하고 "개혁할" 셀 수 없을 만큼 많은 시도가 있었다. 그러나 늦어도 1980년대까지는, 사람들은 체제 안에서부터 필요한 개혁들을 집행하는 것이 불가능하다는 점을 깨달았다. 베트남은 아직도 자신을 "사회주의" 나라라고 부르고 집권당은 자신을 공산당으로 부른다. 그러나 미국이나 유럽에서보다 베트남에서 완고한 마르크스주의자가 더 적다. 폴란드에서는, 베트남에서와 달리, 또한 구정치 체제와의 단절도 있었다.

그러나 차이점들 외에도, 이 두 나라 사이에는 훨씬 더 많은 유사점이 있다. 예를 들면, 사회적 시기심이 베트남이나 폴란드에서는 그리 현저하지 않다. 내가 포괄적인 설문 조사들에 기초하여 13개 나라에 대해 계산한 부자 감정 지수는 부유한 사람들에 관해 가장 긍정적인 대중 의견들을 가진 두 나라가 폴란드와 베트남이라는 점을 보여준다.[416] 사람들의 부 견해가 주로 부정적임 및 시기심과 관련되지 않고, 그들 자신이 부유해지려는 욕구를 지니고 있다는 사실은 한 나라에서 경제적 활력이 발전할 전제 조건이다. 우리는 13개 나라의 사람들에게 그들이 개인적으로 부유하거나 부유해지게 되는 것이 얼마나 중요한지 질문했다. 독일에서는, 응답자들의 22퍼센트가 그것이 중요하다고 말했고, 미국에서는 그것은 30퍼센트였으며, 폴란드에서는 49퍼센트, 중국에서는 50퍼센트, 한국에서는 63퍼센트 그리고 베트남에서는 76퍼센트만큼이나 되었다.[417]

이 책은 가난에서 벗어난 국가들에 관한 것이지만, 또한 여행을 거꾸로 했고 가난에 빠진 국가들도 고찰할 가치가 있다. 아마도 지난 100년에 아르헨티나만큼 그렇게 극적으로 내려앉은 나라는 세계에 없을 것이다. 20세기 초에는, 그 주민의 평균 1인당 소득은 세계에서 가장 높은 축에 속했다. "*아르헨티나 사람처럼 부유한*(riche comme un argentin)"이라는 표현은 그 당시 흔히 듣던 표현이었다.[418]

아르헨티나의 하락은 한 이름—후안 도밍고 페론(Juan Domingo Perón) 대령—과 밀접하게 관련되어 있다. 그는 1945년 2월에 대통령으로 선출되었다. 그의 첫 임기는 1955년까지 계속되었다. 그의 정치적 의제: 큰 정부. 아르헨티나의 전화 회사가 국유화되었고, 그것의 철도 회사들, 그것의 에너지 공급, 그것의 민영 라디오가 국유화되었다. 1946년과 1949년 사이만도, 정부 지출이 세 배로 되었다. 공공 부문 고용인들의 수는 1943년 243,000명에서 1955년 540,000명으로 증가했다—많은 새 일자리가 페론의 노동자당의 지지자들을 부양하기 위해 정부 기관들에서와 공무원에서 창출되었다.[419] 경제 정책은 사회주의적이었다: 비록 철도들

---

[416] 페이지 142에 있는 그림을 보라.
[417] 페이지 134에 있는 그림을 보라.
[418] Rieckenberg, *Geschichte Argentiniens*, 110.

결론: 국가들의 부와 빈곤 • 245

에 대한 승객량과 화물량이 침체했을지라도, 고용인들의 수는 1945년과 1955년 사이 50퍼센트 이상만큼 증가했다. 페론주의 노동조합들은 아르헨티나에서 군대와 나란히 가장 강력한 조직이 되었다. 페론의 아내 에바 두아르테스(Eva Duartes)는 여자 주인공처럼 숭배되었고, 사회 복지에 돈을 척척 나누어 주었다.

군사 독재 정부들과 페론주의 정부들이 서로를 대체했다. 아르헨티나는 더욱더 빚에 빠졌다. 1973년에, 페론은 세 번째 집권하였다―그리고 다시 그의 의제는 재분배와 강력한 국가 규제로 구성되었다. 1976년부터 1983년까지, 아르헨티나는 군부에 의해 통치되었는데, 이들은 야당의 모든 당원을 난폭하게 박해했다.

경제적으로, 아르헨티나의 역사는 인플레이션, 초인플레이션, 국가 파산들 그리고 빈곤화의 역사이다. 1816년 자기의 독립 이래, 그 나라는 아홉 번의 국가 파산을 경험했는데, 가장 최근 것은 2020년에 있었다―한때 세계에서 가장 부유한 나라 중 하나였던 아주 자부심이 강한 나라에 관한 비극적인 이야기이다. 나는 아르헨티나를 방문했고 보통 사람들, 경제학자들 그리고 정치인들과 이야기했다. 나의 관찰: 더욱 많은 아르헨티나인이 자기들의 문제들에 대한 유일한 해결책이자 가난에서 벗어나는 길이 더 많은 자본주의라는 점을 깨닫고 있다.

국가 쇠퇴의 또 하나의 애처로운 예는 베네수엘라이다. 20세기 초 그것은 라틴아메리카에서 가장 가난한 나라 중 하나였지만, 1960년대 말까지는 베네수엘라는 놀랄 만한 발전을 경험했었다. 20세기 중에, 베네수엘라는 라틴아메리카에서 가장 가난한 나라 중 하나에서 가장 부유한 나라가 되었다. 1970년에, 그것은 세계에서 가장 부유한 나라 20위 안에 들었고,

---

419 Rieckenberg, 148–149.

스페인, 그리스 그리고 이스라엘보다 더 높은 1인당 GDP를 가지고 있었으며, 영국의 그것보다 그저 13퍼센트 더 낮았을 뿐이었다.420

베네수엘라의 경제 운 역전은 1970년대에 시작됐다. 그 나라 문제들의 이유 중 하나는 그것의 막대한 석유 매장량에 대한 그것의 의존이었다. 그렇지만, 노동 시장에 대한 대단히 높은 수준의 정부 규제를 포함한, 다른 원인들도 있었는데, 그 규제는 1974년부터 연이어 물결을 이룬 새 규제들로 강화되었다. 라틴아메리카 거의 어떤 다른 나라에서도 (혹은 그 문제와 관련 세계에서 다른 어떤 곳에서도) 노동 시장이 그렇게 심하게 규제되지 않았다. 1972년에 누군가를 고용하는 비용에 5.35개월 임금에 상당하는 것을 추가하는 것에서, 비임금 노동 비용들은 급등하여 1992년에 8.98개월 임금에 상당하는 것을 추가하였다.421

그러나 베네수엘라의 예가 보여주듯이, 문제들이 계속해서 더 커질 때, 그것은 반드시 사람들이 배울 것이라는 점을 의미하지는 않는다—역사는 보장된 행복한 결말을 가진 할리우드 영화와 같지 않다. 혹은, 다른 식으로 표현하면, 사정은 항상 더 나빠질 수 있다.

많은 베네수엘라인은 자기들의 나라를 부패, 가난 그리고 경제적 쇠퇴에서 구해낼 구세주로서 카리스마 있는 사회주의 지도자 우고 차베스(Hugo Chávez)를 믿었다. 차베스는 1998년에 대통령으로 선출되었다. 1년 후 베네수엘라 공화국은 그의 명령으로 베네수엘라 볼리바르 공화국(Bolivarian Republic of Venezuela; *República Bolivariana de Venezuela*)으로 개명되었다. 그는 많은 베네수엘라 빈민에게 희망의 등대였을 뿐만 아니라, 새로운 종류의 "21세기를 위한 사회주의(Socialism

---

420 Hausmann / Rodríguez, Introduction, 1.
421 Bello / Bermúdez, 117.

for the 21st Century)"에 관한 그의 연설은 또한 유럽과 북아메리카 좌파 구성원들 사이에 이상향적 낙원의 꿈들을 되살리기도 하였다. 우리는 이 이야기가 어떻게 끝났는지 안다: 베네수엘라는 처음에는 경제적 자유를 잃었고, 그다음에는 정치적 자유를 잃었으며, 인플레이션이 터무니없는 1백만 퍼센트로 상승했고, 사람들이 배고픔으로 고통받았으며, 수백만이 나라를 떠났다.

베네수엘라의 역사는 우리에게 경보가 될 것이다: 심지어 번영하고 민주적인 나라들조차도 자기들의 번영과 자유를 그저 몇 년만 지나 잃는 것에서 면해지지 않는다. 정치적 자유뿐만 아니라 경제적 자유도 당연하게 여겨질 수가 없다; 그것을 얻기 위해, 반복해서, 싸워야 한다.

폴란드와 베트남에서도 역시, 미래 정부들이 자기들의 나라들이 1980년대 후기 이래 택했던 길을 고수할 것이라는 보장이 없다. 종종, 일정 시간이 지나면, 사람들은 자기들의 나라가 성공하게 된 이유를 잊는다. 오늘날 폴란드에서는, 더 큰 정부와 더 작은 시장 쪽으로의 위험한 경향이 있다. 베트남에서는, 적어도 지금까지는, 그러한 경향이 나타나지 않았다. 그러나 정치적 개혁들이 없이는, 베트남이 부패 같은 문제들과 성공적으로 싸우는 것이 궁극적으로 가능하지 않을 것이다.

나는 두 나라 다 찬양하고, 오늘날 가난한 나라들에 있는 사람들이 그것들을 모범으로 삼을 것을 희망한다. 나는 사람들이 세계 어디에 있든지 그들에게 큰 소리로 말하고 싶다: 과거를 곱씹고 서양에서 죄인들을 찾기를 멈춰라. 서양이 개발 원조를 가지고 당신을 가난에서 구해낼 수 있다고 믿는 것을 멈춰라. 폴란드와 베트남의 역사를 공부하라, 왜냐하면 그것이 국가들이 가난에서 벗어나는 방법을 이해하는 데 열쇠를 쥐고 있는 것이기에!

지은이에 관해

라이너 지텔만(Rainer Zitelmann)은 1957년에 독일 프랑크푸르트 암 마인(Frankfurt am Main)에서 태어났다. 그는 1978년부터 1983년까지 역사와 정치학을 공부했고 훌륭한 성적으로 졸업했다. 1986년에, 그는 프라이헤어 폰 아레틴(Freiherr von Aretin) 교수의 지도로 자기의 학위 논문≪히틀러. 한 혁명가의 자아상(Hitler. Selbstverständnis eines Revolutionärs)≫[영문: ≪히틀러의 국가 사회주의(Hitler's National Socialism)≫]로 박사 학위를 받았다. "최우등의(summa cum laude)" 평점을 받은 이 연구는 전 세계적 관심과 인정을 받았다.

1987년부터 1992년까지, 지텔만은 베를린 자유 대학교(Free University of Berlin)의 중앙 사회 과학 연구소(Central Institute for Social Science Research)에 근무했다. 그다음 그는, 그 당시 독일에서 세 번째 큰 서적 출판 그룹인, 울스타인-프로필레언(Ullstein-Propyläen) 출판사의 편집장이 되었고 지도적인 독일 일간 신문 ≪디 벨트(Die Welt)≫의 여러 부를 이끌었다. 2000년에, 그는 자기의 기업, Dr. ZitelmannPB. GmbH를 설립했는데, 이것은 그 후 독일에서 부동산 회사들에 자문하는 시장 주도 기업이 되었다. 그는 그 기업을 2016년에 팔았다.

2016년에, 지텔만은 포츠담 대학교(University of Potsdam)에서 볼프강 라우터바흐(Wolfgang Lauterbach) 교수의 지도하에 엄청난 부자들의 심리학에 관한 자기의 학위 논문으로, 이번에는 사회학에서, 자기의 두 번째 박사 학위를 받았다. 그의 두 번째 박사 학위 논문은 영어로 ≪The Wealth Elite(우리말 번역: 부의 해부학)≫로 출판되었고 엄청난 부자들의 심리학을 다룬다.

지텔만은 총 29권의 책을 썼는데, 이것들은 전 세계 35개 언어로 번역되어 상당한 성공을 누렸다. 그는 아시아, 미국 그리고 유럽에서 많이 요청받는 초청 연사이다. 지난 몇 년에 걸쳐, 그는 많은 세계 지도적인 언론 매체에 기사들을 썼고 인터뷰들에 응했는데, ≪르몽드(Le Monde)≫, ≪르푸엥(Le Point)≫, ≪코리에

레 델라 세라(Corriere della Sera)≫, ≪일 조르날레(Il Giornale)≫, ≪프랑크푸르터 알게마이네 차이퉁(Frankfurter Allgemeine Zeitung)≫, ≪디 벨트(Die Welt)≫, ≪슈피겔(Der Spiegel)≫, ≪노이에 취르허 차이퉁(Neue Zürcher Zeitung)≫, ≪데일리 텔레그래프(The Daily Telegraph)≫, ≪타임스(The Times)≫, ≪내셔널 인터리스트(National Interest)≫, ≪포브스(Forbes)≫ 그리고 중국과 베트남에서의 많은 매체를 포함한다. 이 책의 독자들은 특히 그의 책들 ≪부유한 자본주의 가난한 사회주의(The Power of Capitalism)≫, ≪여론에서의 부자들(The Rich in Public Opinion)≫ 그리고 ≪반자본주의자들의 열 가지 거짓말(In Defense of Capitalism)≫을 읽기를 권한다. 라이너 지텔만의 생애에 관한 자세한 정보는 rainer-zitelmann.com에서 볼 수 있다.

참고 문헌

1. 애덤 스미스가 옳았다: 오직 경제적 자유만이 빈곤을 타파할 수 있다

Aßländer, Michael S. *Adam Smith zur Einführung*. Junius Verlag. Hamburg, 2007.

Braudel, Fernand. *Civilization and Capitalism, 15th‑18th Century, Vol. I: The Structures of Everyday Life*. William Collins Sons & Co Ltd. London, 1985.

Deaton, Angus. *The Great Escape. Health, Wealth, and the Origins of Inequality*. Princeton University Press. Princeton and Oxford, 2013.

Fleischacker, Samuel. *Adam Smith*. Routledge. London and New York, 2021.

Gilbert, Geoffrey, "Adam Smith on the Nature of Poverty," in *Review of Social Economy*, Fall 1997, Vol. 55, No. 3, 273‑291.

Hayek, Friedrich August von. "Die überschätzte Vernunft," in Friedrich August von Hayek. *Wissenschaftstheorie und Wissen. Aufsätze zur Erkenntnis- und Wissenschaftslehre*. Edited by Viktor Vanberg. Mohr Siebeck. Tübingen, 2007, 109‑136.

Hayek, Friedrich August von. *The Constitution of Liberty, The Definitive Edition*. The University of Chicago Press. London, 2011.

Liu, Glory M. *Adam Smith's America. How a Scottish Philosopher became an Icon of American Capitalism*. Princeton University Press. Princeton and Oxford, 2022.

Marx, Karl. *Capital. Volume I: A Critique of Political Economy* (Penguin

Classics). Penguin Books. London, 1976.

McCloskey, Deirdre Nansen; Carden, Art. *Leave Me Alone and I'll Make You Rich. How the Bourgeois Deal Enriched the World.* The University of Chicago Press. Chicago and London, 2020.

Mises, Ludwig von. *Socialism: An Economic and Sociological Analysis.* Liberty Fund. Indianapolis, 1981.

Norberg, Johan. *Progress: Ten Reasons to Look Forward to the Future.* Oneworld Publications. London, 2017.

Rothbard, Murray N. *Economic Thought Before Adam Smith. An Austrian Perspective on the History of Economic Thought*, Volume 1. Ludwig von Mises Institute. Auburn, Alabama, 2006.

Smith, Adam. *The Theory of Moral Sentiments.* Penguin Group. London, 2009.

Smith, Adam. *The Wealth of Nations.* David Campbell Publishers. London, 1991.

Smith, Adam. *Essays on Philosophical Subjects.* Edited by W.P.D, Wightman and J.C. Bryce. Liberty Fund, 1990.

Streminger, Gerhard. *Adam Smith. Wohlstand und Moral. Eine Biographie.* C.H. Beck Verlag. Munich, 2017.

Zitelmann, Rainer. *The Power of Capitalism.* LiD Publishing Limited. London, 2019.

2. 무엇이 빈곤에 맞서는 데 도움이 되는가 ─ 그리고 무엇이 도움이 되지 않는가

Bremer, Frank. *50 Jahre Entwicklungshilfe. 50 Jahre Strohfeuer.* R.G. Fischer Verlag. Frankfurt, 2021.

Burnside, Craig, David Dollar. "Aid, Policies, and Growth." In: *American*

Economic Review. December 2000, 81, 1345 - 1351.

Coase, Ronald, Ning Wang. *How China Became Capitalist*. Palgrave Macmillan. New York, 2012.

Djankov, Simeon; Jose G. Montalvo, Marta Reynal-Querol. *The Curse of Aid*. The World Bank Group, 2005.

https://openknowledge.worldbank.org/handle/10986/5663

Dreher, Axel, Sarah Langlotz. *Aid and Growth. New Evidence Using an Excludable Instrument*. June 2017.

http://www.axel-dreher.de/Dreher%20and%20Langlotz%20Aid%20and%20Growth.pdf

Easterly, William. "Can Foreign Aid Buy Growth?" In: *The Journal of Economic Perspectives*, Summer 2003, Vol 17, No 3, 23 - 48.

Easterly, William. "Was Development Assistance a Mistake?" In: *The American Economic Review*, May 2007, Vol 97, No. 2, 328 - 332.

Easterly, William. *The White Man's Burden: Why the West's Efforts to Aid the Rest Have Done So Much Ill and So Little Good*. Oxford University Press. Oxford, 2006.

Meegan, Daniel V. "Zero-Sum Bias: Perceived Competition Despite Unlimited Resources." In: *Frontiers in Psychology*. 2010.

https://www.ncbi.nlm.nih.gov/pmc/articles/PMC3153800/

Moyo, Dambisa. *Dead Aid: Why Aid Is Not Working and How There Is a Better Way for Africa*. Farrar, Straus & Giroux. New York, 2009.

Ovaska, Tomi. "The Failure of Development Aid." In: *Cato Journal* Vol. 23 No. 2. Washington D.C., 2003, 175 - 188.

Paldam, Martin, "The Aid Effectiveness Literature: The Sad Results of 40 Years of Research." In: *Journal of Economic Surveys* (2009), Vol. 23, No.

3, 433–461.

Pinker, Steven. *Enlightenment Now. The Case for Reason, Science, Humanism, and Progress*. Viking. New York, 2018.

Rosling, Hans, with Anna Rosling and Ola Rosling Rönnlund. *Factfulness: Ten Reasons We're Wrong About the World —And Why Things Are Better Than You Think*. Sceptre. London, 2018.

Rubin, Paul H. "Folk Economics." In: *Southern Economic Journal*, Vol. 70. (1), 2003, 157–171.

3. 베트남: 도이 모이 — 용의 상승

Altrichter, Helmut. *Kleine Geschichte der Sowjetunion 1917–1991*. 3rd edition. Verlag C.H. Beck. Munich, 2007.

Anh Thu Nguyen, Andreas Stoffers. *Vietnam und Deutschland, Nachhaltige Entwicklung im Kontext des globalen Wandels. Festschrift zum 45. Jubiläum der deutsch-vietnamesischen Beziehungen*. Verlag der Nationalen Universität von Hanoi. Hanoi, 2019.

Baum, Anja. *Vietnam's Development Success Story and the Unfinished SDG Agenda*. IMF Working Paper Working Paper No. 2020/031. Asia Pacific Department. February 2020.
https://www.imf.org/en/Publications/WP/Issues/2020/02/14/Vietnam-s-Development-Success-Story-and-the-Unfinished-SDG-Agenda-48966

Beresford, Melanie. "The Development of Commercial Regulation in Vietnam's Market Economy." In: Gillespie, John, Albert H. Y. Chen (eds.). *Legal Reforms in China and Vietnam. A comparison of Asian Communist regimes*. Routledge. London and New York, 2010, 254–268.

Boothroyd, Peter, Pham Xuan Nam (eds.). *Socioeconomic Renovation in Viet

Nam. *The Origin, Evolution, and Impact of Doi Moi*. International Development Research Centre Ottawa and Institute of Southeast Asian Studies. Singapore / Ottawa, 2000.

Bui, Cuong, Truong Si Anh. "Income-Based Social Stratification in Vietnam 1998 – 2018." In: Tran Thi Anh-Dao. *Rethinking Asian Capitalism. The Achievements and Challenges of Vietnam Under Doi Moi*. Palgrave Macmillan. Cham, Switzerland, 2022, 205 – 219.

Chu Van Lam, "Doi Moi in Vietnamese Agriculture." In: Turley, William S., Mark Selden. *Reinventing Vietnamese Socialism. Doi Moi in Comparative Perspective*. Routledge Taylor & Francis Group. London / New York, NY, 2019, 151 – 164.

Deaton, Angus. *The Great Escape. Health, Wealth, and the Origins of Inequality*. Princeton, NJ / Oxford. Princeton University Press, 2013.

Diez, Javier Revilla. "Vietnam 30 Years After Doi Moi: Achievements and Challenges." In: *Zeitschrift für Wirtschaftsgeographie* 60(3), January, 2016. https://www.researchgate.net/publication/309449779_Vietnam_30_years_after_Doi_Moi_Achievements_and_challenges

Edwards, Vincent, Anh Phan. *Managers and Management in Vietnam. 25 Years of Economic Renovation (doi moi)*. Routledge. London / New York, NY, 2013.

Elliott, David W.P. "Dilemmas of Reform in Vietnam." In: Turley, William S., Mark Selden. *Reinventing Vietnamese Socialism. Doi Moi in Comparative Perspective*. Routledge Taylor & Francis Group. London / New York, NY, 2019, 53 – 94.

Furuta, Motoo. "The 6th Congress of the Communist Party of Vietnam: A Turning Point in the History of the Vietnamese Communists." In: Mio

Tadashi. *Indochina in Transition, Confrontation or Co-prosperity*. Japan Institute of International Affairs. Toranomon, Minatoku, Tokyo, 1989, 1 – 19.

Gillespie, John, Albert H. Y. Chen (eds.). *Legal Reforms in China and Vietnam. A comparison of Asian Communist regimes*. Routledge. London / New York, NY, 2010.

Giesenfeld, Günter. *Land der Reisfelder. Vietnam, Laos und Kambodscha. Geschichte und Gegenwart*. Argument Verlag. Hamburg, 2013.

Glewwe, Paul, Nisha Agrawal, David Dollar. *Economic Growth, Poverty, and Household Welfare in Vietnam*. World Bank Regional and Sectoral Studies. The International Bank for Reconstruction and Development, Washington, D.C., 2004.

Guanni, Lim. *The Political Economy of Growth in Vietnam. Between States and Markets*. Routledge. New York, NY, 2021.

Hayton, Bill. *Vietnam. Rising Dragon*. New Edition. Yale University Press. New Haven, CT / London, 2020.

Heberer, Thomas. Translated by Timothy J. Gluckman. *Private Entrepreneurs in China and Vietnam. Social and Political Functioning of Strategic Groups*. Brill NV. Leiden, The Netherlands / Boston, MA, 2003. https://brill.com/display/title/8288

Ho, Andy, with Joel Weiden. *Crossing the Street. How to make a success of investing in Vietnam*. Harriman House. Petersfield, Hampshire, 2021.

Hồ Chí Minh, "Testament." In: *45 years of President Ho Chi Minh's Testament*. Vietnam Law and Legal Forum. September 29, 2014. vietnamlawmagazine.vn/45-years-of-president-ho-chi-minhs-testament-4550.html

Klump, Rainer, Gerd Mutz (eds.). *Doi Moi in Wirtschaft und Gesellschaft. Soziale und ökonomische Transformation in Vietnam.* Metropolis Verlag. Marburg, 2002.

Le Ngoc Dang, Dinh Dung Nguyen, Farhad Taghizadeh-Hesary. *State-Owned Enterprise Reform in Viet Nam: Progress and Challenges.* Asian Development Bank Institute, Working Papers Series No. 1071, January 2020.
https://www.adb.org/publications/state-owned-enterprise-reform-viet-nam-progress-challenges

Lim, David. *Economic Growth and Employment in Vietnam.* Routledge. London / New York, NY, 2014.

Mai Anh Hoang. *Understanding the Causes of Vietnamese Economic Growth from 1986 to 2005.* regiospectra Verlag. Berlin, 2011.

Mania, Elodie, Arsène Rieber, Tran Thi Anh-Dao. "Vietnam's WTO Accession and the Pathway to a Global Field: A Critical Perspective." In: Tran Thi Anh-Dao. *Rethinking Asian Capitalism. The Achievements and Challenges of Vietnam Under Doi Moi.* Palgrave Macmillan. Cham, Switzerland, 2022, 223 - 250.

Margara, Andreas. *Der Amerikanische Krieg. Erinnerungskultur in Vietnam.* regiospectra. Berlin, 2012.

Mio, Tadashi. "Vietnamese Economic Reforms: A Period of Trial and Error And the Present Situation." In: Mio, Tadashi. *Indochina in Transition, Confrontation or Co-prosperity.* Japan Institute of International Affairs. Toranomon, Minatoku, Tokyo, 1989, 20 - 56.

Napier, Nancy K., Dau Thuy Ha. *The Bridge Generation of Vietnam. Spanning Wartime to Boomtime.* CCI Press. Boise, ID, 2020.

Ngo Vinh Long. "Reform and Rural Development: Impact on Class, Sectoral, and Regional Inequalities." In: Turley, William S., Mark Selden. *Reinventing Vietnamese Socialism. Doi Moi in Comparative Perspective*. Routledge Taylor & Francis Group. London / New York, NY, 2019, 165 – 207.

Nguyen, Tam T.T. *Vietnam und sein Transformationsweg. Die Entwicklung seit der Reformpolitik 1986 und aktuelle Herausforderungen*. Diplomica Verlag. Hamburg, 2014.

Nguyen Tri Hung. *The Inflation of Vietnam in Transition*. Centre for ASEAN Studies and Centre for International Management and Development. Antwerp, The Netherlands, January 1999.

Nguyen Trong Chuan, Nguyen Minh Luan, Le Huu Tang – with Peter Boothroyd and Sharon Manson Singer. "Social Policy." In: Boothroyd, Peter, Pham Xuan Nam (eds.). *Socioeconomic Renovation in Viet Nam. The Origin, Evolution, and Impact of Doi Moi*. International Development Research Centre Ottawa and Institute of Southeast Asian Studies. Singapore / Ottawa, 2000, 141 – 172.

Nguyen Van Minh. "The transformation of mobility in post-doi moi." In: *Civilisations. Revue internationale d'anthropologie et de sciences humaines*, No 69, s.i. 2020.
https://journals.openedition.org/civilisations/5770?lang=en

Opletal, Helmut (ed.). *Doi Moi. Aufbruch in Vietnam. Mit Beiträgen von Werner Clement, Dang Hoang Giang, Le Dang Doanh, Christa Esterházy, Georg Lennkh, Helmut Opletal, Oskar Weggel*. Brandes & Apsel Verlag. Frankfurt, 1999.

Pfeifer, Claudia. *Konfuzius und Marx am Roten Fluss. Vietnamesische*

Reformkonzepte nach 1975. Horlemann Verlag. Bad Honnef, 1991.

Phan Le Ha, Doan Ba Ngoc. *Higher Education in Market-Oriented Socialist Vietnam, New Players, Discourses, and Practices*. Palgrave Macmillan, Springer Nature. Cham, Switzerland, 2020.

Riest, Manfred. "Kriegsheldinnen, Männerersatz und viele Blumen – Vietnam hat gleich zwei Frauentage." In: *Neue Zürcher Zeitung*, March 8, 2021.

Rushing, Rosanne M., Charlotte Watts. *The new market economy (Doi Moi) in Viet Nam and its impact on young people*. Princeton EU Papers. Undated.

https://ipc2005.popconf.org/papers/50294

Szalontai, Balazs. "The Diplomacy of Economic Reform in Vietnam. The Genesis of Doi Moi 1986 – 1989." *The Journal of Asiatic Studies* 51(2), June 2008, 199 – 252.

http://www.coldwar.hu/publications/Doi%20Moi%20Article.pdf

Stoffers, Andreas, Long Quang Pham. *Der aufsteigende Drache. Erfolgreich in Vietnam. Ein interkultureller Guide für alle, die in Vietnam arbeiten oder arbeiten wollen*. Springer Gabler. Wiesbaden, 2021.

Tarp, Finn. *Vietnam. The Dragon that Rose From the Ashes*. United Nations University Unu-Wider. October 2018.

https://ideas.repec.org/p/unu/wpaper/wp-2018-126.html

Tran Thi Anh-Dao. *Rethinking Asian Capitalism. The Achievements and Challenges of Vietnam Under Doi Moi*. Palgrave Macmillan. Cham, Switzerland, 2022.

Tran Thi Que, To Xuan Phuc. "The Doi Moi Policy and its Impact on the Poor." In: *Social Watch Report 2003. The Poor and the Market*. Uruguay, 2003.

https://www.socialwatch.org/node/11120

Turley, William S. "Introduction." In: Turley, William S., Mark Selden. *Reinventing Vietnamese Socialism. Doi Moi in Comparative Perspective*. Routledge Taylor & Francis Group. London / New York, NY, 2019, 1 – 15.

Turley, William S. "Party, State, and People: Political Structure and Economic Prospects." in: Turley, William S., Mark Selden. *Reinventing Vietnamese Socialism. Doi Moi in Comparative Perspective*. Routledge Taylor & Francis Group. London / New York, NY, 2019, 257 – 276.

Turley, William S., Mark Selden. *Reinventing Vietnamese Socialism. Doi Moi in Comparative Perspective*. Routledge Taylor & Francis Group. London / New York, NY, 2019.

Vu Le Thao-Chi. *Agent Orange and Rural Development in Post-War Vietnam*. Routledge. New York, NY, 2020.

Weggel, Oskar. "Modernisierungspolitik in Vietnam." In: Opletal, Helmut (ed.). *Doi Moi. Aufbruch in Vietnam. Mit Beiträgen von Werner Clement, Dang Hoang Giang, Le Dang Doanh, Christa Esterházy, Georg Lennkh, Helmut Opletal, Oskar Weggel*. Brandes & Apsel Verlag. Frankfurt, 1999, 15 – 28.

Were, Graeme. "Representing Doi Moi: History, Memory and Shifting National Narratives in Late-Socialist Vietnam." *International Journal of Heritage Studies*, December 2017.
https://www.tandfonline.com/doi/abs/10.1080/13527258.2017.1413677

Wolff, Peter. *Vietnam. Die unvollendete Transformation*. Weltforum Verlag. Cologne, 1997.

Wolz, Axel. "Transformation and Development of Agricultural Co-operatives in Vietnam." In: Klump, Rainer, Gerd Mutz (eds.). *Doi Moi in Wirtschaft und Gesellschaft. Soziale und ökonomische Transformation in Vietnam*.

Metropolis Verlag. Marburg, 2002, 11‒42.

Womack, Brantly. "Political Reform and Political Change in Communist Countries: Implications for Vietnam." Turley, William S., Mark Selden. *Reinventing Vietnamese Socialism. Doi Moi in Comparative Perspective*. Routledge Taylor & Francis Group. London / New York, NY, 2019, 277‒305.

World Bank Group. *From the Last Mile to the Next Mile, 2022 Vietnam Poverty and Equity Assessment*. 2022.

https://openknowledge.worldbank.org/handle/10986/37952

World Bank Group. *Educate to Grow, Taking Stock*. August 2022.

https://openknowledge.worldbank.org/handle/10986/37834

Wurfel, David. "Doi Moi in Comparative Perspective." In: Turley, William S., Mark Selden. *Reinventing Vietnamese Socialism. Doi Moi in Comparative Perspective*. Routledge Taylor & Francis Group. London / New York, NY, 2019, 19‒52.

Zitelmann, Rainer. *The Rich in Public Opinion: What We Think About When We Think About Wealth*. Cato Institute. Washington, D.C., 2020.

Zitelmann, Rainer. "Attitudes towards the rich in China, Japan, South Korea, and Vietnam." *Economic Affairs*, Vol. 42, Issue 2, June 2022, 210‒224.

4. 폴란드: 흰 독수리의 비상

Aslund, Anders, Simeon Djankov (eds.). *The Great Rebirth. Lessons from the Victory of Capitalism over Communism*. Peterson Institute for International Economics. Washington, D.C., 2014.

Balcerowicz, Leszek. *Post-Communist Transition: Some Lessons*. The Institute of Economic Affairs. London, 2001.

Balcerowicz, Leszek. *Socialism, Capitalism, Transformation*. Central European University Press. Budapest, London, New York, 1995.

Balcerowicz, Leszek. "Stabilization and Reform under Extraordinary and Normal Politics." In: Aslund, Anders; Simeon Djankov (eds.). *The Great Rebirth. Lessons from the Victory of Capitalism over Communism*. Peterson Institute for International Economics. Washington, D.C., 2014, 17 - 38.

Dudek, Slawomir, Marcin Zielinski. *More Free Market or More Market. How to Strengthen Post-Pandemic Recovery?* FOR Civil Development Forum. Warsaw, 2021.

Filar, Darius, *Rückkehr zum Staatseigentum, Dialog Forum. Perspektiven aus der Mitte Europas*. February 2019.

https://forumdialog.eu/2019/02/21/rueckkehr-zum-staatseigentum/

Friszke, Andrzej, Antoni Dudek. *Geschichte Polens 1939 - 2015*. Brill Schöningh. Paderborn, 2022.

Gnauck, Gerhard. *Polen verstehen. Geschichte, Politik, Gesellschaft*. Klett-Cotta. Stuttgart, 2018.

Gomulka, Stanislaw. "Poland's Economic Growth in the Global and Long-Term Perspective. Until 2015, The Last Two Years, Forecast." In: *Civil Development Forum, Perspectives for Poland. The Polish Economy from 2015-2017. Against the Background of the Previous Years and Future Forecasts*. FOR Civil Development Forum. Warsaw, 2017.

https://www.politico.eu/wp-content/uploads/2017/11/Report-Perspectives-for-Poland.-The-Polish-Economy-from-2015%E2%80%932017-Against-the-Background-of-the-Previous-Years-and-Future-Forecasts.pdf

Havrylyshyn, Oleh, Xiaofan Meng, Marian L. Tupy. 25 Years of Reforms in *Ex-Communist Countries. Fast and Extensive Reforms Led to Higher*

Growth and More Political Freedom. Cato Institute, Policy Analysis. Washington, D.C., July 12, 2016, No. 795, 1‒26.

https://www.cato.org/policy-analysis/25-years-reforms-ex-communist-countries-fast-extensive-reforms-led-higher-growth

Jarosz-Nojszweska, Anna. "Unemployment in Poland in 1918-2018." In: *Kwartalnik Kolegium Ekonomiczno-Społecznego Studia i Prace* 3 (35). Warsaw, 2018, 102‒120.

Kaminski, Bartlomiej. *The Collapse of State Socialism. The Case of Poland*. Princeton University Press. Princeton, New Jersey, 1991.

KARTA Centre / Polish Agency for Enterprise Development. *Enterprise the Polish Way*. Polish Agency for Enterprise Development / KARTA Centre. Warsaw, 2011.

https://www.parp.gov.pl/storage/publications/pdf/2011_enterprise_en.pdf

Kienzler, Iwona. *Życie w PRL. I strasznie i śmiesznie*. Bellona. Warsaw, 2015.

Korys, Piotr. *Poland from Partitions to EU Accession. A Modern Economic History, 1772‒2004*. Palgrave Macmillan. London, 2018.

Laszek, Aleksander, Rafael Trzeciakowski, Marcin Zielinski. *Poland: Stagnation or growth? Jobs, the rule of law, investments and innovations*. Civil Development Forum. Warsaw, February, 2021.

https://for.org.pl/en/publications/for-reports/poland-stagnation-or-growth-jobs-the-rule-of-law-investments-and-innovations

Lenin, Vladimir Ilyich. "The New Economic Policy and the Tasks of the Political Education Departments." In: *V. I. Lenin Collected Works*, Vol. 33, August 1921－March 1923, 2nd English Edition. Progress Publishers. Moscow, 1965, 60‒79.

Lewis, Ben. Hammer and Tickle, *A History of Communism told through*

Communist Jokes. Phoenix. London, 2008.

Miller, Terry, Anthony B. Kim, James M. Roberts. *2022 Index of Economic Freedom*. The Heritage Foundation. Washington, D.C., 2022. https://www.heritage.org/index/pdf/2022/book/2022_IndexOfEconomicFreedom_FINAL.pdf

Mises, Ludwig von. *Socialism: An Economic and Sociological Analysis*. Liberty Fund. Indianapolis, IN, 1981.

Piatkowski, Marcin. *Europe's Growth Champion. Insights from the Economic Rise of Poland*. Oxford University Press. Oxford, 2018.

Rae, Gavin. *Poland's Return to Capitalism. From the Socialist Bloc to the European Union*. Palgrave Macmillan. New York, NY, 2018.

Solska, Joanna. *80-te. Jak naprawdę żyliśmy w ostatniej dekadzie PRL*. Czerwone i Czarne. Warsaw, 2018.

Stodolak, Sebastian. "A single law can free the economy. Not for long, though." *Obserwator Finansowy.pl.* Warsaw, December 16, 2013. https://www.obserwatorfinansowy.pl/in-english/a-single-law-can-free-the-economy-not-for-long-though/

Tatała, Marek. "It's Not Only the Economy, Stupid: Progress in Poland after Socialism." In: *Transformative Transformation? 30 Years of Change in CEE: 4liberty.eu Review* No. 11, 114 – 127. http://4liberty.eu/transformative-transformation-30-years-of-change-in-cee-4liberty-eu-review-no-11-now-available-online/

Tatała, Marek, Eliza Rutynowska, Patryk Wachowiec. *Rule of law in Poland 2020: A Diagnosis of the Deterioration of the Rule of Law from a Comparative Perspective*. Civil Development Forum. Warsaw, August 2020.

https://for.org.pl/en/publications/for-reports/rule-of-law-in-poland-2020-a-diagnosis-of-the-deterioration-of-the-rule-of-law-from-a-comparative-perspective

Wojciechowski, Wiktor. "The Labor Market. Impact of Actions after the Elections of 2015: Accelerated Decline in the Workforce." In: *Civil Development Forum, Perspectives for Poland. The Polish Economy from 2015-2017. Against the Background of the Previous Years and Future Forecasts.* https://www.politico.eu/wp-content/uploads/2017/11/Report-Perspectives-for-Poland.-The-Polish-Economy-from-2015%E2%80%932017-Against-the-Background-of-the-Previous-Years-and-Future-Forecasts.pdf

결론: 국가들의 부와 빈곤

Bello, Omar, Adriana Bermúdez. "The Incidence of Labor Market Reforms on Employment in the Venezuelan Manufacturing Sector, 1995 ‐ 2001." In: Hausmann, Ricardo, Francisco Rodríguez (eds.). *Venezuela Before Chávez. Anatomy of an Economic Collapse.* University Park, Pennsylvania, 2014, 115 ‐ 155.

Hausmann, Ricardo, Francisco Rodríguez. "Why Did Venezuelan Growth Collapse?" In: Hausmann, Ricardo, Francisco Rodríguez (eds.). *Venezuela Before Chávez. Anatomy of an Economic Collapse.* University Park. Pennsylvania. 2014.

Riekenberg, Michael. *Kleine Geschichte Argentiniens.* Verlag C.H. Beck. Munich, 2009.

인명 색인

(ㄱ)

고르바초프, 미하일 세르게예비치(Gorbachev, Mikhail Sergeyevich) 121-123, 199

고무우카, 브와디스와프(Gomulka, Władysław) 169, 170

구데리안, 하인츠 빌헬름(Guderian, Heinz Wilhelm) 160

기에레크, 에드바르트(Gierek, Edward) 171

기젠펠트, 귄터(Giesenfeld, Günter) 105

(ㄴ)

네이피어, 낸시 K.(Napier, Nancy K.) 53, 54, 78, 131

(ㄷ)

다우 투이 하(Dau Thuy Ha) 78

달러, 데이비드(Dollar, David) 41

대처, 마거릿(Thatcher, Margaret) 207, 215

더글러스, 데이비드(Douglas, David) 21

덩샤오핑(Deng Xiaoping) 45, 78, 123, 215, 240

도 무오이(Do Muoi) 126

두신스키, 마치에이(Duszynski, Maciej) 201

드레허, 악셀(Dreher, Axel) 46

디턴, 앵거스(Deaton, Angus) 24, 102

또 후(To Huu) 74

뜨란 티 안-다오(Tran Thi Anh-Dao) 67

(ㄹ)

라스바드, 머리 N.(Rothbard, Murray N.) 28, 29

라에, 가빈(Rae, Gavin) 171, 181, 195, 196, 201

라코프스키, 미에치수아프 F.(Rakowski, Mieczysław F.) 186

람 죽 훙(Lam Duc Hung) 84

랑게, 오스카(Lange, Oskar) 170, 191

랑글로츠, 자라(Langlotz, Sarah) 46

레 후 땅(Le Huu Tang) 103

레닌, 블라디미르 일리치(Lenin, Vladimir Ilyich) 65, 186, 187

레둑토(Lê Đức Thọ) 57

레이건, 로널드(Reagan, Ronald) 207, 215

레주언(Le Duan) 74

로코솝스키, 콘스탄틴 콘스탄티노비치(Rokossovsky, Konstantin Konstantinovich) 166

루빈, 폴 H.(Rubin, Paul H.) 48, 49

루스벨트, 프랭클린 D.(Roosevelt, Franklin D.) 163

루옹 응옥 칸(Luong Ngoc Khanh) 54

류, 글로리 M.(Liu, Glory M.) 22

(ㅁ)

마르가라, 안드레아스(Margara, Andreas) 130

마르크스, 카를(Marx, Karl) 21-25, 28, 157

마스만, 올리버(Massmann, Oliver) 87, 89, 90

마오 찌 토(Mao Chi Tho) 74

마오쩌둥(Mao Zedong) 41, 45, 67

마이 안 호앙(Mai Anh Hoang) 91

마조비에키, 타데우시(Mazowiecki, Tadeusz) 192

매케인, 존(McCain, John) 129

모요, 담비사(Moyo, Dambisa) 39, 41

모토오, 후루타(Motoo, Furuta) 78

몬탈보, 호세 G.(Montalvo, Jose G.) 47

몰로토프, 뱌체슬라프 미하일로비치(Molotov, Vyacheslav Mikhaylovich) 160

(ㅂ)

바웬사, 레흐(Walesa, Lech) 185

박 응옥 찌엔(Bach Ngoc Chien) 54

반체르스-글루자, 알리차(Wancerz-Gluza, Alicja) 172

발체로비치, 레셰크(Balcerowicz, Leszek) 127, 181, 186, 190, 191-194, 207, 208, 210, 213-215

번사이드, 크레이그(Burnside, Craig) 41, 42

베레스퍼드, 멜러니(Beresford, Melanie) 117, 118

보 반 끼엣(Vo Van Kiet) 74

보이티와, 카롤 요제프(Wojtyła, Karol Józef) (요한 바오로 2세; John Paul II) 184

부 레 타오-찌(Vu Le Thao-Chi) 66, 68

부 진 록(Vu Dinh Loc) 72, 73, 93

브레머, 프랑크(Bremer, Frank) 33, 34, 36-39, 41

비엘레키, 잔 크르지슈토프(Bielecki, Jan Krzysztof) 192

빌첵, 미에치수아프(Wilczek, Mieczysław) 186, 187, 189

(ㅅ)

소턴, 그랜트(Thorton, Grant) 110

솔스카, 요아나(Solska, Joanna) 155, 174, 175

슘페터, 조지프(Schumpeter, Joseph) 27, 30

스미스, 애덤(Smith, Adam) 19-23, 25-30, 243

스탈린, 요셉 비사리오노비치(Stalin, Joseph Vissarionovich) 160, 163, 164, 166, 169

스티글리츠, 조지프(Stiglitz, Joseph) 209

시리이칙, 타데우시(Syryjczyk, Tadeusz) 186

(ㅇ)

아겐키, 토마시(Agencki, Tomasz) 156

안드르제옙스키, 피오트르(Andrzejewski, Piotr) 178

야루젤스키, 보이치에흐(Jaruzelski, Wojciech) 172, 199

얀코프, 시메온(Djankov, Simeon) 47

에르하르트, 루트비히(Erhard, Ludwig) 191, 192, 207

엥겔스, 프리드리히(Engels, Friedrich) 21

오바스카, 토미(Ovaska, Tomi) 41

오하프, 에드바르트(Ochab, Edward) 169

월턴, 앨리스(Walton, Alice) 112

응우옌 꾸옥 민-꾸엉(Nguyen Quoc Minh-Quang) 71, 97

응우옌 민 루언(Nguyen Minh Luan) 102

응우옌 반 린(Nguyen Van Linh) 74, 75, 122, 126

응우옌 스롱 쭈언(Nguyen Trong Chuan) 102

응우옌 스롱 호아(Nguyen Trong Hoa) 94

응우옌 쑤언(Nguyen Xuan) 111, 127

응우옌 쑤언 푹(Nguyen Xuan Phuc) 117

응우옌 티 꾸엇(Nguyen Thi Quat) 96

응우옌 티 푸옹-타오(Nguyen Thi Phuong-Thao) 17, 112

응우옌 푸 쫑(Nguyen Phu Trong) 120

이스털리, 윌리엄(Easterly, William) 38, 39, 41-44

(ㅈ)

잡스, 스티브(Jobs, Steve) 30, 131

장 웨이잉(Zhang Weiying) 25

지엘린스키, 마르친(Zielinski, Marcin) 179, 182, 190

진 뚜언 민(Dinh Tuan Minh) 110

쯔엉찐(Truong Chinh) 74

(ㅊ)

차베스, 우고(Chávez, Hugo) 17, 247

처칠, 윈스턴(Churchill, Winston) 163

(ㅋ)

카민스키, 바르틀로미에이(Kaminski, Bartlomiej) 180

카친스키, 야로스와프(Kaczyński, Jarosław) 237

캉티용, 리처드(Cantillon, Richard) 28

크리보셰인, 세미온 모이세비치(Krivoshein, Semyon Moiseevich) 160

클루스카, 로만(Kluska, Roman) 188

키신저, 헨리(Kissinger, Henry) 57

키엔즐러, 이보나(Kienzler, Iwona) 155, 178, 198

(ㅌ)

타타우아, 마렉(Tatała, Marek) 217

투스크, 도날트(Tusk, Donald) 238

〈ㅍ〉

팔담, 마르틴(Paldam, Martin) 45

퍼거슨, 애덤(Ferguson, Adam) 26

페론, 후안 도밍고(Perón, Juan Domingo) 17, 245, 246

폰 리벤트로프, 요아힘(von Ribbentrop, Joachim) 160

폰 미제스, 루트비히(von Mises, Ludwig) 27, 191, 193

풍 쑤언 부(Phung Xuan Vu) 51

프리드먼, 밀턴(Friedman, Milton) 131

플라이섀커, 새무얼(Fleischacker, Samuel) 29

피아트코프스키, 마르친(Piatkowski, Marcin) 158, 202, 205, 207, 208, 214

핀델스키, 브로니슬라프(Pindelski, Bronislaw) 169

〈ㅎ〉

하이에크, 프리드리히(Hayek, Friedrich) 26, 28, 191, 207

호, 앤디(Ho, Andy) 90, 113, 116

호찌민(Hồ Chí Minh) 57, 59, 60

후타르, 프랑수아(Houtart, François) 106

흄, 데이비드(Hume, David) 26

흐루쇼프, 니키타 세르게예비치(Khrushchev, Nikita Sergeyevich) 169

히틀러, 아돌프(Hitler, Adolf) 160, 164

옮긴이 후기

이 책은 국가들이 어떻게 해야 가난에서 벗어날 수 있는지를 탐구한다. 그리고 국가들이 가난에서 벗어나는 길이 자본주의를 택하는 것이라는 점을 사실로써 밝힌다. 또한 한 나라가 사회주의나 공산주의를 택하면 그 나라가 반드시 가난해진다는 점도 경고한다. 따라서 우리가 잘 살기 위해서는 무엇보다 우리 체제가 자본주의가 되어야 하고, 체제가 사회주의가 되면, 그 안의 사람들이 아무리 노력해도 가난하게 살 수밖에 없다는 점을 배울 수 있다.

역자가 지텔만의 이 책 베트남 부분을 읽으면서 흘러간 옛날이 생각났다. 우리나라는 50년대와 60년대 참 가난했다. 가난에서 벗어나기 위해 대한민국의 모든 조부모님과 부모님은 열심히 일하셨고 아이들은 열심히 공부했다. 사정이 나빠 학교에 다니지 못할 형편인 집들의 아이들은 일찍부터 공장이나 들판에서 열심히 일했다. 모든 국민이 열심히 노력한 결과 이제 대한민국은 세계에서 잘사는 나라의 반열에 들어섰다.

이렇게 된 것은 국민 모두가 열심히 일한 결과이지만, 근본적으로 우리 체제가 사회주의, 공산주의가 아니라 자본주의였던 덕분이다. 건국 후 우리의 체제가 사회주의, 공산주의였다면 오늘 우리의 삶이 어땠을까, 생각만 해도 끔찍하다. 이런 점에서 이승만 박사를 중심으로 하는 건국의 아버지들이 자본주의 체제를 채택한 것은 한국민에게는 비할 데 없는 행운이다.

구체적으로 자본주의 혹은 시장 경제를 강화하기 위해서는 국가가 무엇을 해야 하나? 많은 학자가 다양한 방안을 올바르게 제시하고 있지만, 정부로서 지침으로 삼을 정리된 좋은 방안이 없을까? 프레이저 연구소가 매년 발간하는 ≪경제적 자유 지수≫에서의 수십 개 구체적 항목이 도움이 될 것인데, 정부는 그것들을 실천하면 된다. 지텔만도 이 경제적 자유 지수를 수시로 언급한다.

만약 한 나라의 경제적 자유 지수가 높아지면 그 나라의 국민 소득 수준과 증가율이 올라간다.

　가난에서 벗어나는 데는 체제 외에, 혹은 제도와 정책 외에, 의식도 중요하다. 지텔만은 이 책에서 설문 조사를 통해 각 나라에 대해, 국민이 자본주의나, 부 혹은 부자에 관해 어떻게 생각하는지 설문 조사했다. 국민이 자본주의에 대한 인식과 부 혹은 부자에 대한 감정이 긍정적일 때, 그 나라는 잘살게 될 수 있다는 결론이다.

　이와 관련, 역자는 특히 상업을 중시하는 것이 중요하다고 생각한다. 전통적으로 우리나라에서는 사농공상(士農工商)이라 하여 관직에 오르기 위한 선비를 선망했다. 그러나 한 나라가 잘 살기 위해서는 국민의 의식이 상공농사(商工農士)의 순서가 되어야 하고, 애덤 스미스가 강조했듯이 상업이 최고로 중시되어야 한다.

　이제 우리가 이만큼 잘살게 되었으니까 가난 걱정은 하지 않아도 될까? 아니다. 아주 잘살던 나라도 가난해질 수 있다. 20세기에, 아르헨티나와 베네수엘라가 아주 부유했다가 극도의 가난으로 추락한 예를 통해 알 수 있다. 다행히 지금 아르헨티나에서는 하비에르 밀레이라는 지도자가 자본주의 시장 경제를 회복, 강화하려고 하고 있긴 하다.

　지금 우리나라 국민 사이에는 사회주의 대 자본주의 사상전이 벌어지고 있다. 전자가 이길 때, 우리는 그간 어렵게 쌓았던 부가 물거품이 되고 다시 가난해질 수 있다.

　마지막으로 역자는 이 역서의 출판과 관련하여 많은 도움을 주신 데 대해 저자 라이너 지텔만(Rainer Zitelmann), 에이전트 마리아 핀토-포이크만(Maria Pinto-Peuckmann) 그리고 영문으로의 번역자 세바스티안 테일러(Sebastian Taylor)에게 감사드린다.

2025년 2월 역자

옮긴이에 관해

황수연은 진주고등학교와 서울대학교 경영학과를 졸업하고 서울대학교 행정대학원에서 행정학 석사와 박사 학위를 받았다. 경성대학교(행정학과 교수)를 정년퇴직하였으며, 한국하이에크소사이어티(현 시장경제학회) 회장을 역임하였다. 한국개발연구원(KDI) 연구원으로, 그리고 경성대학교 재직 중에는 애리조나 대학교 경제학과[1991년(풀브라이트 교환학자), 1997년], 조지 메이슨 대학교 공공선택 연구 센터(2004년), 그리고 플로리다 주립대학교 경제학과 및 스타브로스 센터(2013년)에서 교환 교수로 연구하였다. 공공선택론, 오스트리아학파 경제학, 시장 경제, 그리고 자유주의 분야의 책을 다수 번역하였는데, 역서 중에는 라이너 지텔만 박사가 쓴 ≪반자본주의자들의 열 가지 거짓말≫, ≪가난한 사람들이 자기 처지를 개선할 유일한 희망은 시장 경제≫(전자책), 그리고 ≪재무적 자유≫가 있다. 자유기업원에 매주 금요일 라이너 지텔만과 랜들 홀콤의 칼럼들을 번역해서 게재하고(https://cfe.org/bbs/bbsList.php?cid=ZC와 https://cfe.org/bbs/bbsList.php?cid=HC), 블로그를 운영한다(https://blog.naver.com/bcmee).

옮긴이 **황수연**이 낸 역서(공역 포함)

≪득표동기론: 공공선택론 입문≫ (고든 털럭)

≪현대 정치 경제론≫ (브루노 S. 프라이)

≪국민 합의의 분석: 입헌 민주주의의 논리적 근거≫ (제임스 M. 뷰캐넌과 고든 털럭)

≪동물 사회의 경제학≫ (고든 털럭)

≪새 연방제론: 지방자치의 공공선택론≫ (고든 털럭)

≪게임 이론: 개념과 응용≫ (프랭크 저게리)

≪사적 욕망과 공공 수단: 바람직한 정부 범위에 관한 경제학적 분석≫ (고든 털럭)

≪지대 추구≫ (고든 털럭)

≪합리적 투표자에 대한 미신: 민주주의가 나쁜 정책을 채택하는 이유≫ (브라이언 캐플런)

≪공공재, 재분배 그리고 지대 추구≫ (고든 털럭)

≪득표 동기론 II: 공공 선택론의 이해≫ (고든 털럭)

≪자유주의로의 초대≫ (데이비드 보어즈)

≪관료제≫ (루트비히 폰 미제스)

≪전제 정치≫ (고든 털럭)

≪간결한 경제학 길잡이≫ (짐 콕스)

≪복지, 정의 그리고 자유≫ (스콧 고든)

≪도시 정부의 이해: 대도시 개혁의 재고≫ (로버트 L. 비시와 빈센트 오스트롬)

≪경제 모형과 방법론≫ (랜들 G. 홀콤)

≪공공선택론 입문≫ (에이먼 버틀러)

≪대중을 위한 경제학: 오스트리아학파 입문≫ (진 캘러헌)

≪미국의 외교 문제: 간결한 역사≫ (고든 털럭)

≪루트비히 폰 미제스 입문≫ (에이먼 버틀러)

≪시장은 어떻게 작동하는가: 불균형, 기업가 정신 그리고 발견≫ (이즈리얼 M. 커즈너)

≪자유주의와 연고주의: 대항하는 두 정치 경제 체제≫ (랜들 G. 홀콤)

≪오스트리아학파 경제학 입문≫ (에이먼 버틀러)

≪대도시 지역의 공공경제: 공공선택 접근법≫ (로버트 L. 비시)

≪자유 사회의 기초≫ (에이먼 버틀러)

≪초보자를 위한 자유의 길잡이≫ (리처드 웰링스 편)

≪기업가 정신과 경제적 진보≫ (랜들 G. 홀콤)

≪고전적 자유주의 입문≫ (에이먼 버틀러)

≪축약된 국부론: 그리고 대단히 축약된 도덕 감정론≫ (에이먼 버틀러)

≪자유 101≫ (매드센 피리)

≪공공 정책과 삶의 질: 시장 유인 대 정부 계획≫ (랜들 G. 홀콤)

≪번영의 생산: 시장 과정의 작동의 탐구≫ (랜들 G. 홀콤)

≪상식의 경제학: 모든 사람이 부와 번영에 관해 알아야 하는 것≫ (제임스 고트니, 리처드 스트룹, 드와이트 리, 토니 페라리니, 및 조지프 캘훈)

≪애덤 스미스 입문≫ (에이먼 버틀러)

≪공공선택론 고급 개론≫ (랜들 G. 홀콤)

≪아인 랜드 개론≫ (에이먼 버틀러)

≪시장의 재도입: 시장 자유주의의 정치적 부활≫ (존 L. 켈리)

≪자본주의 개론≫ (에이먼 버틀러)

≪정치적 자본주의: 경제 및 정치 권력이 어떻게 형성되고 유지되는가≫ (랜들 G. 홀콤)

≪학파: 101인의 위대한 자유주의 사상가≫ (에이먼 버틀러)

≪본질적인 오스트리아학파 경제학≫ (크리스토퍼 J. 코인과 피터 J. 뵛키)

≪기업가 정신 개론≫ (에이먼 버틀러)

≪본질적인 애덤 스미스≫ (제임스 오티슨)

≪민주주의 개론≫ (에이먼 버틀러)

≪본질적인 제임스 뷰캐넌≫ (도널드 J. 부드로와 랜들 G. 홀콤)

≪본질적인 밀턴 프리드먼≫ (스티븐 E. 랜즈버그)

≪무역과 세계화 개론≫ (에이먼 버틀러)

≪본질적인 자유의 여성들≫ (도널드 J. 부드로와 이언 J. 스코블 편)

≪경제적 불평등 개론≫ (에이먼 버틀러)

≪경제에 관해 생각하는 방법 입문≫ (페어 L. 바일런드)

≪반자본주의자들의 열 가지 거짓말: 자본주의 비판에 대한 비판≫ (라이너 지텔만)

≪본질적인 UCLA학파 경제학≫ (데이비드 R. 헨더슨과 스티븐 글로버먼)

≪가난한 사람들이 자기 처지를 개선할 유일한 희망은 시장 경제≫ (라이너 지텔만) (전자책)

≪고지에 오르기: 사상 지도력, 자유주의 가치 그리고 몽펠르랭 소사이어티의 역사≫ (에이먼 버틀러)

≪재무적 자유: 부를 창출하고 그것을 붙잡고 있는 방법≫ (라이너 지텔만)